JN293160

新・古代史検証　日本国の誕生 2

巨大古墳の出現

仁徳朝の全盛

監修　上田正昭
著者　一瀬和夫
鼎談　一瀬和夫　田中俊明　菱田哲郎

文英堂

百舌《もず》鳥古墳群

百舌鳥古墳群（大阪府 堺《さかい》市）　堺市の百舌鳥周辺の東西・南北 4km 四方に 4 世紀後半から 5 世紀後半に 100 基を超す古墳がつくられた。このうち，今も仁徳《にんとく》陵古墳や履《り》中《ちゅう》陵古墳，ニサンザイ古墳など 47 基の古墳が残っている。

番号	古墳名	形式	大きさ
1	仁徳陵（大仙）	前方後円墳	486
2	履中陵（ミサンザイ）		360
3	ニサンザイ		290
4	御廟山		186
5	乳岡		155
6	反正陵（田出井山）		148
7	いたすけ		146
8	永山		104
9	長塚		100
10	丸保山		87
11	御廟表塚		75
12	銭塚		72.5
13	定の山		69
14	竜佐山		67
15	収塚		65

番号	古墳名	形式	大きさ
16	孫太夫山	前方後円墳	56
17	旗塚		56
18	文殊塚		55
19	かぶと塚		50
20	菰山塚		36
21	万代山		25
22	飛鳥山		不詳
23	寺山南山	方墳	38
24	善右ヱ門山		30
25	銅亀山		26
26	鈴山		22
27	天王		19
28	大安寺山	円墳	60
29	グワショウ坊		58
30	茶山		55

番号	古墳名	形式	大きさ
31	樋の谷	円墳	不詳
32	源右衛門山		40
33	塚廻		35
34	七観		25
35	狐山		23
36	経堂		不詳
37	鎮守山塚		20
38	舞台塚		20
39	ドンチャン山２号墳		20
40	鏡塚		15
41	聖塚		15
42	正楽寺山		15
43	東上野芝町１号墳		不詳

※大きさの単位は m（前方後円墳・墳丘長、方墳：一辺、円墳：直径）

（「百舌鳥―古市古墳群を世界文化遺産に」堺市、平成 22 年発行より一部改変）

上空から見た百舌鳥古墳群

上空から百舌鳥古墳群を見る（堺市提供）（右頁）上方は仁徳陵古墳、その下に履中陵古墳が見える。仁徳陵古墳の東を南北に走るJRの右中央には、奥に御《ご》廟《びょう》山《やま》古墳、手前にいたすけ古墳の前方後円墳が濠に囲まれて立地している。

（左頁）中央上方の仁徳陵古墳や履中陵古墳から少し離れて右手前にニサンザイ古墳がのぞまれる（p.1の口絵地図参照）。

古市《ふるいち》古墳群

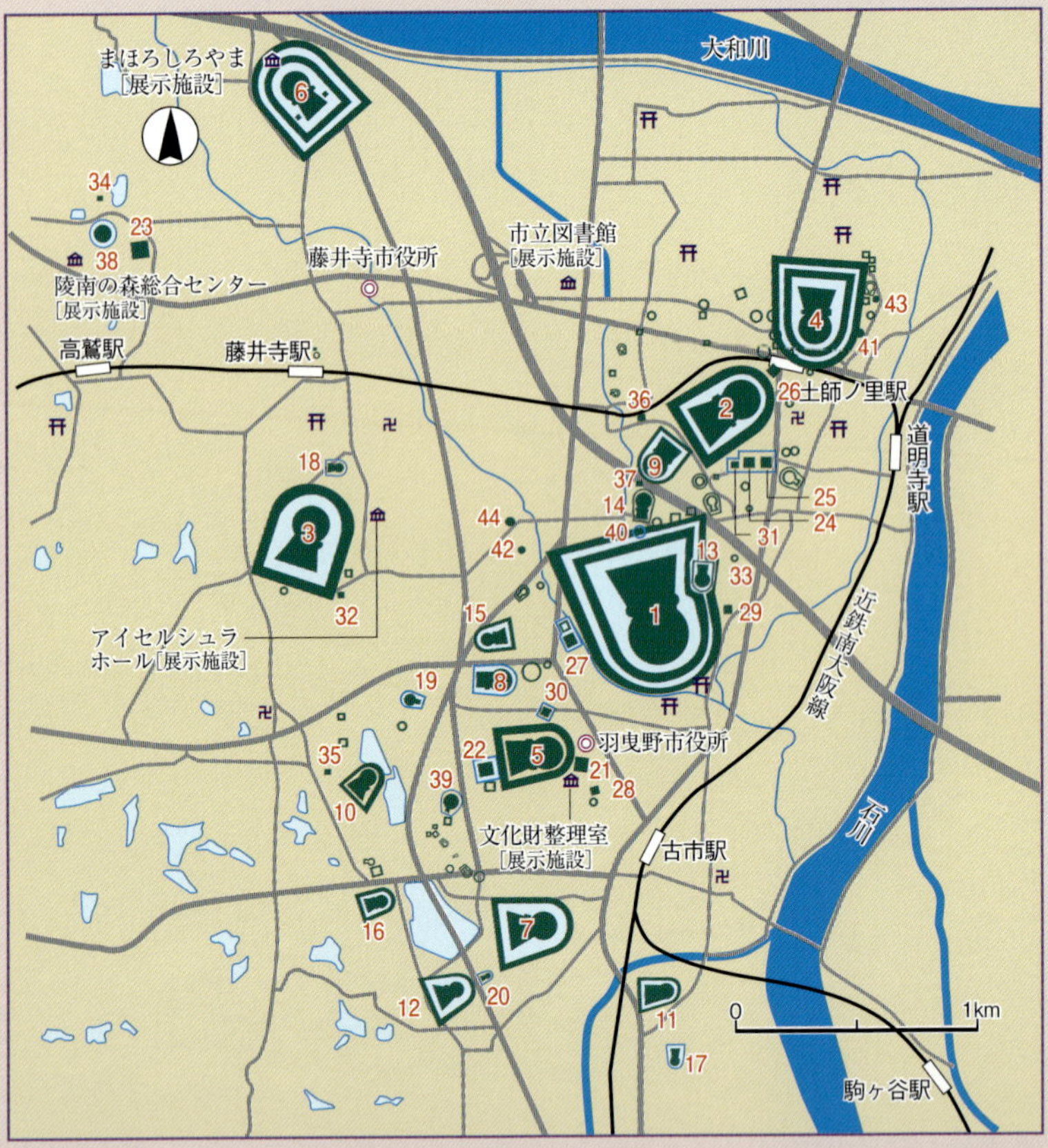

番号	古墳名	形式	大きさ
1	応神陵（誉田御廟山）	前方後円墳	415
2	仲津姫陵（仲津山）		290
3	仲哀陵（岡ミサンザイ）		242
4	允恭陵（市野山）		230
5	墓山（応神陵陪冢）		225
6	津堂城山		208
7	日本武尊白鳥陵（前の山）		200
8	野中宮山		154
9	古室山		150
10	仁賢陵（ボケ山）		122
11	安閑陵（高屋城山）		122
12	清寧陵（白髪山）		115
13	二ツ塚（応神陵陪冢）		110
14	大鳥塚		110
15	はざみ山		103

番号	古墳名	形式	大きさ
16	峯ヶ塚	前方後円墳	96
17	春日山田皇后陵（高屋八幡山）		90
18	鉢塚		60
19	稲荷塚		50
20	小白髪山（清寧陵陪冢）		46
21	向墓山（応神陵陪冢）	方墳	46
22	浄元寺山		67
23	雄略陵（島泉平塚）		50
24	中山塚（仲津姫陵陪冢）		50
25	八島塚（仲津姫陵陪冢）		50
26	鍋塚		50
27	東山		50
28	西馬塚（応神陵陪冢）		45
29	栗塚（応神陵陪冢）		43
30	野中		37

番号	古墳名	形式	大きさ
31	助太山	方墳	36
32	割塚		30
33	東馬塚（応神陵陪冢）		30
34	隼人塚（雄略陵陪冢）		20
35	野々上（仁賢陵陪冢）		20
36	松川塚		20
37	赤面山		15
38	雄略陵（島泉丸山）	円墳	75
39	青山		60
40	誉田丸山（応神陵陪冢）		50
41	宮の南塚（允恭陵陪冢）		40
42	蕃所山		22
43	衣縫塚（允恭陵陪冢）		20
44	サンド山（応神陵陪冢）	不詳	30

※大きさの単位はm（前方後円墳・墳丘長、方墳：一辺、円墳：直径）

（「世界文化遺産をめざす古市古墳群」（古市古墳群世界文化遺産登録推進連絡会議、平成22年発行より一部改変）

上空から見た古市古墳群

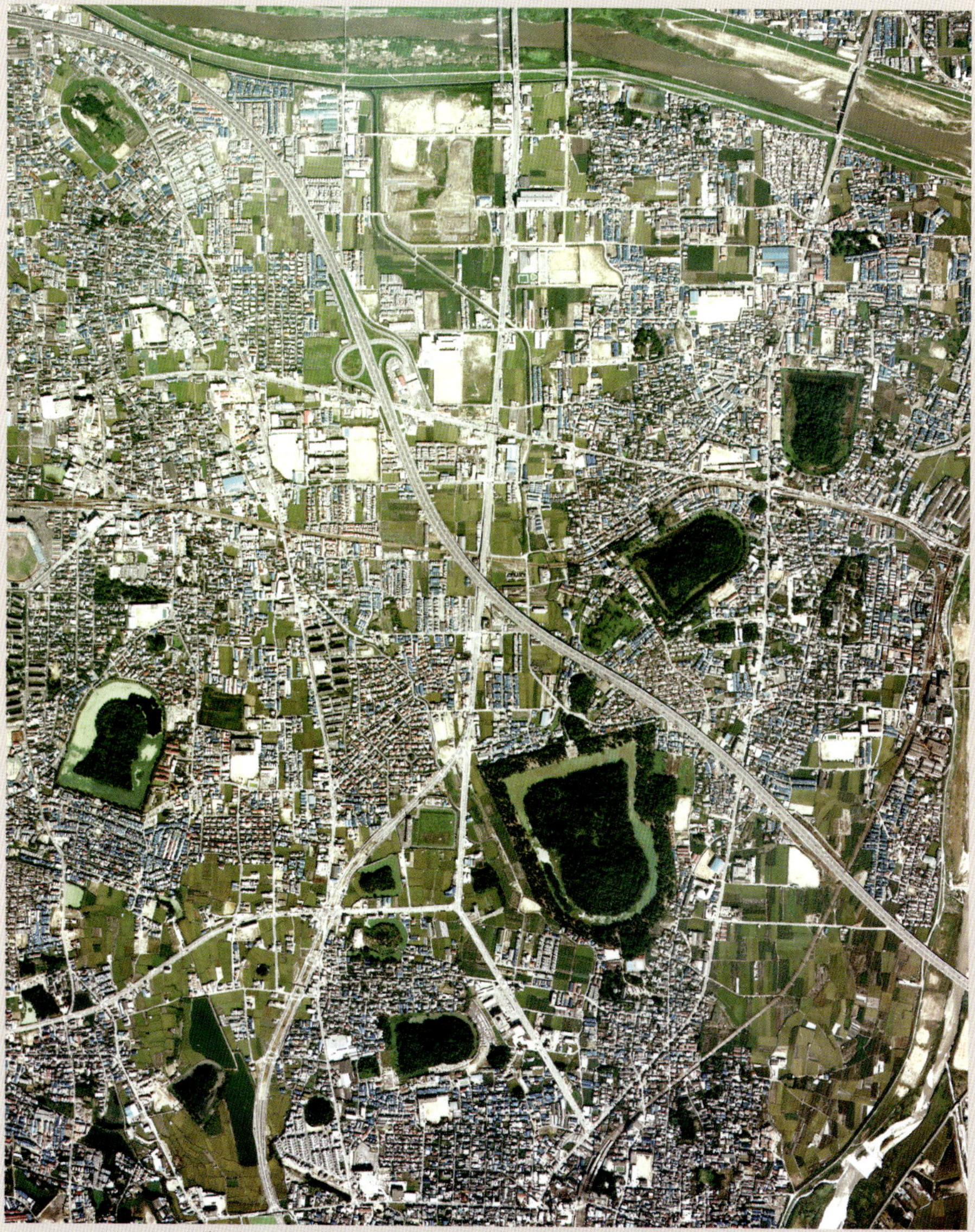

古市古墳群（大阪府羽曳野《はびきの》市・藤井寺《ふじいでら》市） 南河内・古市の東西 3.5km、南北 4km の地に、127 基の古墳がつくられ、墳丘長 200m を超える 7 基の巨大古墳を含み前方後円墳 30、方墳 52、円墳 37、墳形不明 8 で構成されている。しかし、現存するものは 44 基である。

古市古墳群は、4 世紀後半から 6 世紀中葉の約 150 年間に形成された。中央やや右下の巨大前方後円墳が応神陵古墳である（写真：藤井寺市教育委員会提供）。

百舌鳥・古市の巨大前方後円墳

履中陵古墳　ミサンザイ古墳とも呼ばれ、墳丘の長さが360m の前方後円墳。周囲に中小墳が10 基前後あった。5世紀前半頃につくられた。

仁徳陵古墳　大仙《だいせん》古墳とも呼ばれ、墳丘の長さが486m の前方後円墳。三重の濠が巡っており、廻りには中小墳が10 基以上ある。5 世紀中頃につくられた。

ニサンザイ古墳　墳丘の長さが290m の前方後円墳。周囲に中小墳が3 基ある。百舌鳥古墳群の大型古墳の中では、最も新しい5 世紀中頃につくられた。

（いずれも堺市提供）

津堂城山《つどうしろやま》古墳　藤井寺陵墓参考地として、墳頂部のみ宮内庁によって管理されている。墳丘の長さが208mの前方後円墳。4世紀後半、古市古墳群で最初につくられた巨大古墳である（藤井寺市教育委員会提供）。

仲津姫《なかつひめ》陵古墳　仲津山古墳と呼ばれ、墳丘の長さが290mの前方後円墳。5世紀前半につくられた（藤井寺市教育委員会提供）。

墓山《はかやま》古墳　応神天皇陵ほ号陪《ばい》冢《ちょう》で、宮内庁によって管理されている。墳丘の長さが225mの前方後円墳。5世紀前半につくられた（藤井寺市教育委員会提供）。

応神陵古墳　誉田御廟山《こんだごびょうやま》古墳と呼ばれ、墳丘の長さが415mの前方後円墳。5世紀前半につくられた（羽曳野市教育委員会提供）。

絵図に描かれた仁徳陵古墳

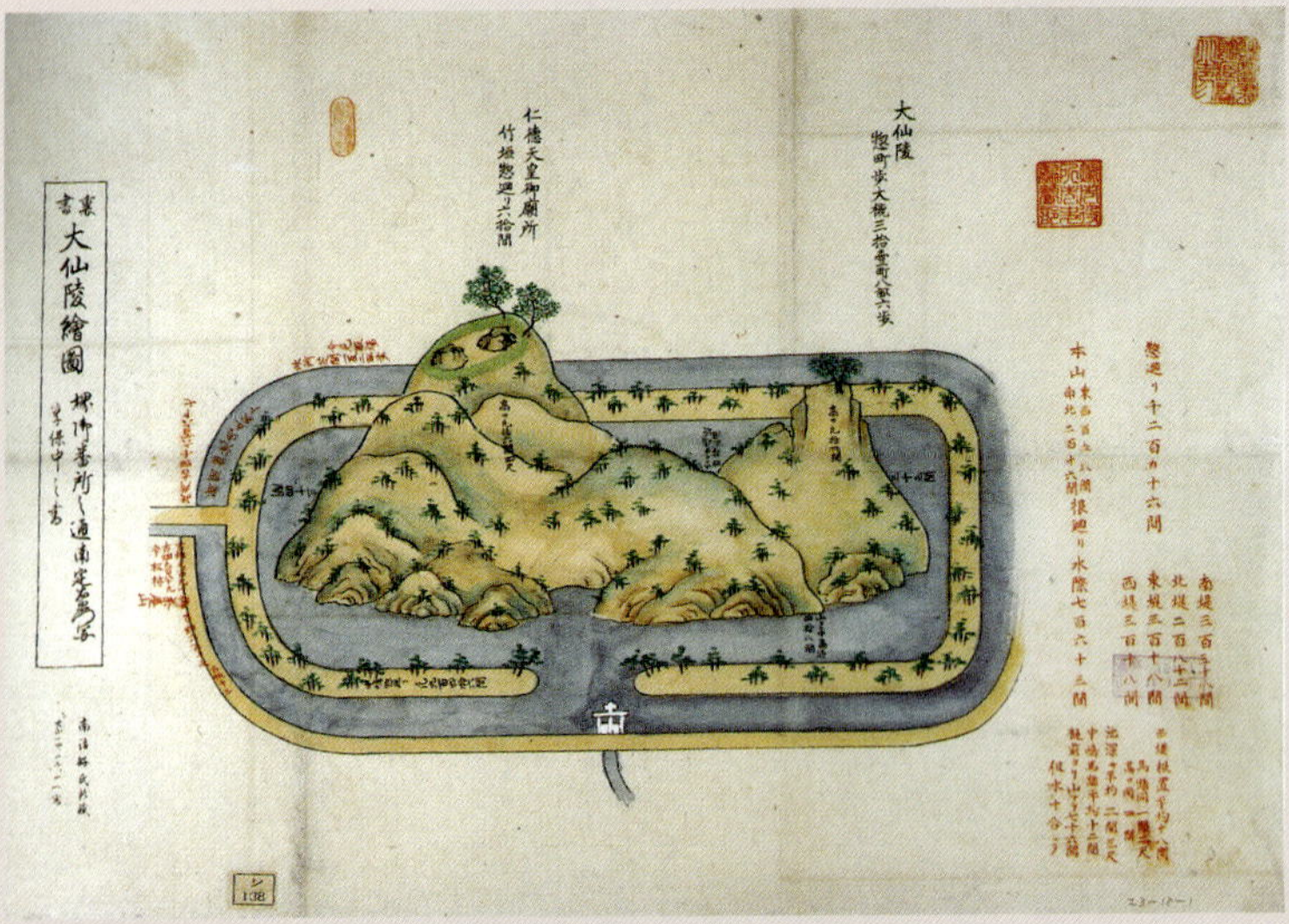

大仙陵《だいせんりょう》 絵図（堺市中央図書館蔵） 江戸時代の 18 世紀前半に描かれた仁徳陵古墳である。二重濠に囲まれ、後円部には竪穴式《たてあなしき》石室の一部と考えられる大石が露出している。

仁徳陵古墳前方部発見の石室石棺図（八王子市郷土資料館蔵） 明治 5 年（1872）9 月に前方部の斜面で見つかった石室と石棺を描いた絵図。

石室は長さ約 1 丈 2、3 尺（3.9m）、幅が南北 8 尺（2.4m）ほどで、丸石を積み上げ、大石 3 枚で覆っていると書かれている。石棺には、縄かけ突起があり、径 1 尺 4 寸（42cm）と大きく、表面に朱が塗られている。

◉新・古代史検証　［日本国の誕生］第2巻

巨大古墳の出現
——仁徳朝の全盛

文英堂

刊行のことば

文英堂は、かつて「わが日本人の祖先の行動と思索の跡を振り返りながら、未来への国民的ビジョンの創造に資することができれば……」との思いから、当時の日本史学界第一線でご活躍の先生方に、お一人一巻ずつ、広範な国民各位に語りかけていただいた『国民の歴史（全二十四巻：昭和四十二年〜四十四年）』を世に問いました。幸い、このシリーズは、メッセージ性に富むエッセイ＝スタイルの歴史叢書として画期的であり、幅広い世代の皆様にご愛読いただいて、小社の刊行意図は、確かな答えを得ることができました。

二十一世紀を迎えた今日、『国民の歴史』刊行から早くも半世紀近くが過ぎようとしております。この間の、交通・情報網の発達や地球環境の変化はたいへんに大きく、課題とした国民的ビジョンも、当時の思索範囲を超えたグローバル化によって、人と人ばかりでなく、自然と人間との新たな共生という全人類的な課題になっております。それゆえに、今のわれわれには、過去のどの時代よりも、日本人としての確たるアイデンティティの認識が、改めて求められているのではないでしょうか。

わたしどもは、この古くてしかも新しい課題に向かって、古代日本・東アジア史研究の泰斗である上田正昭先生の企画・監修のもと、かつて倭《わ》と呼ばれた日本列島の人びとと地域が、どのようなプロセスをたどってきたのか、改めてその歴史的経緯を振り返るために、最新の知見にもとづいて祖先の行動と思索の跡を再検証する『新・古代史検証　日本国の誕生（全5巻）』を刊行することにしました。つまり、本シリーズは、三世紀の卑弥呼・邪馬台国の時代から七世紀の天武・持統朝までを対象として、「日本という国がいつどのようにして生まれて今日に引き継がれてきたか」を、一巻お一人ずつの著者に再検証していただきました。そして、各巻、各時代の歴史上の争点については、他分野から二名ずつの論者を迎え、司会を立てた「鼎談」のかたちで、古代日本の国土と日本人の様子を多面的かつ身近な姿として明らかにしていく編集スタイルを試みました。

世界との共生のなかで、日本の未来を託す若い世代をはじめ、幅広い世代に、〝わが国の誕生〟という壮大な歴史ロマンを読み取っていただくとともに、日本人としてのアイデンティティ再認識の一助にしてくだされぱとの願いを込めて、ここに『新・古代史検証　日本国の誕生』全5巻をささげます。

平成二十二年三月

文英堂

◉新・古代史検証　日本国の誕生　全5巻――内容と著者

第1巻　弥生興亡　女王・卑弥呼の登場　石野博信＋吉田敦彦・片山一道

第2巻　巨大古墳の出現――仁徳朝の全盛　一瀬和夫＋田中俊明・菱田哲郎

第3巻　ヤマト国家の成立――雄略朝と継体朝の政権　和田萃＋辰巳和弘・上野誠

第4巻　飛鳥の覇者――推古朝と斉明朝の時代　千田稔＋小澤毅・里中満智子

第5巻　倭国から日本国へ――画期の天武・持統朝　上田正昭＋山折哲雄・王維坤

目次

第五章　巨大古墳の築造と手工業の生産体制づくり

第六章　前方後円墳の林立と百舌鳥古墳群の出現　114

第七章　畿内大型古墳群の特徴と盛衰　151

第十章　ニサンザイ主導類型古墳の発現と前方後円形墳墓の外郭　211

鼎談　東アジアの中で、巨大古墳はいかにして出現したか

【話者】一瀬和夫＋田中俊明＋菱田哲郎　【司会】渡部裕明　251

巨大古墳の出現
――仁徳朝の全盛

一瀬和夫

はじめに——百舌鳥《もず》古墳群と古市《ふるいち》古墳群から見えるもの

■百舌鳥古墳群と古市古墳群の出現

大阪府堺《さかい》市にある百舌鳥《もず》古墳群と同藤井寺《ふじいでら》・羽曳野《はびきの》市にある古市《ふるいち》古墳群には、前方後円墳を中心に大古墳が集まっており、日本の二大古墳群と称される。これらは大和ではなく、和泉《いずみ》と河内《かわち》という地でつくられた。

古墳時代前期の四世紀には、三百メートルに近い墳丘長の古墳が内陸の大和盆地につくられた。ところが、五世紀になると、大阪湾に面した大阪府の和泉・河内の一角に集中してつくられるようになったのである。その代表は、日本で最も大きな、墳丘長四八五メートルの百舌鳥の仁徳《にんとく》陵古墳と四一五メートルに達する古市の応神《おうじん》陵古墳である。

これらは、古墳時代中期・五世紀という時期の産物で、中国史書『宋書《そうじょ》』に記される讃《さん》・珍《ちん》・済《せい》・興《こう》・武《ぶ》と名のる「倭《わ》の五王」や『日本書紀』『古事記』に登場する応神・仁徳・履中《りちゅう》・反正《はんぜい》・允恭《いんぎょう》・雄略《ゆうりゃく》といった「大王」の伝承とかさな

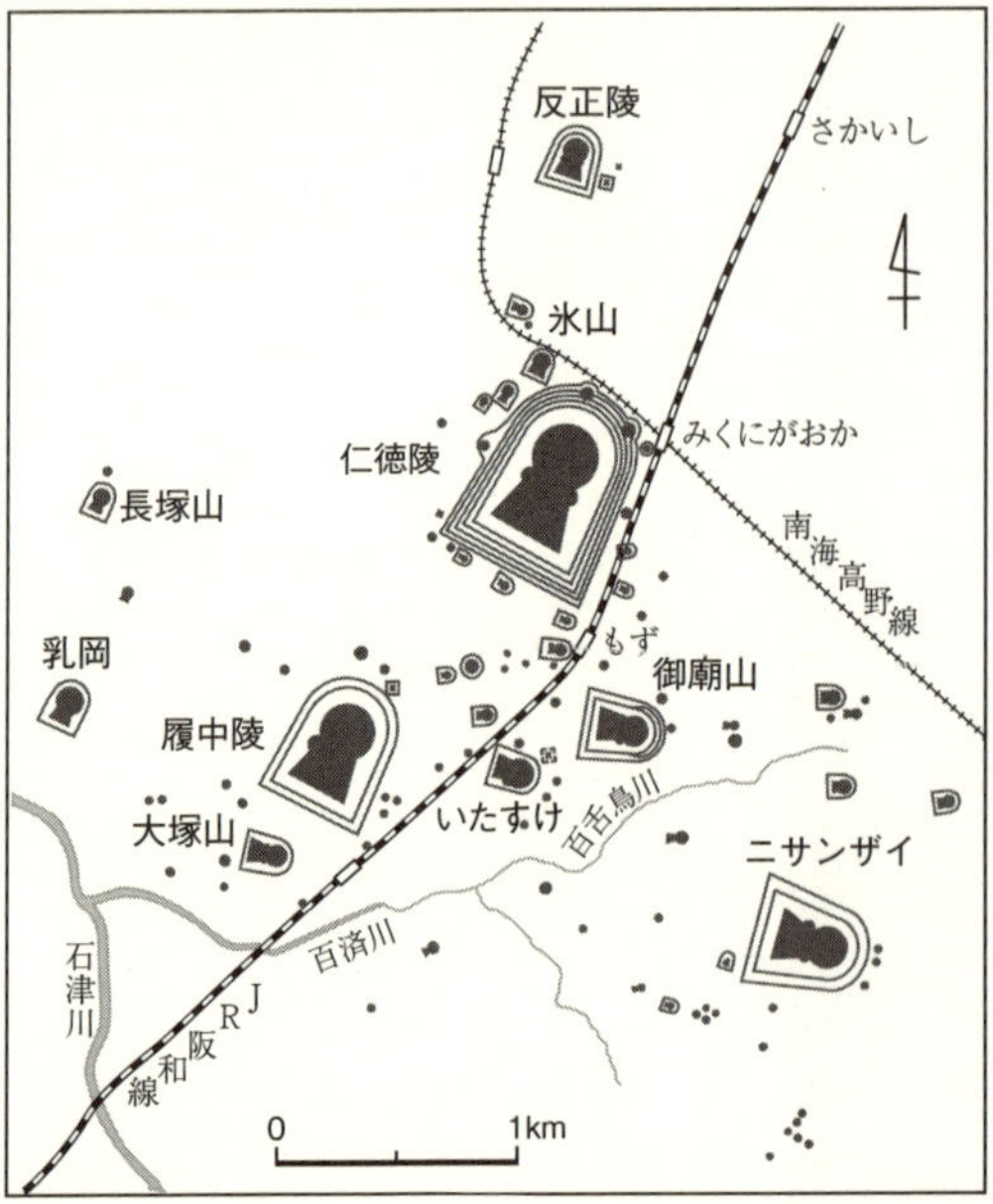

図1　百舌鳥古墳群
（大阪府堺市）

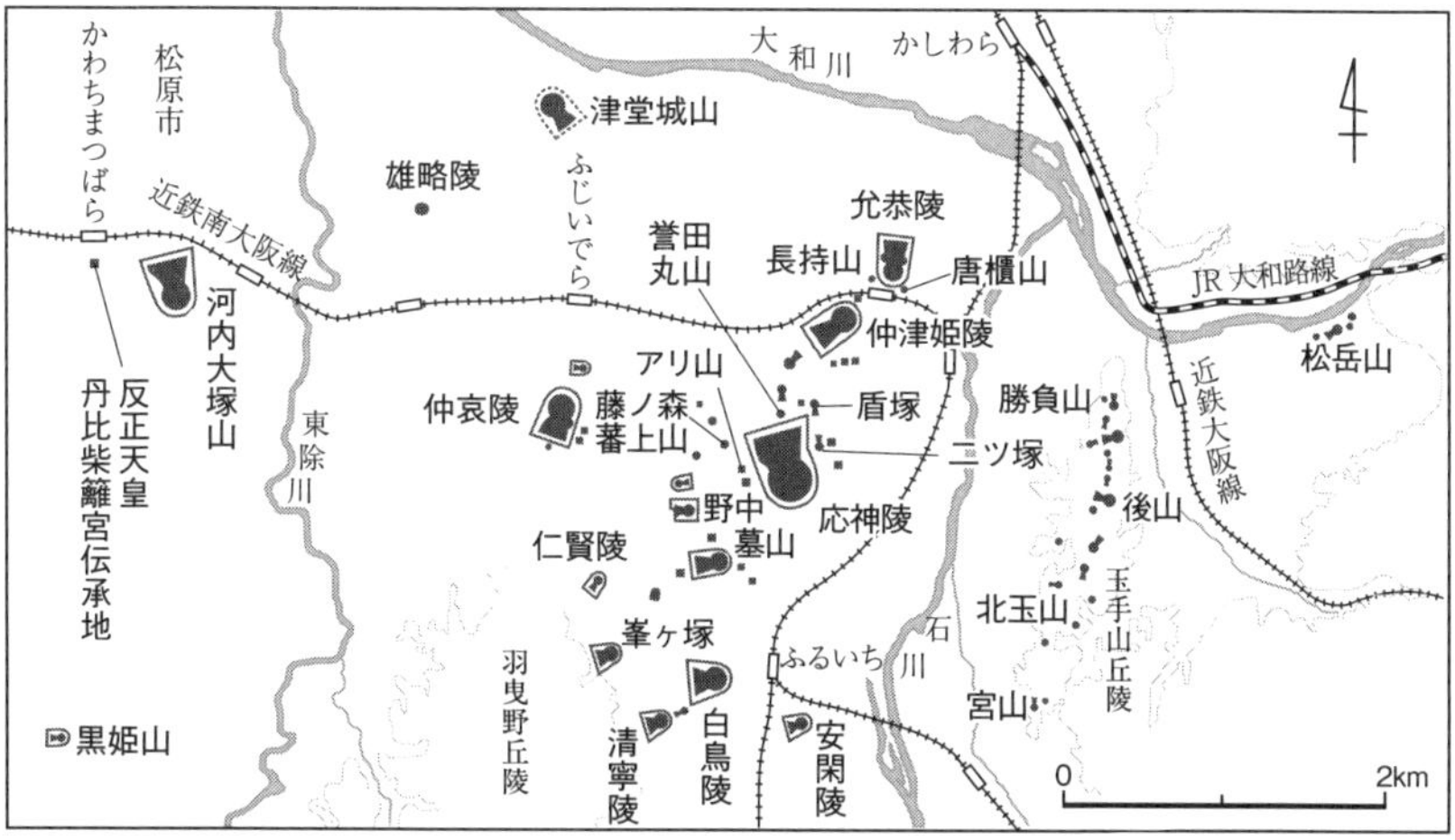

図2　古市古墳群（大阪府藤井寺市・羽曳野市）

る時間帯になる。彼らにイメージされる人物が、この大きな墳墓に葬られたのではないかと目されるのは当然のことである。

■渡来《とらい》系の技術に裏づけられた副葬品《ふくそうひん》

こうした時代性や墳墓の大きさばかりでなく、二つの古墳群にはいろいろな特徴がある。一つは古墳の副葬品である。古市では、墳丘長四一五メートルの応神陵古墳の西に接して一辺四五メートルの方墳のアリ山古墳の北施設から大量の鉄器が出土した。八五本の刀剣や一五四二本の鉄鏃《てつぞく》、二〇一本の鎌をはじめ鍬《くわ》・斧《おの》・刀子《とうす》などの農工具が埋納された状態で掘り出された。北側の径五〇メートルの誉田《こんだ》丸山古墳では、鞍《くら》に金銅製の金具がついた豪華な馬具が江戸時代の一八四八年に出土する。こうした副葬品の類には、渡来系の鍛造技術や金工技術に裏づけされたものが多い。

なかでも、刀剣や甲冑《かっちゅう》といった武器武具が目立つ。これを象徴するように、古市と百舌鳥との中間にある黒姫山《くろひめやま》古墳（堺市美原《みはら》区）では、前方後円墳の前方部墳頂にある竪穴式石室に二四領もの冑と甲のセットがおさまっていた。墳丘の大きさはもちろん、物量でも人

図3　西都原型の船形埴輪（宮崎県・西都原170号墳出土）　東京国立博物館蔵

を威圧した。同時に、軍事的にも他者を圧倒して支配しようとする姿勢をもはっきりとしめしている。まさに『宋書《そうじょ》』にある倭王武の上表文（308頁参照）の記述「昔より祖禰《そでい》、躬《みずか》ら甲冑をつらぬき、山川を跋渉《ばっしょう》し、寧處《ねいしょ》にいとまあらず」で思い浮かぶ武具の類《たぐ》いであった。

加えて、中国大陸や朝鮮半島ですでに当たり前であった乗り物の馬が、百舌鳥・古市の時代にようやく日本列島でも広まるようになった。なぜ、ここまで待たねばならなかったのか。それは、乗馬の風習だけではない。ほかの新しい技術も、同じ状況にあった。

鉄鍛冶《かじ》には火力、鍍金《ときん》には金アマルガムという特別な技術、それらの作業に伴なう材料や燃料入手の環境をつくりだす組織づくりも必要だった。馬には、乗り手の技術とともに、飼育という手間がかかる。ほかにも、朝鮮半島を含めた各地の交流をささえ、大量物流に適した船の発達も見のがせない。後で詳しく見るように、弥生《やよい》時代から発展を続けていた菩提池西型《ぼだいいけにし》※1（139頁参照）という二体成形の船から、五世紀前半の間に、西都原型《さいとばる》※2（140頁参照）の一体成形の船におきかわっている。

※1　**菩提池西型の船**（ぼだいいけにしがたのふね）　大阪府和泉《いずみ》市の菩提池西遺跡から出土した船形埴輪を端緒として、標式化された二体成形型の船形埴輪。

※2　**西都原型の船**（さいとばるがたのふね）　宮崎県西都市《さいとし》に築かれた西都原古墳群の男狭穂塚《おさほづか》古墳・女狭穂塚《めさほ》古墳近くの一七〇号墳から出土した船形埴輪を端緒として、標式化された一体成形型の船形埴輪。

■手工業社会の成熟

一方、日本最大の仁徳陵古墳では、三万本という埴輪《はにわ》が墳丘に立て並べられた。それまでにはなかった空前の規模での窯《かま》で焼いた焼き物の大量生産が実現した。焼き物には、鉄鍛冶に用いる火力と同じように、高く安定した火力を扱う技術がいる。そういう発達した手工業社会へと成熟したのである。埴輪とともに、野焼《のや》きによってつくりだされる煮炊《にた》きを得意とした赤焼けの土師器《はじき》だけではなく、液体貯蔵に適した青灰色の硬い須恵器《すえき》の大甕《おおがま》が仁徳陵古墳の墳丘くびれにとりつく造出《つくりだ》し（図26―5参照）というところに置かれた。日本列島内での陶質《とうしつ》土器生産の普及を象徴する品物である。

こうした手工業に関わるものは、のちに畿内と呼ぶ大和・河内を中心とした地域のすみずみで展開することになった。その生産拠点の成り立ちをイメージするなら、火力を使う場所が四世紀末に模索され、五世紀にはいると、本格的に稼働しだしたということになる。古市・百舌鳥への大王墓域の決定のタイミングとも偶然の一致ではない。馬飼育の牧や製塩などもその枠組みの中にあった。

当初は、シンプルな生産キャンプ地が多かった。それが、多彩な需要に伴なって、流通拠点が拡大して街化し、複合・複雑化する生産にむけて、永続的な集落へまとまっていった。新たな生産基地は、従来の農業生産域の周縁の山林で多く展開することになった。五世紀の日本は、そのような時代であった。

しだいに、一個の品物に対して木・革・漆《うるし》・玉・銅・鉄・金鍍金《ときん》といった技が複合し、それらをひとくくりにした拠点生産地内で複雑にからむようになった。つまり、その製作には、途中に綿密な打ち合わせと調整、相互に製作物の受けわたしが求められたからであった。結果として、奈良県天理《てんり》市の布留《ふる》遺跡[※3]に見られるような、首長居館や集落に付随した一貫生産複合拠点の完成を見るのである。具体的な工房群の中味は、鉄鍛冶・銅・武器・木工・玉作り・ガラスといった生産分野に、製塩土器・馬が伴なった。さらに、布留遺跡では、未完成の木製刀装具や漆を用いる。菱田哲郎氏はそれらをまとめて、武器づくりを中心にした「造兵コンプレックス」と呼ぶ。

古墳時代中期、五世紀の社会のなかで、上層部の大王や首長の居館や大型古墳群の存在はもちろん、それらを具体的に出現せしめた基盤と、底辺の階層構造をも巻きこんで底上げして高度化することが、大規模生産拠点として存在したわけである。言いかえるなら、巨大な墳墓づくりは、社会システムの重要なネットワークの一部を構成するきっかけを新技術がつくり、それを支えにしてはじめて達成されたのである。その最大化の舞台は、百舌鳥・古市古墳群のある和泉と河内にしぼられた。

本巻では、巨大な墳墓建造の道程と、それを支えた社会の展開、そしてその範囲について、前方後円墳が成立する前から詳しく見ていくことにする。

※3　**布留遺跡**（ふるいせき）
奈良県天理市の布留町を中心とした地にある旧石器時代から現代に至る複合遺跡。布留川をはさんで東西約二キロ、南北約二キロにも及ぶ。
　人々は、弥生時代の末から大規模な集落を営むようになり、古墳時代になると、首長居館・工房・祭場などが設けられた。

第一章　東アジアの混乱の中で

東アジアの三つの混乱期

■漢《かん》の滅亡以後、隋《ずい》の統一まで

本書が対象とする時代、つまり三世紀から五世紀を語るまえに、まずは時間的な目安《めやす》をあたえておきたい。そのために、大雑把ではあるが東アジアの情勢を確認する。

弥生《やよい》時代後期、四百年も続いた中国・漢《かん》帝国は一八四年の「黄巾《こうきん》の乱」[※1]の勃発により、衰亡の危機を迎えた。日本列島でも、一四六〜一八六年、『後漢書《ごかんじょ》』倭伝《わでん》には、「桓《かん》・霊《れい》の間、倭国《わこく》大いに乱れ、こもごも相攻伐し、暦年主なし」と、不安定な状況にあったことが示されている。以降、中国は二八〇〜三〇三年の西晋《せいしん》の統一期を除いて、五八一年の隋《ずい》統一まで、複雑なまとまりと分裂をくり返すことになった。

この東アジア混乱の時代に、日本列島は古墳時代を迎えた。細かく見るなら、漢が

※1　**黄巾の乱**（こうきんのらん）　一八四年、後漢の霊帝《れいてい》の時、張角《ちょうかく》を首領として、中国・河北で起こった農民反乱。張角らは黄巾を着け、貧民を助けたのでこの名がある。

乱れた二世紀末に岡山県倉敷《くらしき》市の楯築《たてつき》墳丘墓（45頁、図18−2参照）、二二〇年の漢滅亡ごろから日本列島各地に広がる纒向《まきむく》型前方後円形周溝墓※2（51頁参照）、楽浪《らくろう》・帯方《たいほう》郡を魏《ぎ》が接収した二三八年ころに奈良県桜井市の箸墓《はしはか》古墳の前方後円墳の出現、その終焉には奈良県橿原《かしはら》丸山古墳がつくられるが、そのときは隋の中国統一（五八九年）となった。すなわち、大型古墳＝前方後円墳は、中国の混乱の時期に始まり、混乱が終わると同時に終わったということになる。

長い中国分裂のあいだ、大庭脩《おおばおさむ》（故人・関西大学名誉教授）は、東アジアでのエポック・メイキングな事件として二つをあげている。第一は、一九〇年の漢の献帝劉協《けんていりゅうきょう》の即位年に、漢が事実上の分裂状態に陥ったこと。そして、第二は、三八三年の淝水《ひすい》の戦い※3に前秦《ぜんしん》王の苻堅《ふけん》が東晋《とうしん》軍に敗れたことである。これをもとにして、本書では、東アジア（中国）の混乱期を三つに分けてみた。

■「混乱前期」・「中期」・「後期」の三期

第一の画期から第二までを「混乱前期（一九〇〜三八三年）」、第二から宋《そう》の終わりの四七九年までを「混乱中期」、それ以降から隋の中国統一の五八九年までを「混乱後期」としておきたい。さらにここでとり扱う前半期について、前期の始めを一九〇〜二六五年、前半は二六五〜三一三年、後半を三一三〜三八三年として区切り、東アジアの

※2 纒向型前方後円形（まきむくがたぜんぽうこうえんけい）元・奈良県立橿原考古学研究所の寺沢《てらさわ》薫《かおる》氏は、箸墓《はしはか》古墳（奈良県桜井市）に代表される定型化した前方後円墳の成立以前に桜井市の纒向遺跡に所在する纒向石塚や纒向矢塚、千葉県市原《いちはら》市の神門《ごうど》古墳群中の神門四号墳・五号墳など墳丘形状が前方後円形をとる墳丘墓を「纒向型前方後円墳」とした。

※3 淝水の戦い（ひすいのたたかい）　三八三年、安徽省《あんきしょう》の淝水で、前燕を滅ぼした前秦王の苻堅が、東晋の謝石《しゃせき》・謝《しゃ》玄《げん》軍に敗れた戦い。

動きを意識しながら、日本列島内の変化、特に巨大古墳の時代のその成熟の過程をそれと重ね合わせながら見ていく。

さて、東アジアの混乱前期に、日本列島と朝鮮半島のそれぞれで、当時としては国と呼ぶような大きなまとまりを生む刺激が整っていた。日本列島では、箸墓古墳の築造を機に、その時にまとまっていた諸勢力が、力の証として、造墓に関わりあい、一

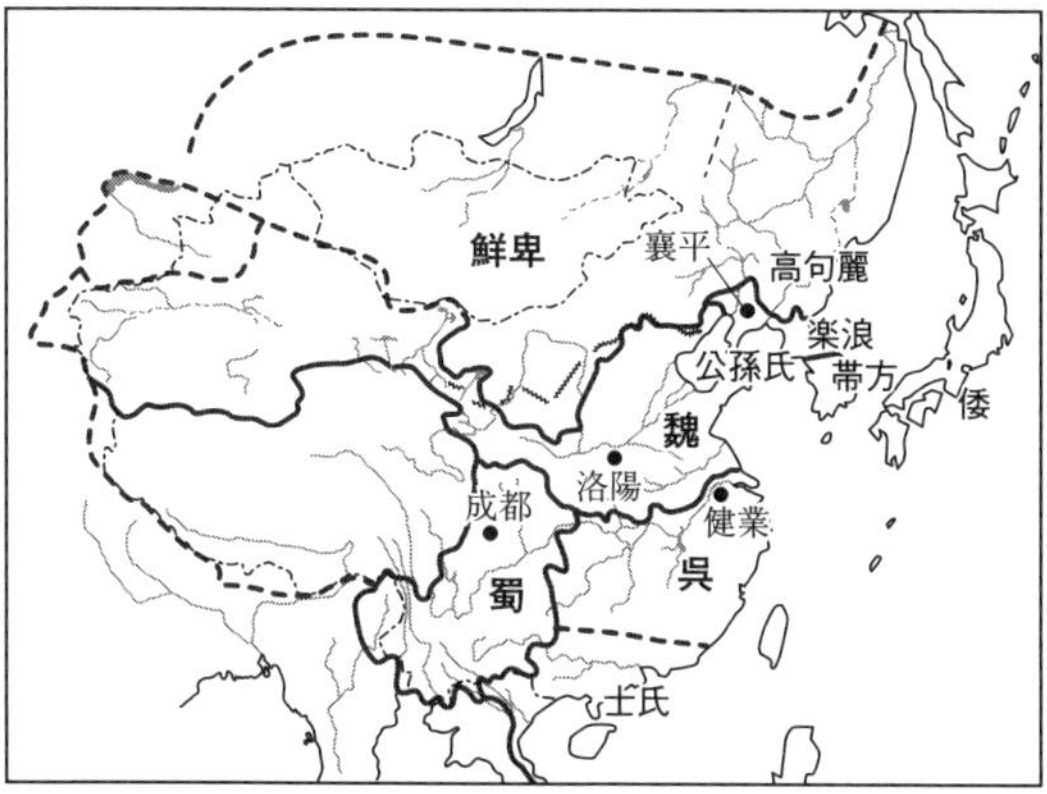

図 4-1　3 世紀の東アジア① (220 ～263 年)

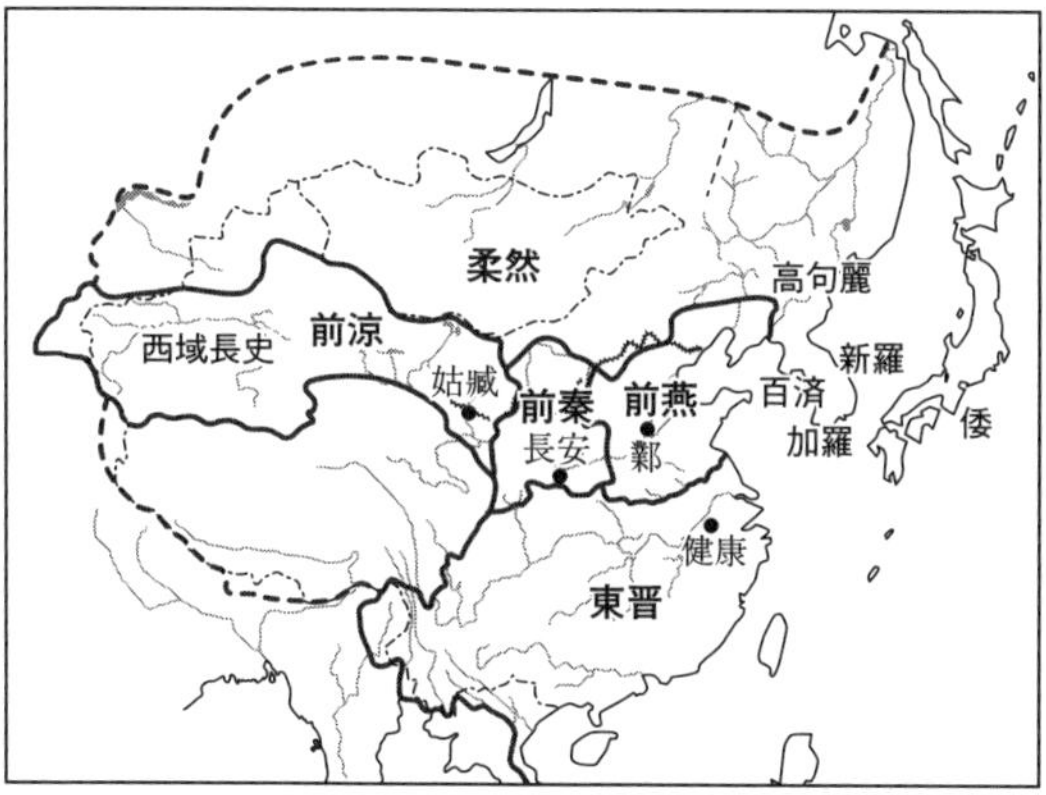

図 4-2　4 世紀の東アジア② (320 ～370 年)

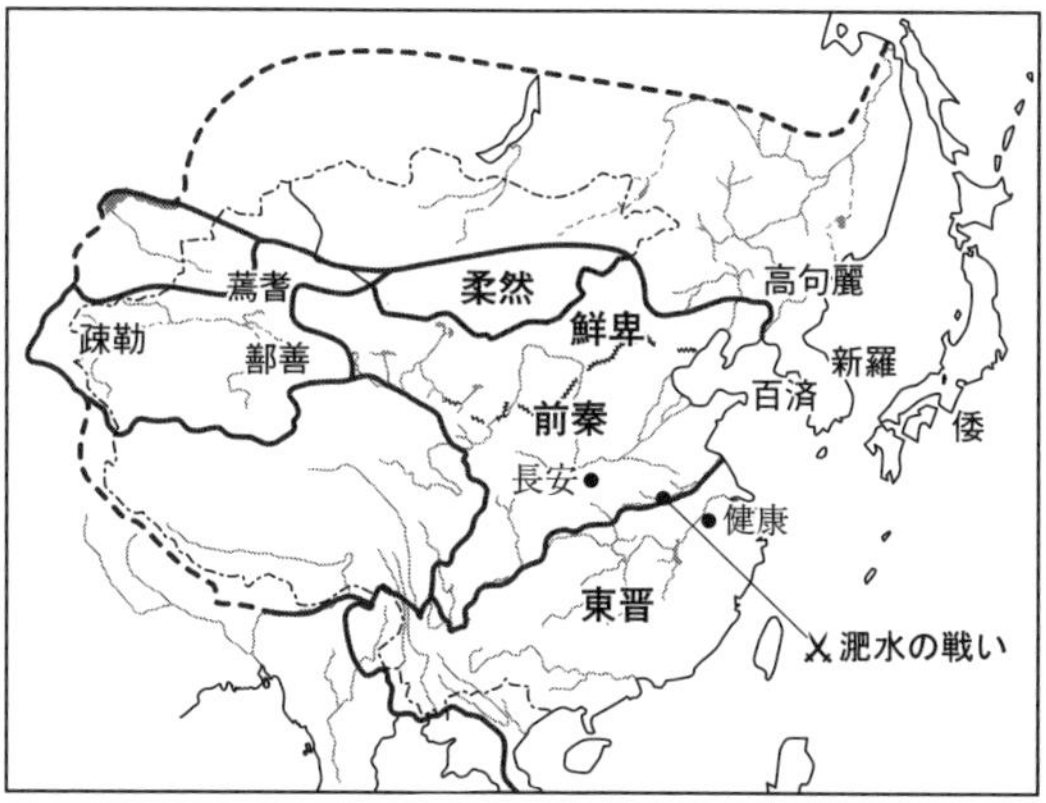

図 4-3　4 世紀の東アジア③ (371 ～383 年)

つの統合体をつくった。それが契機となって、古墳時代が始まったとも考えられる。その文化範囲は、少なくとも九州北部から東北南部までに及ぶ。朝鮮半島では、北西部を中心として、三一三年に高句麗《こうくり》と百済《くだら》が楽浪《らくろう》・帯方《たいほう》郡を手に入れた。南東部では、新羅《しらぎ》も国の呈をなしてきた。

混乱中期の五世紀代は、中国・宋《そう》を中心とした東アジアの枠組みの秩序の中にあった。その後の混乱後期は、高句麗が四七五年に百済の都である漢城《かんじょう》（ソウル特別市）を陥落させ漢江《かんこう》にいたる。百済は漢城期が終わり、南下し熊津《ゆうしん》期（公州《コンジュ》）となる。そうした時期までが本書の範囲である。つまり、東アジアの混乱、前方後円墳時代の前半に関わる時期なのである。

さて、混乱前期はじめの日本列島では、一九〇年の分裂時には弥生時代後期が終わり、近畿中央部は庄内《しょうない》式土器※4という土器型式が主流をなした庄内期を迎えていたであろう。実年代的には、邪馬台国《やまたいこく》時代に突入する。続いて、混乱中期はじめは、大和を中心とした古墳時代前期の秩序が乱れたころになる。すなわち、両者の変換のタイミングは、前代の安定を欠いて新たな各地勢力が頭角を現し始めるタイミングである。さらに混乱後期もまた、仁徳陵古墳に代表される物量中心の支配方式がくずれ始め、旧体制に対して新たな方式を模索し始めた時期になる。

※4　**庄内式土器**（しょうないしきどき）　大阪府豊中《とよなか》市の庄内遺跡で見つかった土器を標式とする土器。弥生土器から土師器《はじき》に移行する時期に属する。二世紀末～三世紀半ば。

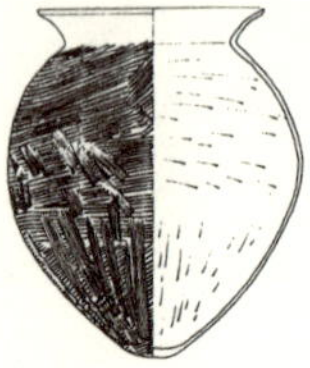

庄内式土器

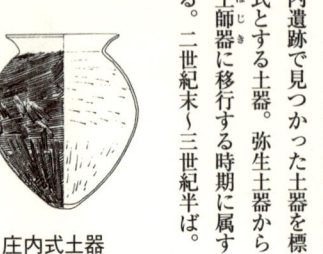

※5　**五丈原**（ごじょうげん）
中国陝西省《せんせいしょう》南部の三国時代の古戦場。

混乱前期はじめの東アジア（一九〇～二六五年）

三期に分ける混乱のタイミングがあったが、ここではまず混乱前期はじめの東アジアを詳しく見てみる。はじめにあたる二世紀末からしばらくは、めまぐるしく東アジア情勢は変化したからである。

一九〇年に中国・遼東《りょうとう》半島の遼東太守《たいしゅ》になった公孫度《こうそんたく》が独立し、日本列島・朝鮮半島南部から中国へ至る主要ルートが絶たれた。二二〇・二二一年には、曹丕《そうひ》が魏《ぎ》帝（文帝）となり、劉備《りゅうび》が蜀《しょく》を建国する。蜀の軍士、諸葛孔明《しょかつこうめい》が二三四年に司馬懿《しばい》の率いる魏軍と対戦していたが、五丈原《ごじょうげん》※5の陣中で病没した。そのため、魏軍は一旦、撤退した。しかし、二三八年に公孫氏は呉《ご》と通交し、自立して燕《えん》王になったことから、西部戦線最強の司馬懿の魏軍が東部戦線の遼東へ向かい公孫淵《えん》を殺した。これによって、五〇年におよんだ公孫氏の遼東支配は終わり、楽浪・帯方郡を魏が接収することになった。

ここで大きく情勢が変わった。楽浪・帯方郡が西側の魏と一体化し、図5下にあるような海を媒介とする渤海《ぼっかい》湾地中海といわれる通交上の地理空間ができあがった。日本列島から中国へのルートの中から公孫氏という障害はとりはらわれ、一気に対中国との緊張感が増した。二三九年、倭の卑弥呼《ひみこ》が大夫難升米《なんしょうまい》らを帯方郡に遣わして朝《ちょう》見《けん》を願いでて、官史同行で魏の都、洛陽《らくよう》へ向かった。魏の皇帝は、卑弥呼を「親魏倭《しんぎわ》

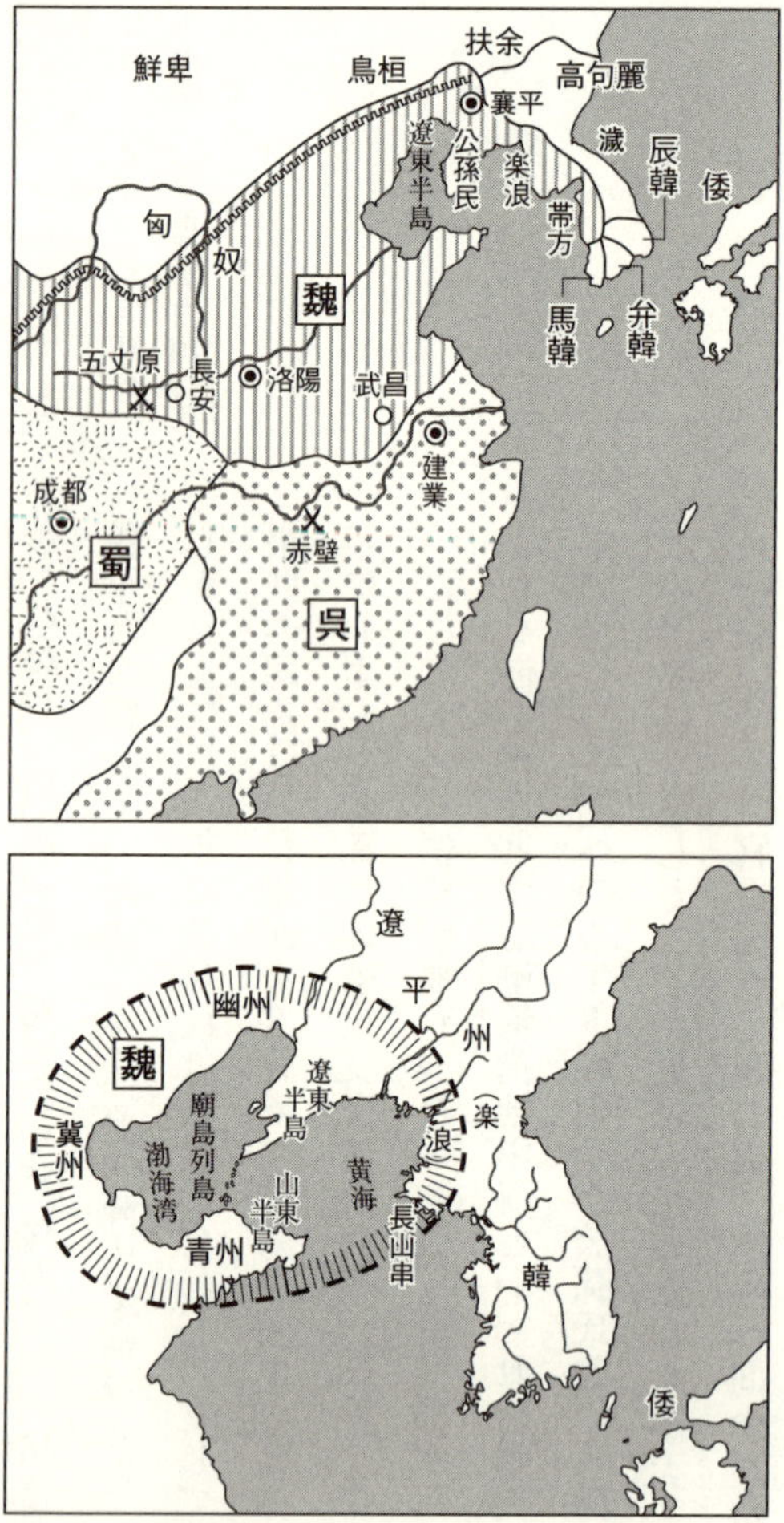

図5　三国時代の東アジア（上）と渤海湾地中海（下）
50年におよぶ公孫氏の遼東支配は終わり、魏は楽浪・帯方を接収することで、渤海湾地中海を238年に手中におさめる。

王《おう》」に冊封《さくほう》※6した。それでも、未だ日本列島は安定しなかった。二四七年には卑弥呼が帯方郡に使いを送り、狗奴《くな》と戦争状態であると告げている。卑弥呼が死亡し、男王の後、台与《とよ》が立ち、帯方郡の支援でようやく平定できたと言う。政情安定の証として箸墓《はしはか》古墳のような大墳丘が実現したとするならば、このころまで下るかもしれない。

倭国が乱れてから、この混乱前期はじめ（一九〇～二六五年）の時間帯までは、平底であった弥生土器から、尖《とが》り底や装飾性豊かな土器を特徴とする庄内式土器が日本列島の西側を中心に拠点的に入りこんだ。庄内期という時期にあてはまる。

※6　**冊封**（さくほう）　中国天子が周辺諸国に対して、君長を臣下としての一定の地位を示すため封爵を授けた。

混乱前期の東アジア（二六五～三一三年）

さて二六五年には、晋《しん》が魏に代わって皇帝になった。倭が魏へ敏感に反応したことと同じ動きをしたと見るなら、このタイミングで「親晋倭王」という関係へすぐさま移行したことになる。そうであるなら、それ以降、四世紀はじめまでは政情が安定していた。

この間、すなわち混乱前期前半は、後で触れる箸墓類型の古墳を三世紀中ごろから四世紀はじめまでに割り当てることができる。これも土器の型式からすれば、土器様式では、広域で丸底の斉一性が高い布留《ふる》式土器※7が一気に広まっていく布留期古段階（図9参照）にあたる。

一方、先に見たように、三一三年に朝鮮半島は大きく動いた。漢・魏・晋と続いた楽浪郡に対して、後漢末に公孫氏《こうそんし》が遼東半島から割いて魏・晋と続いた帯方郡は高句麗に滅ぼされた。楽浪郡は高句麗がおさめていたが、三六九年にその南をおさめていた百済を攻めた。しかし、これに勝利した百済はソウル特別市付近の漢山《かんざん》《ハンサン》へ遷都し、三七二年に東晋に入貢するとともに、南方の倭とも通交して頭角を現した。

奈良県天理市の石上神宮《いそのかみじんぐう》には七支刀《しちしとう》※8が伝世する。『日本書紀』神功《じんぐう》紀五二年に「七枝刀一口」と記されたものにあたるとされる。両刃の剣であるこの刀には、金象嵌《きんぞうがん》の六

※7　布留式土器（ふるしきどき）　古墳時代前半期の代表的な土師器《はじき》である。奈良県天《てん》理《り》市の布留遺跡で見つかった土器を標式とする土器。（三世紀中ごろ～五世紀末）

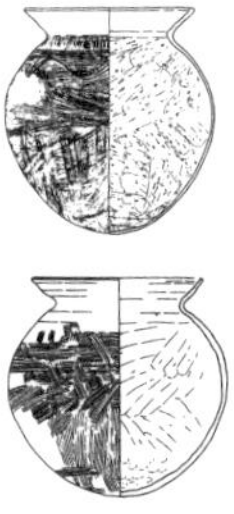

布留式土器

※8　七支刀の銘文（しちしとうのめいぶん）
〔表〕泰和四年□月十六日、丙午《へいご》正陽、百錬釒□七支刀を造る。□百兵を辟《さ》く。供供たる侯王を宜《よろし》くす。□□□□作。
〔裏〕先世以来、未《いま》だ此の刀有らず。百済王世子、奇生聖音、故に倭王旨の為《た》めに造り、後世に伝示せんとす。

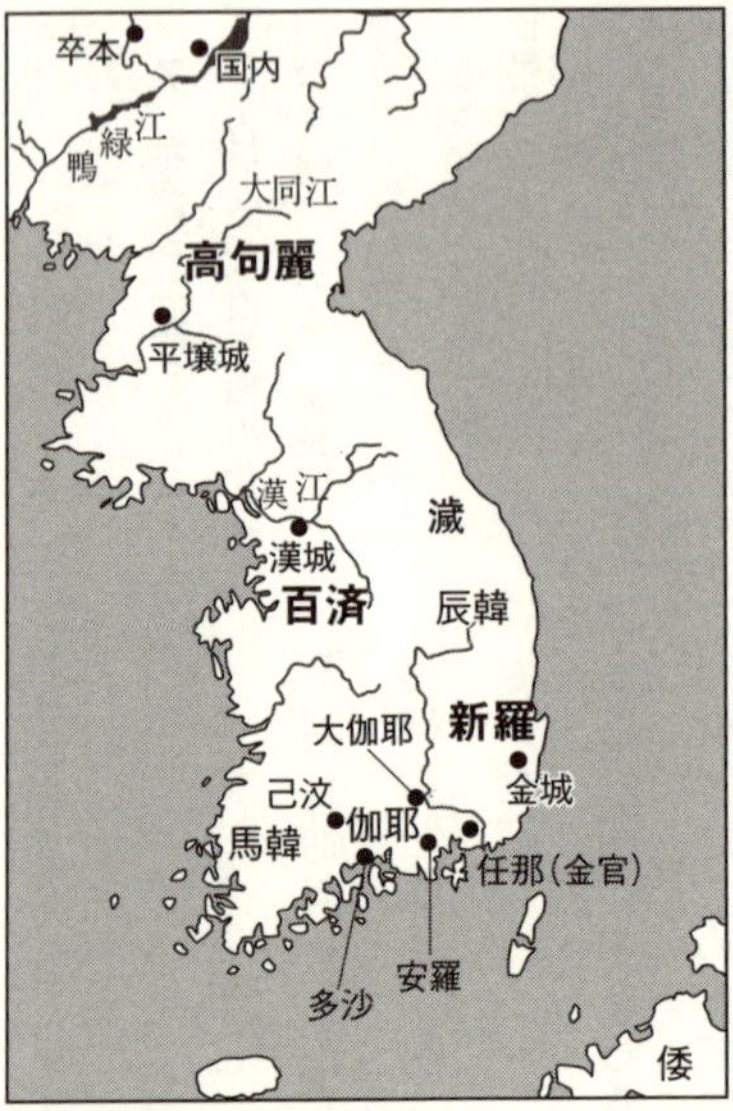

三国時代（４世紀）

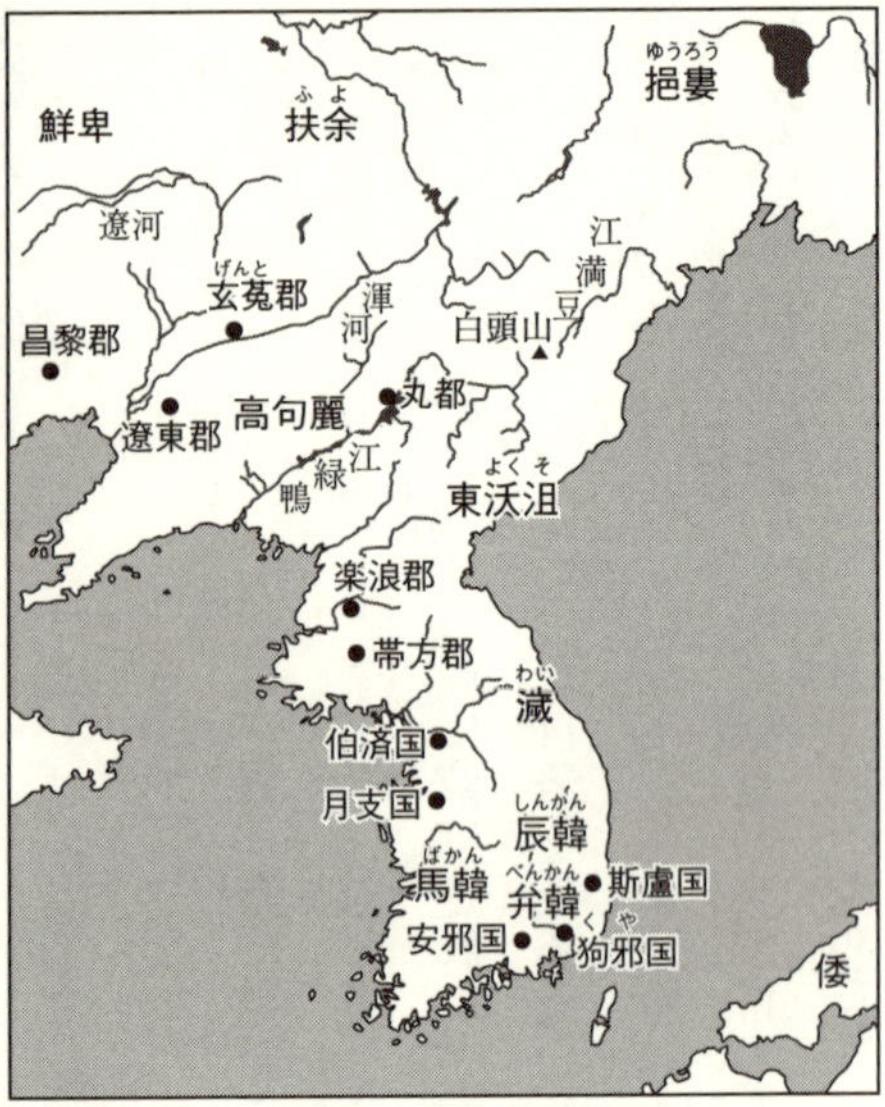

『魏志』倭人伝のころ（３世紀）

図６　朝鮮半島地図

十余文字がある。その叙述からは、倭国が四世紀後半に朝鮮半島南部を軍事的に制圧して「任那《みまな》日本府」をたてて高句麗・新羅と対立しながら、近肖古《きんしょうこ》王の世氏の近仇《きんしゅう》首《しゅ》王（百済王　三四六～三七五・三七五～三八四）から倭王に献上されたものとイメージされた解釈もあった。

現在では、任那日本府が存在したという四世紀後半説は否定され、銘文にある年号を「泰和《たいわ》四年」とし、東晋の太和として、侯王などの文字から三六九年という考えが強い。さらに献上か下賜《かし》かという論争もあるが、日本列島と朝鮮半島南部のトップと名のる人間同士が安定した交流を三七〇年ごろに行うようになったことを示す記述であることには変わりなかろう。

この接触とともに、数多くの知識人や技術集団の交流も含まれたことであろう。応神・仁徳天皇より古い一群の伝承として、『日本書紀』神功紀五年には、大和に葛城《かづらき》氏の配下におかれた漢人《あやひと》の祖である桑原《くわはら》、佐糜《さび》、高宮《たかみや》、忍《おし》海《み》といった渡来人《とらいじん》の邑《むら》の名が記されている。

日本列島では、布留期中段階が始まった。一般集落で使う土器は九州から東北まで斉一的な古墳時代のものに移るが、ていねいにつくられた小型精製土器と呼ばれる器台・鉢・丸底壺に、ていねいさが失われだした。日本列島は安定したのであろうか、朝鮮半島もまた、それぞれの地域が図6左のように一定範囲を領有して落ち着いたかに思われた。しかし、それは長くは続かずに、混乱中期へと突入することになった。

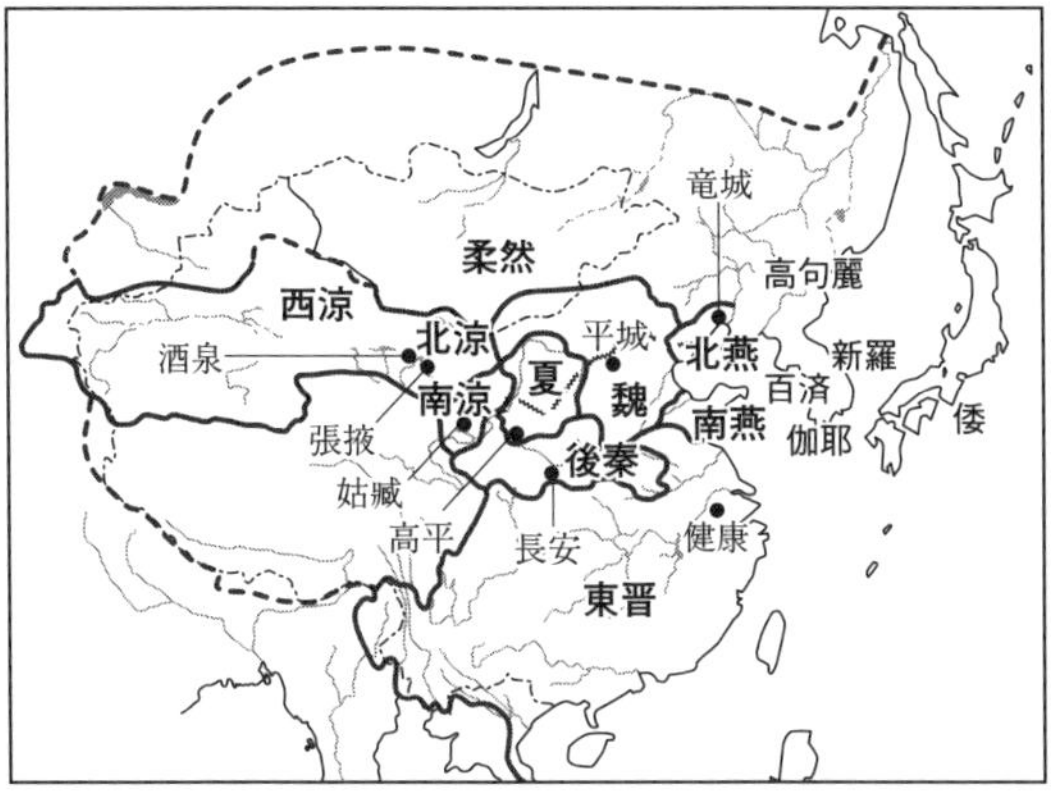

図 7-1　5 世紀の東アジア① (403 ～410 年)

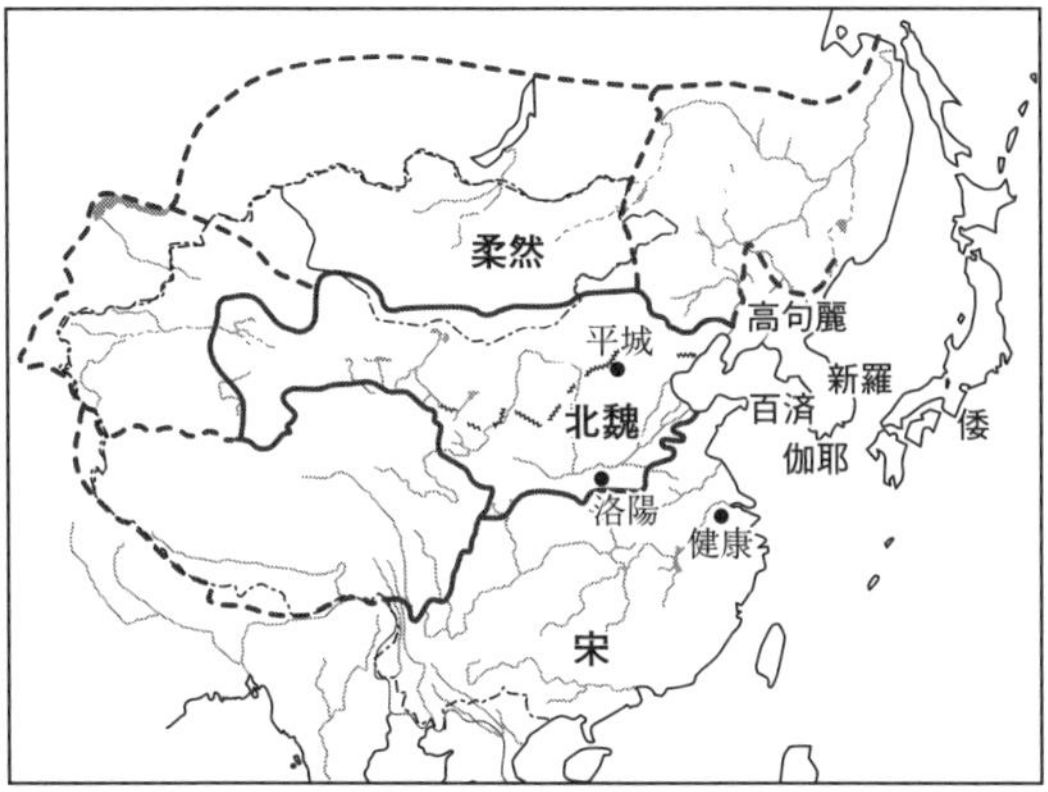

図 7-2　5 世紀の東アジア② (439 ～479 年)

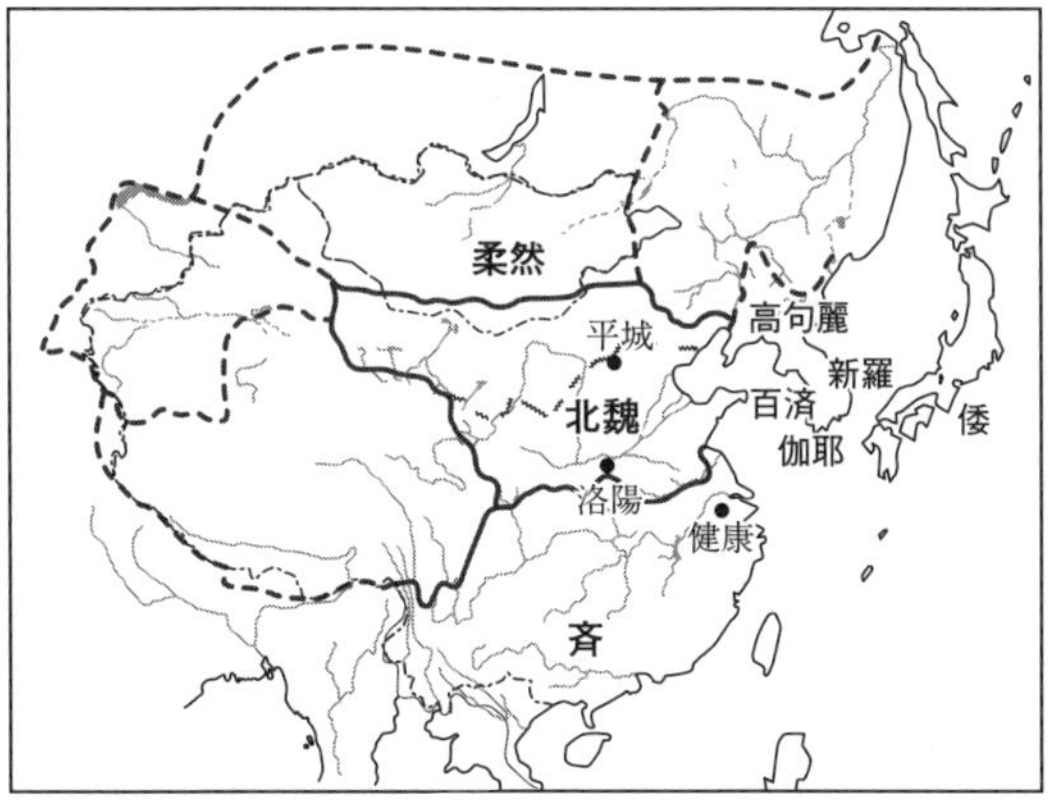

図 7-3　5 世紀の東アジア③ (479 ～502 年)

※9　燕（えん）　四世紀から五世紀初めにかけて、鮮卑《せんぴ》の慕容《ぼよう》氏が建国した後燕や南燕の国々（36頁→五胡十六国《ごこじゅうろっこく》）。

混乱中期の東アジア（三八三〜四七九年）

中国では、三八三年に淝水《ひすい》の戦い（20頁参照）に前秦《ぜんしん》が敗れ、またもや安定勢力がなくなった。後燕《ごえん》が三八四年、南燕が三九八年に建国と、めまぐるしく分裂したからだ。これに伴なって、周辺部はより一層不安定な状況となったことであろう。後、燕[※9]として勢力が復活し、相変わらずプレッシャーがあったが、高句麗は北から安定させ、百済や倭に対立して南下に目を向ける余力が生まれた。それに伴なって、中国大陸・朝鮮半島北部からも日本列島へ人の流入の動きがあったことが考えられる。

朝鮮半島北部だけでなく、先の『日本書紀』神功《じんぐう》紀五年の伝承を引きだすまでもなく、日本列島各地では、複数集団による集中的な渡来が同時多発的に起こったと考えられる。それと同時に、一定の地域首長が一定の朝鮮半島地域勢力とがそれぞれでつながるチャンスが生まれたことになる。それまで双方の局部的な一定地域間が独占的に交流することで優位に立っていたものが保てなくなったのである。後に見る遺跡出土資料の情況では、混乱中期はじめが地域乱立の様相を呈することになった。

布留《ふる》期新段階に入り、土師器はていねいさが失われて日常雑器化し、陶質《とうしつ》土器生産を本格化させることが強く望まれる状況になっていた。

まずは、新技術を達成するための人的流入が、大和一地域のみならず、河内をも含

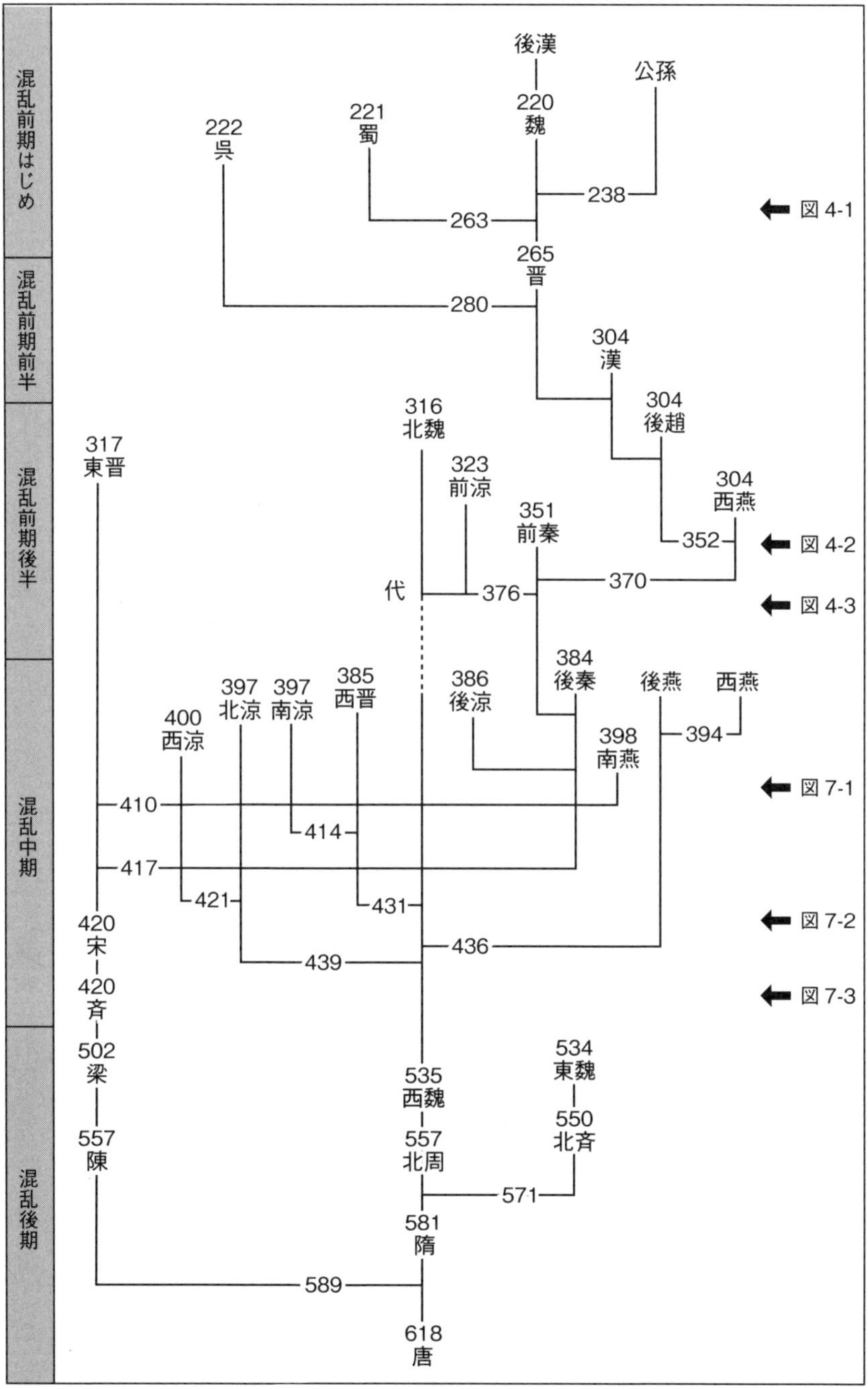

図８　魏晋南北朝王朝の交替図表

めたいわゆる畿内連合勢力のそれぞれの中で、独自に行われた。各連合勢力は、互いに、他地域を圧倒するために朝鮮半島の各地域とより強い太いパイプを持とうとしたのである。

時期	円筒埴輪を主とした時期	土器編年	標式古墳	川西宏幸編年	前方後円墳研究会編年
混乱前期はじめ（190～265）		一瀬和夫庄内期			
混乱前期前半（265～313）	一期古相	一瀬和夫庄内期新段階・布留期古段階	箸墓、西殿塚	都月型埴輪群	（一期）
	一期中相	一瀬和夫布留期古段階	東殿塚、桜井茶臼山、椿井大塚山	都月型埴輪群	（一・二期）
混乱前期後半（313～383）	一期新相	一瀬和夫布留期古段階	崇神陵、メスリ山、平尾城山	川西宏幸埴輪編年第Ⅰ期	（二・三期）
	二期古相	一瀬和夫布留期中段階	景行陵	川西宏幸埴輪編年第Ⅱ期	（三期）
	二期中相	一瀬和夫布留期中段階	日葉酢媛陵、萱振一号	川西宏幸埴輪編年第Ⅱ期	（四期）

区分	時期	土器編年	標式古墳	円筒埴輪編年	
混乱中期（383～473）	二期新相	一瀬和夫布留期新段階	津堂城山	川西宏幸埴輪編年第Ⅱ期	（四期）
	三期古相	一瀬和夫布留期新段階	仲津姫	川西宏幸埴輪編年第Ⅲ期	（五期）
	三期新相	田辺昭三須恵器編年ＴＫ七三型式	履中陵	川西宏幸埴輪編年第Ⅲ期	（六期）
	四期古相	田辺昭三須恵器編年ＴＫ二一六型式	応神陵	川西宏幸埴輪編年第Ⅳ期	（六・七期）
	四期中相	田辺昭三須恵器編年ＯＮ四六・ＴＫ二〇八型式	仁徳陵、允恭陵	川西宏幸埴輪編年第Ⅳ期（7期）	
混乱後期（479～581）	四期新相	田辺昭三須恵器編年ＴＫ二三・ＴＫ四七型式	白鳥陵、仲哀陵	川西宏幸埴輪編年第Ⅳ期（8期）	
	五期古相	田辺昭三須恵器編年ＭＴ一五型式	仁賢陵、峯ヶ塚	川西宏幸埴輪編年第Ⅴ期	（九期）
	五期中相	田辺昭三須恵器編年ＴＫ一〇型式	今城塚	川西宏幸埴輪編年第Ⅴ期	（九期）
	五期新相	田辺昭三須恵器編年ＭＴ八五・四三型式	清寧陵	川西宏幸埴輪編年第Ⅴ期	（一〇期）
	六期古相	田辺昭三須恵器編年ＴＫ四三型式	橿原丸山、日置荘ｐ—一窯Ⅰ床面		
	六期新相	田辺昭三須恵器編年ＴＫ二〇九型式	牧野、日置荘ｐ—一窯Ⅱ・Ⅲ床面		

図9　5つの混乱期とそれぞれに該当する「円筒埴輪《えんとうはにわ》の時期」「土器編年」「標式古墳」

各研究者によって編年されている。円筒埴輪を主とした時期は、p96～109参照。

図10　倭の五王による宋遣使関連地図
南燕が東晋に滅ぼされることで、東晋やその後の宋は山東半島を手に入れ、邪馬台国《やまたいこく》時代のように、中国が再び410年に遼東半島、すなわち朝鮮半島と直結することになる。

五世紀、「倭《わ》の五王」時代の幕開け

そうしたなか、三九八年に山東《さんとう》半島に鮮卑《せんぴ》の一族から興った南燕《なんえん》が、四一〇年に東晋《とうしん》に滅ぼされた。遼東半島から楽浪・帯方郡のあった辺りは、渤海湾《ぼっかいわん》をつくる乙湾の西岸、朝鮮半島の長山串南を越えた黄海《こうかい》北部と山東半島とを一体化した地域として海を媒介に対面する。再び渤海湾地中海の海路は開かれ、南の東晋、その後の宋《そう》は、山東半島まで簡単に北上することができるようになった（図10参照）。

これを機に、前秦《ぜんしん》の崩壊による大分裂が中国南北の二大勢力でまとまることになった。分散しかけた日本列島の勢力もまた再び強くまとまらざるを得なくなった。そして、四一三年、高句麗、倭の使節はそれぞれ東晋に入貢した。それは、倭の五王の時代の幕開けであった。

混乱中期（三八三～四七九年）は、朝鮮半島と日本列島にある個々の勢力が大きなひとくくりのまとまりをめざして覇権を握ろうとしていた。そうしたなかで、巨大前方後円墳の時代がやってきた。知識人や技術者はひとつにまとめられ、金工技術の普遍化や甲冑技術の既製化、馬飼《うまかい》の拠点化、須恵器《すえき》生産拠点の確立などが確立した。

※10　TK二一六型式　TKとは、須恵器《すえき》生産の大供給地であった大阪府堺市の泉北丘陵《せんぼくきゅうりょう》（陶器《とうき》丘陵）にある高蔵寺《たかくらでら》地区の略号である。

渡来した技術波及の典型例として、須恵器生産がある。窖窯《あながま》で焼いた灰色で硬い陶《とう》質《しつ》土器生産が地域ごとのパイプによって西日本各地に点在していたものが、大阪府堺《さかい》市にある陶邑《すえむら》の地に、最大規模の生産地へ向けてのてこ入れが本格的に行われた。日本列島の独自色の強い須恵器型式であるTK二一六型式[※10]が生みだされたのは、倭が東晋に使節を送った四一三年直後のことであった。

がぜん、斉一性の高い須恵器が、北は仙台市大蓮寺《だいれんじ》窯跡、南は福岡県の小隈《おぐま》窯や山《やま》隈《くま》窯といった朝倉《あさくら》窯跡群に広がった。それは、南は鹿児島県東岸の志布志《しぶし》湾に集まる横瀬《よこせ》古墳などの出土品などにも見られ、一気に日本列島各地へと広がった。

このタイミングは、最大の前方後円墳である応神陵・仁徳陵古墳がつくられたこととも重なる。初期の大きな広がりは、四二一年に倭王讃《さん》が宋《そう》へ入貢したころとも合致しそうである。その後、四三八年の珍《ちん》、四四三・四五一年の済《せい》（允恭《いんぎょう》）、四六二年の興《こう》（安康《あんこう》）をへて、混乱中期終わりの四七八年、武《ぶ》（雄略《ゆうりゃく》）の入貢にいたる。

この直前の四七五年は、南下政策を進める高句麗が百済の都である漢城《かんじょう》（ソウル特別市）を陥落させて漢江《かんこう》にいたった。百済は、南の熊津《ゆうしん》《ウンジン》への遷都を余儀なくされた。高句麗は同時に、新羅に対しても王の廃止という圧力をかけた。この時期、高句麗と倭は最も大きくなった。当時の日本列島の文化的な影響範囲は前方後円墳の分布からすれば、倭王珍・済・興のころには朝鮮半島南西部、鹿児島県、岩手県まで及んだ。

第二章　古墳以前の墳墓の形

箸墓《はしはか》古墳の突発性

三世紀から六世紀までの日本列島のまとまりを確認するのに最も手っとり早い方法。――それは、今も地表に数多く残る古墳を見ることである。

なかでも、大古墳が各地でつくられるようになった理由を説明しようとするとき、周囲で大きな墳丘を持つ墓がすでに存在し、それを手本にしてつくったと言えば簡単である。ところが、直接的にパッケージとしてその前例を指し示せないのが実状である。今のところ、日本列島で最古級になるのは奈良県桜井市の箸墓古墳である。墳丘は大きく、周囲にこれより大きく適度に古い墳墓があればよいが、直接の先行モデルは存在しない。

一般に、物は小さく素朴な物から発展していき、やがて、て

図 11　**箸墓古墳**（奈良県桜井市）

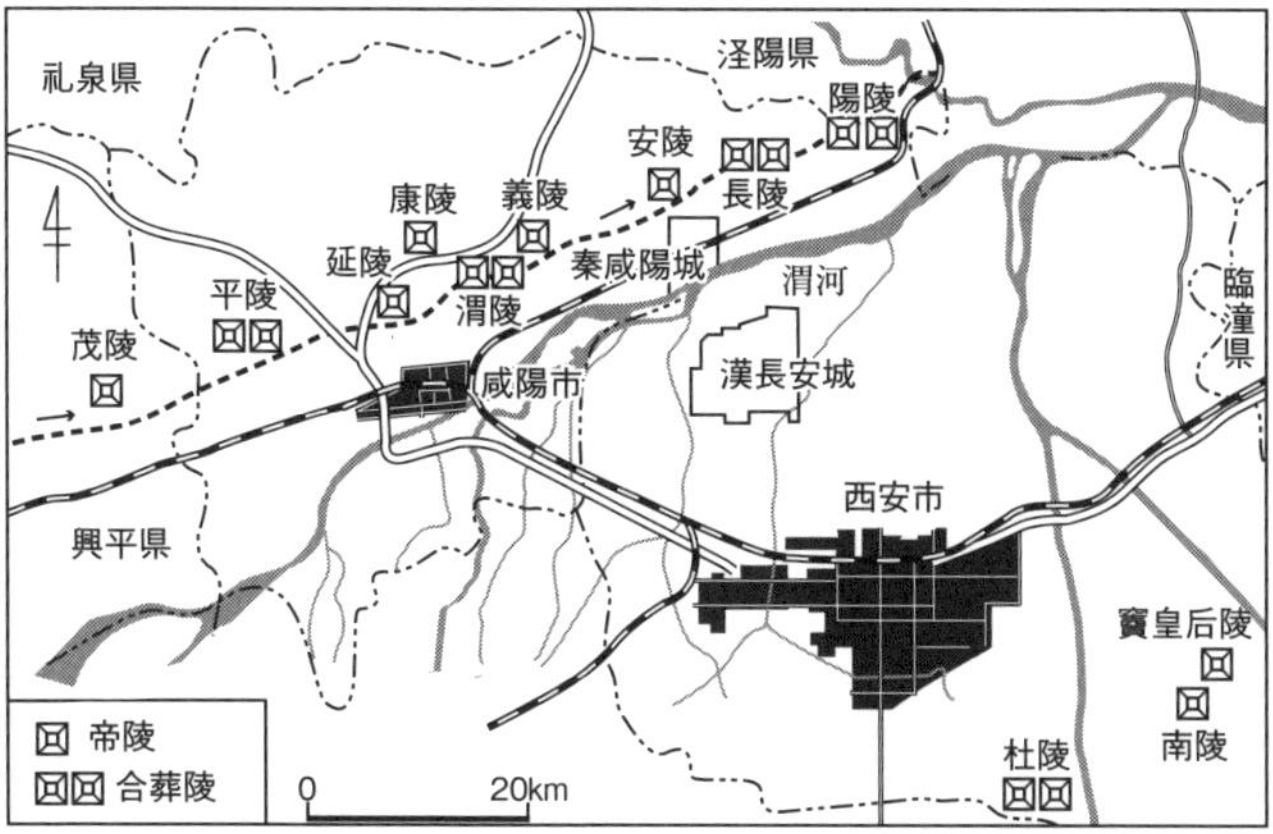

図12　前漢皇帝陵の分布

いねいで大きく立派な物へと発展していくのが普通である。しかし、装飾品や墓は、人間が生きていくためだけでは、そうそう大きく立派な物にする必要はない。むしろ、そうした物を突発的に一気につくることが熱望されたときに始まることが多い。

古代エジプトのジョセル王の階段ピラミッドや、中国秦《しん》の始皇帝《しこうてい》陵などがその例である。始皇帝陵は一代限りだが、エジプトはそのあと、ピラミッドの墓づくりが受けつがれて最大の一辺二二四メートルのクフ王の墓まで発達する。

中国は、始皇帝のときには地下宮殿さながら実物大の人物俑《よう》が並べられ、伴なって実物やそれ以上の宝器で飾り立てられた。そのなかの、ごく一部にすぎない一辺五百メートルを越える方形のマウンドは、後にも先にも世界一の存在となった。秦を倒して漢が帝国をつくるが、漢と言えども実物大の人間の形をした俑を大量につくることはできなかった。漢の皇帝陵は、しばらく、始皇帝陵をモデルとしながら、図12にある陵墓は小さくダウンサイジングされたものが続く。

つまり、突発的で大きく立派な物ほど、後に続く墓の形態は、それに追従することの方が多い。そして、その最初のモデルを凌駕するケースは少ないのである。箸墓古墳も、しばらくはそうであった。箸墓古墳を大きく越えるものは、一五〇年後の大阪府堺市の履中《りちゅう》陵古墳を待たねばならない。

混乱前・中期の東アジアの墳墓

■中国の墳墓

ともかく、箸墓古墳は突然、現れた。

このころ中国の墳墓はとなると、年代的に近い漢族の墳墓の調査例は、辺境のものが多い。五胡《こ》十六国[※1]のなかの北燕《ほくえん》の王族、四一五年に没した馮素弗《ひょうそふつ》の墓がある。この内部は板石でつくられた竪穴石槨墓《せっかくぼ》であった。内面には石灰を塗って壁画を描く。注目される出土品は、被葬者を特定した「范陽公章」「大司馬章」の文字のある印章《いんしょう》と、それと同時に出土する馬具のなかでも輪鐙《わあぶみ》がある。日本列島の出土品と似ることから、年代基準のひとつとなる。

中国東北部の甘粛《かんしゅく》省にある魏晋墓は、日干しレンガによる彩色の横穴式の磚室墓《せんしつぼ》である。シルクロードを守る長城《ちょうじょう》にそってある砦《とりで》での生活が多く描かれる。

ともかく、中国三国時代（後漢末に興った魏《ぎ》・呉《ご》・蜀《しょく》）の呉から、東晋《とうしん》、宋《そう》、斉《さい》、梁《りょう》、陳《ちん》（図

※1　五胡十六国（ごこじゅうろっこく）

五胡	十六国	年代
匈奴《きょうど》	前趙（漢）	304～329
	北涼	397～439
	夏（大夏）	407～431
羯《けつ》	後趙	319～351
鮮卑《せんぴ》	前燕	337～370
	後燕	384～409
	西秦	385～431
	南涼	397～414
	南燕	398～410
氐《てい》	成（大成・漢）	304～347
	前秦	351～394
	後涼	386～403
羌《きょう》	後秦	384～417
（漢族）	前涼	301～376
	西涼	400～421
	北燕	409～436

8）という六朝《りくちょう》時代（後漢滅亡から隋の統一まで）の王陵墓の特徴は、長方形・長楕円形の平面形をした横穴磚室墓が主役で、直接の設備はあまり大きくはない。ただし、墓道を含めて、石獣・神道石柱・石碑が数キロメートル以上の広域に並べられた。

図13　高句麗の王陵　中国・集安市に見られる洞溝《トンコウ》（通溝《つうこう》）古墳群。山城下墓区である。田中俊明氏提供。

■朝鮮半島の墳墓

朝鮮半島北部の高句麗《こうくり》は、日本列島の古墳と同じく、大きな墳丘をつくる傾向にあった。西谷正《にしたにただし》氏（九州大学名誉教授）が「高句麗王陵コンプレックス」と呼ぶユニットには、積石塚《つみいしづか》という在地性の物に横穴室墓が備わり、まわりに土塁・陪冢《ばいちょう》・建物がつけ加えられた。

四世紀になって一辺六三メートルの太王陵《たいおうりょう》、三二メートルの将軍《しょうぐん》塚《づか》が築かれる。現在、中国吉林省《きつりん》集安《しゅうあん》市にある太王陵は七壇以上に積んだ方形の積石塚で、頂部を礫《れき》でおおう。墳丘近くからは「辛卯年好太王《こうたいおう》□造鈴九十六」銘鈴、「願太王陵安如山固如岳」銘のなどが出土する。これより新しい将軍塚も、七壇の方形の積石塚である。瓦の出土があることから、もともと頂部に建物が立っていた。墓室は上三壇の上面に床面を置いて、最上壇の上部と同じ位置に天井石

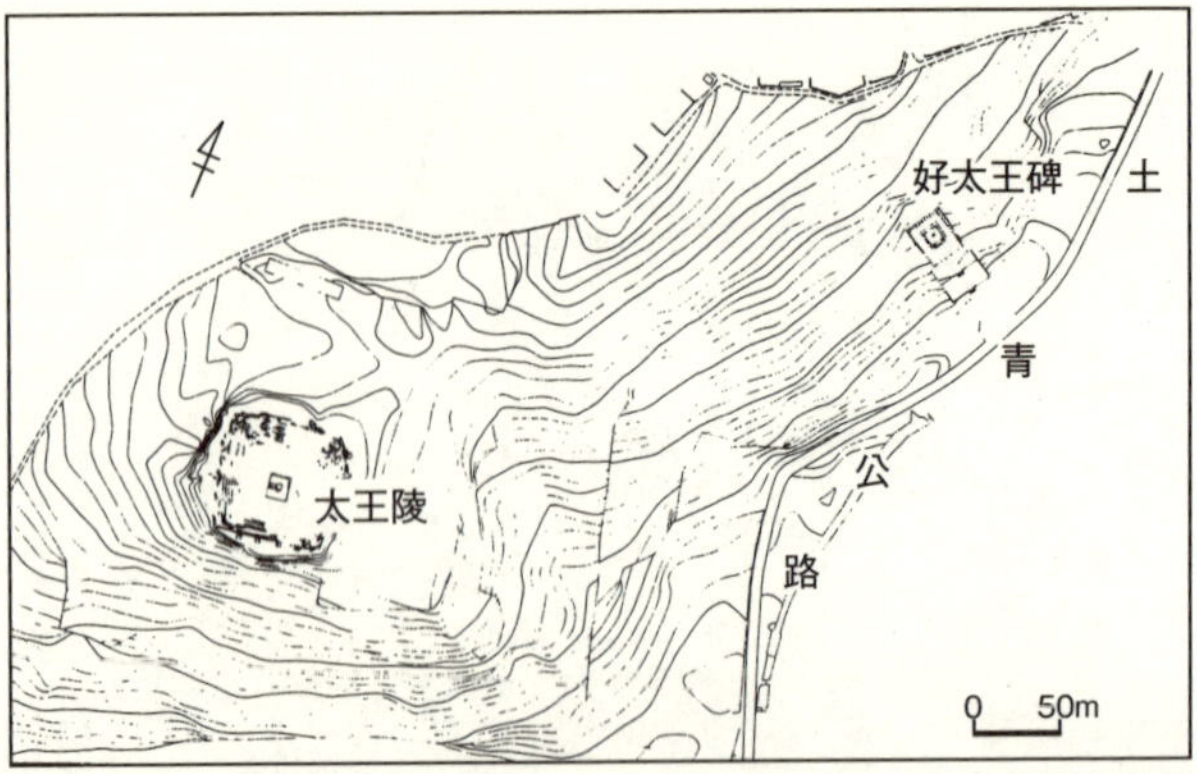

図 14-1　太王陵と広開土王（好太王）碑

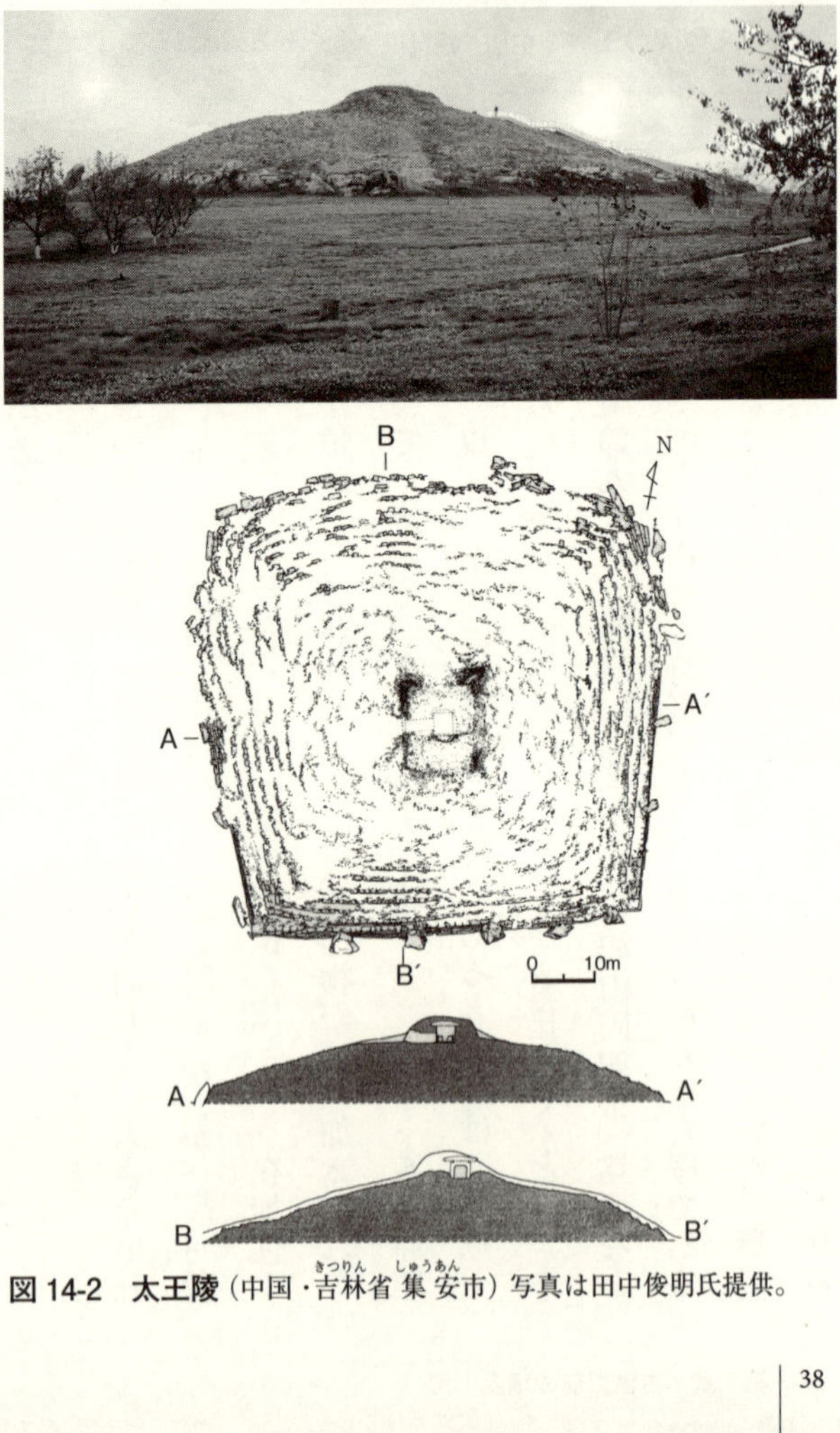

図 14-2　太王陵（中国・吉林《きつりん》省 集安《しゅうあん》市）写真は田中俊明氏提供。

を置く五×五、高さ五メートルの南西を向く横口式の物である。

これより南西方に向かって一・六キロメートル離れたところに、著名な広開《こうかい》土《ど》王《おう》碑※2（好太王碑）がある。

さて、百済《くだら》の方は、その前期には二〇メートル以下の積石塚を中心としていた。韓

※2　**広開土王碑**（こうかいどおうひ）　四一四年に、高句麗の長寿《ちょうじゅ》王（在位四一二～四九〇）が先王の広開土王（好太王）（在位三九一～四一二）の功績をた

たえて、高句麗の都のあった鴨緑江《おうりょくこう》中流域北岸の丸都《がんと》（中国吉林《きつりん》省集安《しゅうあん》市）に建てた石碑碑文によれば、広開土王は三九一年の即位以来、四〇四年にかけて倭《わ》軍とたびたび戦ったとされている。

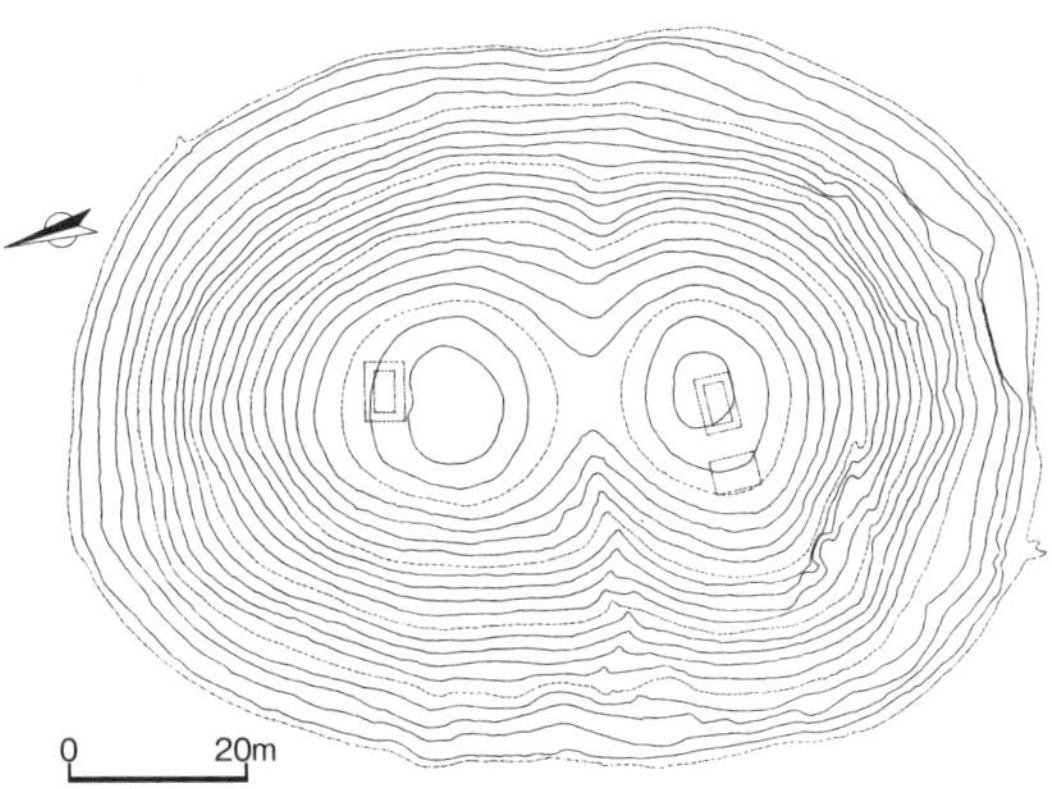

図15　皇南大塚の墳丘

国ソウル特別市にある石村洞《せきそんどう》《ソクチョンドン》墓群には五〇メートルの石村洞三号墓、四号墓三〇メートルがある。三号墓の近くからは、金製の歩揺《ほよう》や青磁片などが出土する。東側で土壙《どこう》墓や甕棺《かめかん》墓群も見られる。四号墓は三壇以上のもので、中壇外側には大きな板石をかけている。頂上部には四・六×四・八メートルの墓壙《ぼこう》があり、南側中央に長さ二・三メートル、幅二・一メートルの掘り込みがある。

新羅《しらぎ》では、埋葬施設が巨大化した。それそのものが、墳丘ともいえる新羅最大の皇南大塚《こうなんおおつか》《ファンナムテチョン》で、慶州《けいしゅう》にある。形式は積石木槨墳であり、径八〇メートルの円丘がかさなる双円形である。全体の長さは一二〇メートル、豪華な金銅製冠帽《かんぼう》や金製冠飾、ローマン系ガラスの瓶《へい》・杯《つき》、金銅製環頭《かんとう》大刀の出土も新羅を色づける。仁徳陵古墳と同じ五世紀中ごろに築造された。

倭や高句麗とともに、朝鮮半島・日本列島、それぞれの地域での独自の形をつくろうとしていた。それぞれに、時代と地域が生んだ特色ある墳墓であった。

前方後円形に至る過程

■方形《ほうけい》周溝《しゅうこう》墓《ぼ》の築造

イギリスには、長い墳丘を持ち、砂岩の巨石による構築物を核に、紀元前三六〇〇〜三七〇〇年に四六体が埋葬された墓がある。

ちなみに、エジプトでピラミッドに先行するのは、長方形のマスタバ※3といわれる墓である。

日本列島でも、墳墓はイギリスやエジプトと同じように方形の区画を持っていた。古墳時代に先行する弥生文化の一様相として環濠《かんごう》集落を考えるとき、墓もまた溝によって空間が区分された。それは、弥生時代のはじめから入りこんでいた。区画内には、いくつもの埋葬が行われた。かかえもつ主体部の数が増えるにしたがって、墓も長方形となり、大きくなった。それは、方形周溝墓という。

最近、朝鮮半島でも、二・三世紀ごろとされる墳墓にこれによく似た物が検出されている。それは、丘陵斜面に立地する周溝土壙墓といわれる錦江《きんこう》流域の例や低丘陵の尾根に立地する方形周溝墳墓と、栄山江《えいざんこう》流域の方形周溝墳墓にわかれる。前者の錦江流域例は、五〜一〇メートル前後のコの字形の周濠に囲まれる。なかの木槨《もっかく》からは軟

※3　**マスタバ**　エジプトの古王朝〜中王朝時代に盛行した個人墓。地上に石材をベンチ形に積んだ礼拝所を設置した。

※4　帯鉤（たいこう）　中国の春秋戦国時代から後漢時代に広く使われた帯金具《おびかなぐ》。帯革の一端につけ、他端にひっかけて使用した。のち、朝鮮半島や日本でも使われた。

質土器、木棺内からは大刀、鏃《ぞく》、帯鉤《たいこう》※4など階層差が反映される副葬品をもって、主体部の数が限られる物もある。後者の栄山江流域例は、一辺一〇メートル代を中心に一辺中央や隅に陸橋《りっきょう》がとりつくのが特徴である。

総じて、区画内の被葬者が特定的である。そのなかで、特に後者の一辺中央がとぎれる物などは、日本列島での弥生時代後期から庄内期にかけての周溝墓に似る。ただし、前者の副葬品は、日本列島の墓とは違う特定官人墓のような性格を持つようにも感じられる。この雰囲気はこの後も続く。

■方形周溝墓のつくり方

さて、日本列島の方形周溝墓の方形の輪郭を描くには、四辺に四本の溝をうがつことで足りる。溝を掘削することは同時に排出土砂が生じることを示し、その土砂は中央に盛土される立体感も持つ。

そのとき、古い段階の物は四隅がとぎれ

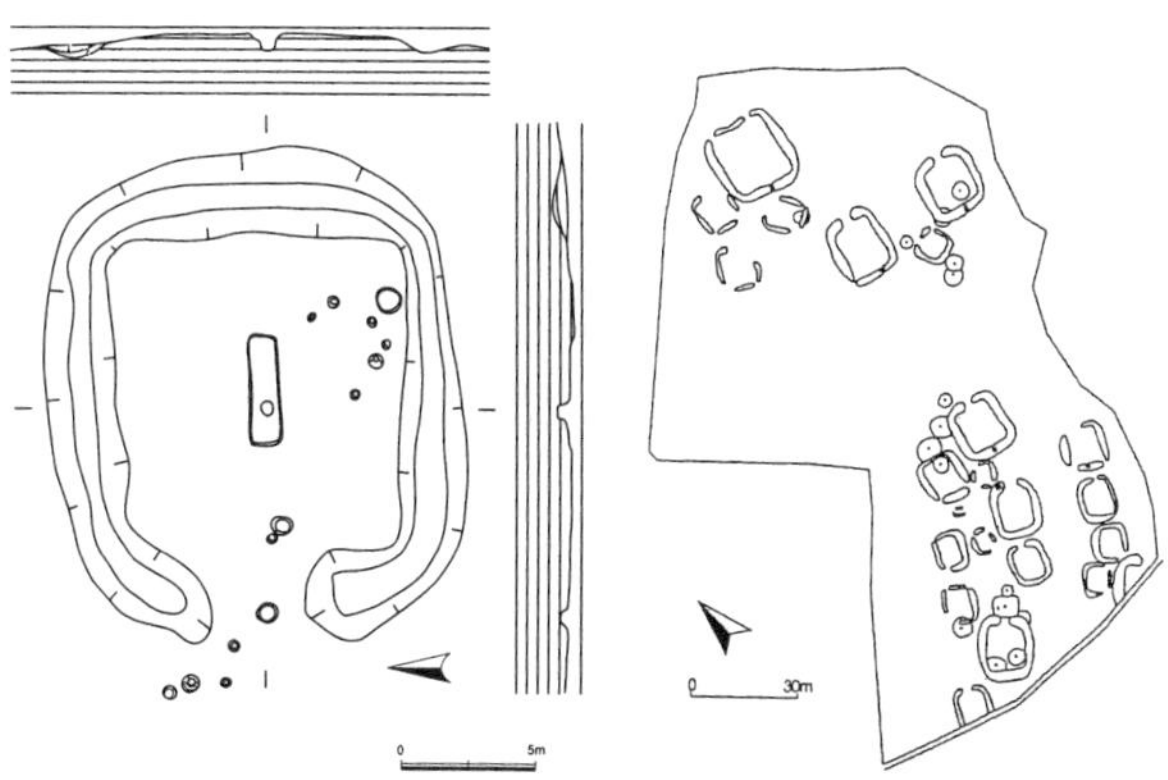

益山永登洞Ⅰ-1号墓　　舒川堂丁里墳墓群

図16　韓国の方形周溝墳墓

ることになる。墳丘上部は、方錐に盛土されることから上に向かって土量が少なくなる。あえて、対角線延長の掘削距離が長くなる墳丘四隅を掘る必要性がない。なおかつ、四本の溝それぞれは一本の中央が深く広くなる傾向がある。平地形で墳丘をつくる場合は垂直方向、微高地にのる場合は水平方向へと広がる（図18−1）。

近畿の場合、長方形の墳丘が多い。細長い高まりの旧地形を利用する場合は、短軸を掘割り状に二本の溝を掘り込むことで簡単に墳丘ができる。

周溝の掘り残しについて、近藤義郎（故人・岡山大学名誉教授）や都出比呂志《つでひろし》氏（大阪大学名誉教授）が墳丘上への「道」を指摘する。都出氏が「陸橋《りっきょう》」とする四隅は、その昇降には最も手っとり早い。

しかし、一側辺中央にあえて通路状の陸橋を設ける物が出現する。近畿で古いとこ

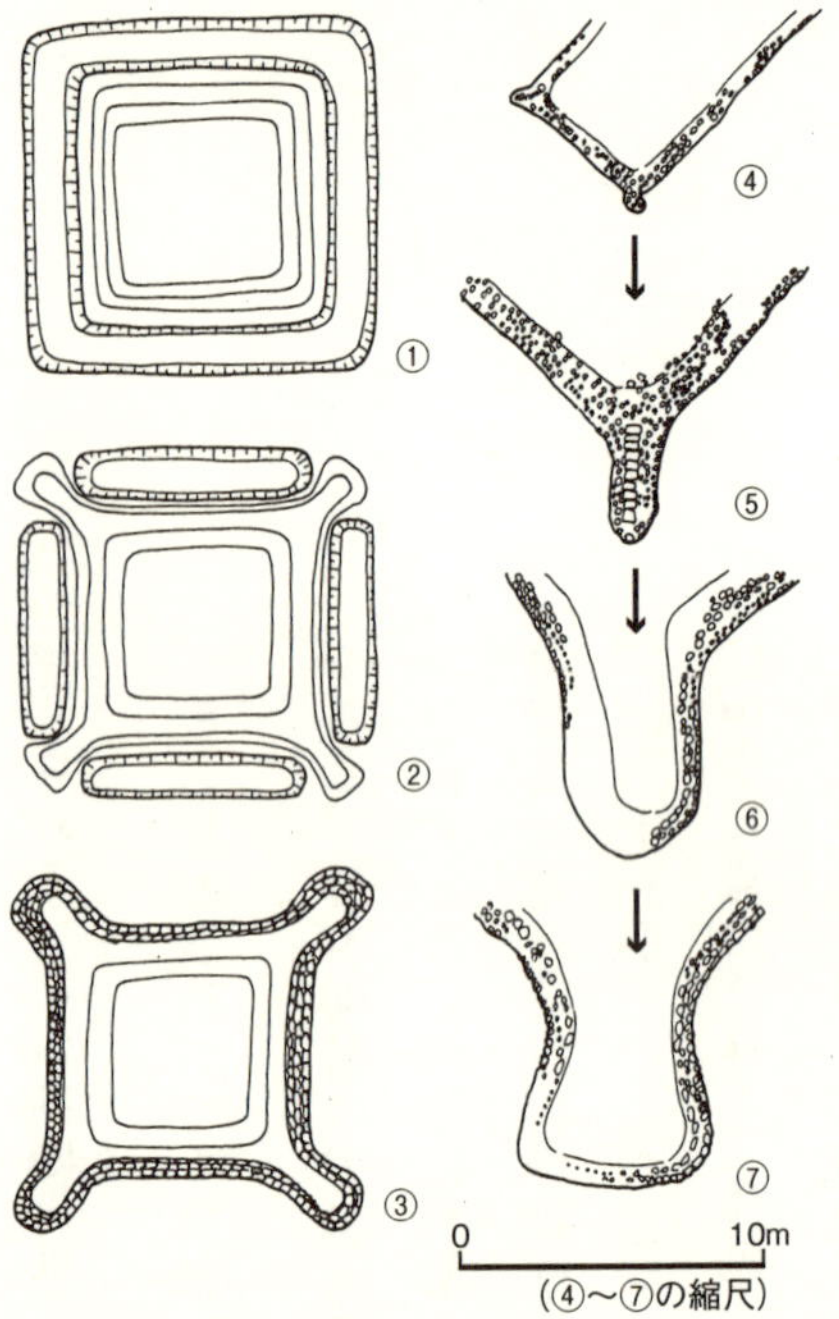

図 17-1　弥生時代墳丘墓張り出し部の変遷

四隅突出墓（図18-2）は、方形低墳丘墓（方形周溝墓）の四隅の陸橋が張り出したものと考えられる（①〜③）。張り出し部は短小のものから徐々に幅と長さを増し、バチ形に広がる変遷を示す。

④広島県宗佑池《むねすけいけ》墓、1世紀　⑤鳥取県阿弥大寺《あみだいじ》墓、2世紀　⑥島根県仲仙寺《ちゅうせんじ》山12号墳、2世紀　⑦島根県宮山《みややま》4号墓、3世紀

ろでは、大阪府高槻《たかつき》市の嶋上郡衙《しまがみぐんが》跡三八―K地区一号墓の弥生時代の中期前葉の例がある。以降、激増するが、よく見られるようになるのは弥生時代後期である。やがて、後期末の大阪府八尾《やお》市の久宝寺《きゅうほうじ》遺跡南地区第一号方形周溝墓に至る（図17―2）。それは、一二メートルの側辺中央に幅六・五、長さ四・五メートルの短小な突出がつくものである。この種の陸橋部の外側の切断は、掘り残し部分の墓道的性格の機能停止を意味するものであり、あえて外域から不必要になったことを強調したものになる。

これが、前方後円墳形の墳丘になる要素のうち、機能に関する材料の一つである。

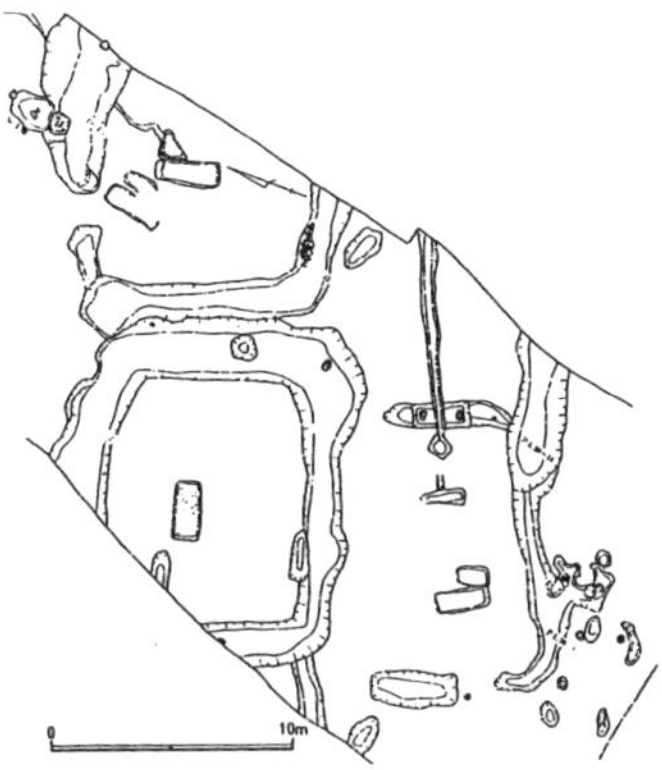

高槻市・嶋上郡衙跡 38-K 地区 1 号
中期方形周溝墓

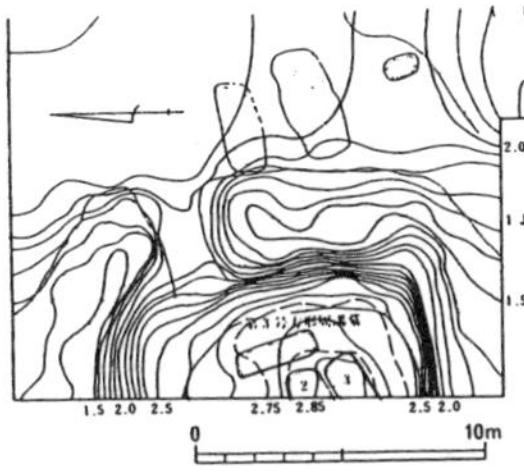

東大阪市・巨摩《こま》廃寺遺跡後期
第 3 号方形周溝墓

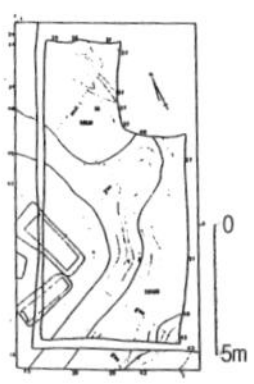

八尾市・久宝寺遺跡
中期上部方形周溝墓

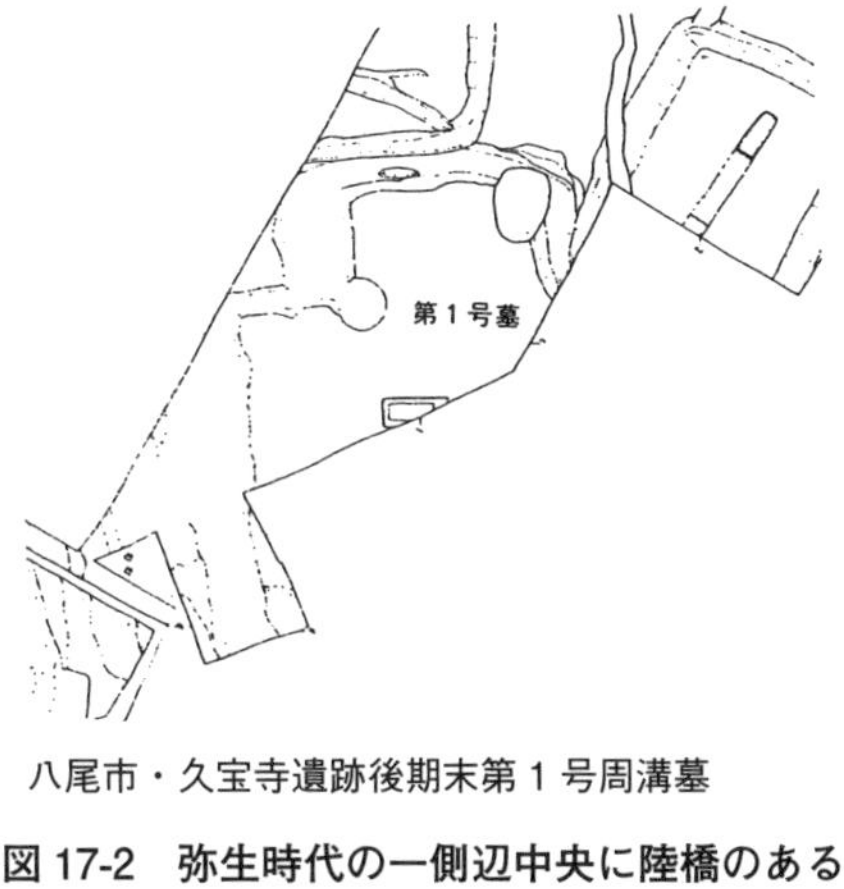

八尾市・久宝寺遺跡後期末第 1 号周溝墓

図 17-2　弥生時代の一側辺中央に陸橋のある方形周溝墓の変化　周溝の最も深く広い部分を意識的に掘り残して陸橋へ、そして、それが区画された突出部へと変化していく。

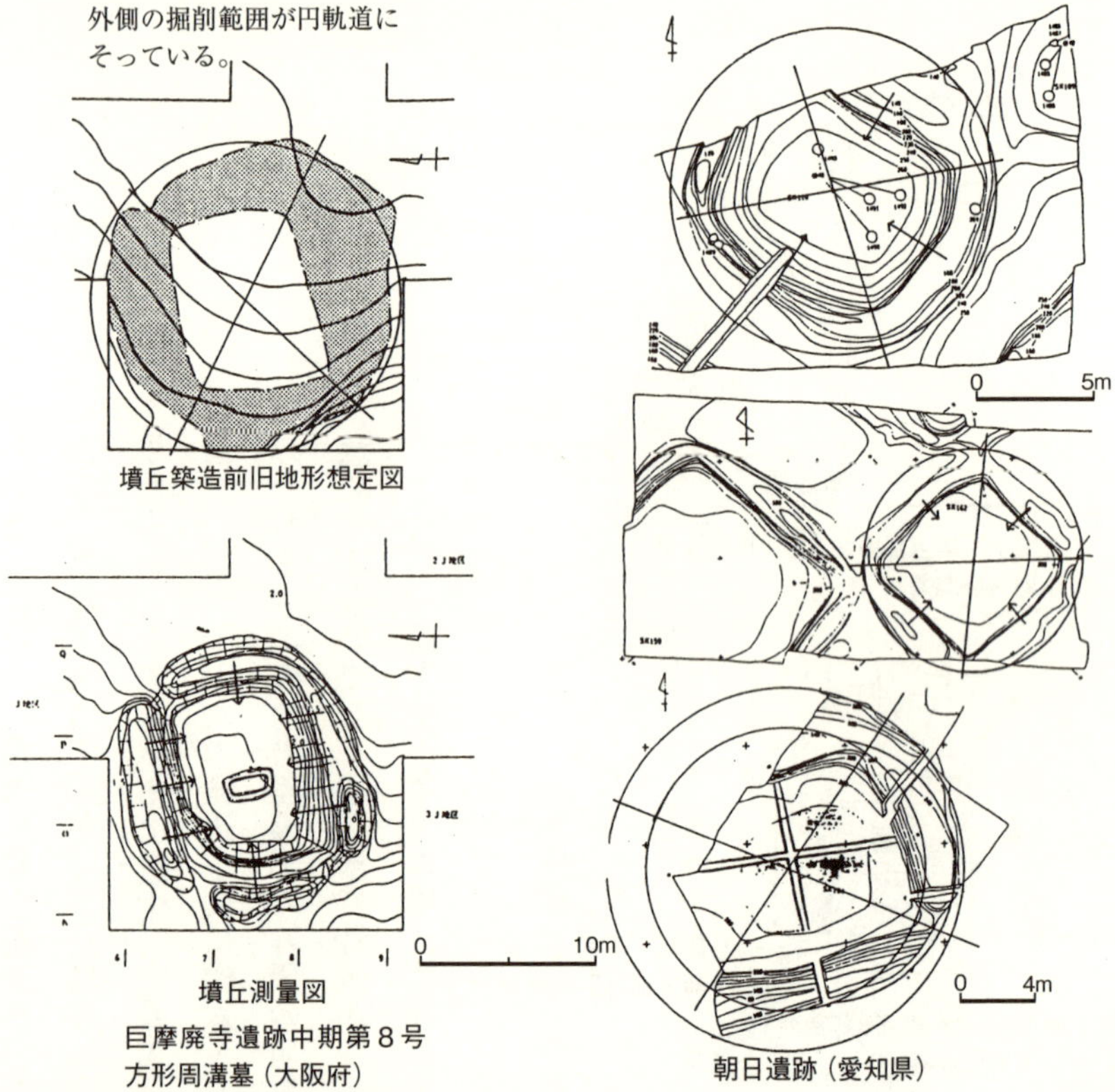

図 18-1　方形周溝墓の周溝掘削

方形周溝墓の掘削パターン

■方形周溝墓の墳丘裾《すそ》
——基本形の第一手法

ところで、方形周溝墓の墳丘裾は、どこになるのであろうか。じっくり見ると、あやふやで分からない。ふつう、周溝は図18‒2にあるように、三つの方法で掘られる。最後の第四手法は、古墳の周溝や堀り割りである。

弥生時代前期・中期はじめに多い第一手法は、福岡県夜須《やす》町の東小田峯《ひがしおだみね》遺跡のような溝の断面形がUの字で、明確に方形に画される。しかし、実際にその底面ははっきりしない。大阪府八尾市の山賀《やまが》遺跡の弥生時代中期はじめの例は環濠

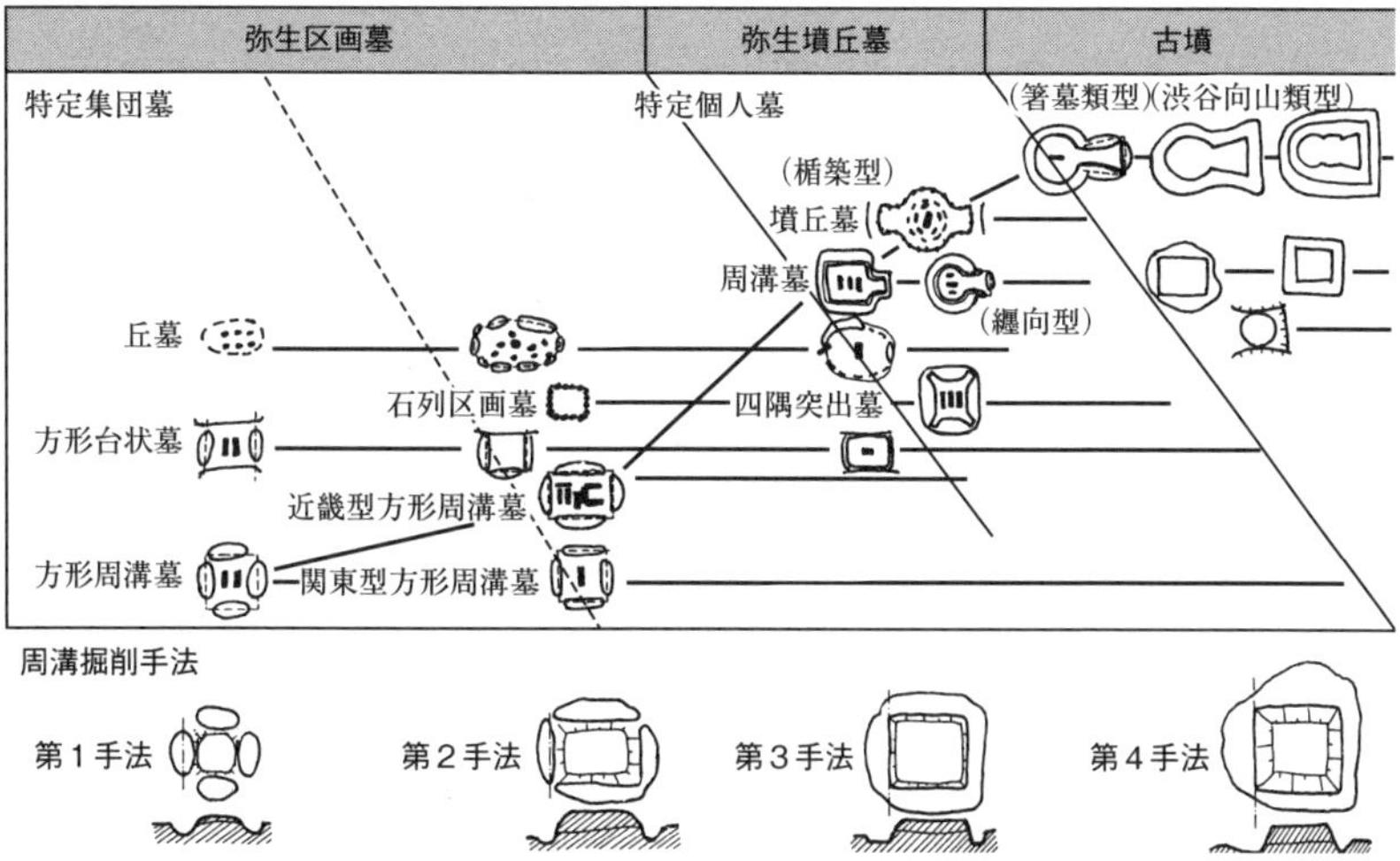

図 18-2　墳丘を有する弥生墳墓の変遷

土堤の上につくり、それを掘り割るように溝を設定している。しかし、その溝は落ち込みのように底が不整形である。溝断面の形も皿や半円形をなし、総じて溝底に広い平坦面を持つ物は少なく、墳丘裾をとらえるにはむずかしい。

これが、方形と言いながら、方形周溝墓や台状墓の形をつくる基本型なのである。実は、四隅の切れや掘削が不充分であるのは墳丘上部との関わりがある。墳丘は、方錐形をめざして盛土されていく。すると、上になればなるほど土量が減る。あえて、掘削運搬距離が長くなる対角延長線上を特に削りとる必要がない。全体の溝の外肩の輪郭は、円軌道にそって丸くなる。つまり、掘削範囲の外側は方形ではなく円形となるのである（図18－1）。

■第二〜第四手法のパターン

さて、弥生時代中期中葉・後葉を中心とした第二手法は、図18－1のような東大阪市の巨摩《こま》廃寺遺跡中期第八号方形周溝墓や、同市・瓜生堂《うりうどう》遺跡第二号方形周溝墓、大阪市平野《ひらの》区の加美《かみ》遺跡Y一号方形周溝墓の溝に見られる。溝の断面形はVの字、Uの字、

図19-1　加美《かみ》遺跡Ｙ１号方形周溝墓（大阪市平野区）
大阪文化財研究所提供。墳丘上のトレンチは、主体部を確認するために調査時に設けられたものである。その下、すべてに23基の木棺を中心とする主体部が埋められていた。まわりに溝がめぐらされている。

半円形とさまざまでいびつさが目立つが、各辺の溝を掘削し始める面は安定した平坦面を持つ。基本的には溝の断面はU字形であり、墳丘全体で見るとき、掘り込み面よりすぐ下は急斜面、盛土される上はゆるい勾配ということになる。墳丘斜面は、屈曲してもっこりとした腰高感がある。

第三手法は図17-2のような東大阪市の巨摩《こま》廃寺遺跡後期第三号方形周溝墓や八尾市の久宝寺遺跡周溝墓群の例がある。周溝断面形はやはりU・Vの字が含まれるが、かなり安定したコの字や逆台形の例が増える。これらを取りいれることで、溝底の平坦面が目立つとともに墳丘四隅も側辺と同じように掘り込みが深くなり、墳丘裾《すそ》の全体が明確となる。この手法は、弥生時代後期から古墳時代はじめに主流となる。

古墳時代には、第四手法が主流になる。大阪市平野区の長原《ながはら》古墳群の方墳はその典型である。これは断面形がコ・Uの字形を呈するのだが、墳丘側が急斜面で掘込み平面が直線的ではっきりしている。ところが、外縁がゆるやかで輪郭が不明瞭でいびつな円形になる。総じて断面形はレの字形となるのである。この断面形は、古墳時代中期の前方後円墳の周濠をまわる外堤を形づける溝にも現れる。溝の両肩と底が平坦で

図19-2　加美遺跡Ｙ１号方形周溝墓の平面図

墳丘は南北26m、東西15mの長方形で、高さ２m。マウンド上には、埋葬主体部の棺が、木の枝を組み合わせてつくられ、23基以上あった。

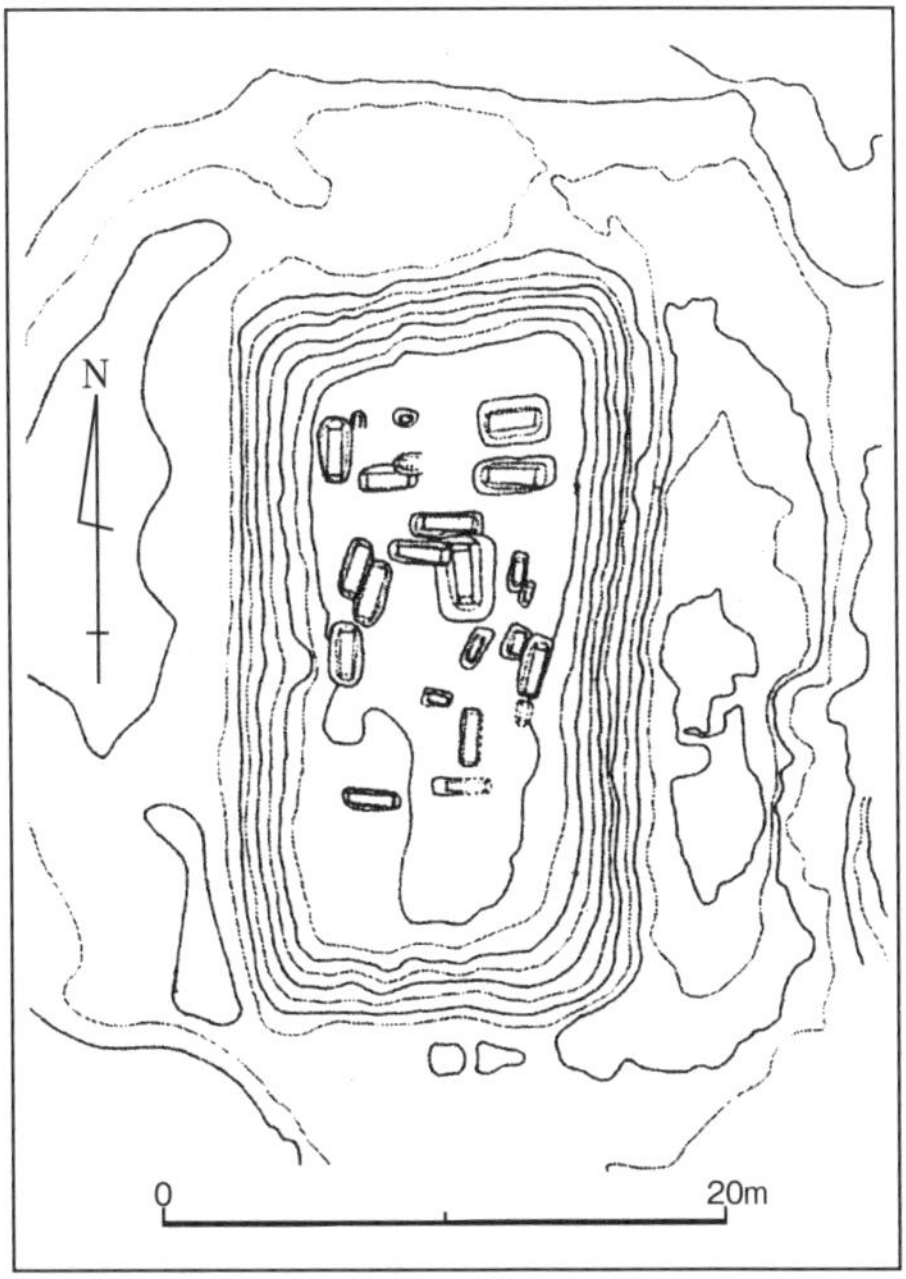

ある場合は外周溝、断面がレの字形であれば外堤を画する溝としてその造作が違う。

さらに、第一・二手法による区画は溝肩を意識したものとは思えない。主に、図18―2の左下にあるように、溝主軸中軸線が設計線となって施行された。つまり、溝掘削及び削出面が墳丘区画の意識線となって、その後に立体的に仕上がる墳丘裾となるのであって、溝底には無頓着なのである。

初期の方形周溝墓は、周囲より一段高くなった「壇」的なまたは台状の墳丘というものの区画に意義を見出し、その上部平坦面に執着した。加美遺跡Ｙ一号方形周溝墓に見られる二三基以上に及ぶ主体部は、この平坦面を介して掘削されて増え、壺棺などとともに、その平坦頂面を埋めつくした。

第三章　前方後円墳の誕生と定着

前方後円墳形周溝の掘削パターン

■前方後円形を形づくる材料

先の第三手法では、四隅の溝掘削を明確にした結果、断面形がコの字形となって溝底が平坦になった。そこには、墳丘裾を仕上げようとする意思がある。このような変化が一度始まると、弥生時代中期中葉ごろから円形周溝墓ががぜん出現するようになる。

方形周溝墓の土砂掘削範囲には、墳丘中心部を中心として円軌道の性質があることから、墳丘裾を明確にするためには円形の方が都合がいい。しかし、円台錐の斜面をきれいに整えようとすれば、四隅の四点だけをチェックすればすむ台錐の比でないほどの、チェック点数が増えてしまう。にもかかわらず、第三手法の後半期の古墳時代

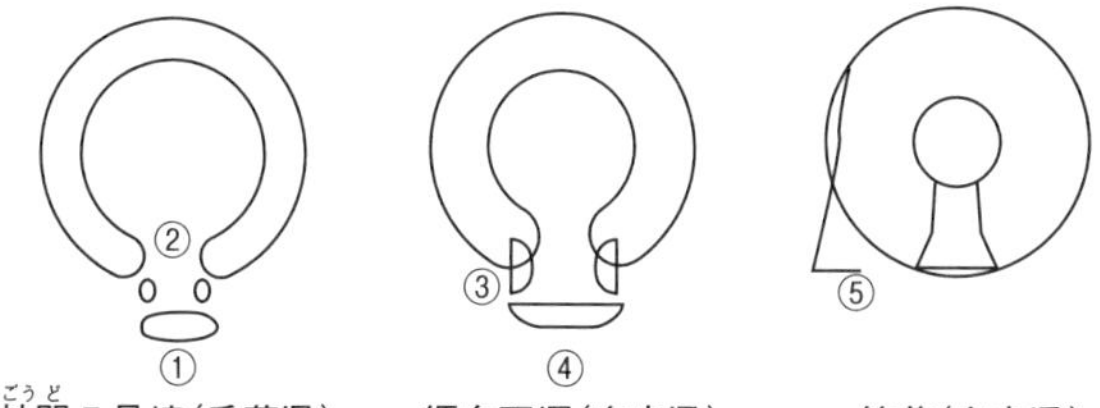

図 20-1　陸橋《りっきょう》部より「バチ」形前方部への周溝（土砂）掘削変遷模式図

第③、④の要素から削り残された陸橋部分の名残りは、周溝両端の前方部側面に相当する部分にあたり、溝のとぎれる部分の掘削のあり方から、両側面中央が最も幅がせまくなる。この前方部両側面の形状は、まさしく「バチ」形の前方部の状況に類似するのである。

第④の要素として、纒向《まきむく》（桜井市）の矢塚《やつか》、ホケノ山（いずれも桜井市、図21）などをへて、その主丘である後円部である正円形の整然とした物となり、その墳丘裾は一段と明確化される。

第⑤の要素は、非常に大きな画期である。それまで、前方部分は主丘から全体に下降するスロープ状の物がその前端でやや盛り上げられた物であったのに対し、箸墓古墳（桜井市）の段階では、前方部もまた後円部と同様、整然と区画されるようになる。そして、前方部墳丘頂前端は最大限にそり上がり、最大限の丘をなす。

はじめの庄内期になると、むしろ円丘は盛土量が急激に増加して墳丘が飛躍的に高くなる。

方形周溝墓の周溝掘削の特徴は、44頁、図18－1に見るように、まず、第一に対角線を直径とする円軌道の範囲の内側から重点的に掘削していき、土砂が採取される。溝を深く掘る傾向がある関東の例は、図18－2に示すように垂直、つまり溝の一側辺中央の掘削深度に関わってくる。第二に長方形の墳丘であれば、盛土の大半が長軸側辺から供給される。正方形の場合は大きくなれば距離が長くなるが、長方形は一定の運搬範囲で細長く拡張できる。第一の円形軌道内の掘削、盛土は、その効率性と墳丘裾の明確化、ひいては墳丘を高く築く効果を持つ。その特徴は、前方後円墳の後円部に適したものである。第二の長方形の拡張は、陸橋部を付け加えることや、その発展形になるであろう前方部の増大に結びついた。

こうして、前方後円形を形づくる材料に、掘削の要素が準備されていたことになる。

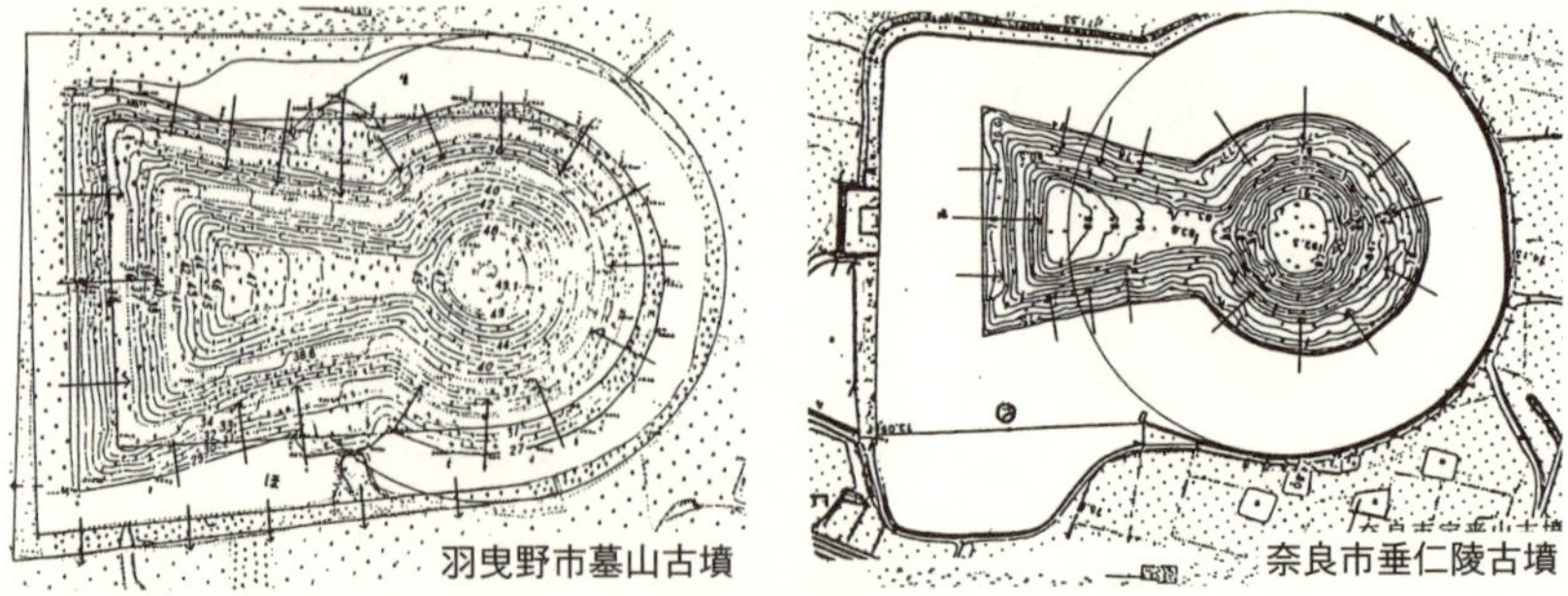

図 20-2　前方後円墳の周溝掘削（図中の矢印は掘削土の方向）

箸墓古墳の前方部頂のそり上がりは、後円部（主丘）中心であった周溝掘削（土砂採取範囲）が大きく前方部側縁及び前面側のみならず、前方部前面隅の突出にも及んだ。すなわち、方形であった陸橋の掘り残し部分に方形周溝墓の第２の特徴である長方形の盛土法を用い、その前方部の前半は墳丘前方部端を明瞭に区切るための溝掘りによって得られた土砂の積み上げが異様な高まりを見せた。その平面形は、明瞭に前方部バチ形を区画・明示することにもなった。

■前方後円墳の掘削上の過程

前方後円墳の掘削上の過程は、図20−1のように①として、図17−2の下のように突出部を持つ大阪府八尾市の久宝寺《きゅうほうじ》遺跡南地区第一方形周溝墓のような陸橋《りっきょう》部外側での切断が周溝外側で行われ、道としての機能が最終の形として排除される。

そして図20−1②として、纒向《まきむく》型周溝墓のような円丘への変換とそれに伴なった高い墳丘を生みだした。その際、削り残された陸橋のなごりは、周溝両端の前方部側面に相当する部分にあたり、溝のとぎれる部分が前方部側面をつくりだす（③）。そのため、前方部側面中央が最も幅がせまくなり、三味線のバチのような形になる。④として、前方部前面外側の溝が掘られて、その土砂が前方部頂に盛られて立面的にも遮断される。⑤は後円部が正円形に整えられて前方部頂はより高く上がり、その裾も周囲と区画されるようになる。

■纒向型前方後円墳の出現

今のところ、前方後円墳が形を整える時間帯は、混乱前期の始ま

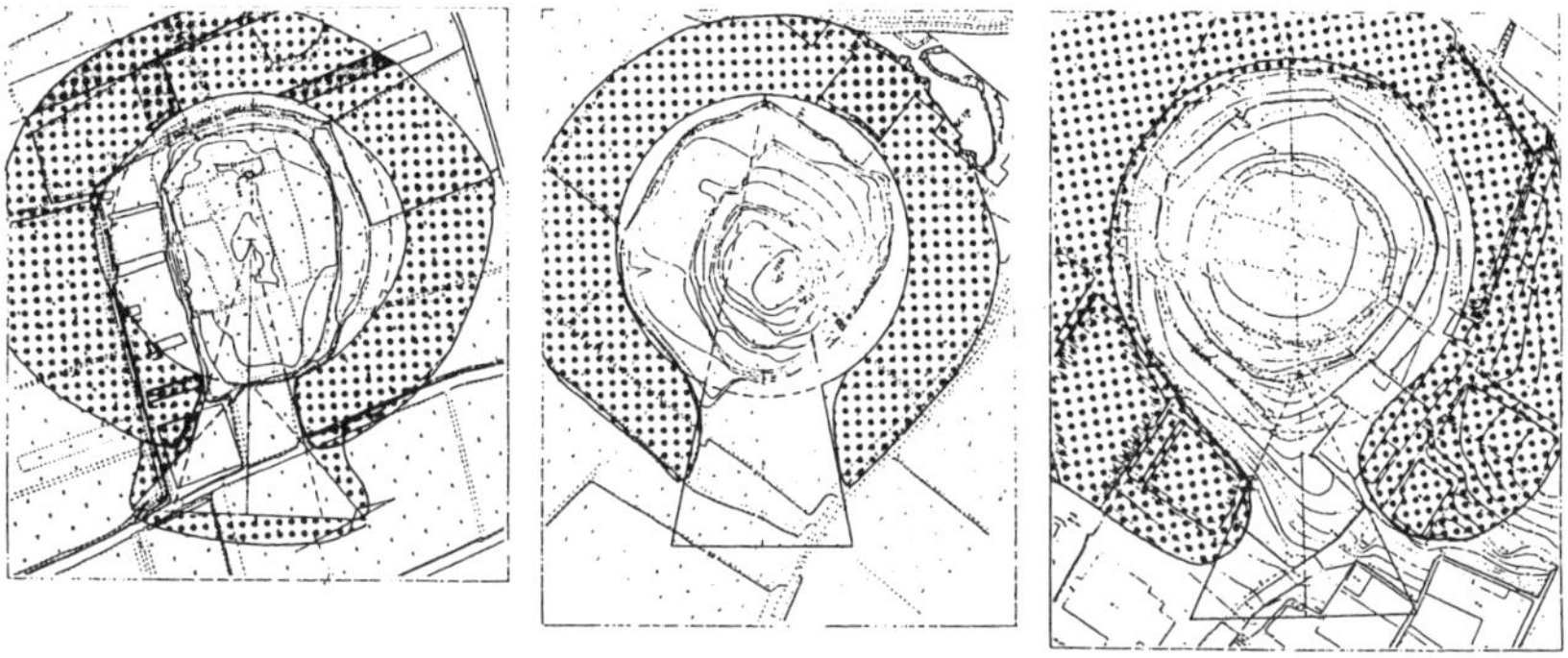

纒向石塚　　纒向矢塚　　ホケノ山

図 21　纒向型前方後円形周溝墓（いずれも桜井市）　アミ点は主要掘削範囲

り（一九〇～二六五年）の時間帯のなかにある。庄内期という短い間に一気にこの世の物となって姿を現したのである。

庄内期の始まりと同時に出現したのは、纒向型前方後円墳形周溝墓群である。寺沢薫《てらさわかおる》氏は、これを纒向型前方後円墳と名づけた。寺沢氏が紹介するその特徴は、後円丘に比べ小さく低平な前方部を持ち、墳丘長：後円丘径：前方部長の比は三：二：一を原則とし、後円丘は正方形の物はほとんどなく、扁球形、倒卵形あるいは不整円形を呈する。後円丘から前方部まできわめてゆるやかなスロープで移行するため、平面的には後円丘と連結部を形成する場合が多い。周溝を持つ物は前方部前面を欠くか、きわめて狭小であるといったことである。

この一群の特徴の多くを箸墓《はしはか》古墳の墳丘は持っているが、変化している部分もある。墳丘比をあえて合わすなら、七：四：三あたりになり、前方部は長くなり高くなる。後円部はほぼ正円形となるため、スロープはゆるやかにとりつくものの、幅と輪郭が整理される。前方部前面線がきわめて明確になり、その頂部が限界まで盛り上げられている。

これらのことは、掘削パターンからすれば、纒向型の物は、前方部のとりつき部分の円形周溝部を掘削しないので盛土しない。そのために、その

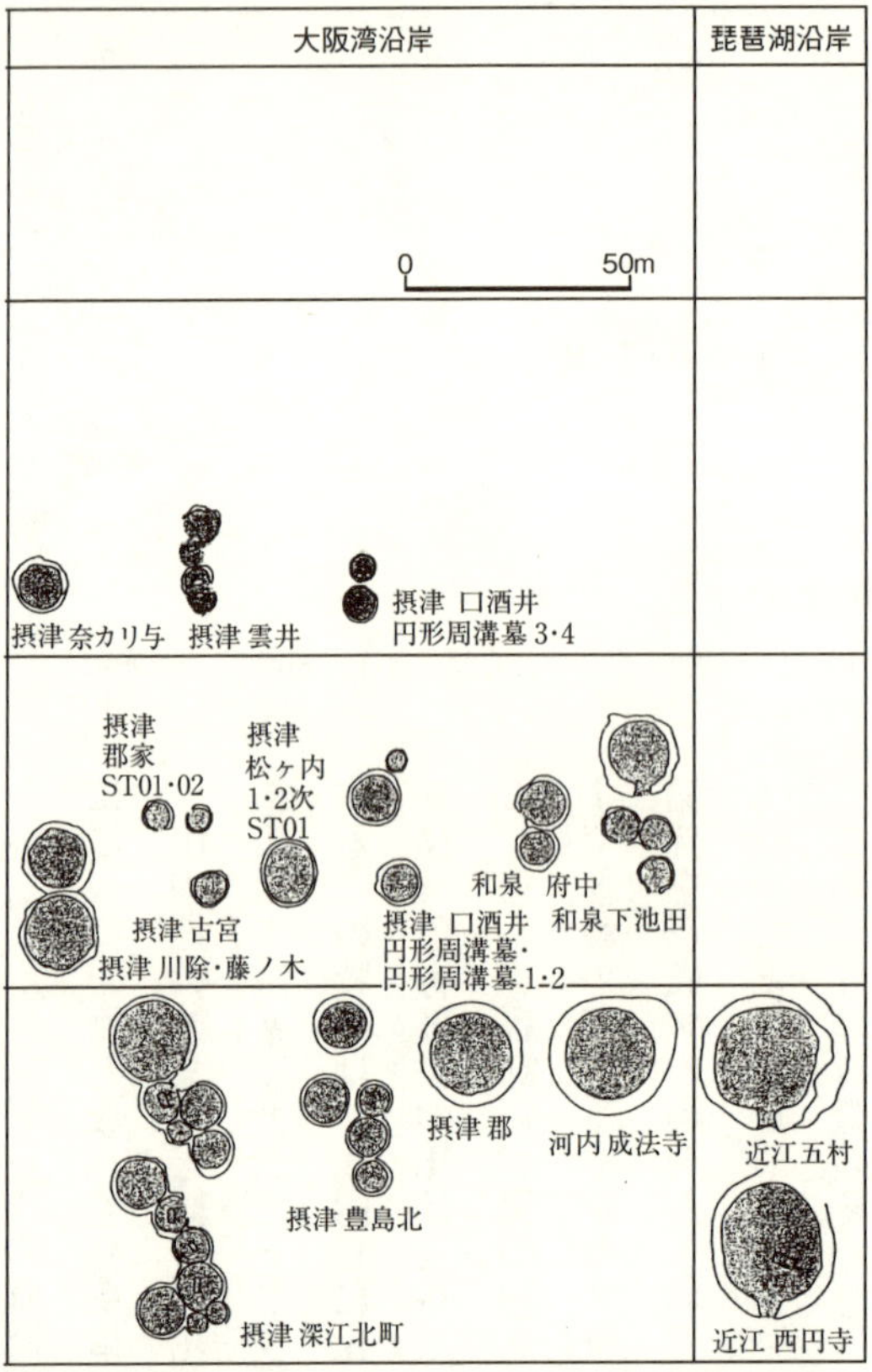

図22 東部瀬戸内沿岸および周辺部における低地円丘墓の推移 円形周溝墓は、まずは弥生時代前期に備讃《びさん》瀬戸《せと》沿岸から始まった。その後、中国山地、琵琶湖《びわこ》に広がるグループと、大阪湾に沿って紀淡《きたん》海峡に行くグループもある。

付近の前方部方の墳丘がやせて低いスロープとなったものである。

一方、土砂が十二分に供給される後円部背面側は高く大きくなり、総じて倒卵形となる。箸墓古墳はこれに対してくびれ部をよりはっきり掘り、後円部中心のO点から絶えずチェックして整えている。かなり、ていねいな円丘造作の作業が必要とされるので、むしろ、スロープはおおむね円を整えてから設置されたことになろう。前方部は前方部前面の溝をしっかりと削りこむと同時に、その間近の前方部頂に積み上げられるだけ積んでいる。そのために、前方部は長く幅が広がるとともに高さをもって立体的となることから、前方部の三角錐の頂点を管理するP点が生まれることになった。

箸墓古墳での重要な変化は、円形を制御するO点と前方部の形を決めるP点が明確におかれたことにある。このように、方形周溝墓が前方後円墳形の出現に重要な役割を持つことはわかる

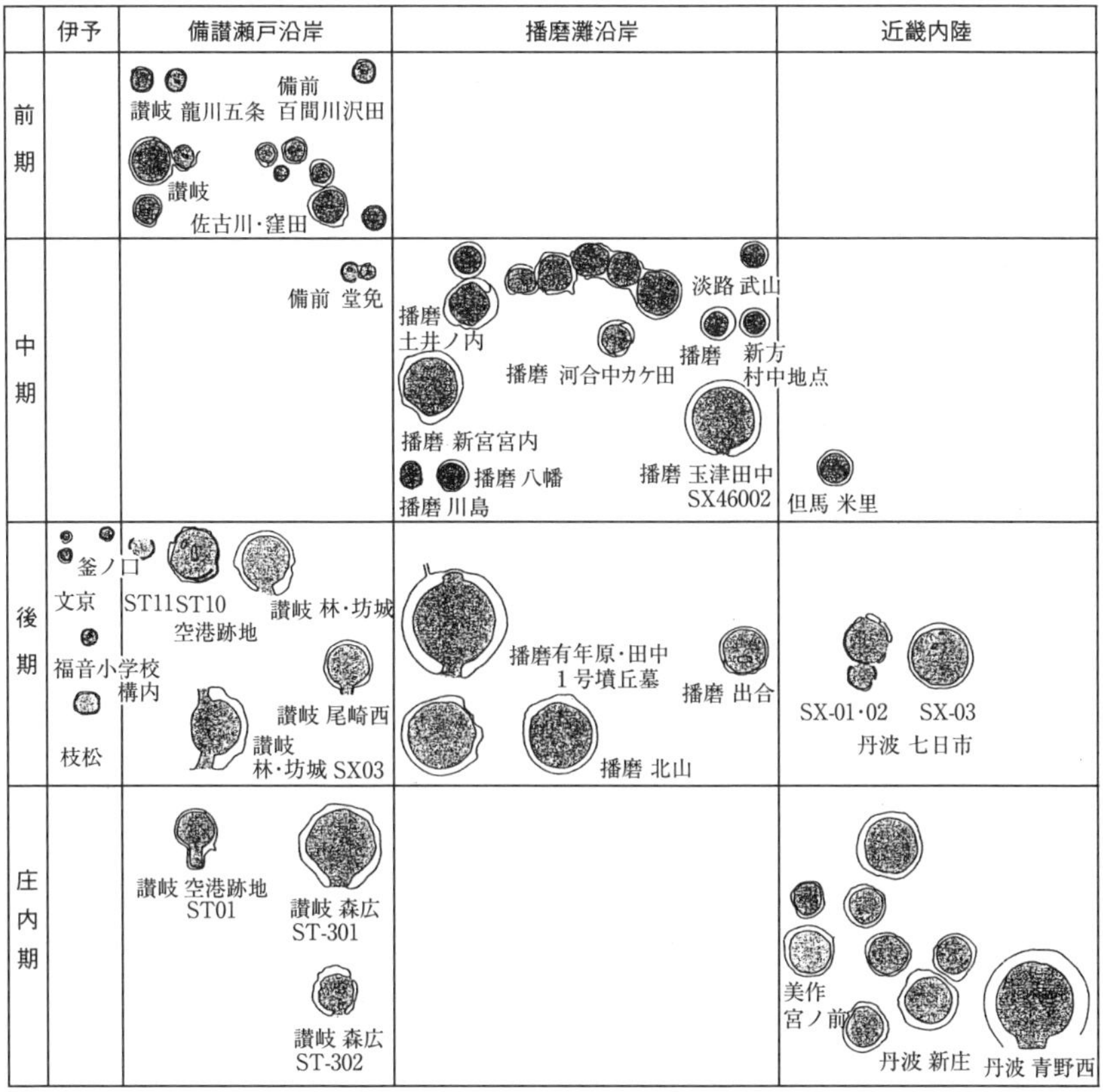

が、O点を持つようになった肝心の円という形の墳丘は、いつどこから成立するのであろうか。

箸墓古墳と円形周溝墓の関連性

■円形周溝墓の分布

兵庫県立考古博物館の岸本一宏氏は、兵庫県播磨《はりま》を中心として検出される円形周溝墓を丹念に調べた。

まず、それは弥生時代前期に備讃《びさん》瀬戸《せと》沿岸地域で定着するらしい。そこを発生源として、西は伊予《いよ》（愛媛県）、東は近江（滋賀県）まで広がっていく。弥生時代中期前葉は播磨灘沿岸、中葉は加古川《かこがわ》をさかのぼり山間部に入る。

図23　有年原・田中遺跡の1号円形周溝墓（赤穂市有年原）　遺跡公園として、復原されている。（右）墳丘に至る陸橋。（左）墳丘に取りつく突出部。

弥生時代後葉は京都府丹波市《たんば》の七日市《なのかいち》遺跡を通過し、庄内期には、福知山《ふくちやま》市の新庄・青野遺跡の由良《ゆら》川流域にも達する。一方、中期中葉には大阪湾沿岸にも達するが、その後は増加しない。むしろ、摂津《せっつ》（大阪府・兵庫県東部）が後期後葉に急増する。

円形周溝墓は、径六メートルぐらいのものが多く、墳丘規模は方形周溝墓より劣る。岸本氏は、それを単数埋葬を容認した結果と評価する。円と方との比率は、播磨では弥生時代中期で二五：一一七、後期で七：一〇と時期が下るにつれ、円が増える傾向にある。

その後、円形周溝墓は後期中葉に径二二・四メートル、陸橋《りっきょう》と突出部《とっしゅつぶ》を持つ兵庫県赤穂《あこう》市有年原《うねはら》・田中遺跡例が出現する。この突出部は、いまだ周溝外肩の輪郭に影響をあたえずにつながっている。外肩も突出具合にあわせて外側に出っ張るのは、香川県の後期後葉、長尾町の尾崎西ST―二四、庄内期の高松市空港跡地ST〇一になってからである。庄内期の物は、明らかに纒向型前方後円墳形周溝墓の影響をうけたというものになる。

そもそも、円という形は弥生時代の前期から中期まで一般的であった竪穴住居の形である。つまり、平面的な円形周溝はいつどこにでもあり得た。有年原・田中遺跡の円形周溝墓は、その平面的な物であり、前段階的な感じをぬぐいき

図24　箸墓古墳復原模型　右が現代、左が築造当初の古墳が示されている。国立歴史民俗博物館蔵

れない。やはり、墳丘の立体形は、大阪府の河内平野の周溝墓や丘陵にある双方中円形の岡山県倉敷市の楯築《たてつき》墳丘墓といった高さのあるものがキーポイントになるのであろう。

しかし、それにしてもそれらは箸墓古墳の規模にも精美さにはとても及ばない。今のところ、直接つながる纒向型前方後円形周溝墓以外に手がかりがない。

■箸墓古墳の築造

箸墓古墳（34頁、図11参照）は、微高地を利用するが、大きく見ると平地形のなかの単独的な立地で群化しない周溝墓と同じである。違う墳丘の形状は前方部端の高まりが強く、やはりその形を制御するチェックポイントであるP点がはっきりしていることである。

同時に、後円部の中心のO点もはっきりして正円形になった。この技術は飛躍である。方形を管理するのには対角線の四点をチェックすればよいが、円は最低でも八点が必要である。その精度を高くするのには一六分割、三二分割としていく。

京都府長岡京《ながおかきょう》市の今里《いまざと》車塚古墳では、墳丘裾の葺石《ふきいし》に先行して立てられた木柱があり、一六分割であった。葺石を葺き終わってもずっと立てられたのは、三次曲面の円台錐の斜面を仕上がりまで同じようにチェックして整えなければならなかった役割も荷負っていたからであろう。平たい方墳とは、管理が大違いなのである。

ともかく、箸墓古墳は自然の山ではなく、平地形の上に盛土をして人工の墳丘をつくった周溝墓から発案された物であった。

主導類型の前方後円墳の変遷

■古墳の形

一七八九年、蒲生君平《がもうくんぺい》※1によって御車に似るとして名づけられた「前方後円墳」だが、その実、未だにどちらが前か後ろか分からない。一九五九年に小林行雄・近藤義郎が言った「前方後円墳は、はじめは自然の地形を利用して丘陵先端や尾根頂部につくられた」という立地発生説があった。つまり、この時には、喜田貞吉《きたさだきち》が一九一四年に年代論で用いた箸墓古墳を最古とは考えていなかった。

一九六八年に、近藤義郎が最古の前方後円墳の特徴として、前方部がややせばまりながらのびる後半部分とそれより先の前面に向いて開く前方部分、総じて三味線の

※1 **蒲生君平**（がもうくんぺい）　江戸時代後期の尊王《そんのう》家。下野《しもつけ》国宇都宮《うつのみや》（栃木県）の出身。近畿地方の天皇陵などを踏査して、一八〇一年に『山陵《さんりょう》志《し》』二巻を完成したことは有名である。

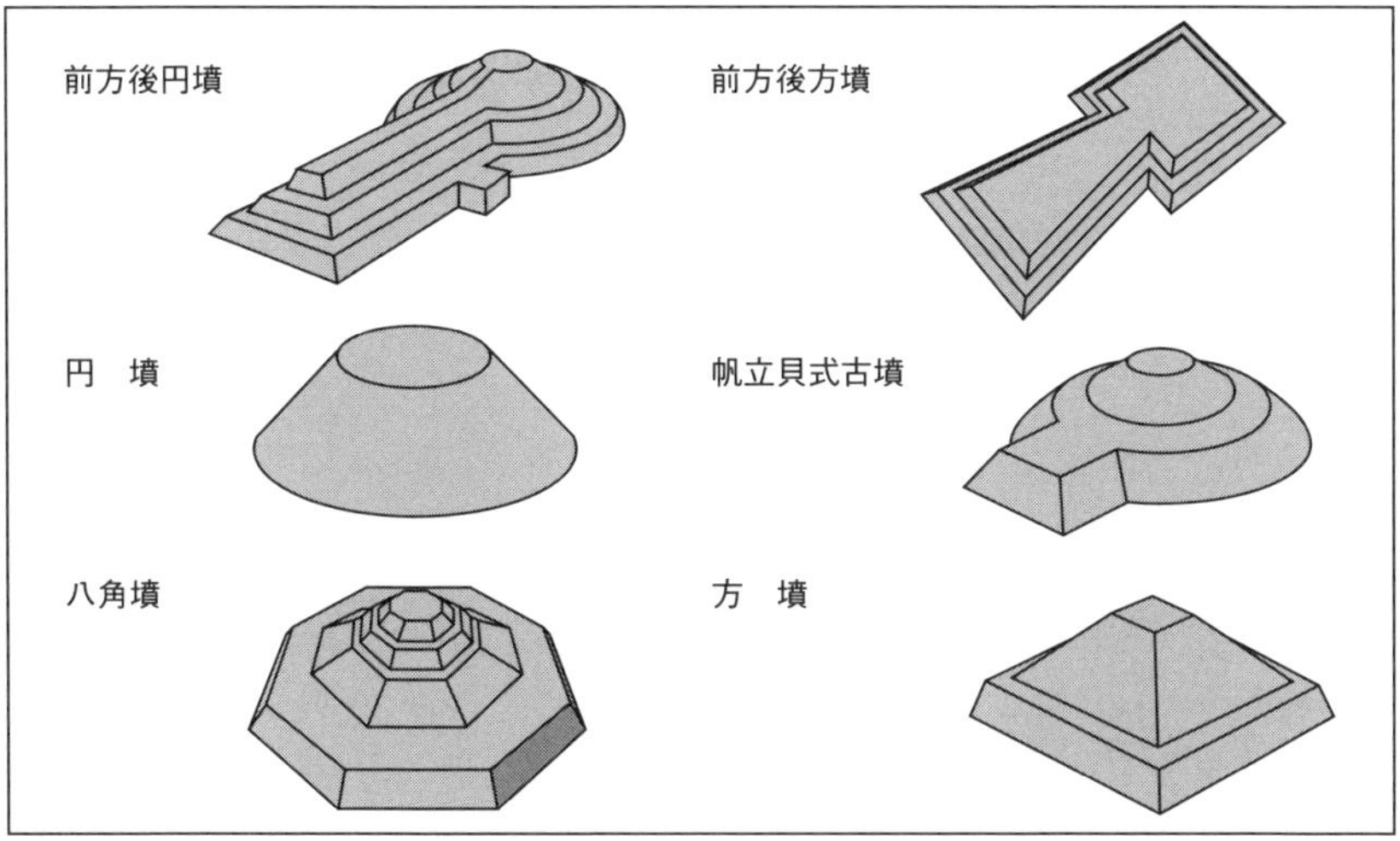

図 25　おもな古墳の形（模式図）

バチ形になることをあげた。それは、丘陵立地で前方部隅を斜面の下降にそってのばしていけば平面的にはなんなくバチ形となった。ところが、先にも見たように、平らな地形においても、四隅を掘り残して四隅突出のようにすれば、バチ形を生み出すことがわかったのである。

その後に展開した古墳の墳丘には、前方後円墳、前方後方墳、円墳、方墳、帆立貝《ほたてがい》式、双円墳、双方墳、上円下方墳、八角墳などがある。このうち、三〜六世紀の古墳時代前・中・後期は、時期ごとで一貫して前方後円墳が墳丘の大きな物として君臨する。双円墳からうしろの墳形は、前方後円墳がつくられなくなってからの物であるが、そのなかでも七世紀の終末期の飛鳥時代には前半が方墳、後半は八角墳となる。

■形を分けることができる前方後円墳

長期にわたってつくられた前方後円墳は、円と方という単純な組合せである。その同一の墳丘形式と認識できる前方後円墳も、平面形やそれぞれの高さの比率で微妙に姿を変える。これを手がかりにして、形を分けることができる。

細かくは一個として同じ物がないほどであるが、いくつかのことがらをくらべることで、時間や地域・系列・集団を区切る型になる。それらは、同じ大きさの平面形の類型という物にまとめることができるほか、円と方の大きさや高さの比率を見ることで姿を変えていることもわかる。墳丘本体だけでなく、その周囲の整備範囲が大きくなることや前方部側が大きくなるという形態の発達がある。

■前方後円墳の変遷

その変化の具合は図26—1のように段階的であり、それぞれの形を先導した古墳があった。

古い方から順に列挙すると、三世紀の奈良県桜井市の箸墓古墳(A・箸墓)(図26—2)、四世紀前半の天理市の景行《けいこう》陵古墳(B・渋谷向山)(図26—3)、四世紀末の大阪府藤井寺市の津堂城山《つどうしろやま》古墳(C・津堂城山)(図26—4)、五世紀中ごろの堺市の仁徳陵古墳(D・大仙)(図26—5)、五世紀後半の堺市のニサンザイ古墳(E・ニサンザイ)(図26—6)、六世紀中ごろの羽曳野市の清寧《せいねい》陵古墳(F・白髪《しらが》山)(図26—7)、六世紀後半の奈良県橿原市の橿原丸山(G・橿原丸山)といった類型になる。

これらは、同時期の前方後円墳に多少なりとも影響をあたえることから、そのつど

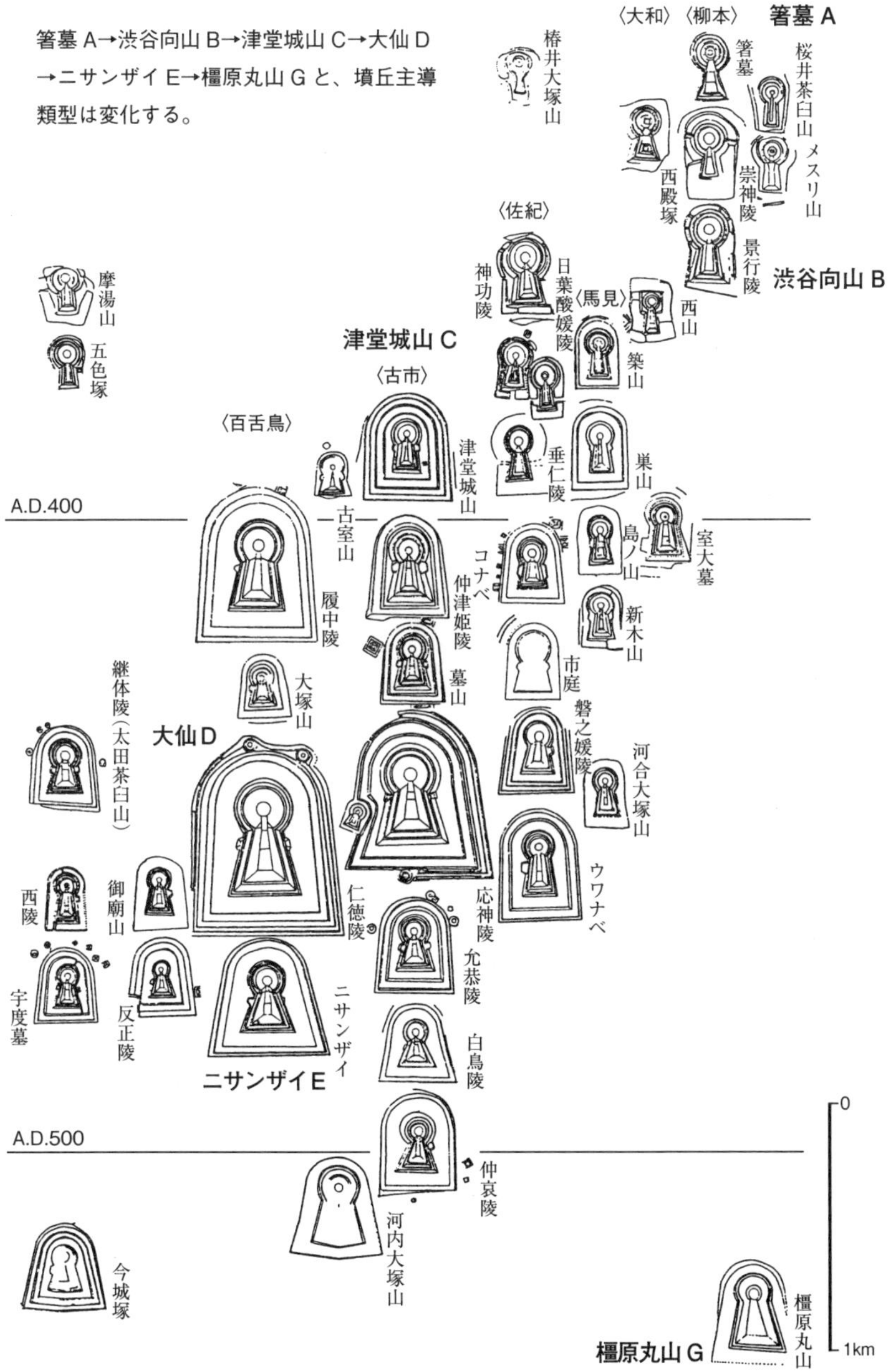

図 26-1　畿内における墳丘長 165m 以上の前方後円墳の変遷

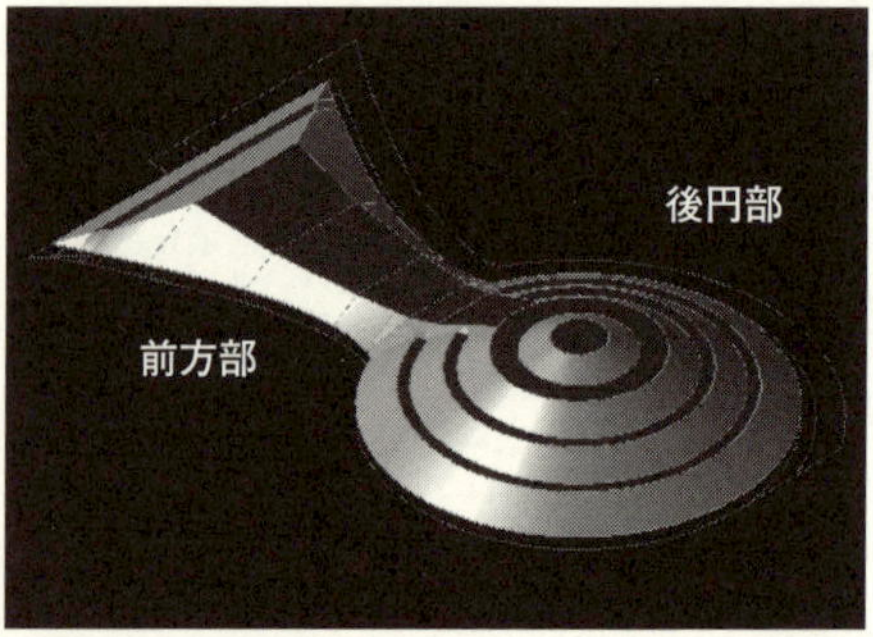

図 26-2　箸墓古墳（桜井市）

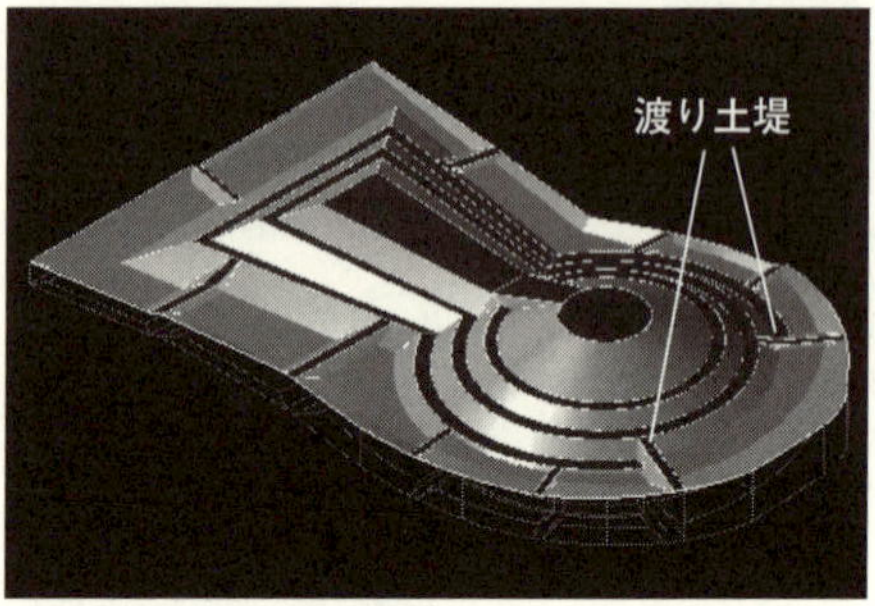

図 26-3　景行陵古墳（天理市）

の日本列島最大級の標式古墳と位置づけることができる。また、類型の特質によっては多少の影響時間の長短はあるものの、半世紀ほどの時間経過で変化している。これを主導類型といっておこう。つくられた場所を図26―1の右上から右下へ大型墳が連なるように、大和から河内に変えていることにも注目をしておきたい。これは後で最も話題にしたいことである。

形態変化は、最も古い箸墓古墳では突然三百メートルの大きさで出現し、平地に単独で築かれた。前方部端で極端に高まって前方部頂がはっきりとしてバチ形の平面形を持つ。西日本を中心とした初期前方後円墳の波及に大きく貢献し、三百年前後の時期を中心とする。

その後、いわゆる柄《え》鏡《かがみ》形、平面の三角形の設計平面プランの頂点が主丘内におさまる東日本型の前方部の輪郭や、前方後円形のみならず前方後方形と言ったように地域ごとで多様に展開するが、その原型として箸墓古墳は君臨する。

景行陵古墳は、周囲の古墳と接し、下半部はもともとの丘陵地形を利用した。墳丘

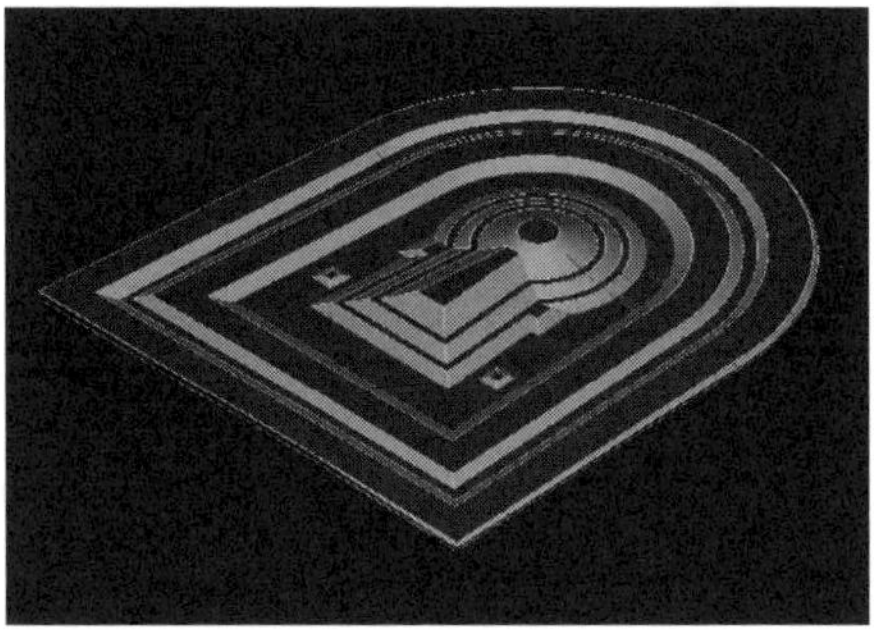
図 26-4　津堂城山古墳（藤井寺市）

上部の各段は円と方がしっかりと連結し、前方部の輪郭が直線的になる。しかし、平地形に多くの盛土でつくられる箸墓古墳と違って、丘陵を最大限に利用するために、墳丘最下段の裾《すそ》は不安定である。周囲の裾の高さを解消するために目立った渡《わた》り土堤《どて》（平坦な段差）を備えることになった。前方部は、後円部よりかなり低い。この類型の後半期には安定した三段築成で、盾形《たてがた》周濠を持つ奈良市の日葉酢媛《ひばすひめ》陵古墳が現れる。

ふたたび津堂城山古墳は、平らな台地上につくられる。後円部と前方部の屈曲部には造出《つくりだ》しがつき、墳丘周囲に盾形周濠及び外堤・外周溝がきれいに整えられる。墳丘本体は、墳丘／後円部長径指数が一・七前後のもので、後円部径：前方部幅比は一：一になる。

長い間、箸墓古墳の大きさを越えられなかった墳丘であるが、堺市の履中《りちゅう》陵古墳は四百メートルに及んで飛躍的に大きくなった。続いてつくられる四一五メートルの羽曳野市の応神陵古墳をへて、日本最大の仁徳陵古墳に達することになる。

墳丘／後円部長径指数を前類型の応神陵古墳の一・七から二・〇前後と前方部をより長くして、五百メートルを実現した。後で詳しく見るが（178〜180頁）、上田宏範《ひろのり》（故人・帝塚山学院大学名誉教授）は、この現象をその著『前方後円墳』（学生社、一九六九年）の中で、「胴を延ばす」「設計技術と「逃げ」」と表現する。関東・

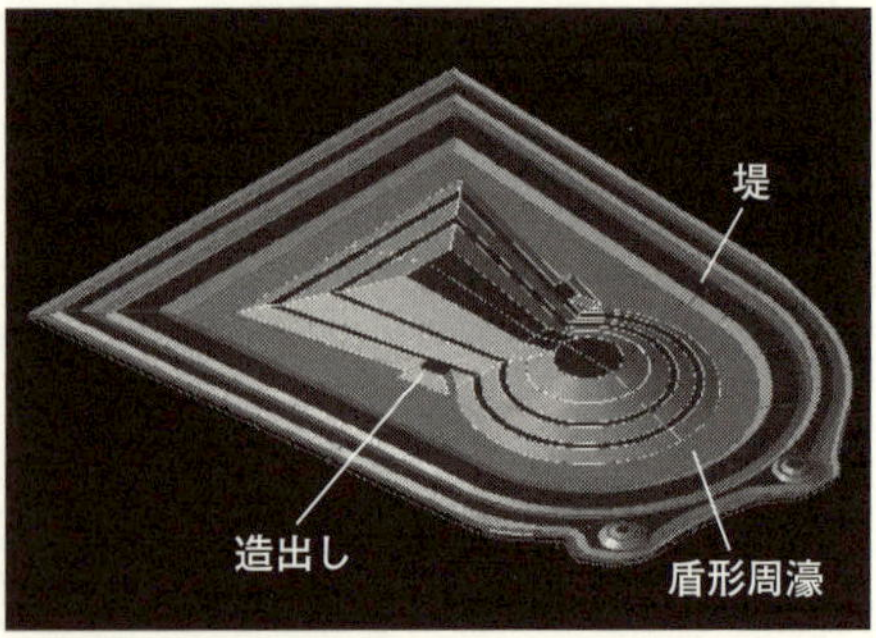

図 26-5　仁徳陵古墳（堺市）

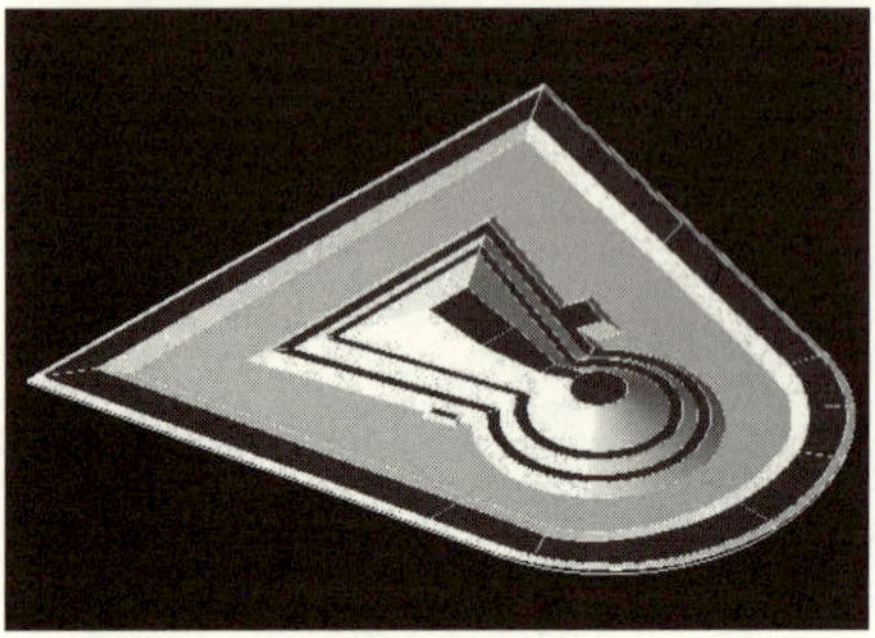
図 26-6　ニサンザイ古墳（堺市）

九州などでは、前方後円墳の終焉までこのスタイルを踏襲する物も多い。最大の墳丘を持つこのモデルであるが、残念ながら各地の墳丘増大化を助長するようなことはなかった。墳丘の上では絶対的な存在感を与え、相対的に大王墓の墳丘規模が優越するという階層的な規模序列に終止符を打った。

前方部増大の精美な墳丘を完成させたのはニサンザイ古墳である。最も寿命の長いモデルであり、六世紀も続く。前方後円墳後半期の基本形である。群形成から丘陵性の単独的な性格へと変化していくとともに、墳丘設計は墳丘長と前方部幅の比の方が重要視され出すようである。ちなみに、ニサンザイ古墳の墳丘長幅指数は一・二〜一・三を前後し、上田が指摘するように方形区画におさまるように周濠の長幅比は一：一となる。この古墳類型中に、主体部が竪穴《たてあな》系から横穴系に変化する。

清寧陵古墳は、丘陵性の単独的な性格を持ち、理屈上の前方部増大の極致、墳丘：前方部長幅比が一：一の正三角形になる。前方部が大きい分、くびれ部が不明瞭となる。橿原丸山古墳は、むしろ前方部幅を減じ、墳丘長：前方部幅区画といった基壇的

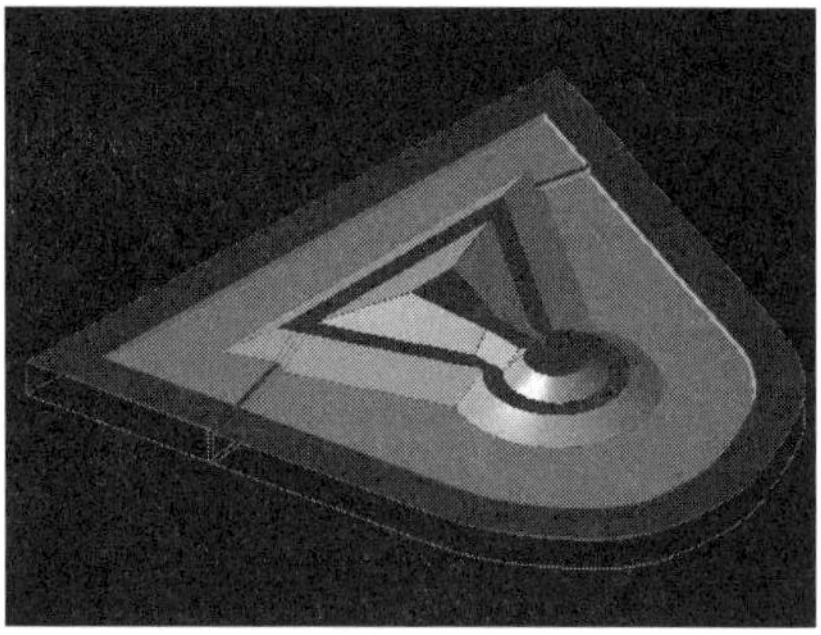

図26-7　清寧陵古墳（羽曳野市）

な物へと性格を強め、前方後円形という墳丘輪郭の精美さを失う。墳丘長幅指数は一・五である。横穴式石室の関係もあってか、後円部径は同調しない。三五〇年続いた前方後円墳の墳丘は、遅くとも六世紀に入って大阪府太子《たいし》町の用明《ようめい》陵古墳、奈良県桜井市の赤坂天王山《あかさかてんのうざん》古墳で方墳がつくられたことで終わった。

このような墳丘の主導要素は、同時性のある各前方後円墳の墳丘プランに強い影響力をもって形状、技術を牽引していく。

本書では、この変化のなかで箸墓古墳からニサンザイ古墳までを詳しく見ることになる。その期間、この流れに対して微妙に追尾するが、同じ大きさで基本的なスタイルは半世紀を越えるような長期にわたって継続させる一定のモデルがある。これは地域内や群内で展開する図87-2のような馬見《うまみ》型と地域間を移動する墓山《はかやま》型がある。

後の墳丘の型の関係については、図86に示した。これらのほかに、いくらかの型は後に述べるように、墳丘規制によるものもあり、地域・集団・階層性を示す表現の手段ともなった。

第四章　古市古墳群出現前の河内平野

河内平野の楠《くす》根《ね》川《がわ》と遺跡環境

■巨大古墳がつくられた河内の土壌

大型古墳は、長い間奈良盆地に多数つくられたが、箸墓《はしはか》古墳の大きさの墳丘をこえる物は現れなかった。ところが、四世紀末に先に見た斬新な藤井寺市の津堂城山《つどうしろやま》古墳が河内平野に突き出したところにつくられた。このころから、様相は一変した。

続いて同じ藤井寺市の仲津姫《なかつひめ》陵古墳をへて、和泉にある堺市の履中《りちゅう》陵古墳は、墳丘長が四百メートルに及んで飛躍的に大きくなった。同じ設計図ではあるが、周囲に堤を加えた応神陵古墳をへて、さらに墳丘の前方部をのばした仁徳陵古墳が日本最大に達した。

直接、これらの築造基盤になった大阪府南部の河内・和泉という地域。そのなかで

※1　旧大和川（きゅうやまとがわ）↓65頁　大和の初瀬《はつせ》川を源流とする大和川は、河内に入り、今の大阪府柏原《かしわら》市で、南から流れてきた石川と合流して、北に向かって、現在の大阪城方面に流れていた（旧大和川）。

これを、江戸時代の宝永《ほうえい》元年（一七〇四）、埋めたてて、合流地点である柏原市の築留《つきどめ》から西へ流路を付け替え、今のように堺浦に流されたのである（新大和川）。

玉串《たまぐし》川や長瀬《ながせ》川は、旧大和川のなごりである。

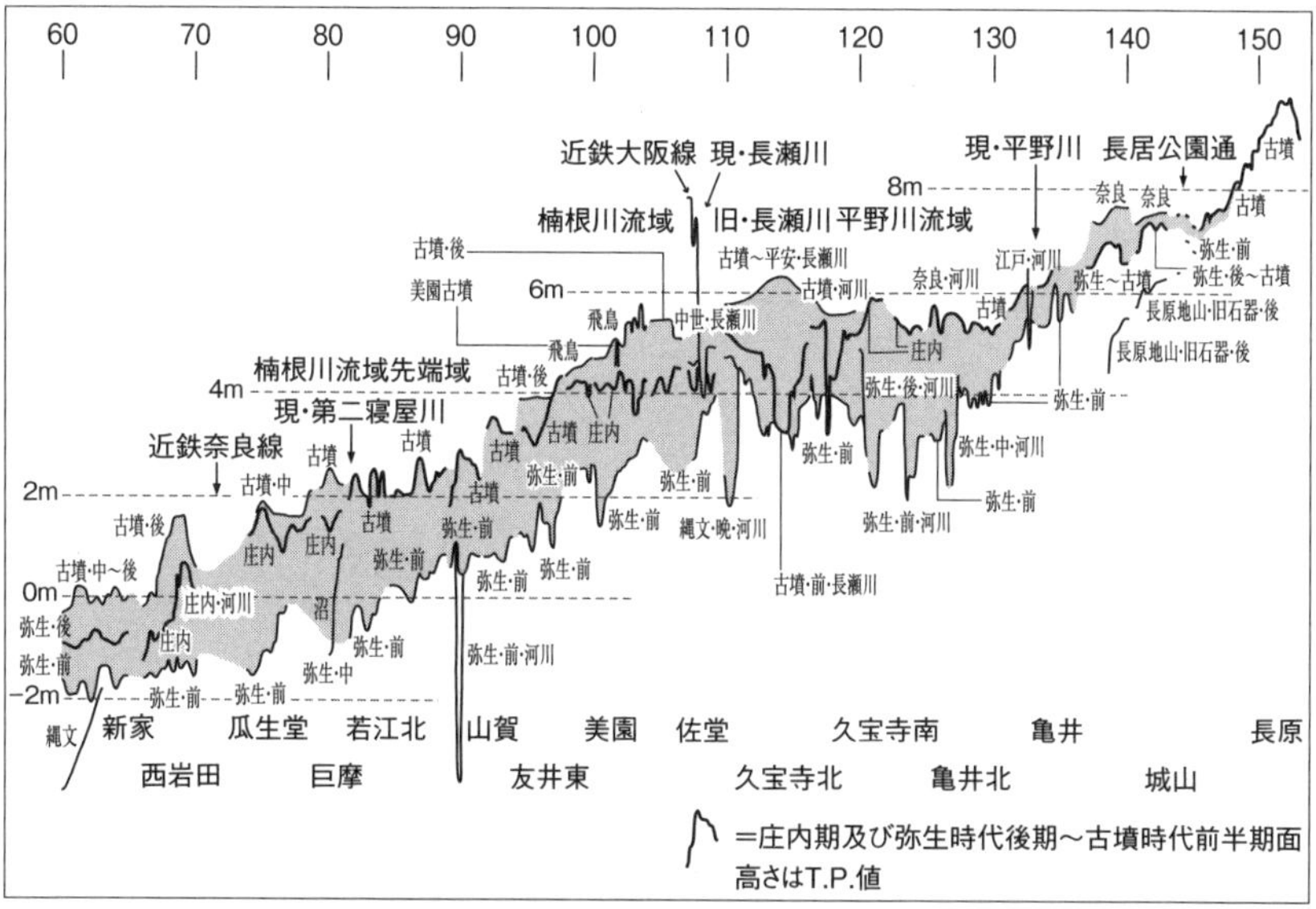

図27　河内平野の庄内・布留期面の縦断面図　河内平野南半部は、中央の楠根川《くすねがわ》から長瀬川《ながせがわ》を中心に縄文時代晩期から古墳時代前期まで大量の土砂が堆積した。

も、古墳が生まれる前の河内の方形周溝墓を少し先に見た。近年では、その中心をなす河内平野での発掘調査が全面に実施されている。そのため、集落の動向がつぶさに把握できるようになった。そこで、弥生時代からどのように主導類型の津堂城山古墳を含む古市古墳群をつくるような土壌に河内が育っていったのかを見てみたい。さらに、地域の動向と先ほどの東アジアの混乱段階というものを合わせ関連づけることで、歴史的変化の叙述も試みたい。

■河内平野の環境

河内平野の北半は縄文海進で水面があがり、六千年ほど前に一度は海となった。その後に水位が下がるにつれて干潟堆積が活発に起こったが、その後、今に至るまで、ほとんど土砂の堆積がなかったことが最近分かってきた。

この北半に対して、河内平野の南半は図27に示すように、縄文時代後晩期から奈良時代まで、南の石川《いしかわ》を通じて、今で言う玉串川《たまぐしがわ》と長瀬川《ながせがわ》（旧大和川）※1が平均二メートルの厚

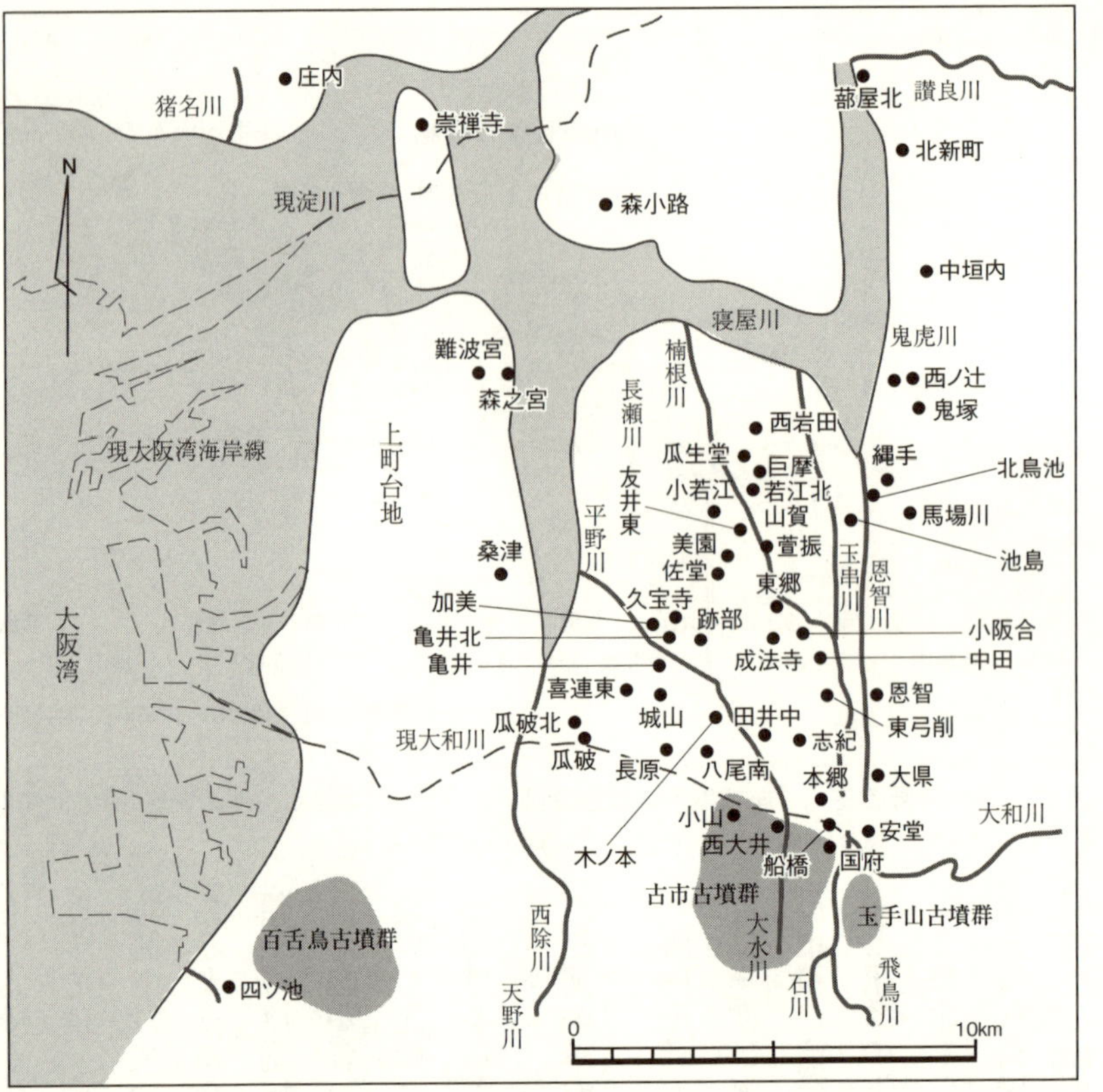

図 28-1　河内平野南半部の庄内・布留期（3～4世紀ごろ）ほか主要遺跡分布図

さの土砂を南から北の平野部へ活発におくり出した。その両側には恩智《おんじ》川、平《ひら》野川《のがわ》といった河川がある。とくに、西側の平野川と天野川《あまのがわ》・西除川《にしよけがわ》は、旧大和川とは独立して南の丘陵から少ないながら、土砂を同じように南から持たらした。

玉串川と長瀬川のルートは、縄文時代晩期ごろにはくぼ地となって主流路となっていたが、土砂が持たされるにしたがって天井川《てんじょうがわ》化して、周囲より高くなった。自然にできた川の土堤は、そのうち水位を維持できずに決壊する。もともと高かったところが、今度は一気にくぼ地になってしまい、水はそこに流れ込む。それまでの川は、微高地へと変わる。つまり、川の間が谷とな

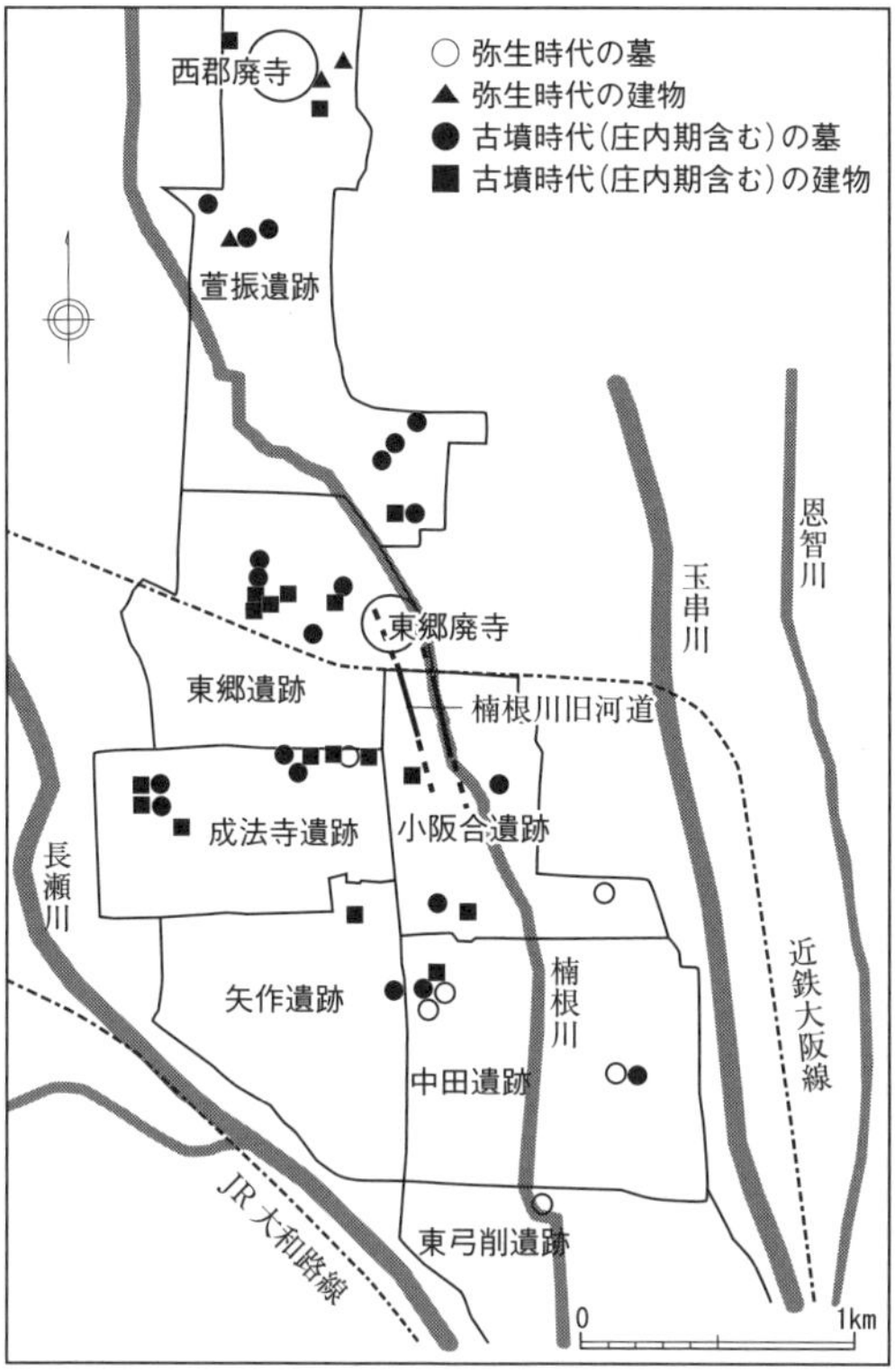

図28-2　楠根川遺跡群　主に東《とう》郷《ごう》・成法寺《じょうほうじ》・小阪合《こざかあい》遺跡を核に、集落が展開していることがわかる。

る逆転現象がおこり、そこが川になると、二つの川のルートの間が主要河川になっていく時期がある。

そういった事情で、弥生時代から古墳時代前半に最も活発な河川ルートとなったのは、今では小さな川になってしまった楠根川あたりと重なる。今度は、それが天井川へと成長して微高地をつくり、その楠根川ルートを中心にして、縄文時代にはなかった肥沃な平野が河内潟の中へ突き出すかっこうになった。こうして張り出した微高地の中央に沿って、大阪府東大阪市の瓜生堂《うりうどう》・八尾市の山賀《やまが》遺跡といった集落を中心に、弥生時代の拠点集落が点々と営まれることになった。

河内平野南部の大和川の根元にあたる八尾市の弓削《ゆげ》からは、柏原市の船橋《ふなはし》遺跡をへて、生駒《いこま》山地と二上山《にじょうさん》の間にある亀ノ瀬《かめのせ》を越え、奈良県の王寺《おうじ》へとのぼり、大和盆地へと結びついていた。

河内平野のなかでのこのルートは、庄内期には再び微高地を形成して成長していた。このとき基本的には、図28-2の中央にある南北方向

図29　３世紀の河内の甕《かめ》（八尾市小阪合《こざかあい》遺跡ほか）　写真左後方が庄内期の甕である。均整のとれた形、薄い器壁《きへき》（厚み）、尖《とが》り気味の丸底、角閃石《かくせんせき》を含んだ茶褐色《ちゃかっしょく》の色調の生駒《いこま》山西麓の土を使うことなどに特徴がある。

写真中央から左手前は小型の丸底壺や器台である（八尾市立埋蔵文化財調査センター提供）。

の最も高いところに楠根川の本流が流れ、そこから取水された水は棚田《たなだ》のように斜面をくだって排水される構造をとっていた。水路網がベルト状に効率よく発達したことが図30中・下のように八尾《やお》市の小阪合《こざかあい》や東郷の遺跡調査からわかった。つまり、庄内《しょうない》期の楠根川は、河内平野南部中央に位置して耕作面積を拡大すると同時に、瀬戸内と大和を結ぶ主街道としても機能した。

■河内平野の中の庄内期遺跡

その川に沿った庄内期の遺跡には、東大阪市の西岩田《にしいわた》・若江《わかえ》・瓜生堂や八尾市の萱振《かやふり》・小阪合・中田《なかた》遺跡といったものがある。これらは、山田隆一氏（大阪府文化財センター）が指摘する現在の楠根川の両岸に沿って、長さ三・五キロメートルを中心に繁栄した遺跡群である。

対して、楠根川と長瀬川をはさんだ西に併行して流れる平野川沿いには、大阪市平野区の加美《かみ》、八尾市の久宝寺《きゅうほうじ》遺跡の径一・三キロメートルを中心として、八尾市の亀井《かめい》や大阪市平野区の長原《ながはら》・八尾市の木ノ本《きのもと》・八尾南遺跡まで、五キロメートル程の長さを核に面的に広がる遺跡群がある。

こうした環境の中、河内平野南半の遺跡群は、東アジアの混乱前期はじめ（一九〇〜二六五年）という時間の中で、にわかに活発化していった。

河内平野の庄内期遺跡群

■河内平野の三つの遺跡群

河内平野は、弥生時代後期末から庄内期、ちょうど邪馬台国《やまたいこく》の時代（二世紀後半〜

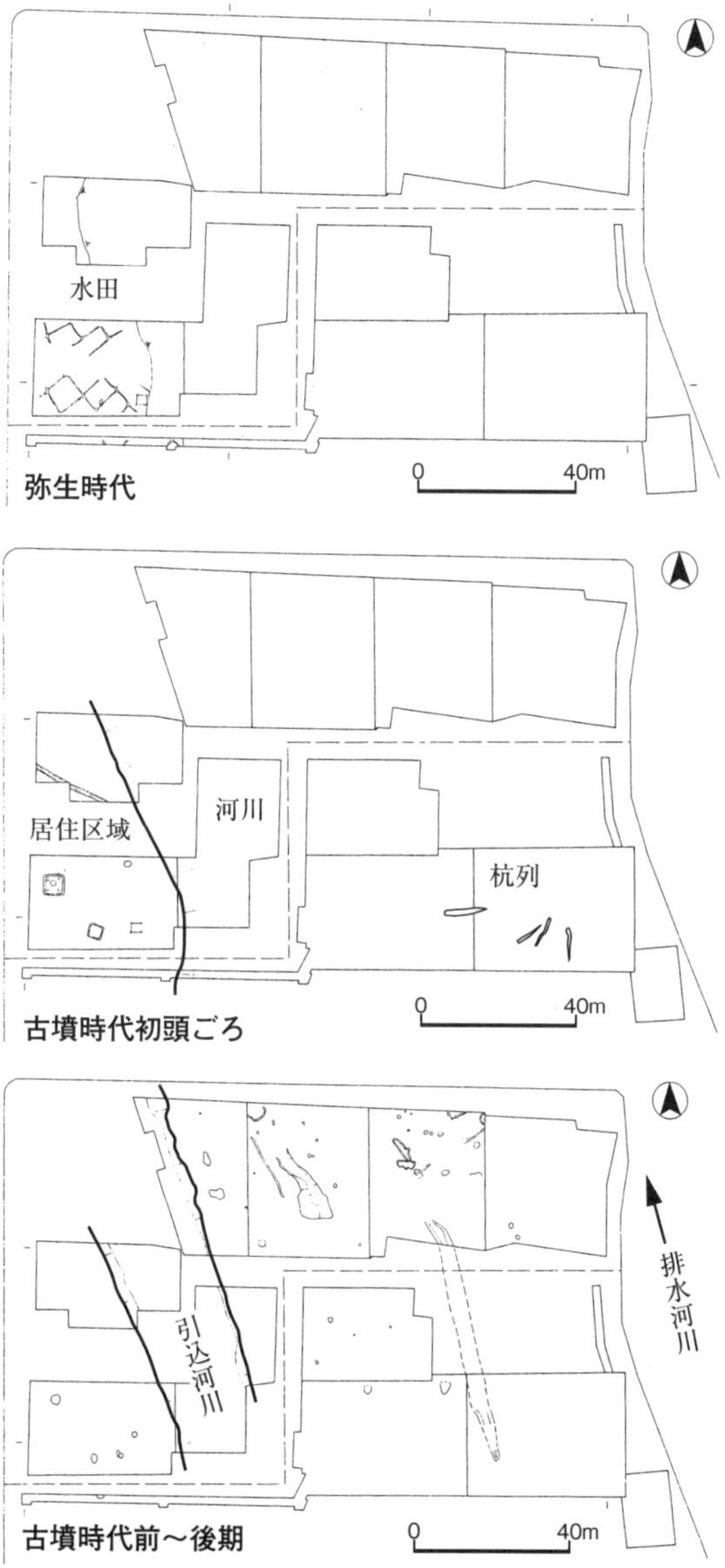

図30　弥生時代〜古墳時代後期の八尾市・小阪合《こざかあい》遺跡の変遷　弥生時代は、西側に水田が広がる。庄内期には、そのエリアが高くなり住居が営まれるが、河川をそのまま管理し、天井《てんじょう》川《がわ》化する。古墳時代には、その東西両端の西側河川から水を引き込み、東斜面の耕作地をうるおし、東側河川で集水した。こうした明確なシステムが楠根川沿いに点々と認められる。

三世紀中頃）からしばらくの間、大きく三つに遺跡群が分かれることになった。河内平野北半の寝屋川《ねやがわ》内湊《みなと》遺跡群（四條畷《しじょうなわて》市の蔀屋《しとみや》北遺跡近くの湊を核にドーナツ化）と、南半東側の楠根川《くすねがわ》流域遺跡群（八尾市の東郷・中田遺跡を核に列化）、そして、南半西側の平野川流域遺跡群（大阪市平野区の加美《かみ》や八尾市の加美・久宝寺遺跡を核に面化）の三つである。

平野川流域遺跡群の平野川右岸側の久宝寺遺跡南地区南群においては、後期の管玉《くだだま》を持つ木棺墓や大きな物としては新段階の加飾壺・「二重口縁」壺が出土する方形突出部のつく第一号方形周溝墓がまず出現する。これより西方にある平野川に向けて、加美遺跡中央部と久宝寺遺跡南地区を核として遺跡が東西線状に広がる役割をはたした。

庄内期に至り、図28-1の真ん中に見るように、楠根川流域は東郷遺跡と中田遺跡が頭角を現して周辺へ、平野川流域は久宝寺遺跡中・南東地区、そして南方の亀井遺跡へとのびる。その後、これら遺跡群は、布留《ふる》期古段階（図9参照）まで盛行し、中段階に集落は散漫になった。

■ 纒向《まきむく》遺跡との関わり

河内中央部の楠根川と大和川でつながった大和東南部の桜井市の纒向遺跡[※2]は、後期

※2 **纒向遺跡**（まきむくいせき） 奈良県桜井市にそびえる三輪山《みわやま》の北西麓一帯に広がる弥生時代末期から古墳時代前期にかけての大集落遺跡。女王卑弥呼《ひみこ》の邪馬台国《やまたいこく》の候補地の一つとされる。遺跡内には、纒向石塚をはじめ、ホケノ山、箸墓古墳などが含まれる。

図31　弥生時代から古墳時代へ甕《かめ》の変遷　弥生土器から土師器《はじき》移行期の状況を示す。左の平底、中の尖《とが》り底、右の丸底の甕形土器が共存する（大阪府柏原《かしわら》市の船橋《ふなはし》遺跡出土、大阪府立近《ちか》つ飛鳥《あすか》博物館提供）。

末には東海の土器が目立つ。弥生時代に大和盆地の中央にあって、中心集落であった奈良県田原本《たわらもと》町の唐古《からこ》遺跡から、東方にシフトした形である。さらに纒向遺跡は、庄内期に入って西日本各地の物が上乗せされる。河内もその例外ではなく、特にその後半では河内型庄内式甕《かめ》を中心に広がりをみせ、さらに周辺地域からは吉備《きび》（岡山県）をはじめとする西日本各地の土器の搬入量が増加した。

つまり、楠根川流域遺跡群は、河川で纒向遺跡と直結するとともに、海を通じて大和と吉備をつなぐ大動脈となっていた。特に、両者は世界的に見ても最高水準にある薄手の野焼きの土器である、大和・河内型の庄内式甕を主体的に持つ。そして、庄内期後半には、それぞれの地域周辺に「庄内文化」、または「纒向文化」ともいえる強い影響をまわりに与えている。とりわけ、同時期に河内系の土器が纒向遺跡に数多く持たらされることは、他の遺跡間の関係にもましてより親密さを進行させたことを表している。

と同時に、東方を背後に持つ纒向遺跡の吸引力により、河内の方が劣勢・従的であったことをも物語る。

また、この庄内期後半に築造される箸墓古墳の表面をおおった石材は、大阪府柏原《かしわら》市国分市場《こくぶいちば》の芝山《しばやま》頂上部付近を産地とする板石のカンラン石単斜輝石玄武岩というものが用いられた。その産地は、河内の奥深く、大和に通じる中間

図32-1　大阪市平野区・加美遺跡から出土した朝鮮半島の陶質土器　陶質土器は硬質の窯《かま》焼き焼き物で、基本は灰色だが、黒味・銀化しているときもある（加美遺跡出土、大阪文化財研究所提供）。

点にあったのである。その搬入ルート沿いは、地域的なまとまりを強め、河川を通じた耕作地生産を基盤とした一般農民層の台頭が大きな鍵となったことであろう。

■楠根川流域の遺跡群の優位性

　このような力関係は広域的であるが、河内平野の地域内部でも、その縮図が存在した。そのなかの楠根川と平野川とでは、平野川の方が劣勢であった。隣りあうにもかかわらず、平野川の方は河内型庄内式甕《かめ》の大量導入が大きく遅れるのである。ただし、早い時期に河内型庄内式甕を共有していたことは、図32-1の庄内期古段階の加美遺跡一号墓に陶質《とうしつ》土器とともに大量に供献された状況からもわかる。周溝の一側辺には、ぎっしり平底と尖《とが》り底の甕が倒置されていたが、その中に丸底風の物が混ざっていた。さすがに丸底の布留《ふる》式甕が混じるはずがない時期であり、不思議であったが、採りあげてみるとそれは朝鮮半島でつくられた陶質土器であった。

　この陶質土器の存在は、加美遺跡でもまた、西方からの物資流入基地になっていたことを象徴するものである。そして、東アジアで混乱前期に入ったころに朝鮮半島南部では土器が後で述べる新技術の窖窯《あながま》（130頁以降参照）で焼かれていた証拠になる。そのごく一部が、日本列島に入ってきたことになる。人々は、その存在を知っていた。

図 32-2　加美遺跡１号周溝墓の土器出土状況（大阪文化財研究所提供）

にもかかわらず、本格的な独自生産が始まったのはその百年以上もあとである。

さらに併行して、大量の弥生時代後期の平底甕が在地生産されていた。それらは、あまり使われずに廃棄される。平底の甕群の中に混じって、煤《すす》け、はげしく煮炊《にた》きに使った痕があるわずかな庄内式甕のかけらを見るとき、東接する楠根川流域集落でつくられていたとは言え、それらが充分には手に入らなかった状況があったことを強く感じる。

ちなみに、八尾市・久宝寺遺跡では平底甕から尖《とが》り底の布留傾向・庄内式甕へと形を変えたのは庄内期中段階であり、庄内式甕が本格的に在地生産化されるのは布留期古段階を待たねばならない。この間の事情は、久宝寺遺跡南地区における土器胎土に混ざる砂礫採取場所の変化が物語る。古い時期には西側よりの傾向を示し、次第に東側に移動する。土器にも新旧、遠近、相乱れた庄内期の交流の状況が露骨に表れていたのである。

小さな地域においても、それぞれが、墓ばかりでなく土器の形にも、アイデンティティーを示そうとした。必ずしも、古墳時代に向かって各地が一致して斉一性を持とうとはしていなかった。そのなかでも楠根川流域はまわりの遺跡群に対して、優位性を強めて庄内期中段階から新段階にかけて勢力を増強していた。

楠根・平野川流域遺跡群の周溝墓

■楠根川流域の周溝墓

この三〇年の間に、楠根・平野川流域遺跡群では数多くの周溝墓が検出された。楠根川流域の庄内期の周溝墓は、ほとんどが方形である。八尾市内の萱振《かやふり》遺跡では一辺一一・五〜一七・五メートル、成法寺《じょうほうじ》遺跡では一辺一〇〜一五メートル、東郷《とうごう》遺跡では一辺八〜一三メートルといったようにいずれも一辺一〇メートル代前半が中心となる。相対的に大きく均質な物が主体的である。原則、弥生時代中期のはじめから大きくなっていった方形周溝墓が、この地域では布留期古段階になると、小型丸底壺を伴なった東大阪市の友井《ともい》東遺跡の一辺四〜六メートルというように、逆に小形の物も出現する。ただし特に大きく、形の異なるものはない。

この均質性に対して、平野川流域の周溝墓は弥生時代後期末に久宝寺遺跡の方形突出部を有する長さ一八メートルの方形周溝墓、庄内期に長さ三五メートルの前方後方形（二〇〇三年調査）が見られる。そして、布留期前半に加美遺跡で長さ一六メートル、後半に久宝寺遺跡九次で長さ三三メートルの前方後円形周溝墓が、それぞれ前方部を長くしながらも、群から隔絶することなく、群内に含まれる。

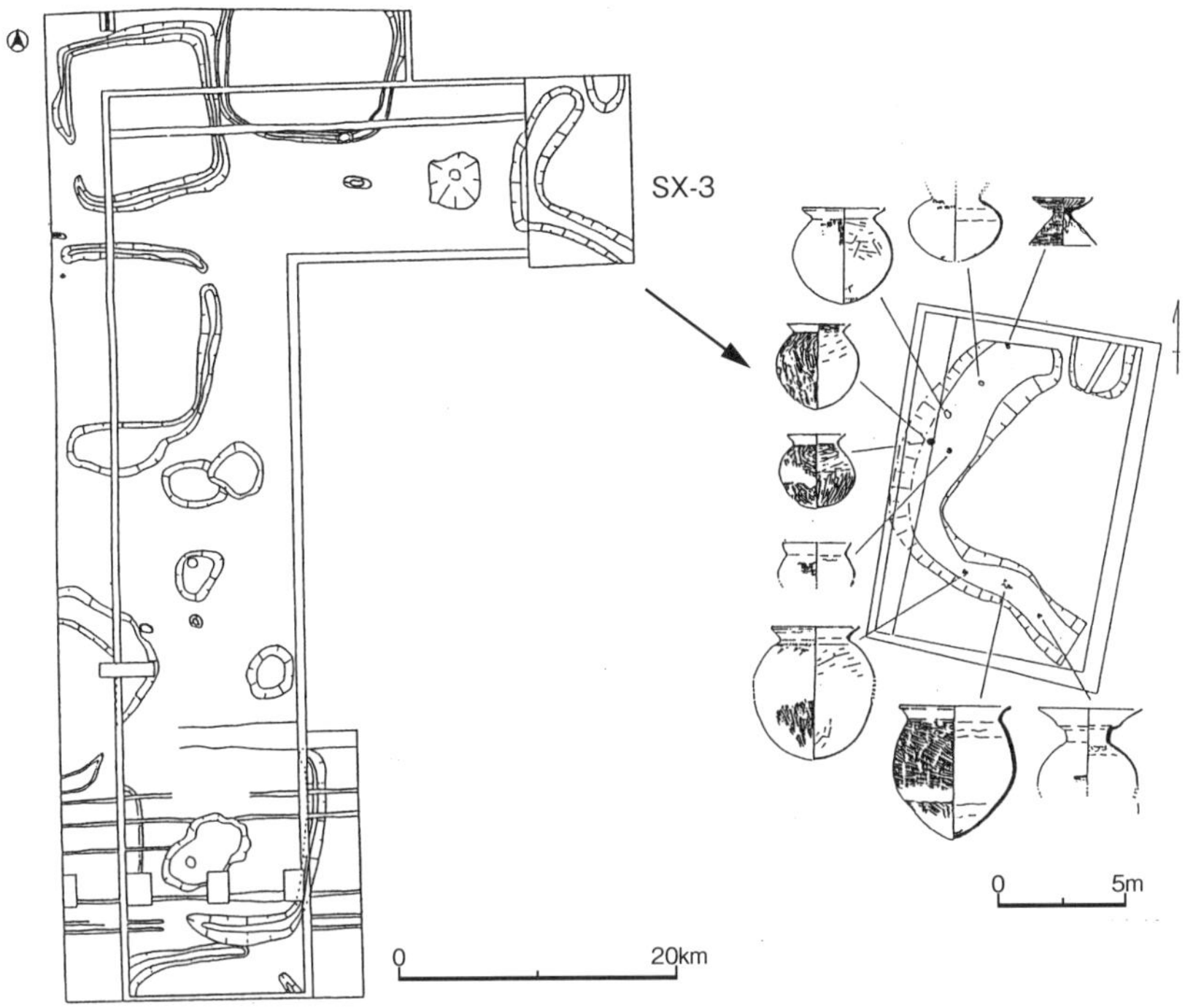

図33　八尾市・東郷遺跡（TG85-20） 均質で大ぶりな方形周溝墓が密集する。

こうした現象は、相対的に大きい前方後方形を一定系譜とする地域では、東北地方以南で同じように起こる。

■平野川流域の墳墓

よくまとまって調査された加美遺跡の状況も、久宝寺遺跡と変わらない。図34にあるその内訳は、前方後方形が一基のほか、径四〜八メートルの円形三基、辺三〜一八メートルの方形四二基、木棺墓一二基、土器棺墓九基を含む。出土遺物は玉杖《ぎょくじょう》の部品となる滑石製鐓《とん》、管玉《くだだま》・ガラス小玉、小型仿製鏡《ぼうせいきょう》、蝙蝠《へんぷく》（コウモリ）座鈕内行《ちゅうないこう》花文《かもん》、銅鏃《どうぞく》と多彩である。

しかし、一基の墳墓からまとまって出土しているわけではない。それぞれから、わずかずつという印象を受ける。平野川流域遺跡群では方形の周溝墓以外に、前方後方・円形、

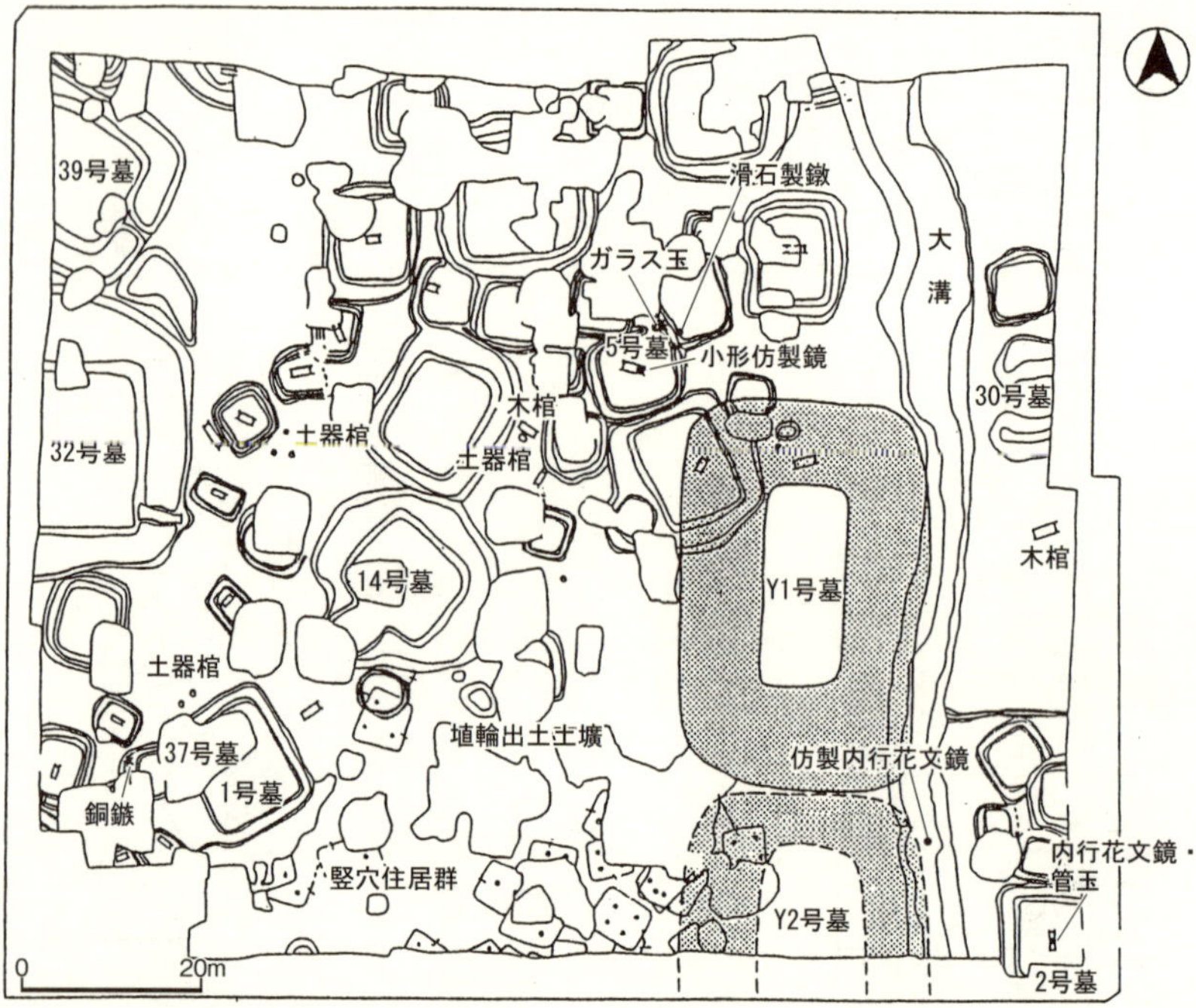

図 34　加美遺跡（KM84-1）　Ｙ１号墓とＹ２号墓は、下層の弥生時代中期の方形周溝墓である。

円形といったものも含み、大きさのうえでも四〜三五メートルという格差がひらき、不均質である。それは、時期が下るにしたがってより露骨になる。

つまり、平野川流域の墳墓は小地域内での矛盾が居住域に接して露呈し、いかにも集落内部で階層分化しているように見える。

■ 楠根川・平野川流域遺跡の性格

それに比べて、優勢でより以上の不均等な状況をつくるはずの楠根川流域内の集落・居住域近辺に上層部の墳墓を示すものは今のところ見あたらない。大きく形の異なった墳丘は群内には営まれない傾向にある。すなわち、上層部がその支配域を統括するような場所に墓地が設定され、分離・階層的な構造を持っていたということになる。

そうであるなら、大和川水系ということで庄内期及び布留期古段階での纒向《まきむく》遺跡とのルート上の直結関係を考え、墳丘形態においてこの時期に主導的であった纒向型前方後円形周溝墓及び箸墓類型の前方後円墳がその支配域及びそのまわりのエネルギーを集中して墳墓群を築いたという可能性もある。大和の大きな領域内でもおさまらずに、河内の一部との拠点連合支配とでもなるのであろうか。しかし、その明確な証拠は、今のところ見あたらない。

河内平野中央に大農業集落として発展した東大阪市瓜生堂《うりゅうどう》遺跡、その河川上流、平野の根元にシフトした楠根川流域遺跡群は、大和盆地中央の唐古《からこ》遺跡（田原本町）から東へシフトした纒向遺跡とは、大和川によって結びついていた。

それに対して、平野川流域遺跡群は、大阪府南部を北流する石川と大阪市平野区南縁にある台地・丘陵へと結びつくという、どちらかといえば西側の独立して限られた範囲の在地性を持っていた。これら二つは墳墓群の様相も異にしていたが、古墳時代前期での展開も大きく異なっていた。

玉手山《たまてやま》古墳群と松岳山《まつおかやま》古墳群の築造

■四世紀前半の築造

楠根川流域遺跡のほうは方形で、同じような大きさの周溝墓が集まるが、庄内期においては比較的に全体が大きかった。地域を統括していた上層部の墳墓は、大小多様で自己完結性の強い平野川流域遺跡の墳墓より大きいはずである。ところが、布留期古段階には周溝墓がより小さくなる。これは、それ以前にも増して地域内のエネルギーがその他のエリアにもって行かれたことを示す可能性が高い。その先は、ひとまず大和の箸墓古墳や西殿塚《にしとのづか》古墳の築造を重ねてみたい。これで、重層的にエネルギーが吸収されたことになる。

そののち混乱前期前半の四世紀前半にさしかかると、楠根川の上流の丘陵部あたりには、墳丘長百メートル級の古墳がつくられるようになる。大阪府柏原《かしわら》市の玉手山《たまてやま》・松岳山《まつおかやま》古墳群といった初期古墳である。これら古墳群周囲に顕著な可耕地がなく、水系的な関係から、その連携が大いに考えられる。ここで、河内平野南部での重層的な築造構造が成立したものと思われる。

出土埴輪には、次のような特徴がある。墳丘長六五メートルの玉手山九号墳では、

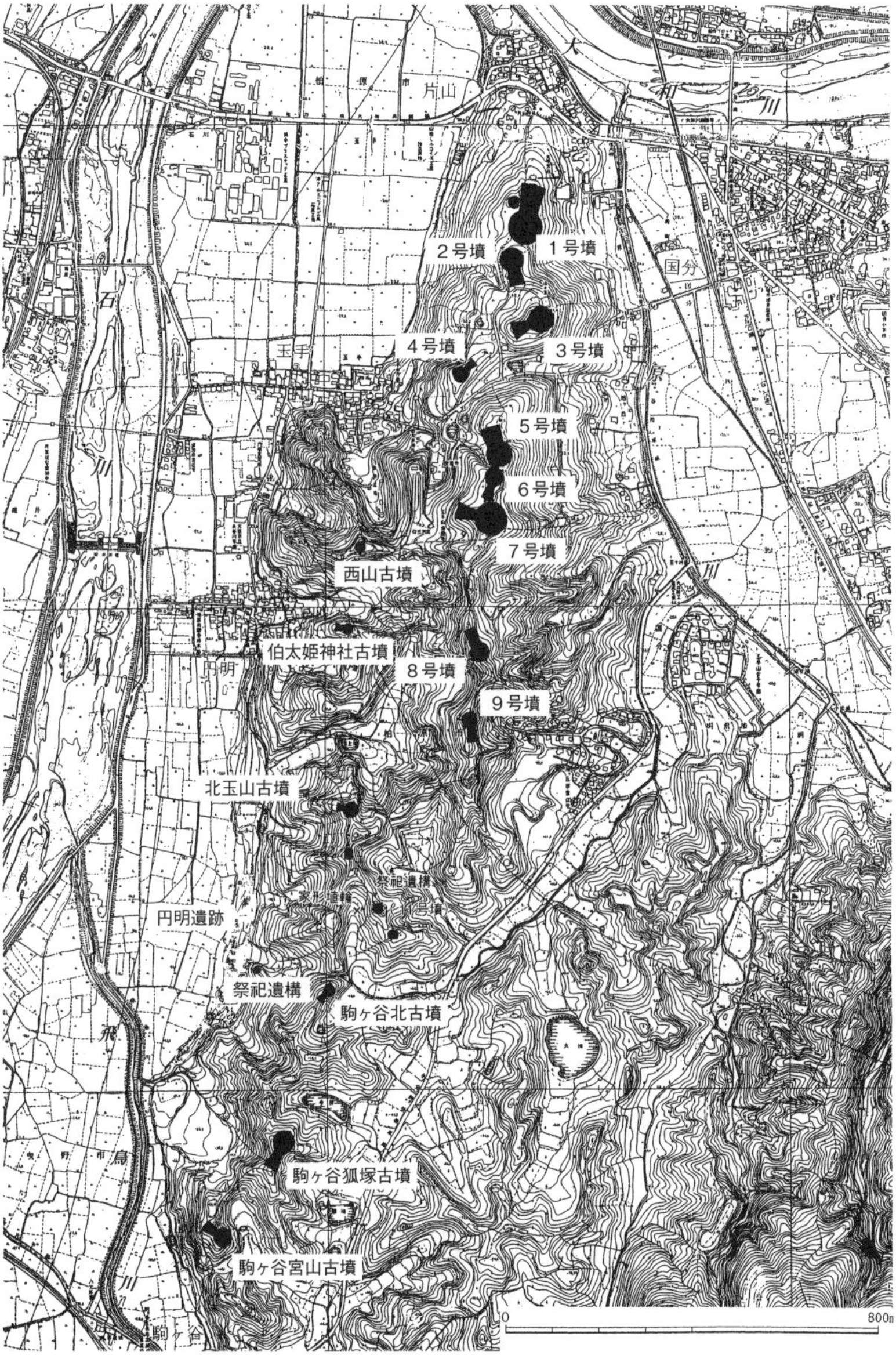

図 35　玉手山古墳群の古墳分布（大阪府柏原市・羽曳野市）

石棺と竪穴式石室（大阪府教育委員会提供）

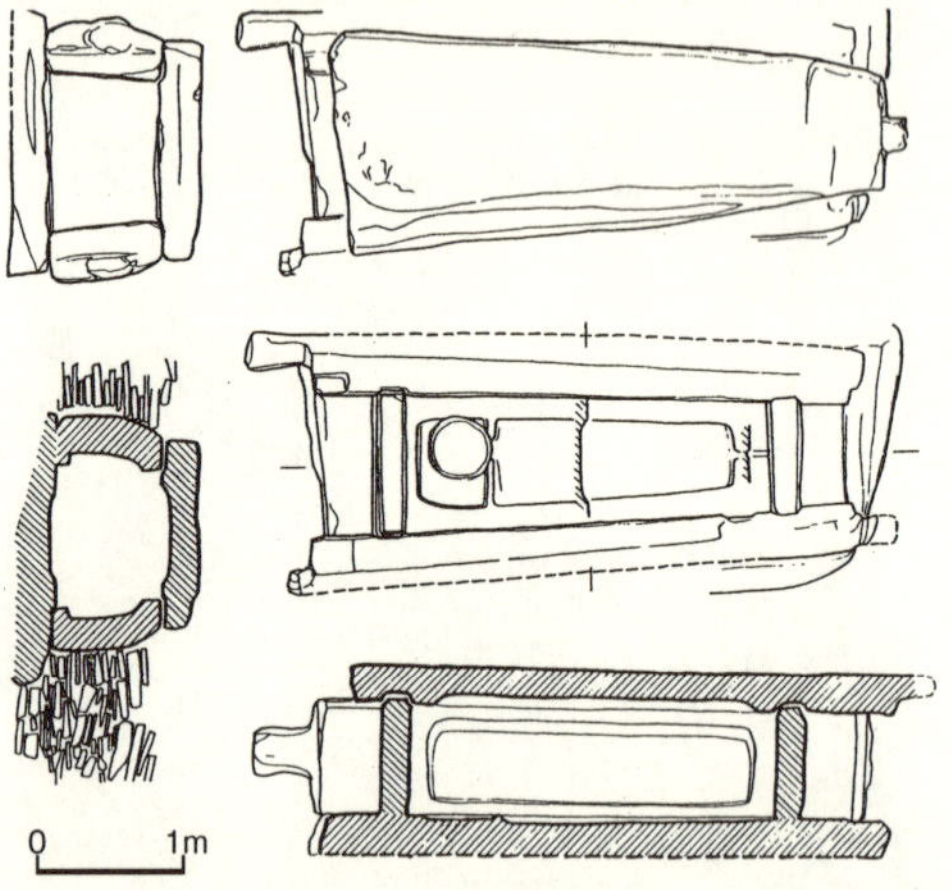

長持形石棺

図36-1　松岳山古墳の墳頂部　積石塚とも言えそうな板状の割石をふんだんに使った墳丘の墳長部には、シンプルで初期の長持形《ながもちがた》石棺がすえられる。石棺両小口には、妙な孔のあいた立石がある（図36-2）。

都月型《とつきがた》円筒埴輪※3の線刻の影響を残して古い。墳丘長九七メートルの三号墳も、都月型系の受口口縁、巴形《ともがた》透しの円筒埴輪が見られる。両者とも凸帯は低い。墳丘長一一〇メートルの七号墳は、受口口縁の円筒埴輪や家形埴輪を持つ。墳丘長一一〇メートルの一号墳は、外反口縁、透しには三角形と逆三角形・長方形透しがある。出土する楕円形埴輪で似るのは、墳丘長一五〇メートルの松岳山古墳である。

これらと大和東南部の初期大型墳と比べると、奈良県天理市の東殿塚《ひがしとのづか》古墳以降から桜井市のメスリ山・天理市の景行陵古墳（図26-1の右上参照）あたりと併行しそうである。特殊器台・壺形土器の影響を受ける玉手山九・三・七号墳は前者より後、ほぼ受けない玉手山一号墳・松岳山古墳は後者より後の築造である。つまり、玉手山古

※3　**都月型円筒埴輪**（とつきがたえんとうはにわ）　最古とされているタイプの円筒埴輪。三世紀頃につくられた吉備の岡山市都月坂《とつきざか》一号墳から出土したので、この名がついた（図50参照）。

墳群は東殿塚古墳以降に造墓を始めて、メスリ山古墳築造のころにピークを迎えたことになる。それは布留期古段階の新しいところ、京都府木津川《きづがわ》市の椿井大塚山《つばいおおつかやま》古墳や向日《むこう》丘陵などの初期古墳よりも一歩遅れたタイミングになる。くり返すなら、河内平野南半部では、三世紀代の箸墓・西殿塚古墳の時間帯には大きな古墳はつくられなかった。

図 36-2　松岳山古墳の立石（左後方）

　玉手山古墳群は、全体に石川右岸に沿うという地理的な事情から、時間帯的には、楠根川流域集団の盛行時期の新しいところと中心的に関わったと見て誤りない。丘陵先端部の古墳は標高が七〇メートル前後だが、平野部を流れる北方の旧大和川流域からの眺めにもすぐれる。その南側にある古墳は、やや奥まるが丘陵頂部付近が標高百メートル前後となり、広い範囲で石川左岸や西側を望むことができることから、その範囲を含んだ平野縁辺地域とも考えられる。

　これらに比べ、玉手山古墳群からやや上流の東に離れた松岳山古墳群は眺望がほとんど開けない。しかし、大和をつなぐ重要な大和川・亀ノ瀬《かめのせ》という交通ルート沿いにあることが特筆される。つまり、河内・大和間を大和川で抜けようとするといやがおうでもこの古墳を見ることになる。初期・前期古墳はこうした二通りの立地が大いに選ばれたが、この両者はそれを象徴する。

図37　大和川の亀ノ瀬（大阪府柏原市）　河内・大和の国境にある。難波《なにわ》から河内をへて，大和へ至る大和川水運の中でも、最も流れの激しい所である。

■大和の主要古墳への石材供給地

さらに河内は、大和との関わりとして、箸墓古墳の墳丘に見られた古墳築造の石材供給地の役割も担うことが続いた。柏原市国分《こくぶ》の芝山《しばやま》火山岩、奈良・大阪府県境の亀ノ瀬のドロコロ火山岩といったものは、大和盆地の布留川と巻向《まきむく》川にはさまれる大和・柳本《やなぎもと》古墳群（天理市）の主要古墳に集中して用いられる。むろん、玉手山・松岳山古墳群にも石材があり、特に、松岳山は芝山産地に接することから、大和の主要古墳との関係が最も深いことになる。

それに比べて、玉手山古墳群の南側の古墳は、大阪府南河内郡太子《たいし》町や羽曳《はびき》野《の》市東南部を流れる春日《かすが》川と飛鳥《あすか》川流域側にあり、玉手山二・七号墳の石室石材が春日山火山岩ということからすれば、在地で必要とする材は芝山産をあえて避けて、小地域を固持した可能性もある。楠根川流域を中心とした勢力は、優先して大和川に直接面した立地を選び、ややはずれる古墳は石川と旧大和川の河内平野南部の地域連合という大きく二区分できる大地域複合体の連繋墓域を感じさせる。

こう考えれば、河内平野において、混乱前期のはじめとその前半は大きな古墳の築造はなかったが、前半末になりようやく出現したことになる。そのタイミングは四世紀前半の西晋の滅亡ごろ、天理市の崇神《すじん》陵古墳築造の頃となろうか。

図38　紫金山古墳の竪穴式石室内の副葬品出土状況（京都大学考古学研究室提供）

紫金山《しきんざん》古墳の被葬者の副葬品

■紫金山古墳の出土品

玉手山古墳群や松岳山古墳群が河内につくられていた頃につくられた古墳に、摂津の大阪府茨木《いばらき》市の紫金山《しきんざん》古墳がある。墳丘長一一〇メートル、後円部径七六メートルの墳頂に、長さ六・八メートルの竪穴式石室がある。なかの割竹形《わりだけがた》木棺の木口のスペースを使って、多くの副葬品が出土した。典型的な前期の地域型前方後円墳である。

副葬品はまず、青銅鏡として三角縁神獣鏡一〇面、勾玉《まがたま》文帯神獣鏡と新有善同銘方格規矩《ほうかくきく》四神鏡とがそれぞれ一面ある。二〇・一センチメートルの青銅製の筒形銅器一個。ゴホウラ製貝輪三個。鍬形石《くわがたいし》六個、車輪石《しゃりんせき》一個ほかの石製品。勾玉・棗玉《なつめだま》・管玉などの玉類といった装身具。刀二一本、短刀四本、剣一二本、鉄鏃《てつぞく》一六五本の鉄製武器。竪矧板革綴短甲《たてはぎいたかわとじたんこう》一個、籠手一点の鉄製武具。又《また》鍬《ぐわ》、鍬鋤《すき》先、鎌、鉈《なた》、鋸《のこぎり》、斧、鉇《やりがんな》、鑿《のみ》、錐《きり》、銛《もり》といった鉄製農工具である。

今少し出土品の特徴を見ると、東アジアの混乱前期はじめに主体的であった中国からの舶来《はくらい》とされる三角縁神獣鏡は、紫金山古墳では一面だけとなった。

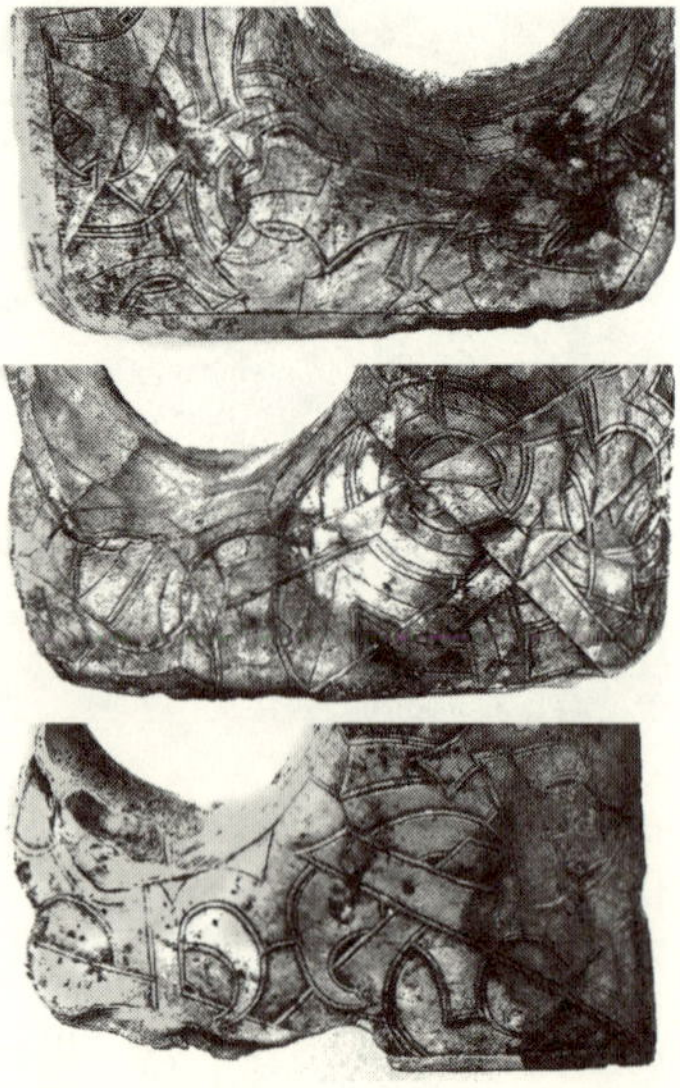

図 39-1　紫金山古墳の貝輪（京都大学考古学研究室提供）

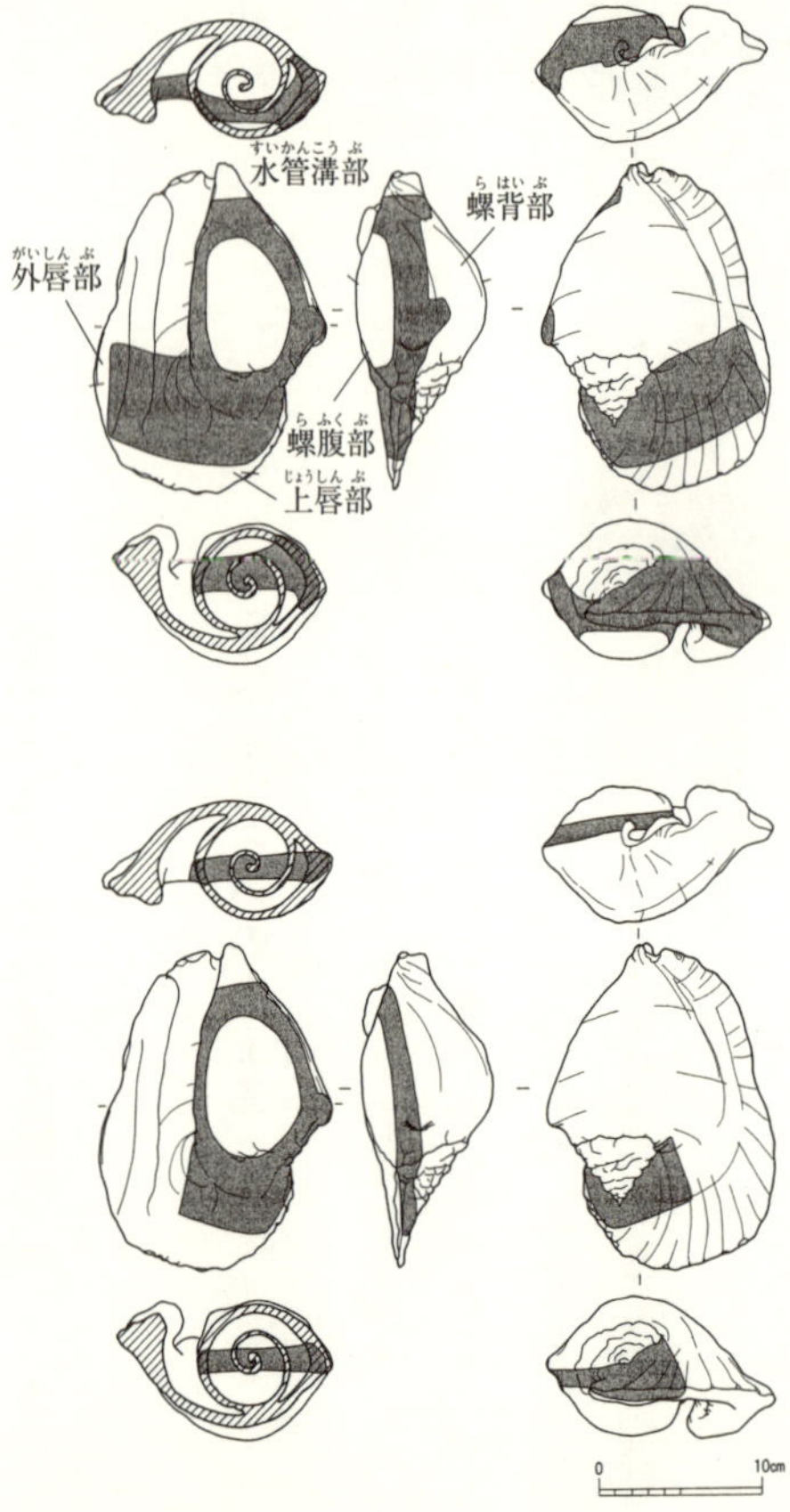

図 39-2　紫金山（上）・竹並型（下）の貝輪　直弧文《ちょっこもん》という文様が刻まれる。上の貝輪は、ゴホウラ貝を巧みに効率よく形にとり入れている。

それは、混乱期中ごろから新しい段階の製作とされ始めたのである。古い段階は、中国の由来が中心であり、初期の物ほど分布が広い。それらをまねた物が紫金山古墳には多く含まれる。九面の仿製《ぼうせい》三角縁神獣鏡は、生産から配布・授受、副葬にいたるまでの過程がスムーズに行われたとされる。

　森下章司《もりしたしょうじ》氏（大手前大学）は、笵《はん》に残る傷の進行具合から、山口県長光《ちょうこう》寺山《じやま》古墳—紫金山古墳Ⅸ＝紫金山古墳Ⅹ—兵庫県親王塚《しんのうづか》古墳—奈良県新山古墳という鋳造の順序を指摘する。製作ごとに搬出され、その製作順の近い状態で副葬されたとする。

　仿製三角縁神獣鏡は、仕上げの研磨が荒く鋳造欠陥品が多い。それまでで

図40　楯築墳丘墓の孤帯石（岡山県倉敷市）　楯築墳丘墓上に祀られている楯築神社の御神体の亀石の名で知られる。帯を複雑にがんじがらめに巻きつけた孤帯文をめぐらせている。

あれば、鋳直しの材料になりそうな品物を副葬品として採用する時点で、被葬者の生前では機能しない葬具としてつくられたという印象はぬぐいきれない。

紫金山古墳被葬者とその所属集団は、そうしてつくられた鏡に加え、それとは違ういろいろなクセをもった古墳時代前期の仿製鏡製作集団から類いまれな優品を入手している。直径三五・九センチメートルもある巨大な勾玉文帯神獣鏡も、それらと同時に受けとって副葬していた。

混乱期前期前半に、鏡に変わって重用された宝器に、石製品がある。ちょうどこの時期は、木棺も石棺に材質転化するときでもある。紫金山古墳は木棺であるが、鍬形石《くわがたいし》と呼ばれる腕輪類が石化する前の原型となった貝輪がある。それは、ゴホウラという巻き貝からできている。ソデボラ科の大型巻貝で珊瑚礁《さんごしょう》砂地面にすむことから、奄美《あまみ》諸島・沖縄諸島から熱帯太平洋に分布する。図39のように、巧みに貝の形をとり込んだ貝輪には直弧文《ちょっこもん》という文様がつく。

秋山美佳氏は、岡山県倉敷市の楯築《たてつき》墳丘墓にある弧帯石《こたいせき》にある帯状文様がまずできあがって、その文様が形骸化して直弧文となったとする。それが巻き貝の持つ不思議な立体形にあわせて描かれることで、鍬形貝輪が生み出されたとする。この文様変化の過程は、混乱前期はじめの少し前からおこり、混乱前期前半末で完成したことになる。以降、この文様の単位図形は六世紀まで生き続

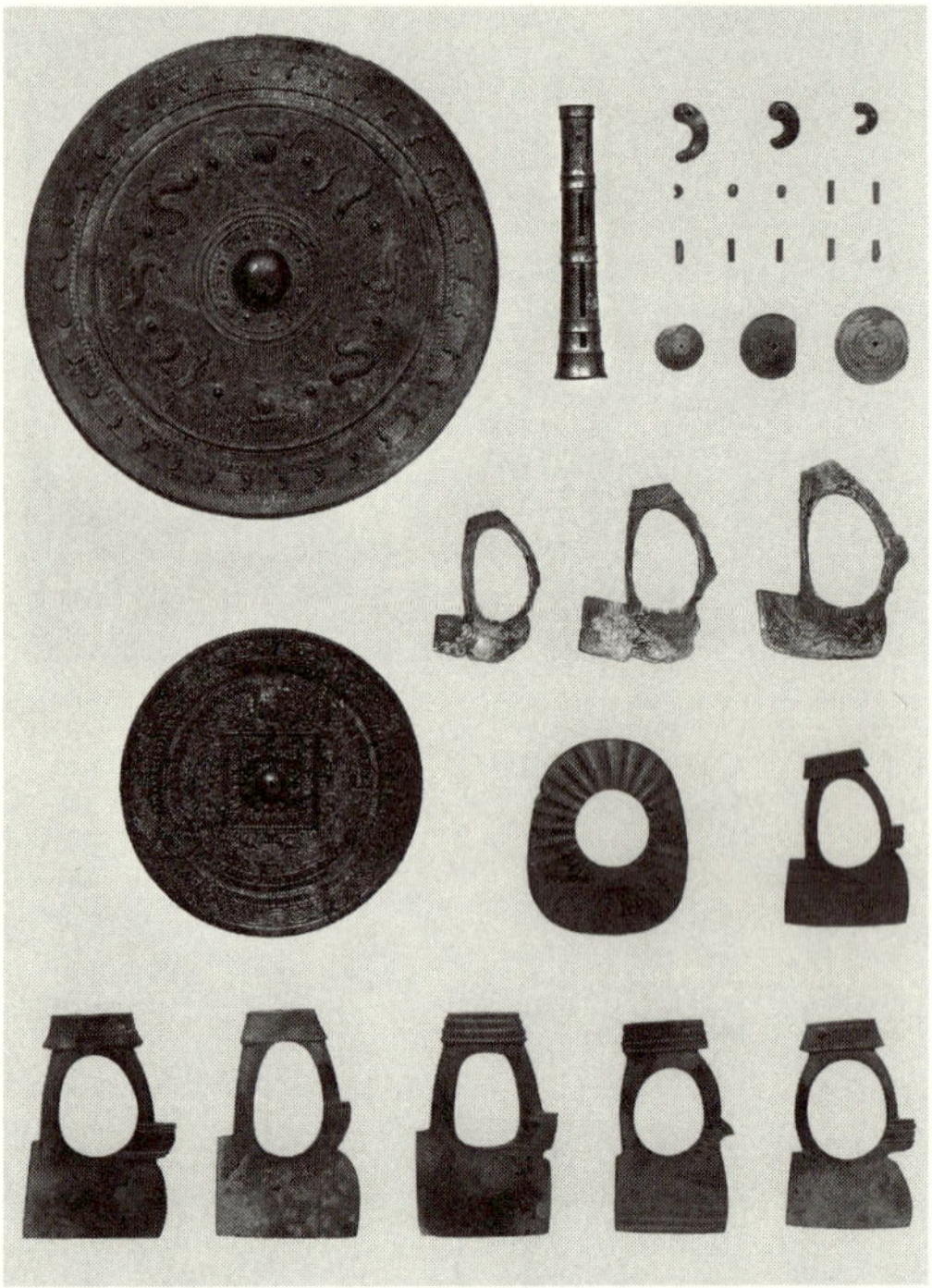

図41-1　紫金山古墳筒形銅器ほか（京都大学考古学研究室蔵、大阪府立近つ飛鳥博物館提供）

ける。そして、古墳時代を象徴するものとなった。貝輪の方は石製品化が紫金山古墳のときに完成し、前期後半でピークをむかえる。貝が石へと変身する過程の証が紫金山古墳のなかで残されたことになる。また畿内から見て、貝は南海産であるのに、石は北陸産であり、原材料入手の方向が一八〇度違うのもおもしろい。北陸から北近江をへたルートは一躍、脚光をあびることになった。

■朝鮮半島南部と関わる副葬品

混乱前期は、前方後円墳はもちろん、埴輪に見られるような抽象儀器化、そして今見た材質転化やそこにつけられる文様のパターン化といった古墳時代特有の文化を構成する要素がつぎつぎと生成された。アイデンティティーを育てるには、時間がかかるものである。

この他に、混乱前期前半末からにわかに副葬品として加わるのは、朝鮮半島南部と関わりの深いものが多い。筒形銅器や甲冑《かっちゅう》がそれである。筒形銅器は日本列島独自の

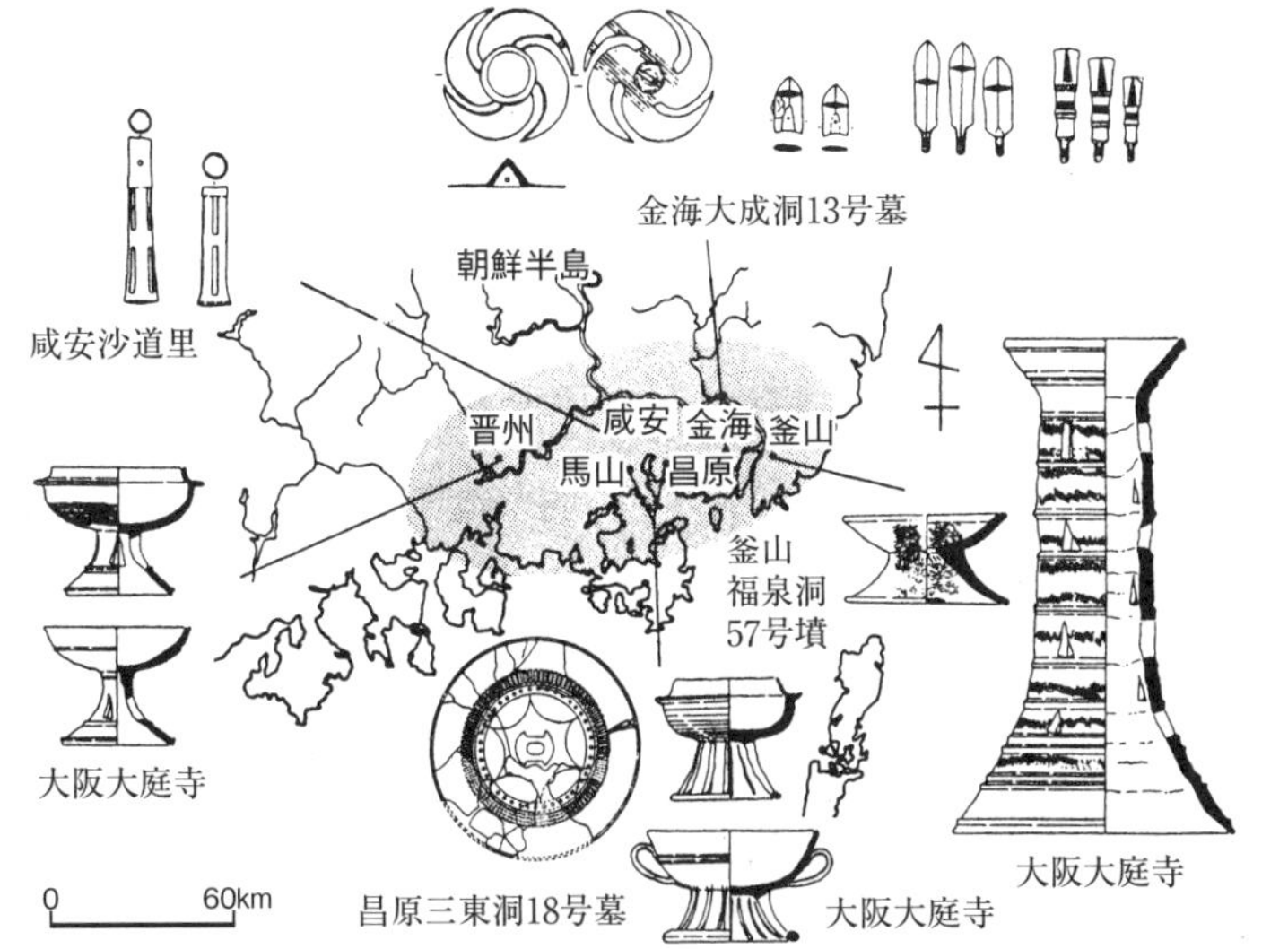

図 41-2　大阪府堺市大庭寺《おばでら》遺跡の初期須恵器工人の出自地域と倭系文物の分布圏から見た前期伽耶《かや》連盟の範囲

物とされてきたが、近年、韓国金海大成洞《たいせいどう》《テソンドン》・良洞里《りょうどうり》《ヤントンリ》古墳群、釜山福泉洞《ふくせんどう》《ポクチョンドン》古墳群で大量に出土している。今や日本列島七四、朝鮮半島で六七と出土数が拮抗する状況である。田中晋作《しんさく》氏（大阪府池田市立歴史民俗資料館）によれば、前者では特定の古墳群で継続的に出土し、槍《やり》や鉾《ほこ》の先とは反対側に着装される石突《いしづき》として複数、副葬されることから、継続と用途、副葬方法が一貫するのは朝鮮半島南部が中心だと考える。ただし、こうした中で、今のところ紫金山古墳出土品は最古級になる。

　青銅製品に加えて、にわかに増えるのは鉄製品である。大振りの刀剣や鏃《ぞく》類。なかでも、甲冑は竪矧板革綴短甲《たてはぎいたかわとじたんこう》と呼ぶもので、他に例を見ない。阪口英毅氏（京都大学）は、甲冑のパーツに使われる地板と呼ばれる鉄板の主要部分が湾曲の自由度を増していくという技術力アップの方向性などに着目する。似た甲冑製作の順序を韓国釜山の福泉洞三八号墳板甲から岡山県の奥の前一号墳短甲、そして紫金山古墳へと置く。

まだまだ、この時期は小規模な製作工房で試行錯誤しながら、一点一点、使用者のニーズにあわせてオーダーメイドしていく甲冑製作事情が目に浮かぶ。古墳被葬者個人は朝鮮半島にある技術と接触しながら、独自の主張を持ち始め、それを自らの墓に持ちこんだ段階であった。

鉄製甲冑とともに、鉄製農工具が目立つのも、鉄の時代への本格的な取り組みを示す。この来るべき鉄器時代は、地域支配の図式を大きく変えようとしていた。

平野川流域遺跡群の躍進

■地域型前方後円墳の展開と埴輪

三世紀から四世紀にかけての東アジアの混乱前期前半の終わりは、百メートル級の前方後円墳が畿内のあちこちでつくられ始める時期でもあった。地域的なまとまりの大型化と安定が、いわゆる各地独自の余剰生産物の集中を持たらしたとでも言えようか。

河内南部の玉手山古墳群も例にもれず、摂津東部の三島でも紫金山古墳と同じ時期に墳丘長七〇メートルの高槻《たかつき》市の弁天山《べんてんやま》C一号墳、墳丘長一〇七メートルの茨木市の将軍山古墳《しょうぐんやま》とよく似た大きさの古墳が点々とつくられたときであった（図88参照）。

こうした地域のまとまりを墳墓で具現する方式は、河内平野内部の小さな範囲でも起こっていた。地域と階層の細分化を促進させ始めた現れでもあろう。

玉手山古墳群と楠根川流域遺跡の周溝墓群が優勢を示した三世紀末、平野川流域遺跡群では、地域そのものに階層的に分化された不均衡な表現が墳墓に現れ始めた。そこでは、玉手山古墳群で当たり前になっていた円筒埴輪は主役ではなく、あいかわらず次頁の図42の右のような土器が供えられていた。布留期古段階は、前方後方形の大阪市平野区の加美《かみ》一四号墓、陸橋を持つ方形周溝墓である加美三九号墓でも焼く前に底に孔をあけた壺形土器が見られる。久宝寺遺跡九次の前方後方形周溝墓では、底が埴輪のように台部化しつつあるものが出土する。いずれも、前時代的な周溝墓原理の延長での壺形土器の配置が布留期古段階を越えても支配的であった。こうした近隣からの土器供献の個性は、次の斉一的な埴輪生産の展開のなかで円形原理とともに束ねられ、中間階層が一気に整理されていくことになる。

さて、次の混乱前期後半は若江《わかえ》北式[※4]併行の布留期中段階に相当する。朝鮮半島では、高句麗・百済・新羅が顕在化する。この時期のはじめは、河内平野でも様相が一変した。加美遺跡の土壙からは、埴輪編年の二期古相（30頁参照）という段階にあたる円筒埴輪が出土する。埴輪生産の共有とともに、玉手山・松岳山古墳群は築造のピークを迎

※4　**若江北遺跡**（わかえきたいせき）　楠根川流域の東大阪市若江西新町・若江北町・若江南町に所在する。弥生時代前〜後期の集落跡・水田跡などのほか、古墳時代前期の水田や周溝墓などが検出された。

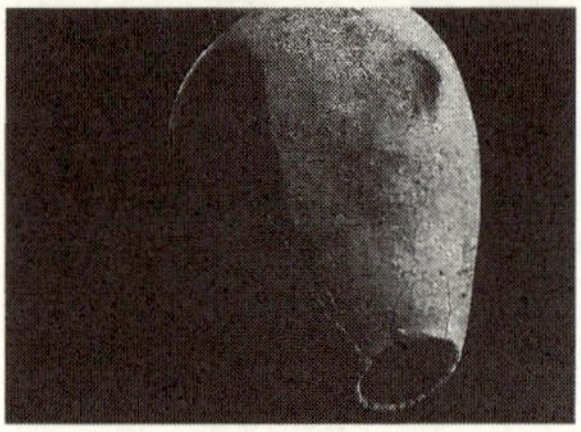

壺形埴輪　大阪府八尾市、美園古墳
（大阪府立近つ飛鳥博物館提供）

壺形土器　大阪府八尾市、久宝寺９次前方後方形周溝墓
（八尾市教育委員会提供）

図42　美園《みその》・久宝寺遺跡出土の壺形土器　日常の壺として役に立たないよう、焼く前から孔が開けられた右の壺形土器。さらにその底が墓上で立てやすいように台状になった壺形埴輪、その形状は日増しに変わった。

えた。埴輪をつくらなかったほかの地域も、その影響を大きく受け始め、各地で底に孔があく壺や鰭付《ひれつき》の埴輪を置くようになった。

河内平野中央の八尾市の美園《みその》古墳例では、図42の左のように壺の底の丸みがなくなって筒形の台のようになるとともに、しっかりとした凸帯が口頸部につき、円筒埴輪の要素を多分に含んだ。ふつうの土器とは分離して、壺形埴輪と呼べるようになったのだ。その後の四世紀末の造出《つくりだ》し付き円墳の大阪市平野区の長原一《ながはらいち》ヶ《が》塚《づか》古墳から出土した壺形の下部は明確な筒部、それと肩部の境に広い鍔《つば》がつくようになる。

さて、玉手山・松岳山古墳群の埴輪列が必ずしも細かいところで形がそろわずに斉一性がなかったことに対して、明石海峡につき出す神戸市垂水《たるみ》区の五色塚《ごしきづか》古墳では大量の円筒埴輪の形と大きさが均質にされた。そして、大量がゆえ、鰭付《ひれつき》円筒埴輪をフェンスのように整然とした列にして並べ始めた。それが二期中相（30頁参照）を中心とした円筒埴輪の特徴となった。それは一気に流行する。第一回目の各地の埴輪列採用をうながしたのが天理市の西殿塚《にしとのづか》古墳であるなら、第二回目を具体的に示すことができるのは今のところ五色塚古墳の存在である。

埴輪の透しは、三角・方・半円形に単純化された。これより後出する埴輪は、河内平野からも続々と出土する。二期中相を代表する八尾市の萱振《かやふり》一号墳例は、方・半円・円形透しへと変化する。周溝墓と百メートル級の古墳との中間層的に出現した萱振一号墳。その古墳は、まず楠根川流域の東郷・美園・萱振遺跡で現れた。その細かい変化は、美園遺跡では壺形埴輪を並べ、その中に家形埴輪を置くが、周囲に古墳が群在するこ

図 43-1　葺石と埴輪で復原された五色塚古墳の墳丘（神戸市垂水《たるみ》区）

図 43-2　五色塚古墳の復原された出土埴輪群（神戸市教育委員会提供）

図44　一ヶ塚古墳（大阪市平野区）　現在は埋没しているが、字《あざ》「一ヶ塚」と呼ばれており、近世までは墳丘が残っていたと思われる。

長原古墳群は、今では200基以上もの埋没した古墳が見つかっている。その９割以上が１辺10mほどの方墳だが、その中で直径50mを越える円墳である塚ノ本古墳と一ヶ塚古墳は特筆される（大阪文化財研究所提供）。

とはない。萱振一号墳は靫《ゆき》・甲冑等の形象埴輪を出土する一辺二三メートルで、一号墳のほかは時期が異なり、これも群在しない。いずれも方墳であり、規模が不均等になるものの、この流域に方形傾向が強いことをうかがわせる。

この各地域での共通した古墳がつくられ始めた時期、混乱中期へと移行するきっかけとなった淝水《ひすい》の戦い（20頁参照）前後、四世紀後葉ごろに相当するであろう布留期新段階に突入すると、より一層、河内平野は変貌する。

楠根川流域の八尾市・中田遺跡一九次の調査で見つかった径三五メートルの円墳が確認できるようになる。この円墳への変化が、この流域の特権でなくなるのが大きなポイントである。

平野川流域では、径五五メートルの大阪市平野区の塚ノ本《つかのもと》古墳や径五三メートルの同区の一ヶ塚《いちがづか》古墳といった円墳が長原古墳群の範囲内に現れる。川原石の入手からは距離が離れるこれらの古墳は、いずれの墳丘にも葺石《ふきいし》という外装は欠けた。また、恩智《おんじ》川流域でこの段階の可能性のある鰭付《ひれつき》円筒埴輪を伴う径三〇メートルの円墳である、東大阪市えの木塚古墳や墳丘長五〇メートルの前方後円墳である八尾市にある花岡山《はなおかやま》古墳など、ついに円形原理の墳丘が各流域で一斉に出現することになる。

図45　津堂城山古墳（大阪府藤井寺市）　盾列の周濠に沿って残る輪郭は、中堤・外濠・外堤であるが、かつては周庭帯《しゅうていたい》と呼ばれた（藤井寺市教育委員会提供）。

■津堂城山古墳の築造

そうした中、平野川流域が、墳丘規模では他を一歩リードするようになった。そしてさらに、その上流側で墳丘長二〇八メートルの大型前方後円墳である津堂城山古墳（藤井寺市）が築かれることになる。この古墳は結果的には古市古墳群に属するが、群のなかでは大きく北西にはずれて河内平野部に接する（15頁、図2参照）。そこでは、当時の居住域の中からはギリギリはずれて、四一〇×四〇〇メートルに及ぶ広大な平地形が手に入った。

そのおかげで墳丘のまわりに幅四〇メートルの内濠、二五メートルの中堤、二五メートルの外濠、二五メートルの外堤、外堤を画する溝がとりついて埴輪がまわった。つまり計一二〇メートルの幅の平たい土地が墳丘本体を囲むことになる。総じてこの輪郭が残った土地をセスナ機から見た末永雅雄《すえながまさお》（故人・関西大学名誉教授）はこれを周庭帯《しゅうていたい》と呼んだ。墳丘のこのスタイルを基本型として、応神陵古墳で大きさが倍に、仁徳陵古墳では長さが二・五倍にふくれあがった。津堂城山古墳は、丘陵上ではなく埴輪を大量に焼くための燃料と粘土や砂といった材料、斜面を覆う大量の川原石、水を同一水面で囲むための周囲の水平な地形、労働力

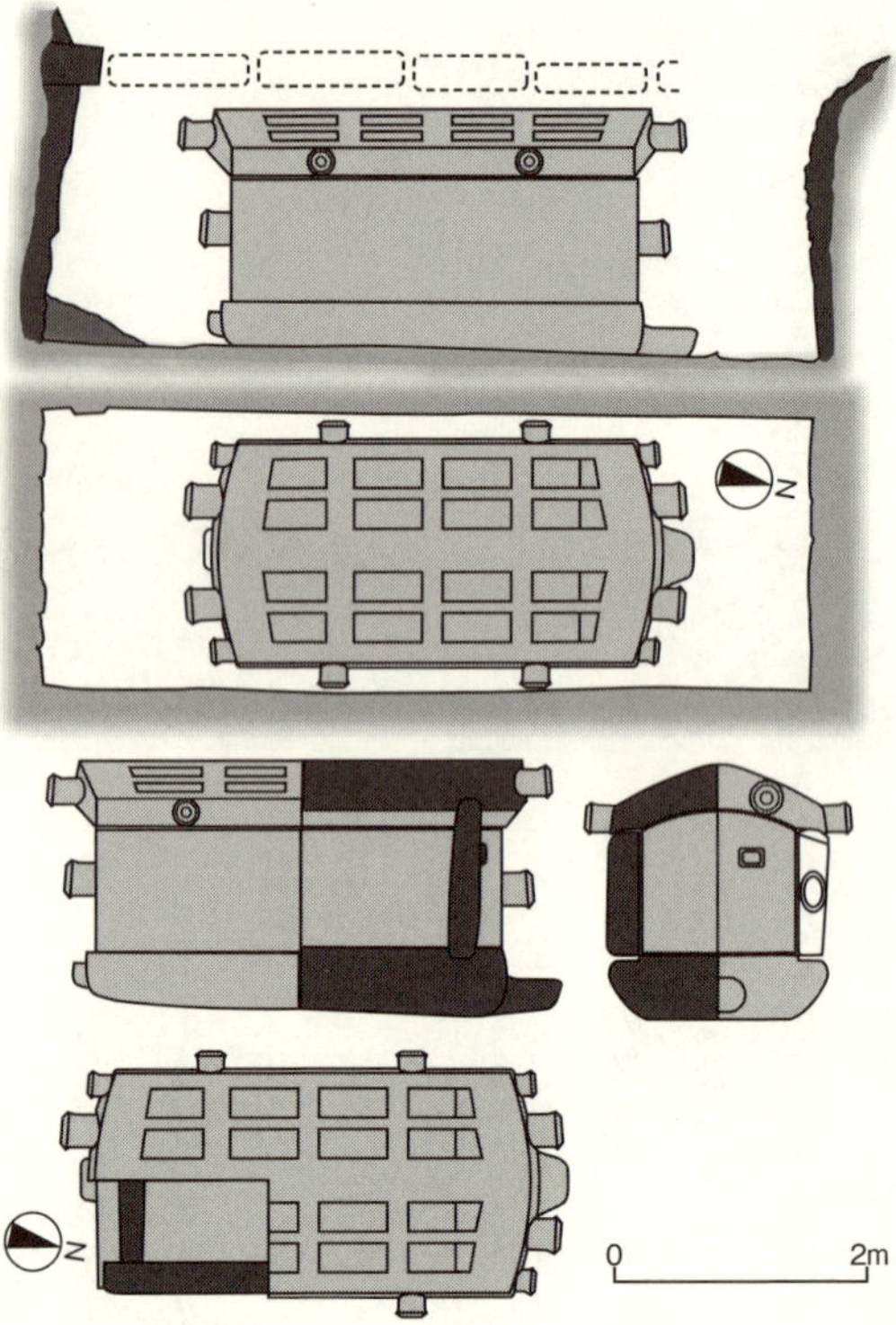

図46　津堂城山古墳の長持形石棺　図36の松岳山《まつおかやま》古墳の石棺に比べて、格子文《こうしもん》のつく亀甲形《きっこうがた》の蓋や精巧な縄《なわ》かけ突起《とっき》など、シンプルな物から異様にこった物になっている。

が集まりやすい地点、そういったことが整うのに適した立地にあった。

津堂城山古墳の内濠には、造出しや図47にある水鳥がたたずむ島状のものが左右に備わる。後円部墳頂部には、長さ六・一メートルの竪穴《たてあな》式石室のなかに長さ三・一五メートルの長《なが》持形《もちがた》石棺がある。仁徳陵古墳の前方部の石棺は二・七メートルとこれを下回り、後円部の方は一七五七年の『全堺詳志《ぜんかいしょうし》』に三・一八メートルの大石の記録があり、わずかに上回るにすぎない。内部が大きくなるのは、仁徳陵古墳ではなく、六世紀後半の全長二八・四、玄室《げんしつ》が八・三×四・一メートルの横穴式石室をもつ奈良県・橿原丸山古墳が最大となる。副葬品には、三角板革綴短甲《さんかくばんかわとじたんこう》、刀子《とうす》・剣・鏃などを模した扁平な滑石製《かっせきせい》模造品がある。今まで述べた津堂城山古墳の姿は、台地の上に展開するまぎれもない中期的な古墳のモデルとなるものであった。

しかし、前期古墳を象徴する物も数多くある。まず、円筒埴輪だが、これまで墳丘

図47　津堂城山古墳の島状遺構と樹立水鳥形埴輪　写真上辺中央がややくぼんでいるが、濠にたまった水がそこに侵入する。その水際にオス、メス、子と思われる３羽の水鳥がたたずんでいた（藤井寺市教育委員会提供）。

だけでこと足りていた生産本数に、堤部分が加わり倍加する。大型生産が余儀なくされた。そのためか、外面調整は最終仕上げのヨコハケやナデはほとんど省かれる。規格・技法が異なり、少なくとも出自が異なる四集団以上で生産がまかなわれた混成製作集団であった。そして、青銅製品は三角縁神獣鏡とまではいかないが、三神三獣獣帯鏡・二神二獣鏡・盤龍《ばんりゅう》鏡・変形神獣鏡の計八面の鏡、前期後半を中心に朝鮮半島南部でも出土する巴形《ともえがた》銅器や車輪石《しゃりんせき》・鍬形石《くわがたいし》といった石製品が出土する。

津堂城山古墳は、まさに前期と中期の狭間に築造されており、河内の大型墳、百舌鳥・古市古墳群の幕開けをつげるにふさわしい古墳である。

ともかく、河内平野の中間層の古墳築造参加は、二期中相までは玉手山古墳群などの下流域となる楠根川流域でまず顕著に見られて主導的な存在となった。そして、新相に至る時間帯の間に、中間層の墳丘に円形原理と埴輪生産が平野全体に組み込まれ、各所に相並ぶ状況になった。平野川流域は平野部の中で楠根川流域より優勢になる。平野川流域が主体的になる頃から、大和の突出した勢いは同じように衰えを見せた。

図48　壺形と器台形土器
写真は、兵庫県赤穂《あこう》市有年原《うねはら》・田中遺跡の墳丘墓から見つかった装飾壺および装飾器台である。ここから、特殊壺・特殊器台をへて、円筒埴輪が出現した（赤穂市教育委員会蔵）。

第五章　巨大古墳の築造と手工業の生産体制づくり

円筒埴輪《えんとうはにわ》の起源

■円筒埴輪の出現

先に見たように、古墳時代前半期の巨大な古墳を共同で分担して築造することと、日本列島で手工業生産体制が確立していくという様子を見るには、円筒埴輪の生産編成の流れをつかむことが一つの目安となる。

古墳の上にめぐらされる円筒埴輪出現の端緒となったのは、庄内期であった。円筒埴輪は、そもそも吉備《きび》（岡山県）の壺形と器台形土器から始まった。ふつうの土器に比べて、高く、大形の特殊な土器がそのとき現れたのである。近藤義郎・春成秀爾《はるなりひでじ》（国立歴史民俗博物館名誉教授）氏は、円筒形の体部が太く長く、ほぼ垂直ないしやや開き気味、その上下は朝顔の花のように大きく開いたのち、くの字に折れ曲がるという形の特殊器台形土器というものに注目した。土器に現れた多彩な地域色の一つが、やがて墳墓に供える壺形土器などとして各地で独自性を競い始める。なかでも、墳墓専用の円筒埴輪として統合されていった過程がよくわかるのが特殊土器セットなのである。

　土器の体部には、等間隔に凸帯《とったい》が水平にまわり、それによって区画される部分にはヘラ描き沈線で文様が描かれる。これらは立坂《たちざか》型・向木見《むこうぎみ》型・宮山《みややま》型※1に分けられる。このうち、立坂型を除きヘラ描きの文様構成にあわせて、三角形・長方形・巴形などの透しがあけられた。つくりは精巧で、内面がヘラケズリで器壁が薄く、独特な褐色の色調と胎土で、赤色顔料が塗られる。それぞれの変化は、大型化、ヘラ描き沈線文様の複雑化、一部の文様帯での省略、凸帯断面形が放物線から方形へ、体部の凹線省略に伴なって素地にあったタテハケが消されずに顕在化するといったものだった。

※1　**立坂・向木見・宮山型**（たちざか・むこうぎみ・みややまがた）　特殊器台・特殊壺の変遷の中で、立坂は特殊器台前期で、岡山県総社《そうじゃ》市立坂遺跡で注目された。向木見は特殊器台後期で、倉敷市向木見遺跡で注目された。宮山は終末期で、総社市宮山遺跡で注目されたものである。

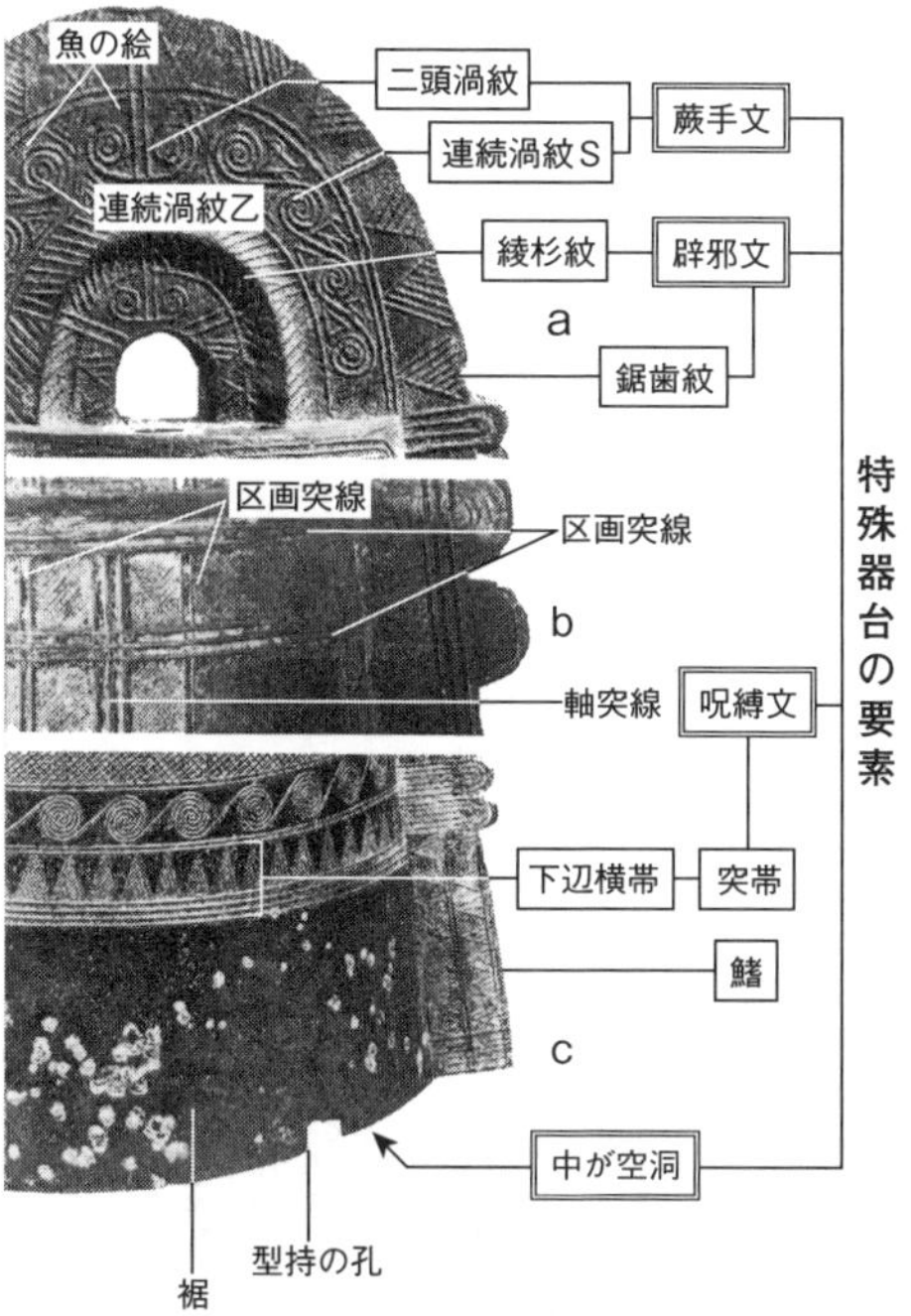

図49　銅鐸の文様（右側の特殊器台の要素は筆者加筆）

a　吊り手（紐）の文様　中段階（Ⅲ-2式）　1世紀　京都府明石《あけし》銅鐸

b　突帯紋（身部分）　新段階（Ⅳ-3式）　2世紀　和歌山県荊《いばら》木《ぎ》一号銅鐸

c　下辺横帯（裾部）　中段階（Ⅲ-2式）　1世紀　兵庫県生駒《いこま》銅鐸

図50　特殊器台形土器と都月型円筒埴輪　両者には、S字状と蕨手《わらびて》文《もん》の系譜や、拡がる基部と円筒の基部という違いがある。

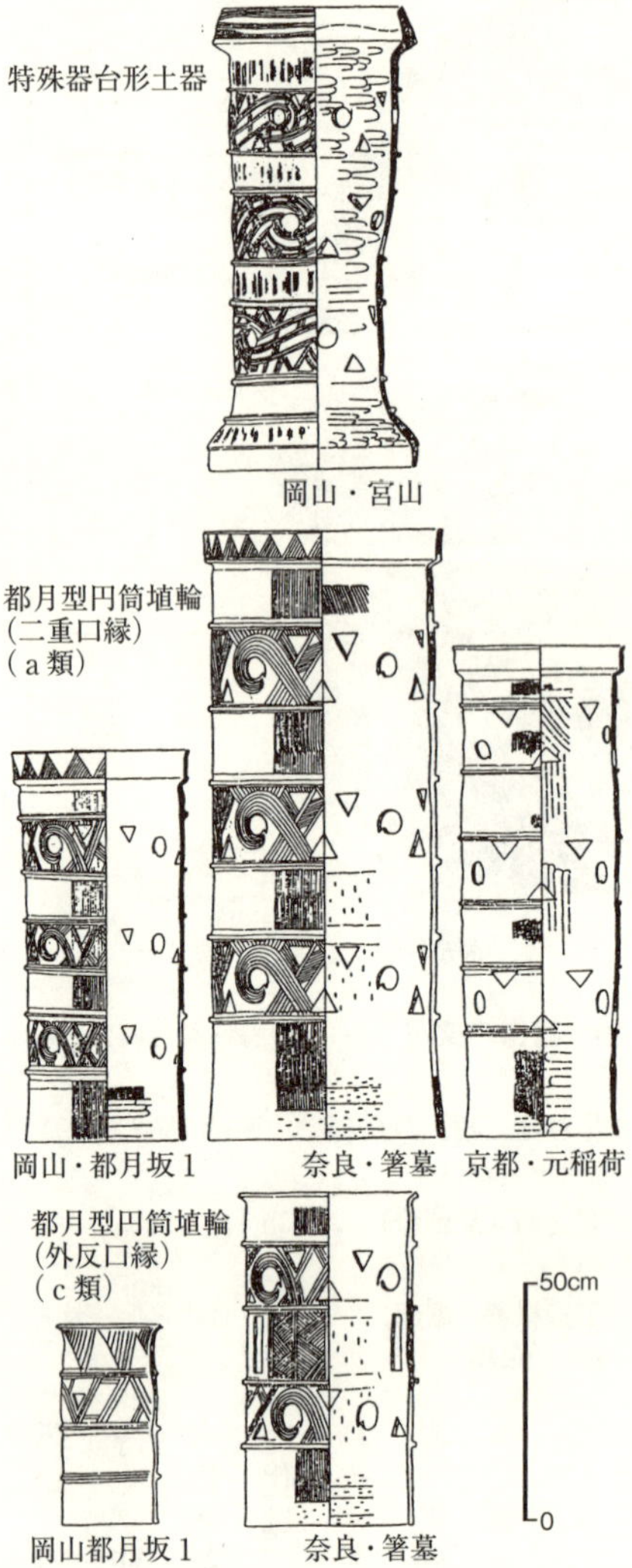

これらに続く都月型は、もはや初現的な円筒埴輪になる。

そして、底の一部が土に埋まり、口縁から頚部の長さが縮み、「硬直」したのである。近藤義郎らがこの現象についてそのように表現した文様が、きわめて形式化し、入念の度を減じた製作となり、供献を象徴的に形象化した器物と化す。ここでは円筒埴輪成立に対して、四段階の過程が示されたことになる。

中村一郎・笠野毅氏は、桜井市箸墓古墳の墳頂部で都月型にない特殊壺形埴輪が存在することを早くに確認していた。体部の文様は宇佐晋一・斎藤和夫氏が桜井市纒向石塚から出土した弧文円盤、同纒向遺跡出土の特殊器台、都月型へと変化したとする。都月型は宮山型とつながらず、纒向遺跡特殊器台の系列に入れた。また、纒向、箸墓、

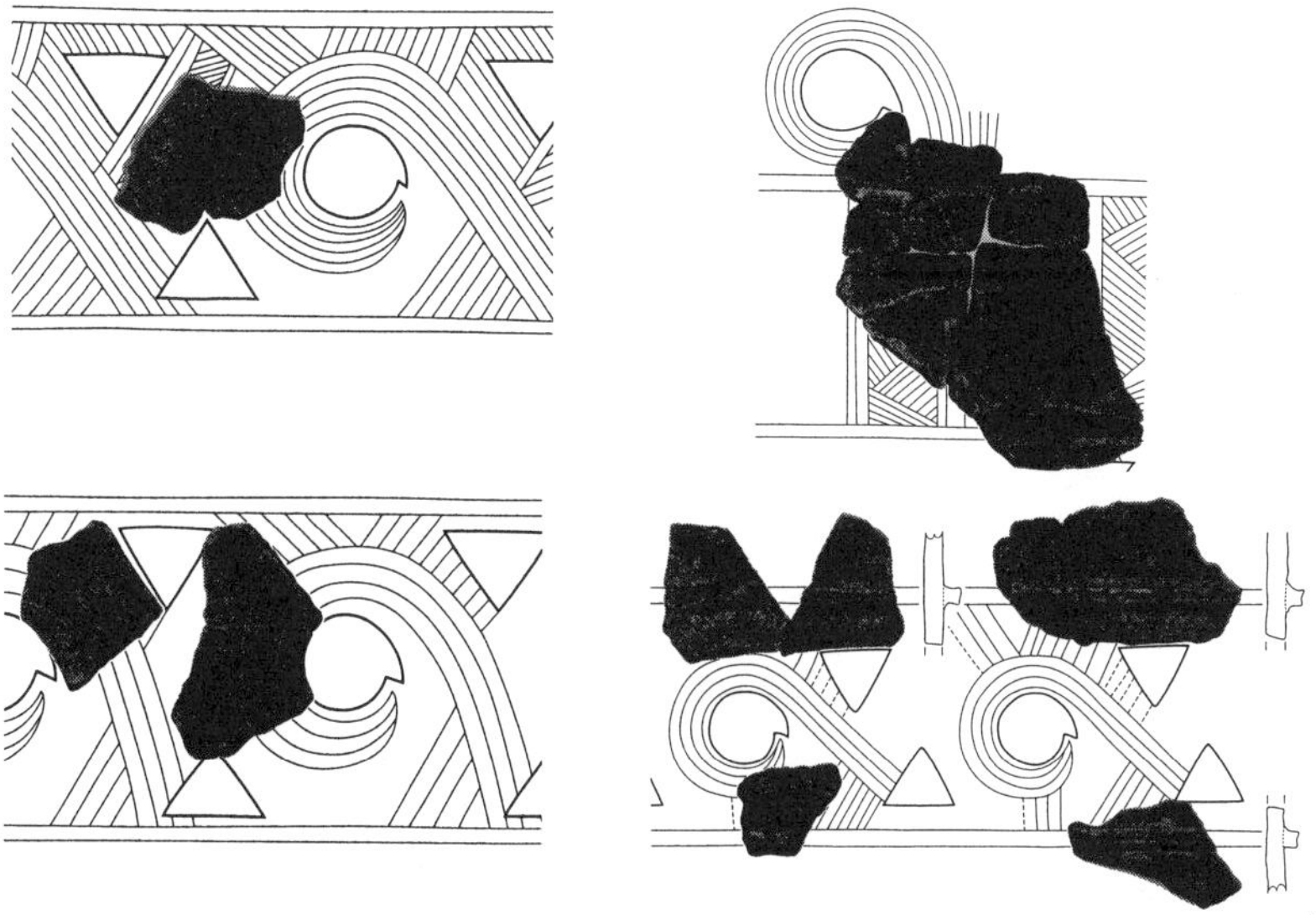

図51　箸墓古墳の都月型円筒埴輪の文様帯の文様　文様構成によって、そのすき間には巴《ともえ》形《がた》、三角形、長方形の透しがあけられた（宮内庁書陵部提供）。

都月型、元稲荷《もといなり》の各例の蕨手文《わらびてもん》の系譜にある巴形、正逆二種の三角形透しの配置リズムが、S字状の系譜にある吉備地方の系譜と異なるともした。

白石太一郎・春成秀爾氏らは吉備地方以外の都月型円筒埴輪がいずれも型式学的には後出し、都月I類が宮山型に由来する以上、宮山型の単純期は存在し、箸墓古墳には両集団の工人によって製作された特殊土器類が使用されたとする。

■銅鐸《どうたく》が生まれ変わった特殊器台・壺

こうしたなか、注意しておきたいのは寺沢薫氏の指摘である。特殊器台・壺は銅鐸の生まれ変わりだとするのである。特殊器台・壺が突如巨大化して、墳丘長七〇、径四〇メートルの岡山県倉敷市の楯築《たてつき》墳丘墓に立てられることを前提として、銅鐸のマツリの終焉としたという。弥生時代後期末に銅から土に変身した。その理由として、高さ一メートルをこえる大きさ、中が空洞、体部につけられた文様の

図52　箸墓古墳の二重口縁壺形土器　底は、焼成前に大きな円形の孔があけられた。実用ではない仮器化したことを意志表示する。図42の壺形土器は、この影響をうける。畿内・吉備の一部以外は、このようにそれぞれの地域の壺型土器を加工した（宮内庁書陵部提供）。

共通性をあげる。つまり、辟邪《へきじゃ》文である鋸歯文《きょしもん》と綾杉文《あやすぎもん》、呪縛文《じゅばくもん》の突帯がつくことである（図49参照）。

さらに、私は単位パターンとして菱形文が三角、流水文が蕨手文《わらびてもん》となって回転・反転・対称・展開してくり返されることになると考えている。楯築墳丘墓と同じころに弧帯石《こたいせき》という独特の文様をもつ石がある（85頁参照）。それは、曲線のみとはいうものの、重圏文や重弧文の辟邪文と連続渦巻文や流水文の呪縛文が組み合わさる。円筒埴輪が始まり、すぐに鰭《ひれ》がつくことも思わせぶりではないか。

これらは、一体化した穀霊と祖霊・カミといった共同体の守護霊の増大を首長が一身に体現する段階に至ったからと寺沢薫氏は解釈する。特殊器台・壺は増幅する呪器として形を整えたのである。首長が体現するにはまだ早いように感じるが、次に述べる天理市の西殿塚《にしとのづか》古墳に現れた埴輪の特徴はその機能を備えだしたと言えよう。

ともかく、銅鐸を延長した祭祀を共有した集団同士が、まずは箸墓古墳の墓づくりに集合した。後円部墳頂に被葬者を葬送し、おそらく石室を厳重に覆ったのちに、その周囲に特殊器台・壺が供えられたのであろう。

一方、前方部頂上には数多くの二重口縁の壺形土器が周辺地域から持ちこまれた。こうした広い範囲で数多くの造墓参加者がそれぞれていねいに葺石《ふきいし》をふき、持ちよった土器を群列化した。その結果として結実した姿こそが、こののちの前方後円墳の姿を決めたと考えられる。もちろん、複雑化した内部の構築もそれぞれの得意分野で築墓に参加し、最大の出来を競い、活躍し、これから始まる一個の墳墓のスタイルを共有したのであろう。

持ち寄り土器から、自家製円筒埴輪へ

■墳丘に残された土器と埴輪

墳丘の上に残された土器や埴輪は、一個の古墳をつくったときにどれだけ多彩な集団が集まったかを見るためのバロメーターになる。つまり、特殊器台・壺を生み出した吉備と畿内との関係を基礎にすれば、当初、それら広域集団関係を包括する、それなりの規模を持った古墳だけであった。

しかし、このことが直接的に両者間の上下関係のある朝貢的で政治的な関係、ま

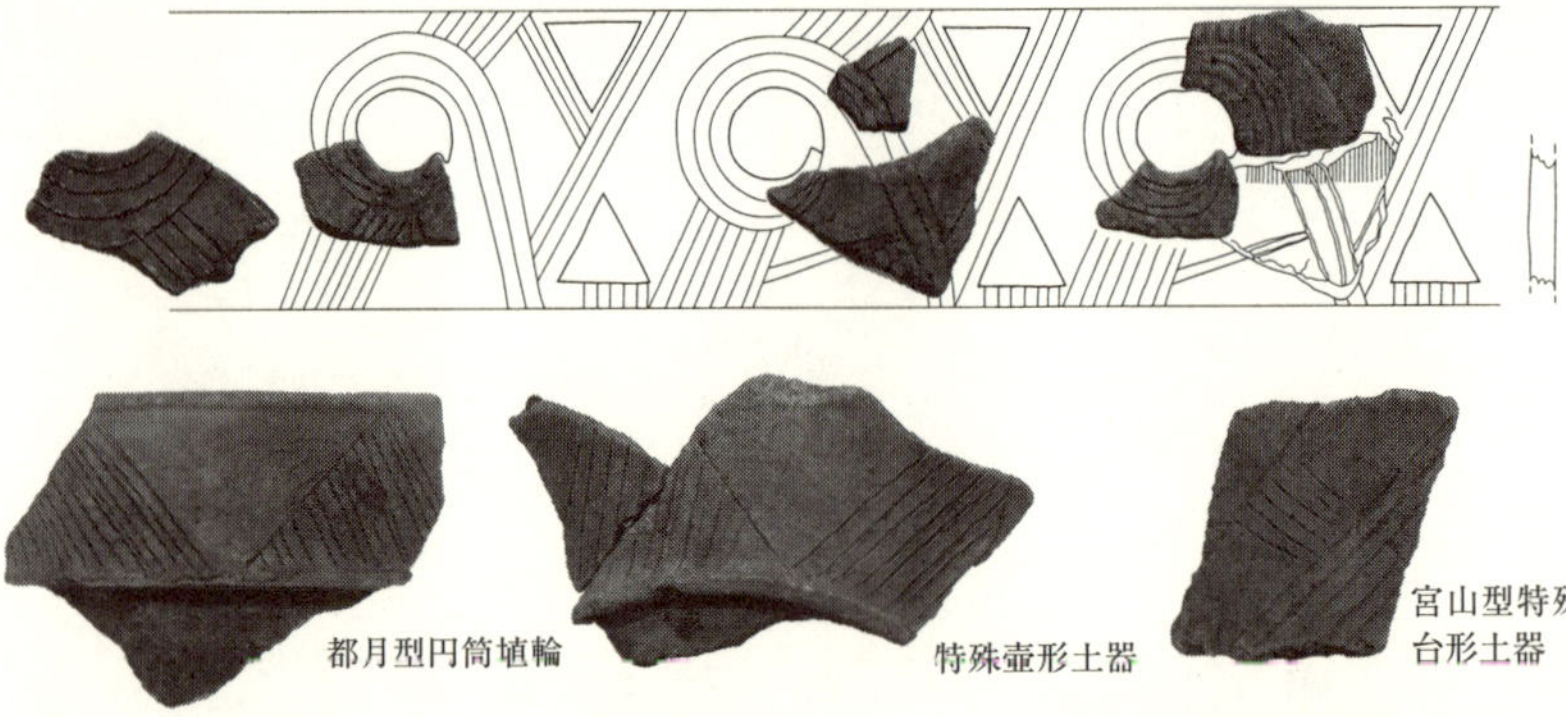

箸墓古墳の文様構成は、そのまま踏襲されている。

図 52　西殿塚古墳（天理市）の埴輪
（上・中…宮内庁書陵部、下…天理市教育委員会提供）

たは吉備勢力からの移動だけを意味するとは限らない。基本は、祭祀での文化共有性である。大和の大型墳では、箸墓古墳で都《と》月《つき》型、中でも口縁部上半を省略した二重口縁にならない外反口縁の都月型c類や底部穿孔の壺形土器といったものがやはり複合する。これら墳頂部に置かれるものは、ある意味で弥生時代の方形周溝墓に持ち寄って供えられた土器のあり方と質的には変わりはなかった。

ただ、箸墓古墳以降の墳墓には、多少なりとも日常的な土器に実際の供物を入れる場所と一緒に、儀器化されたものを並べるための特別の場が用意された。その位置はもちろん、墳墓の重要な部分であり、関係集団とのつきあいをまずは優先したであろうが、遠距離である吉備・讃岐・山陰の物が持ち寄られるのであれば、数が少なくても、近隣の物より優先されたようだ。

ただし小墳丘でも、宮山型系の器台が列にして並べたように出土する奈良県橿原市の弁天塚周溝墓では、中井一夫氏（元、橿原考古学研究所）が指摘す

高杯形埴輪、円筒埴輪　円筒埴輪は、高さ193.3cmの巨大なものがある。

後円部頂円筒埴輪の配列（復原図）　柵のように何重にも並べられた円筒埴輪。このイメージは、その直前につくられた桜井茶臼山古墳の石室上に方形に並べられた丸太列ともつながる。この時、原型が器台だということをあまり意識のなかに無くなっていたかもしれない。

図53　メスリ山古墳（桜井市）の埴輪（奈良県立橿原考古学研究所提供）

るように、吉備の集中・重点配列との違いがすでに大和で起こっていたことになる。すなわち、まだまだ吉備と大和全体の関係ではなく、それぞれの地域内部の一部勢力が拠点的に独自のつながりをもっていた。そうした関係性がシンプルか、豊富で複雑な物であるかが、墳丘・内部施設・副葬・供献の質と量の差を決定づけた段階であった。

■西殿塚古墳の埴輪

ところがすぐのち、天理市の西殿塚古墳では、墳頂部に吉備の土器を踏襲する姿を見せながらも、墳丘周囲に埴輪列を付け加えた。中でも大量に必要としたのは、直立した基底部を持つ物であり、畿内の円筒埴輪の発展を決定的なものにした。関川尚功氏（元、橿原考古学研究所）は、西殿塚古墳例の二重口縁部分に鉅歯文《きょしもん》の線刻があり、透しには三角形・方形で、円形がなく、調整には外面がヨコハケ・タテハケ、内面がナデでケズリはないのが、この埴輪の特徴と指摘する。

これらは、大量樹立で一気に最終仕上げの省略が進んだもので、胎土もまた吉備の物と一見して違う。つまり、葬送での持ちよりを基本とした土器類は、ここに至って、墳墓につくり付けられたひとつの装備として、造営のときの計画に入れられるようになった。

そのモデルは、吉備の特殊壺・器台形土器の流れをくむものであった。見通しとして、この企てが箸墓古墳築造ですでにイメージされていたことは都月型に見られる型式的ヒアタスによってわかるであろう。この流れは、墳丘全体の配列へむけての大量生産化を加速させ、造営集団内部での本格生産、そして省略化、画一化へと導く。しかし、このとき都月型を採用して、円筒埴輪の道を歩み出した古墳はほんの一握りであった。それは、大規模な労働力の確保を意味していたからだ。

埴輪生産の多様性から画一化への諸段階

■埴輪生産の発展

一握りでしかなかった埴輪生産は、次々に百メートル級の古墳がつくられるようになってからはじめて、めざましい発展を見せた。そして、ついには、一個の古墳に対して三万本を並べる仁徳陵古墳築造までに達する。ここではその発達について、精神

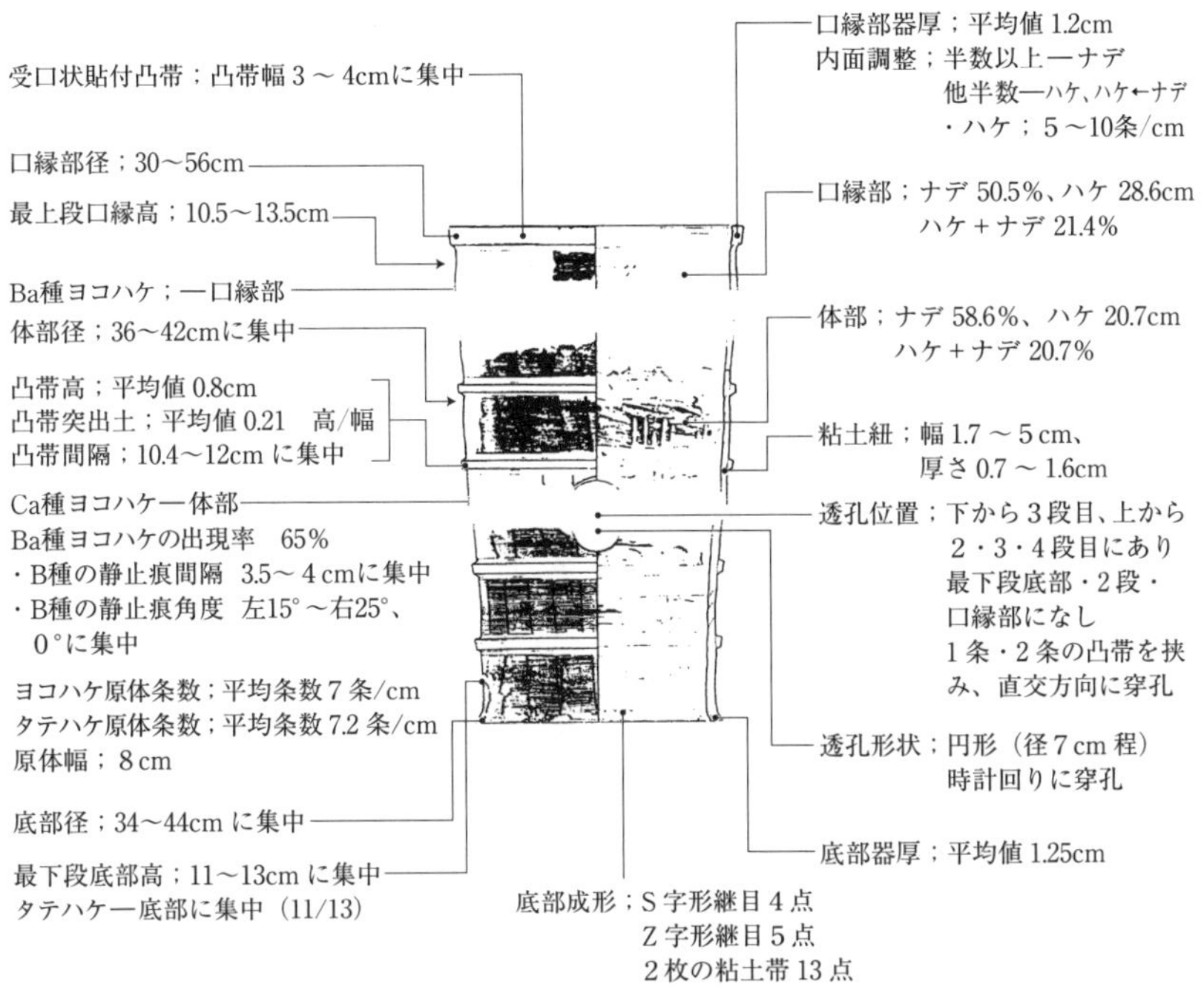

図 54　応神陵古墳出土　外堤前方部側の円筒埴輪定数量値　図に示す各要素は、円筒埴輪ピーク時のスペック（仕様）である。

的な広域紐帯《ちゅうたい》の芽ばえから直接的な人員制御に至る大量生産体制への過程を五段階に分解してみた。この段階は、他の手工業生産の体制づくりのありようを同時にしめす。

第一・二段階（三世紀）は先に触れたことになる。もう一度整理し、30・31頁の図9を参考にしながら各段階を見てほしい。第一段階は箸墓古墳の埴輪に見られる関係集団による供献土器の持ち寄りに端を発する。そのときに供献土器が大型特殊化したことと、地元だけではなく、吉備といったような広い地域からの大量に集まったという実状があった（一期古相）。その集まり方そのものが箸墓古墳被葬者の広域にまたがる政治的な集団関係を如実に示している。

続く第二段階は、天理市の西殿塚古墳に見られる箸墓古墳築造のときに築いた関係集団による供献土器の持ちよりに加えて、古墳ごとでの現地大

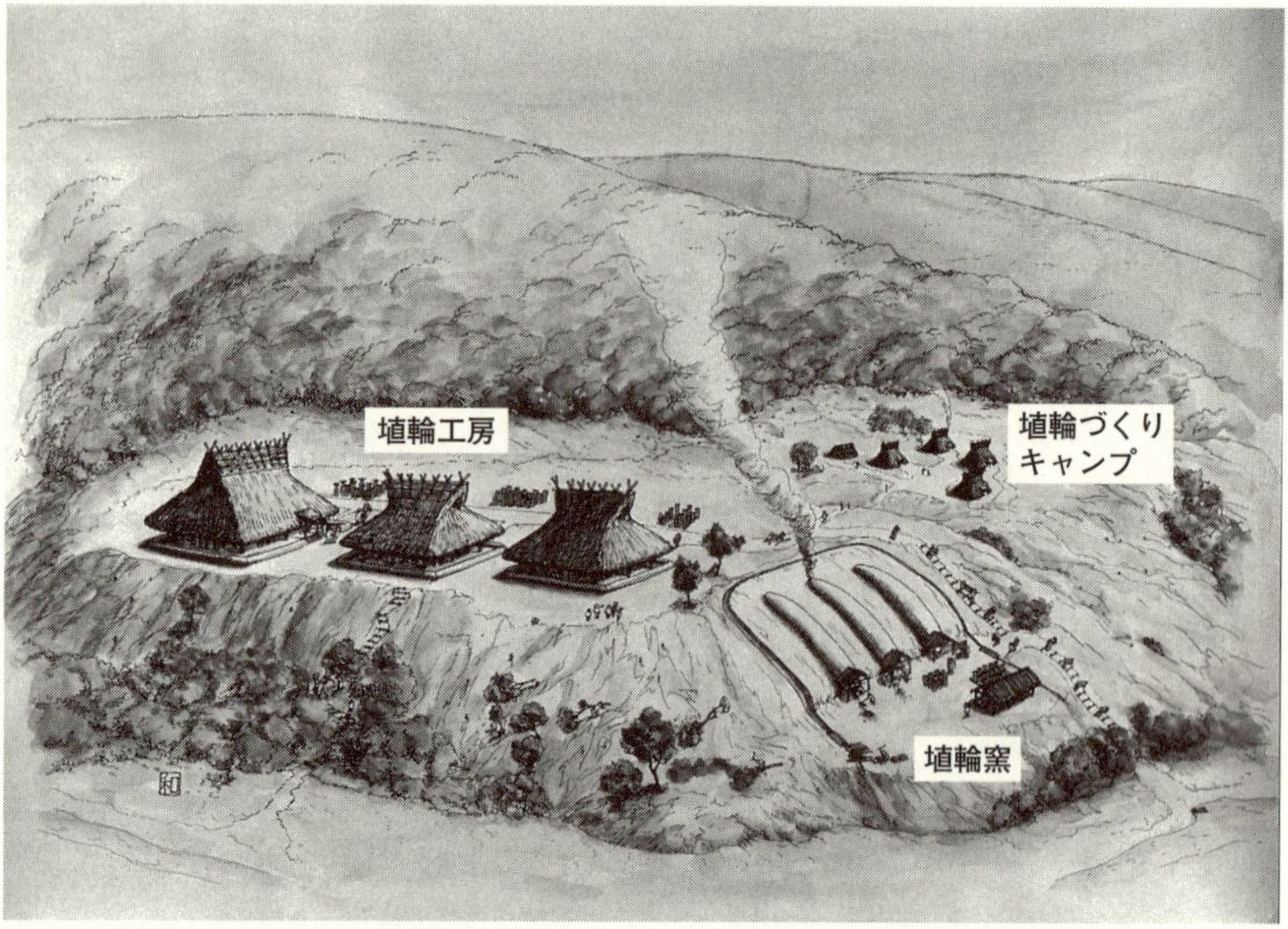

図 55　新池《しんいけ》遺跡（大阪府高槻《たかつき》市）の埴輪窯と工房（早川和子氏画）　5世紀前葉末ころの茨木市・太田茶臼山古墳（継体陵古墳）の埴輪を焼いている様子を示す。

量生産が始まった（一期古・中相〈川西Ⅰ期〉）。これが、埴輪生産の運命を決めた。前方後円墳の定着とともに、混乱前期前半の象徴的に出現した品物の一つになろうとしていた。

混乱前期の間は、まだまだふつうの土器の底に孔をあけた形の物が主流であった。しかし、特異な土器がそこに「古墳装備としての埴輪」という位置を確立し始めた。それまで桜井茶臼山古墳のように竪穴式石室上のまわりに丸太のような木を並べていたものが、円筒埴輪などに置きかわるのも一つであろう。

第三段階（四世紀前葉）からは古墳ごとの大量生産時代に突入した。そのためには、埴輪の規格化が求められた（一期新相・二期古・中相〈川西Ⅰ・Ⅱ期〉）。計画的な埴輪の配列と現地生産の確立、供献土器との明確な形の分離がある。桜井市のメスリ山古墳や奈良市の日葉酸媛《ひばすひめ》古墳の埴輪づくりでそれが行われるようになった。

図56-1　上：外面２次調整Bc種ヨコハケ　大阪府応神陵古墳　５世紀（大阪府教育委員会蔵）
下：外面２次調整Bc種ヨコハケ　大阪府仁徳陵古墳　５世紀（宮内庁書陵部提供©撮影/S&Tフォト、写真提供/『考古資料大観』（小学館））　凸帯間の外表面にヨコ方向に木の小口の節目がつくヨコハケを円滑に整えるために、器壁から３～４cm間隔で強く押して止め（静止痕）、連続して一周できれいに施す方法が確立した。

混乱中期に入った第四段階（四世紀末）は、古墳ごとの埴輪生産がなくてはならないものになった。周濠が墳丘まわりにつくばかりでない。さらにそのまわりに整備された外堤もつくようになった。そこにも埴輪が並べられ、求められる生産量は倍増する（二期新相・三期〈川西Ⅱ・Ⅲ期〉）。より集った埴輪生産者による仕上がり品の出来に差が目立った。これにより、集団ごとの規格差の統合が課題になったが、津堂城山古墳の埴輪生産段階ではまだまだ達成できるものではなかった。しかし、続く藤井寺市仲津姫《なかつひめ》陵古墳は大きさばかりでなく、埴輪の突帯間の器面をきれいに整えるB種ヨコハケ技法というものが確立するまでに及んだ。ここに、古墳ごとでの強固でち密な生産体制が整えられるに至った。半ば専業化した集団も生まれた。

■「倭の五王」の出現と埴輪の完成

中国宋《そう》に遣使を始めた第五段階（五世紀第2四半期）の頃には、埴輪は墳丘外装を整えるアイテムをいう不動の地位を築いた。生産はその体制に守られ支えられることで古墳づくりに欠かせないものとなった。

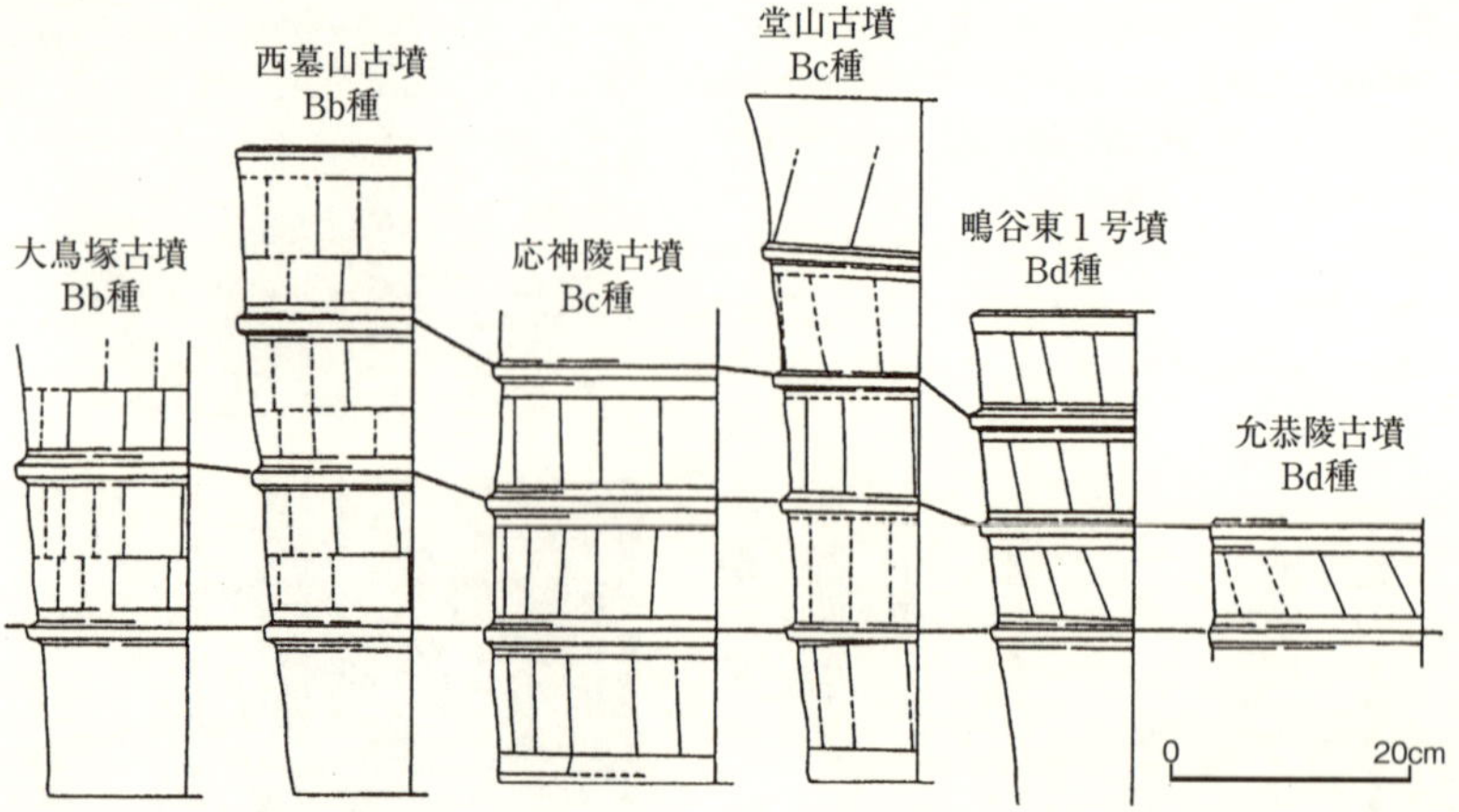

図 56-2　円筒埴輪突帯間のＢ種ヨコハケ充足行為の変遷　当初ヨコハケは、タテハケと同じ幅の狭い工具で施されていたため、凸帯間をうめるのには２周まわす必要があったが、Bc 種ヨコハケになると幅の広い専用工具が用いられるようになった。その後、次第に凸帯間も狭くなる。

埴輪は野焼きから、より多くの共同作業を必要とする窖窯《あながま》焼成へと移行した。求められる体制は、まず特殊な技術者の確保であり、窯施設の設置と、その経営、それらのためには特定の製作者の集団化が図られた。これら特別な技術を支援する粘土《ねんど》や薪《まき》の採取。さらに、水や居住および食糧の確保も伴う。そして、確立した生産管理システムは、そのほかのきめこまかい築造のとりきめとセットになって波及することになった。

一気に、窖窯焼成と外面調整Ｂ種ヨコハケの徹底、特定集団化による生産管理の強化といったことが羽曳野市の応神陵古墳築造を契機におこった。仁徳陵古墳の際には、特定集団化による埴輪生産管理体制が完成した（四期古・中相〈川西Ⅳ期〉→30・31頁参照）。

結局、箸墓古墳以来、埴輪は終始前方後円墳の墳丘に置かれ、葺石とともに墳丘づくりの装備として早くから位置づけられてきた。その後、各種の埴輪が追加され、本格的な大量生産に移行する。なかでも、その体制を飛躍的に強化することになったのは窖窯焼成技術を核として各地勢力の労働力と結びついた造墓システムにあった。

というのは、埴輪における窖窯焼成の初期の応神陵古墳の時期では、百舌鳥と古市、佐紀《さき》などの主要古墳群域と吉備の作山・造山古墳をはじめとしたごく一部の地域にすぎなかった。次の仁徳陵古墳の築造段階には、早くも日本列島的に窖窯焼成の埴輪が増えた。急速で強い伝達力があったのである。

こうした窖窯焼成技術とともに、きわめて細かい製作上のとりきめであるB種ヨコハケ外面調整技術の画一化が達成されていった。

その一連のヨコハケ作業の痕跡は器表面に残るが、その約束事を口や文字、完成品のみをもって伝達することは至難の業であり、一個の古墳の埴輪を製作するための共同作業を経由してはじめて伝達されるという体制づくりが伴なった。それほどナイーブで大がかりな生産体制が、仲津姫陵古墳から仁徳陵古墳までの三〇年ほどの間に完成したことになる。それは、「倭の五王」の出現時期にも重なった。

記者の目
Column

古墳の調査は継続が大事だ

日本で最初に行われた古墳の学術的な発掘調査は、「水戸黄門」こと徳川光圀《みつくに》によって実施された上侍塚《かみさむらいづか》、下侍塚古墳（栃木県大田原《おおたはら》市）の調査である。それ以前の発掘は、盗掘でしかなかった。

元禄《げんろく》五年（一六九二）、光圀は近くで発見された「那須国造碑《なすこくぞうひ》」（国宝）の被葬者を探るため、二つの前方後円墳を発掘した。被葬者の名前を書いた墓誌《ぼし》は発見できなかったが、さまざまな副葬品については図面などの記録にとどめたうえで、再び埋め戻した。江戸時代の日本の学術レベルの高さについて、私たちはもっと誇っていい。

考古学の黎明期を経て戦後、古墳は科学的に発掘調査されるようになった。ほの暗いベールに覆われていた古代史像を探るためには、考古学に基づいた古墳研究が必須となったからである。昭和二四年（一九四九）の桜井茶臼山《さくらいちゃうすやま》古墳（奈良県桜井市）や、二八年（一九五三）の椿井《つばい》大塚山古墳（京都府木津川《きづがわ》市）の発掘は、画期的な成果をもたらした。古墳は古代の政治や社会構造を反映した遺跡であって、その規模や形式、副葬品などを研究することには極めて重要な意味があることが証明されたのだった。

昭和三〇年代に入り、高度経済成長が始まると住宅開発ブームが起き、都市近郊の農地や山林が切り開かれた。各地にあった古墳の多くが十分な調査も実施されないまま、消滅する運命をたどった。「このままでは地域の歴史が消されてしまう」という反省が起き、遺跡の保存運動が盛り上がった。いたすけ古墳（大阪府堺市）に始まる市民運動などはメディアでも大きく取り上げられた。

そして昭和四七年（一九七二）三月、高松塚古墳（奈良県明日香村）の極彩色壁画の発見は考古学、古代史ブームを決定付けるものとなった。新聞では古墳の発掘成果が大きく報じられ、現地説明会には多くの人たちが押しかけた。全国の自治体も、考古学調査の技術を持った専門職員を雇い入れ始めた。

高松塚以降の大きな古墳調査といえば、昭和五三年（一九七八）の仲津姫《なかつひめ》陵（大阪府藤井寺市）の陪冢《ばいちょう》からの古代の運搬具「修羅《しゅら》」の発見であり、五八年（一九八三）のキトラ古墳（明日香村）の壁画発見だった。

さらに同年九月には、埼玉県行田《ぎょうだ》市の稲荷山《いなりやま》古墳から出土した鉄剣から一一五文字の銘文が確認され、雄略天皇の名前「ワカタケル大王」も記されていて大きな話題になった。六〇年（一九八五）には、藤ノ木《ふじのき》古墳（奈良県斑鳩《いかるが》町）から豪華な金銅製の馬具などが見つかり、テレビも大きく報道した。

しかし筆者は、将来を通じても古墳の学術調査のモデルとして、平成二年（一九九〇）に始まった奈良県立橿原考古学研究所による「大和《おおやまと》古墳群の調査」に注目したい。こ

奈良県立橿原考古学研究所によって調査された黒塚古墳　石室には、33面の三角縁神獣鏡が副葬されていた。黒塚の石室の左側に立つは、取材する渡部氏（産経新聞社提供）。

の調査こそ、「前方後円墳の起源を探る」というはっきりとした目的をもって予算をつけ、行われた学術調査であった。

中山大塚古墳、下池山《しもいけやま》古墳（天理《てんり》市）と続いた調査は、古墳出現期のなぞに迫った。そして最後の黒塚《くろづか》古墳（同）の調査では、ほぼ未盗掘の石室が見つかり、三角縁神獣鏡が三三面発見されるという画期的な成果につながった。その後も、橿原考古学研究所はホケノ山古墳（桜井市）や桜井茶臼山古墳の再調査などで、着実な成果を挙げている。

大阪府高槻市の今城塚《いましろづか》古墳の発掘調査も、特筆に価する。歴史学者などから、「真の継体天皇陵」という意見が出されていたのを、埴輪や副葬品などから決定的に裏付けた。今城塚古墳は長年にわたって学術調査され、前方部（内濠）の一部は築造時のように復原され、近くには二〇一一年、博物館（市立今城塚古代歴史館）もオープンした。全国でも最新の水準をもつ古墳資料館と評価したい。

大学で考古学を学んだ専門家でも、ある程度の規模の古墳を発掘できる機会はいまや少なくなった。実際にどのように発掘を進めたらよいのか、意外な遺物が見つかった時どう対応するかなど、自信をもって判断できる研究者・技術者は貴重な存在になってきている。ある種の「特殊技術」が継承できなくなっているのだ。

伊勢神宮は、いまも二〇年ごとの「式年遷宮《しきねんせんぐう》」を続けている。社殿や装飾品にいたるまで新しくするのは、新しい生命を尊ぶ神道の思想だが、もう一方で、技術の伝承という重い課題を果たしている。二〇年といえば、父が子にその技術を伝えるぎりぎりの時間幅である。平均寿命の短い時代であったなら、三〇年なら伝えられるまい。

本格的な古墳の発掘も、それほど時を隔てない周期で実行されねばならないと考える。「文化財の発掘は、一面で破壊という側面も持っている」とはよく言われる警句だが、闇雲《やみくも》に実施するのではなく、大和古墳群の調査のように目的意識をはっきりと持ち、計画を立て全国から研究者を集めて行えば、それは意味のあることである。

筆者の独断でいえば、古墳の調査はいま全国で多く行われていながら、実態となると低調というしかない。専門家たちの話題にはなっても、世間の耳目を集める成果はほとんどない。ここ最近に限ってみても、新聞の一面に扱われた古墳の調査は、桜井茶臼山古墳と「斉明《さいめい》天皇の真の陵では」と騒がれた牽牛子塚《けんごしづか》古墳（明日香村）だけである。

東日本大震災もあって、日本は沈滞の時期を迎えているといわれる。だが、このようなときこそ、人々に夢やロマンを与えることが必要だ。「考古学の華」である古墳の発掘の出番ではあるまいか。

（産経新聞・渡部裕明）

第六章　前方後円墳の林立と百舌鳥《もず》古墳群の出現

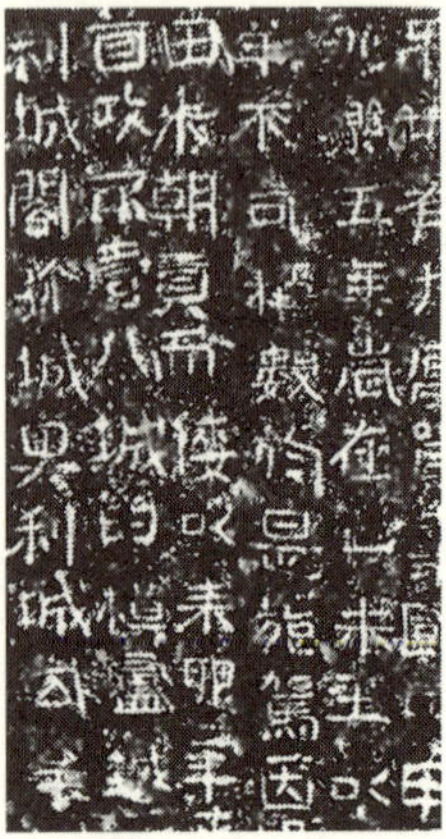

年代	事　項
313	楽浪郡・帯方郡が滅びる
369	百済王と倭王との交渉（七支刀銘文）
391	高句麗広開土王の即位
	（以下、広開土王碑文による）
400	高句麗が新羅を助けて、倭軍と戦う
404	高句麗が倭軍と戦う
413	高句麗長寿王の即位

（上）倭と朝鮮半島との交渉

（左）図 57　広開土王（好太王）碑の碑文

百舌鳥・古市古墳群出現ころの東アジア

■四世紀後半～五世紀前半の情勢

三七〇～四二七年、中国大陸、朝鮮半島、日本列島は刻々と情勢が変化していた。個々の地域が徐々に、しかも強固にまとまるために、相互で連繫をとりあおうとしていた。

三七〇年前後、高句麗《こうくり》と百済《くだら》の戦いのときには、倭は百済側に加担した。東晋《とうしん》・百済・倭の連繫図式が整っていたのである。高句麗の地には、四一四年長寿《ちょうじゅ》王によって建てられた中国・吉林《きつりん》省集安《しゅうあん》市の広開土《こうかいど》王（好太《こうたい》王）碑がある。それは、鴨緑江《おうりょくこう》と通溝《つうこう》河の合流点にある国内城の東に高さ六・四メートルのモニュメントとして、今に残っている。この碑は、広

図58　乳岡古墳の後円部墳頂の長持形石棺　石棺のシンプルさは、図36の松岳山《まつおかやま》古墳（柏原市）の物と似る（堺市教育委員会提供）。

開土王死後二年につくられ、碑文には、百済・新羅・任那加羅《みまなから》・安羅《あら》の伽耶《かや》諸国、倭・契丹《きったん》・粛慎《みしはせ》・東扶余《ふよ》の名が刻まれる。倭との関連記事については、倭軍が百済を破ったのをきっかけに、三九一年から四〇七年の間の戦いでは高句麗が倭の進出を撃退したことを読むことができる。四二〇年に宋が建国し、すぐに高句麗が「征東大将軍」、百済が「鎮東大将軍」となった。高句麗は、倭の戦いののち、四一〇年代には新羅に対する支配力を強めていき、四二七年に国内城から平壌に遷都して、南進政策を進めた。日本列島にも、おのずと、さらなる緊張が増した。

■津堂城山古墳と乳岡《ちのおか》古墳の築造

高句麗と対峙《たいじ》し始めたころは、古墳時代前期から中期への過渡期にあたる。古市古墳群で藤井寺市の津堂城山古墳が、百舌鳥古墳群で堺市の乳岡《ちのおか》古墳が築かれたころである。それは、大和・河内に二百メートルをこえる大型前方後円墳が林立するときであり、また、百舌鳥・古市古墳群の出現期ともなった。両古墳群の立地は、台地や丘陵端に近く、平地部に面するというのが築造ポイントになったのである。

海に面した百舌鳥古墳群、大阪湾から河内平野の中央をぬけて大和に入る玄関口にある古市古墳群、さらに北部九州を含む日本列島西部は、

図59　蛭子山《えびすやま》古墳（京都府与謝《よさ》野《の》町）の後円部に保存される舟形石棺

それまでにない多大な火力燃料を必要とする窯《かま》や鉄鍛冶《かじ》などの手工業生産を主とした特殊な集落を設けるために、新たな拠点を探り求めていたのである。
つまり、五世紀に向かって、畿内政権は、従来の支配制御形態と機構の空間配置を抜本的に見直して、大きく組みかえることを余儀なくされたわけである。

津堂城山古墳と長原《ながはら》遺跡群

■丹後と東北の前方後円墳

東アジアで混乱中期突入の四世紀後葉、河内平野のデルタ部では大きな円墳がそれぞれの河川ごとで築造されるようになったことは先に述べた。このことは、河内の中で楠根《くすね》川流域遺跡群のような突出した存在がなくなったと同時に、方形ではなく、大きめの円形という墳丘原理がようやく浸透し始めたことを意味する。それは、日本列島規模でこの時期を見るならば、丹後や東北では墳丘が地域最大になったときのことである。

京都府北部の丹後は、野田川に九〇メートルの前方後円墳である白米山《しらげやま》古墳（与謝《よさ》野《の》町）が生まれた。茨木市の紫金山《しきんざん》古墳の百メートル級と同じような契機で築造され

図60　京丹後市・神明山古墳
典型的な丘尾切断の旧丘陵を生かした墳丘である。背後に竹野川が注ぐ日本海が見える（梅原章一氏提供）。

たかと思われる。そののちに舟形石棺を直葬した同じく与謝野町の蛭子山《えびすやま》古墳が一四五メートルと大きく、地域の存在感を強めた。これは朝鮮半島との接触が濃厚となった四世紀中葉を中心とする混乱前期後半の畿内、おそらく佐紀《さき》古墳群西群との日本海を通じたルート拠点をになった賜物であろう。四世紀末には福田川で日本海最大の一九四メートルの網野銚子山《あみのちょうしやま》（京丹後市）、竹野川の一九〇メートルの神明山《しんめいやま》古墳（京丹後市）が並びつくられた。

一方、同じころ、東北では一一四メートルの宮城県仙台市の遠見塚《とおみづか》古墳、東日本最大の一六八メートルの宮城県名取《なとり》市の雷神山《らいじんやま》古墳がつくられた。これらの前段階には、六〇メートルをこえる観音塚・宮山・薬師堂・山居古墳などの東日本独特の急斜面の前方後方墳が展開した。これらに前方後円墳がかわって入りこむのは、河内平野で円墳がつくられたタイミングと重なる。九州では、言わずとしれた後円部径一三五メートル、墳丘長が二百メートルを越えそうな宮崎県西都《さいと》市の男狭穂《おさほ》古墳（236頁参照）が同じ時期になろう。安定した古墳文化が、南は鹿児島県まで及び、各地なりに規模を大きくして展開した唯一の時間帯かもしれない。

■長原遺跡群の出現

この時期、こうした各地の古墳に比べて、畿内においては、奈良市の垂仁《すいにん》陵・

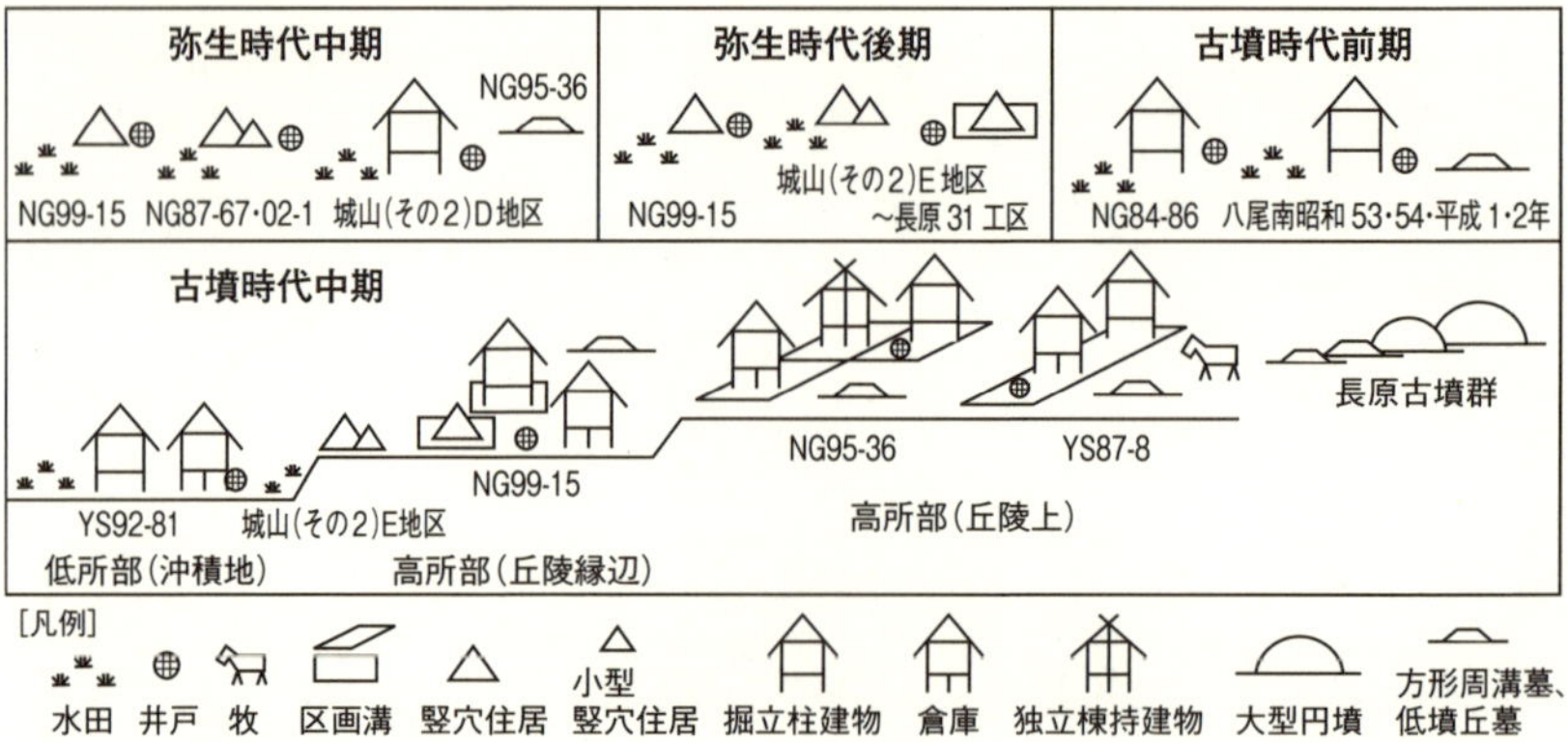

図61　長原遺跡群における集落構造の変化 模式図　平野から高台へと集落が拡大していく。

広陵町の巣山《すやま》古墳や藤井寺市の津堂城山古墳といった墳丘が二百メートルをややこえる程度にすぎなかった。日本列島各地で、河内・大和で林立した大型墳の墳丘本体規模が、肉薄したのである。

こうしたなか、東アジアの混乱中期の五世紀に入って、河内で目立つようになった地域は、八尾市の八尾南と大阪市平野区の長原・城山《じょうやま》遺跡の集落だった。水田を伴なわない台地上の集落、つまり倉・掘立柱建物・独立棟持柱建物・牧といったものがそれまでのムラに加わった。各集落の隣りにある長原古墳群の古墳数も一気に増える。これらを長原遺跡群と呼ぶと、そこは、前段で栄えた平野川流域遺跡群の上流域の台地側にあたる。さらに、旧大和川水系と流路を参考にすれば、その上流には図64のように、津堂城山古墳がつくられたことになる。

ところで、かつて長原地域の弥生時代中期は、四〜五百メートルごとに点々と生産域や周囲の環境帯を互いに保ちながら集落が営まれているにすぎなかった。墓域が隣り合い、谷に面した斜面には水田といった空間構成をとった。

弥生時代後期には、図61のように高台に竪穴住居群がつくられた。庄内期にムラ同士には互いの間隔はなくなり、平野川流域遺跡沿いとも重なった状況になって面的につながった。つまり、この時点までは居住地のまわりには田畑を備え、農耕を基盤として、順当に発展してきたムラの風景がそこにあった。

その後、地域は西方社会とのひんぱんなる交流が重なることで、農業を基礎とした集落に加わって、高台や谷といったそれまで開発の及ばなかったところにも人の手がのびた。「水田を伴わない倉や牧などをもつ」特殊な集落が背後の台地を埋めていったと杉本厚典氏（大阪文化財研究所）は言う。

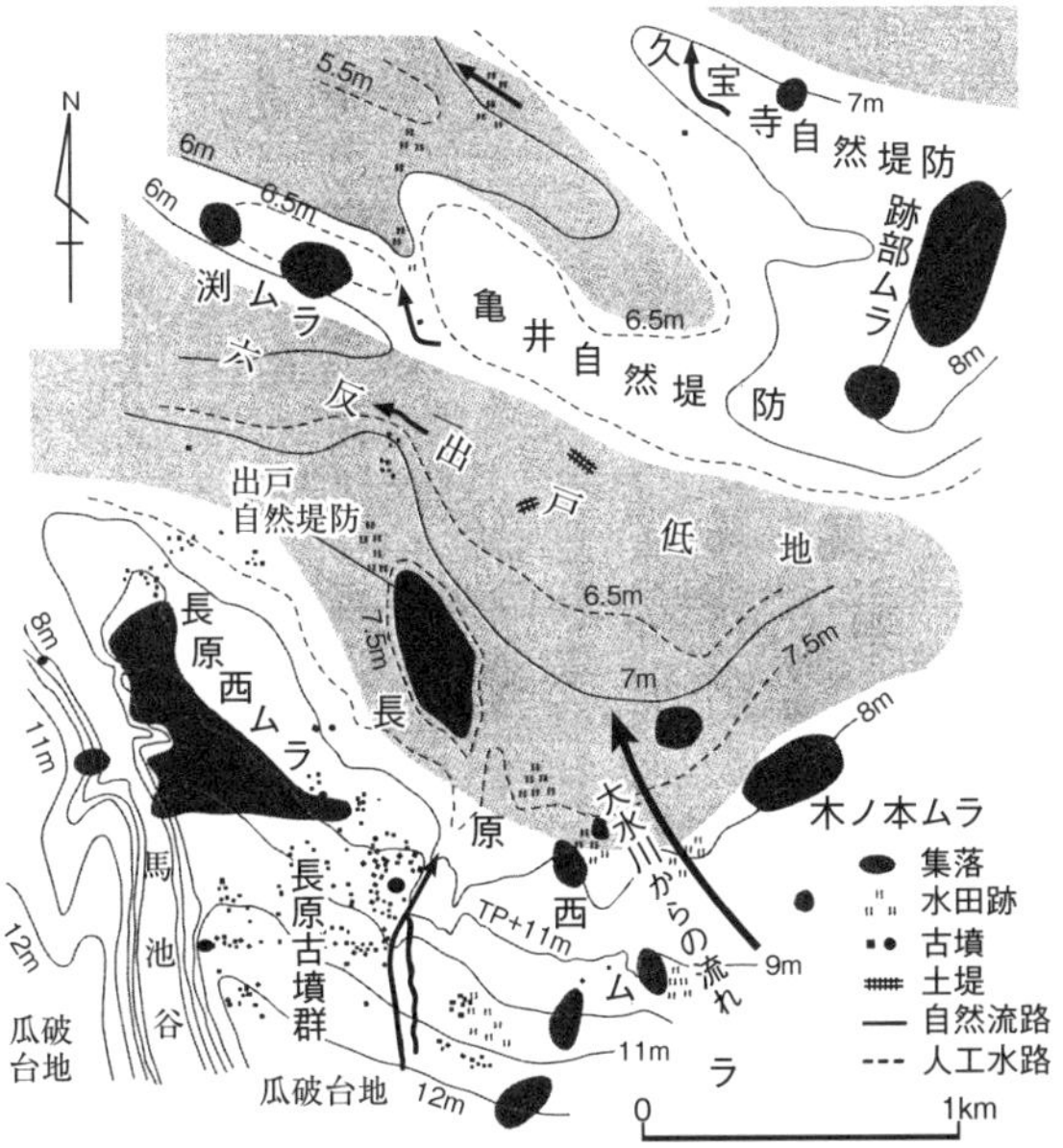

図62　古墳時代中・後期の長原遺跡とその周辺の古地形
集落と古墳は、斜面に密集する。南西部は瓜破《うりわり》台地、その他は沖積平野にあたる。平野部には自然堤防が見える（矢印、筆者加筆）。

ついに、田畑ではなく山林や深い谷が入りこむ場所に、火を多用した手工業や、耕地とへだてた湿地に牧などの新しい業の場が生まれた。これらが展開できるところは、河内平野南半部全体では限られていた。

■河内平野での盛衰

平野内のそれぞれで、そうした入れ替わりの盛衰があった。あらためてその平野の動きをくり返しながら概観すると、縄文時代晩期以降の土砂堆積で陸化し、肥大化していった平野中央は、広大な田畑と大和へ直結する河川をテコに、楠根《くすね》川流域遺跡群がまず大きく成長して、安定した農耕社会をつくった。しかし、庄

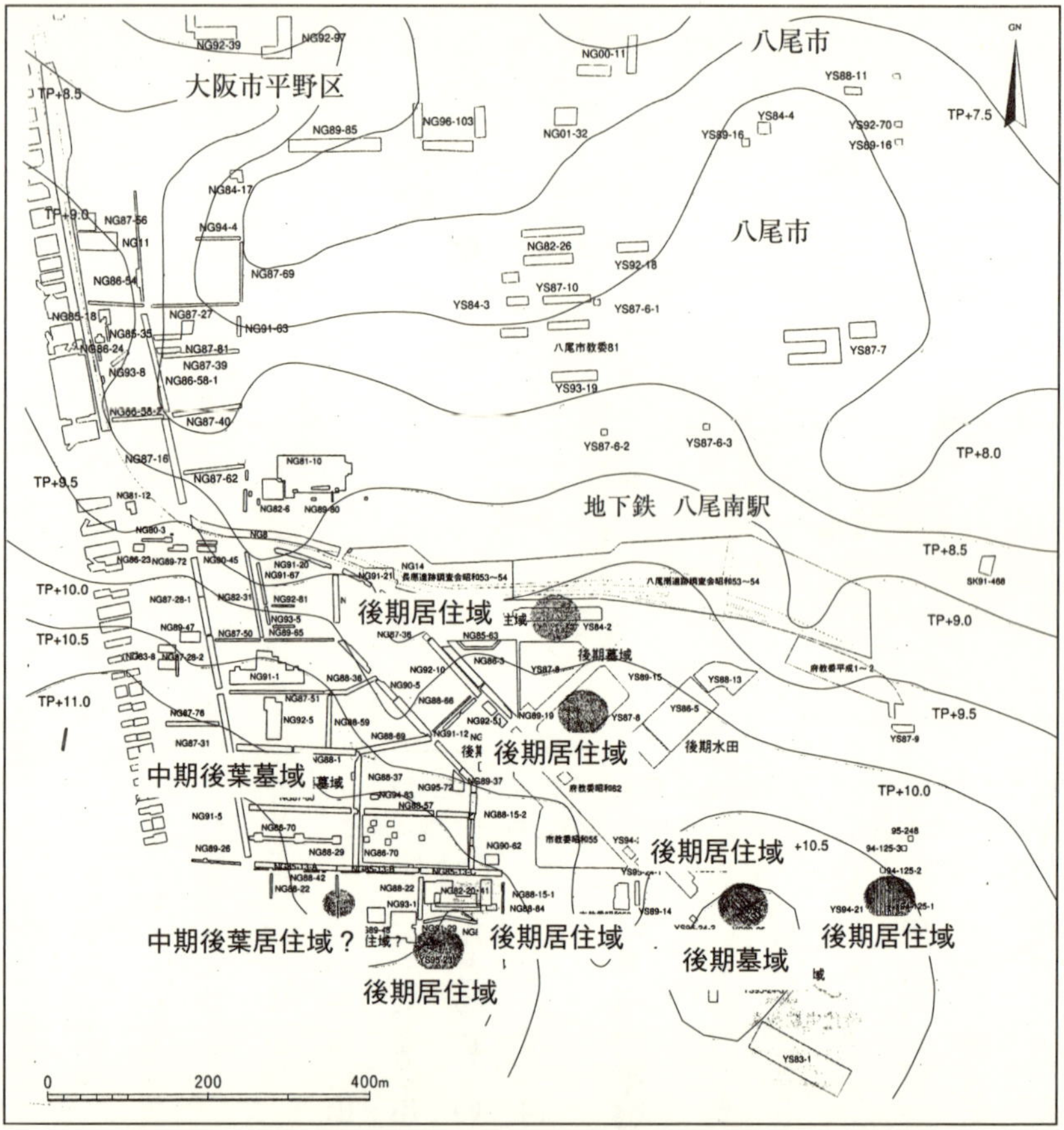

図 63-1　弥生時代中期後葉～後期の八尾南遺跡と隣接する長原遺跡東南地区

内・布留期、すなわち混乱前期はじめに朝鮮半島を含めた西方社会の文化や人の流れ、技術の導入を次々に受け入れた。農業生産と大和の西の玄関口となる交通路という相対的な優越性だけでは、勢力を保つことができなくなったことは想像に難くない。

やがて、平野部に均質な勢力が玉串川《たまぐしがわ》と長瀬川《ながせがわ》（旧大和川）、恩智《おんじ》川、平野川という河川単位で盤踞《ばんきょ》するようになった。その地域単位の中で、中央の楠根川流域遺跡群の集団にとって、来るべき五世紀の社会が必要とした、農業以外の馬を伴う牧、火力を伴なう鍛冶や窯をあてがう土地が充分にまかな

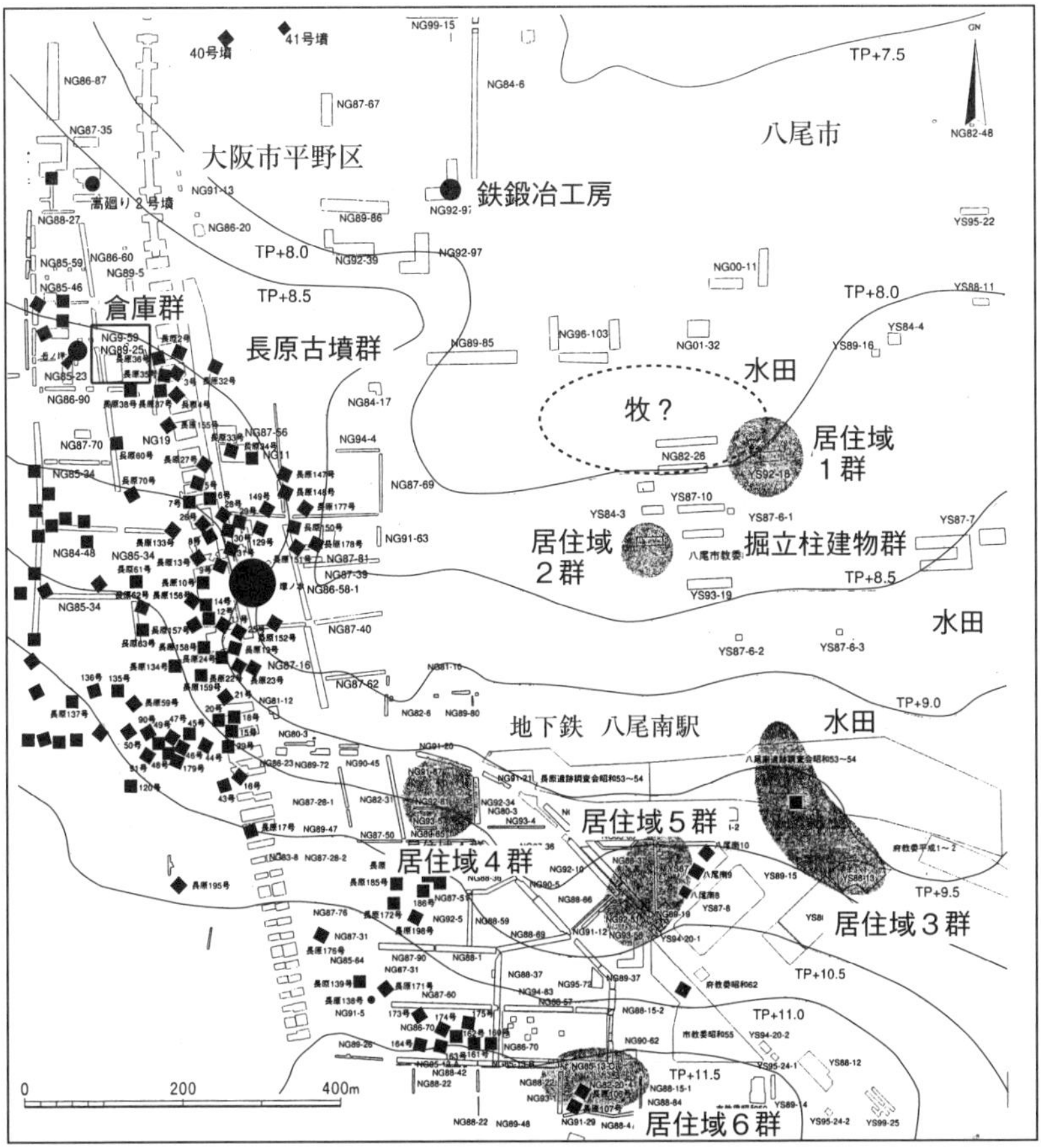

図 63-2　古墳時代前・中期の八尾南遺跡と隣接する長原遺跡東南地区　図63-1の弥生時代に比べ、古墳時代、特に中期に遺構が一気に増える。鉄鍛冶工房、牧？、掘立柱建物群、倉庫群は筆者が加えてみた。

いようがなかった。

結果として、火力を伴なう手工業生産にむいた受皿となった地域は二つである。東の生《い》駒《こま》山《やま》西麓がまず一つ、そして、西の背後に大きく展開できる和泉丘陵からのびる丘陵や台地を持った流域集団を核とした。それらが、楠根川流域遺跡群の集団にとってかわって、河内で覇権をにぎることになったのである。

のちに、台地上にある古市古墳群として形成された一群から源を発した流路は、平野川流域をうるおした。古墳群中央の水源域には応神陵古墳

図64　久宝寺・長原遺跡の前方後円形系墳墓と津堂城山古墳の位置関係

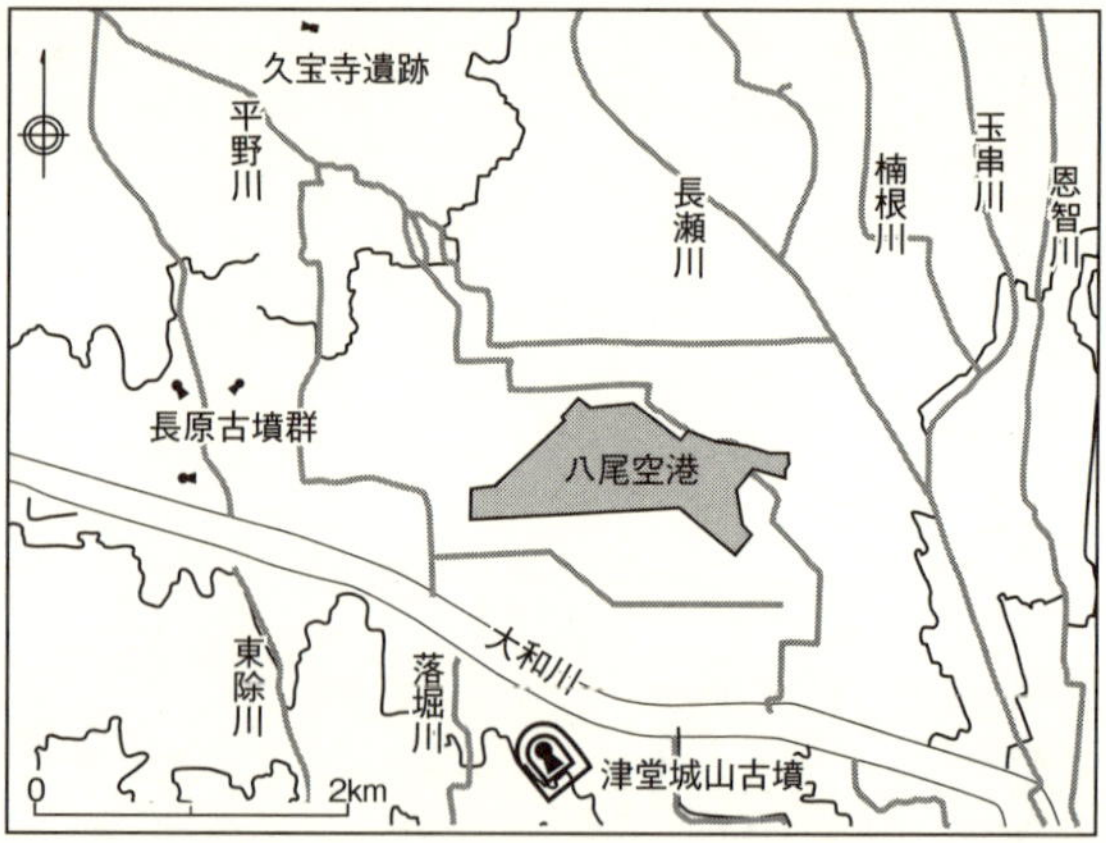

が築かれることになる。もっとも、平野に面した津堂城山古墳が位置するすぐ下流左岸には長原遺跡群がある。古墳時代では取水口となる藤井寺市西大井付近が標高一一メートル以下まで下がることから、それ以上の高さは灌漑されずに、大規模な耕作が期待できない。

それより高位置に水が引かれたのは、飛鳥時代になってからのことである。水のとどかない高い西側の台地上は、図62・63に見るように、古墳時代中期以降に盛行する長原古墳群の古墳築造範囲となった。古墳群の核となる塚ノ本《つかのもと》古墳が築かれるころから周囲の低地部では水田・居住が展開しだし、その後すぐに韓式《かんしき》土器を伴なう居住や牧、長原古墳群に伴なう須恵器《すえき》の副葬といったものが一気に重なり、群在することになった。それまで必要とされなかった須恵器・馬飼いに関係した空間が、一度に複合する図61下のような多機能集落となった。

こうした土地利用のあり方について楠根川流域の状況にあらためて照らし合わせて見ると、その流域は土砂流入で北へ耕地が拡大し、大和への拠点ルートとしての物流、農業基盤をもとに勢力をのばして発展した。しかし、薪《まき》を必要とした窖窯《あながま》や鉄鍛冶は山地に面した利便性、それに伴う技術者・馬を伴った渡来居住に適した空間はなかった。つまり、平野部中央を占める立地性ゆえに、大阪湾に面して未活用であった空間

図65　黄金塚古墳《こがねづか》（大阪府和泉《いずみ》市）　低い台地の端を利用してつくられた前方後円墳。後円部の粘土槨《ねんどかく》の中に3つの棺がある。魏の景初《けいしょ》3年銘鏡などが出土した（大阪府教育委員会提供）。

を背後に持たないという、来るべき古墳時代の中期社会に向けて大きく展開する余地をなくしていた。

これに対して、河内南部の狭山《さやま》から流れる西除川《にしよけがわ》や、平野川流域は河内平野と大阪湾との接点であり、西方からの玄関口である上町《うえまち》台地突端の難波宮《なにわのみや》下層（大阪市中央区）から台地東麓ぞいを起点とし、内陸、台地にさしかかるところで、牧や須恵器が展開する後背地を持つことになった。さらに、平野川上流域はその台地端において、大量の埴輪生産の場や葺石《ふきいし》採取のための川原を必要とした大型墳を築造しようとした。それは、その時点での在住の人々の居住域を脅かさない大型の墳墓・津堂城山古墳の造営地としてかっこうのターゲットとなった。

それは大型墳の河内進出、古市古墳群の出現を象徴する。

百舌鳥古墳群成立の条件

■和泉《いずみ》の古墳

大阪南部の和泉の目立った古墳には、まず、玉手山古墳群のピークごろに築造された墳丘長二百メートルに達する岸和田市の摩湯山《まゆやま》古墳がある。以降、河

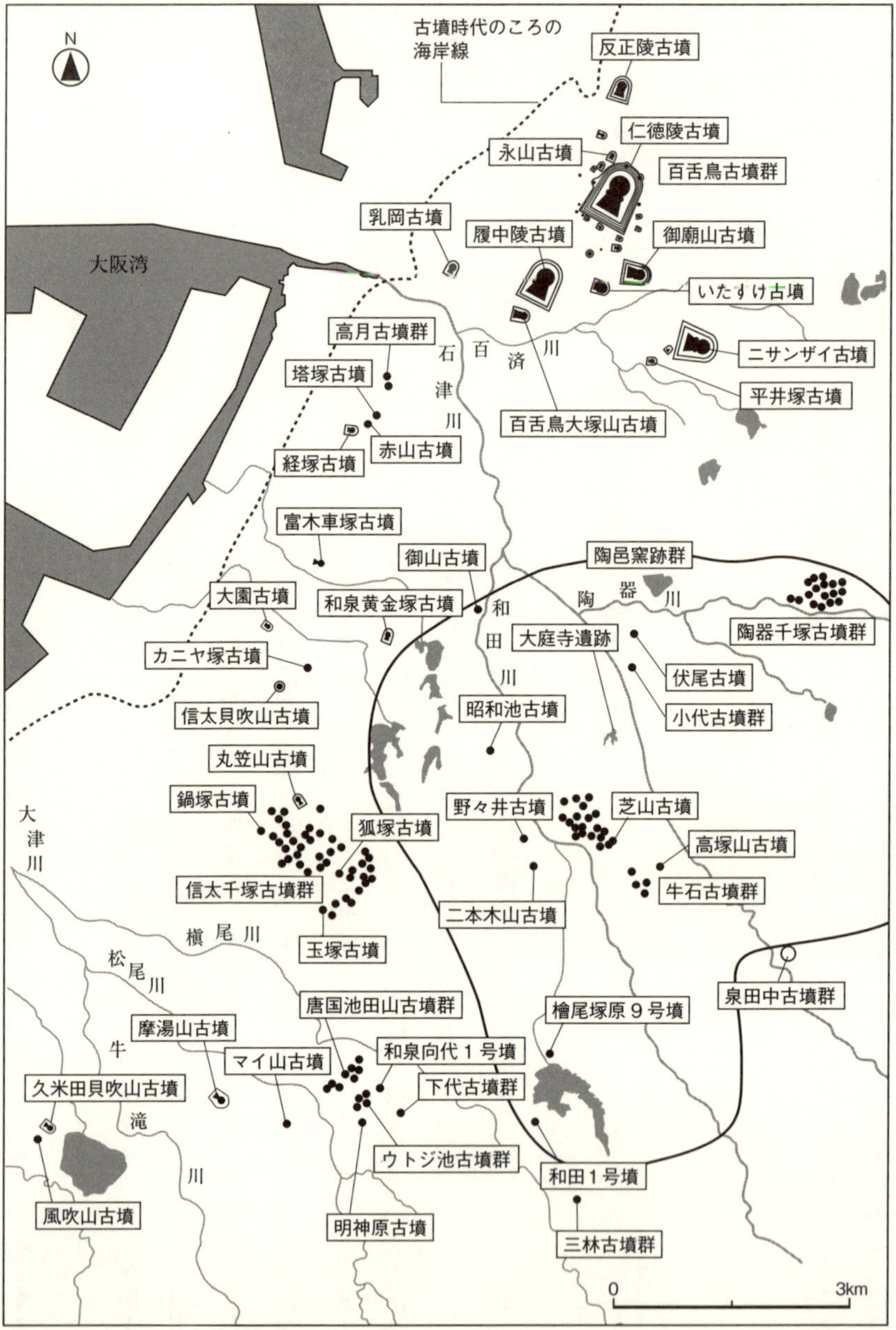

図66　百舌鳥古墳群と陶邑《すえむら》周辺の古墳　５世紀の和泉は、石津川河口を起点として、大きく展開した。

内で円墳が築かれる四世紀後葉のタイミングに各所で築かれ始めた。和泉中部北で墳丘長八〇メートルの丸笠山《まるがさやま》古墳（和泉市）、中部南で一三五メートルの久米田貝吹山《くめだかいぶきやま》古墳（岸和田市）。津堂城山古墳に併行して、北部で墳丘長一六〇メートルの乳岡《ちのおか》古墳（堺市）、中部北で八五メートルの黄金塚《こがねづか》古墳（和泉市）、南部の七二メートルの貝塚丸山古墳（貝塚市）がある。いずれも前方部が低く、幅が狭いという特徴がある。

ところが、北部を占める百舌鳥古墳群が築かれると、和泉中部は前方後円墳から円墳・帆立貝《ほたてがい》式と規制がかかることになった。その様子は、後で岸和田市の久米田古墳群例などに触れるが、南部は仁徳陵古墳併行時期のみ、突発的に淡輪《たんのわ》（大阪府泉南郡岬《みさき》町）で西陵《さいりょう》・宇度墓《うどばか》といった大型前方後円墳を築かれた程度にすぎない。

■石津川《いしづがわ》流域に築かれた古墳群

和泉北部に、乳岡古墳が築かれた百舌鳥古墳群の南側には石津川《いしづがわ》がある。そこには、河内のようにまとまった平野はない。しかし、河口に泉北丘陵からのびる三光台地を中心に径一キロメートルの弥生時代の大集落をつくりだす。第二阪和国道沿いにある有名な堺市の四ッ池《よついけ》遺跡※1である。楠根川ほどの発達はなかったが、その後の庄内期には、やや内陸に入った同じ堺市の下田《しもだ》遺跡にも集落は広がった。初期の百舌鳥古墳群はまさにその対岸で発進した。

※1　四ツ池遺跡（よついけいせき）　大阪湾にそそぐ石津川に向かって、泉北丘陵から北へいくつかの支丘が突出している。そのひとつ三光台地の北端上の堺市浜寺船尾《はまでらふなお》町西を中心に四ツ池遺跡が位置する。

弥生時代を中心とした集落跡で、北にのびる比高約五メートルの舌状台地の末端部分に立地し、断面V字形の溝を掘って南を限り、北と東西は丘陵崖を限界とした東西約百メートル、南北約一五〇メートルの区域を居住地域とし、丘陵周辺に墓域を設けていた。

台地上の居住地域からは竪穴住居跡や掘立柱建物跡などが発見されている。

図 67　百舌鳥古墳群と石津川河口　明治期の地形と遺跡の位置を示す。明治18 年仮製陸測図を調整。石津川は蛇行するが、北方の堺環濠《かんごう》都市遺跡の調査からすれば、仁徳陵・履中陵古墳の西側段丘崖裾も同じようなリアス式になっていたようである。

河口付近について、図67の明治時代の地形図を見ると、乳岡古墳のある西に張り出した細長い台地をぬける石津川の上流は、蛇のようにうねうねとした流路になっている。それとともに、その右岸は急な崖状となって一段上がっている。仁徳陵・履中陵古墳の大阪湾側も堺環濠都市の東側に至るまでかなり急な坂である。リアス状になった深い谷が砂で埋まり、今日の平坦な堺市街地をつくりだしているにすぎないことは、最近の工事の立会調査などでわかってきた。古墳時代の景観は、今日とかなりの違和感はあった。

四世紀段階にあって、規模の大きい農耕基盤はやはり、石津川左岸の四ッ池遺跡を中心とした遺跡群、浜寺石津町東・石津太神社・石津・船尾《ふなお》西・四ッ池・下田遺跡の二・五キロメートルに限られた小さなものであった。集落の拡大は上流域の方に向き、混乱中期はじめの四世紀末になってようやく河内平野と同じように、まんべんなく遺跡が連なった。それは、石津川河口遺跡群に成長した。

ところで石津川両岸の地形の違いは、五世紀に展開する遺跡の性格を大きくわけた。北側の大阪湾にせりだす広い台地は百舌鳥古墳群の主要古墳をつくるための墓域。それでも大規模な履中陵・仁徳陵古墳を効率よくのせるにはいっぱいの面積であった。そして、左岸、南側の集落群をさかのぼった長細い深い谷を数多くもつ丘陵地には、各谷間を通じて須恵器を焼く陶邑《すえむら》窯跡群が大展開する。

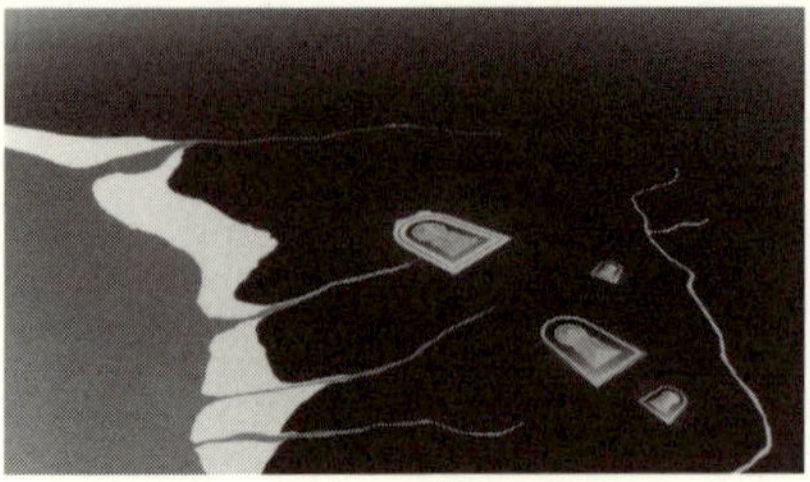
仁徳陵古墳築造ごろの百舌鳥古墳群

海から見た墳丘

百舌鳥に求められた墳墓地

和泉は、河内の楠根川流域遺跡群のように農耕基盤をもとにした面的な大型化は地理条件に無理があった。また、交通路として河内のように大和へと通じるというあてもなかった。須恵器生産・供給のための交通の間口、湊として、五世紀に入ってようやく日の目を見ることになった。そういう意味では、平野川流域遺跡群と似る。

集落群としての大型化がはかれなかった和泉地域の地形的な一般特性は、弥生時代中期から庄内期にかけての松尾《まつお》川から春木《はるき》川へかけての流域遺跡群の動態に見てとることができる。その集落ブロックの推移は、弥生時代後期のみ、高地性集落が付け加わるだけで、基本的には一定の流域下において、自己完結した地形のなかで変化の少ない安定した集落が代々、営まれていた。

そうした平和な土地は、一変した。

四世紀末の畿内政権内部で優勢を誇った旧来勢力の没落に伴ない、河内・大和を中核に大きくなった畿内政権が直接的に実権を握り、大規模な古墳築造体制と同じように、中央集権的に手工業生産が制御された。そして、朝鮮半島南部との

前方部から後円部

墳丘からみた海

図 68　仁徳陵古墳の墳丘再現（大阪府立近つ飛鳥博物館提供）

技術、生産力の集中、それを媒介とすることで各地域を掌握、再編し、大型の総合的な物質生産性を高めることを実現したであろう。

これは、あくまでも物資のことである。むしろそのビジュアルな手段によって、さらに手工業は農業にとって代わり、後で触れる東北南部から九州にかけての各地域に、よりきめ細かに各地の支配者と互いに手を結ぶキーとなった。再編された畿内政権は、もともと独自性の強い前方後円墳に一個の人間に対して、労働力を投下することをより重視した墳墓づくりという新たな概念を加えることで、目に見えた支配形態をめざしたのである。日本列島内での大規模な乗馬・須恵器の定着、甲冑の定型化への道を開くに及んだのである。

それに伴う技術力強化には、当時の日本列島で飛躍的な革新性を広範囲に及ぼすためのネットワークづくりと大規模な開発を必要とした。そのための課題の一つには、大規模な墳墓の築造があった。これらの実現のため、墳丘に大きな周濠を備えるように比較的に平らで広大な、しかも人々があまり住んでいない荒れた台地と大阪湾に面して眺望がよく、河内・大和と隣接した人々の往来がたやすいところが、求められた。

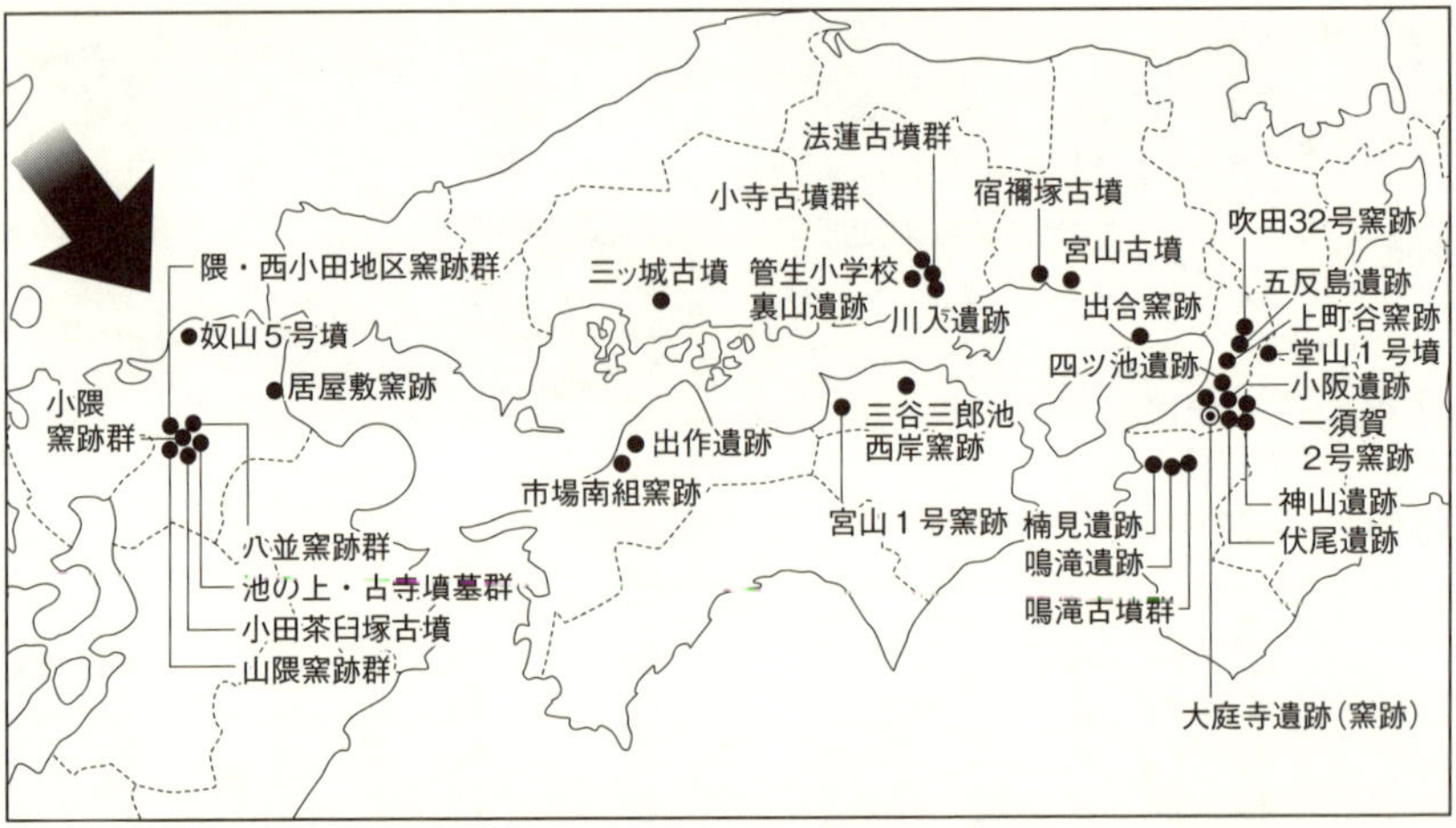

図 69-1　西日本初期須恵器出土の窯・集落・古墳の分布　当初、須恵器は瀬戸内周辺のあちこちで、その生産の試みがあった。

大窯業産地・陶邑《すえむら》

■初期須恵器《すえき》の分布

『日本書紀』崇神《すじん》七年には、大物主神《おおものぬしのかみ》と陶津耳《すえつみみ》の女の活玉依媛《いくたまよりびめ》との子の大田田根子《おおたたねこ》が茅渟《ちぬ》県の陶邑にいたとある。そこで、大田田根子を呼びよせて、大和で大物主神を祭る主となった。これは、「陶邑」を大和東南部の三輪君《みわのきみ》と関連させた説話である。堺市の泉北丘陵には陶器《とうき》村という地名が残る。今、窯跡が群をなす範囲すべてが陶邑であったとは限らないが、仮に、それらを陶邑窯跡群と呼んでいる。

多岐にわたる手工業のうち、陶邑という土地は地域という枠にとどまらなかった。日本列島各地に大きな影響をあたえた窖窯《あながま》で焼くという土器の大型生産地として特化された。窖窯焼成の土器そのものは、先の大阪市平野区の加美《かみ》遺跡でも見たように庄内期には朝鮮半島からもたらされていた（72頁参照）。そして、瓦質的な土器を焼いた神戸市の出合《であい》遺跡もある。

図 69-2　上町谷１・２号窯
（南東から 写真奥が１号窯）（大阪文化財協会提供）

しかし、長らく少数派の時代は続いた。四世紀には福岡県筑前《ちくぜん》市にある山隈《やまぐま》窯跡群をはじめとする朝倉《あさくら》窯跡群あたりや、大阪府吹田《すいた》市の吹田三二号窯跡のある千里《せんり》窯跡群、大阪府河南《かなん》町の一須賀《いちすか》窯跡群など、山間部で日本列島産の陶質土器づくりの挑戦が始まっていた。

つい最近、初期須恵器を含む窯跡が大阪市中央区の難波宮《なにわのみや》跡の南側で検出された。上町谷《うえまちだに》一・二号窯という。これは当時、往来の激しかった上町台地の北端東側に開く谷斜面で、いち早く須恵器の生産基地を模索した証になる。ただ、その立地は燃料や水、粘土といった大量供給の面で大規模な展開はきびしかったであろう。

というのは、後に見るように丘陵を背後に持たないという立地に燃料確保の問題はすぐにおこったはずである。初期生産ゆえに、上

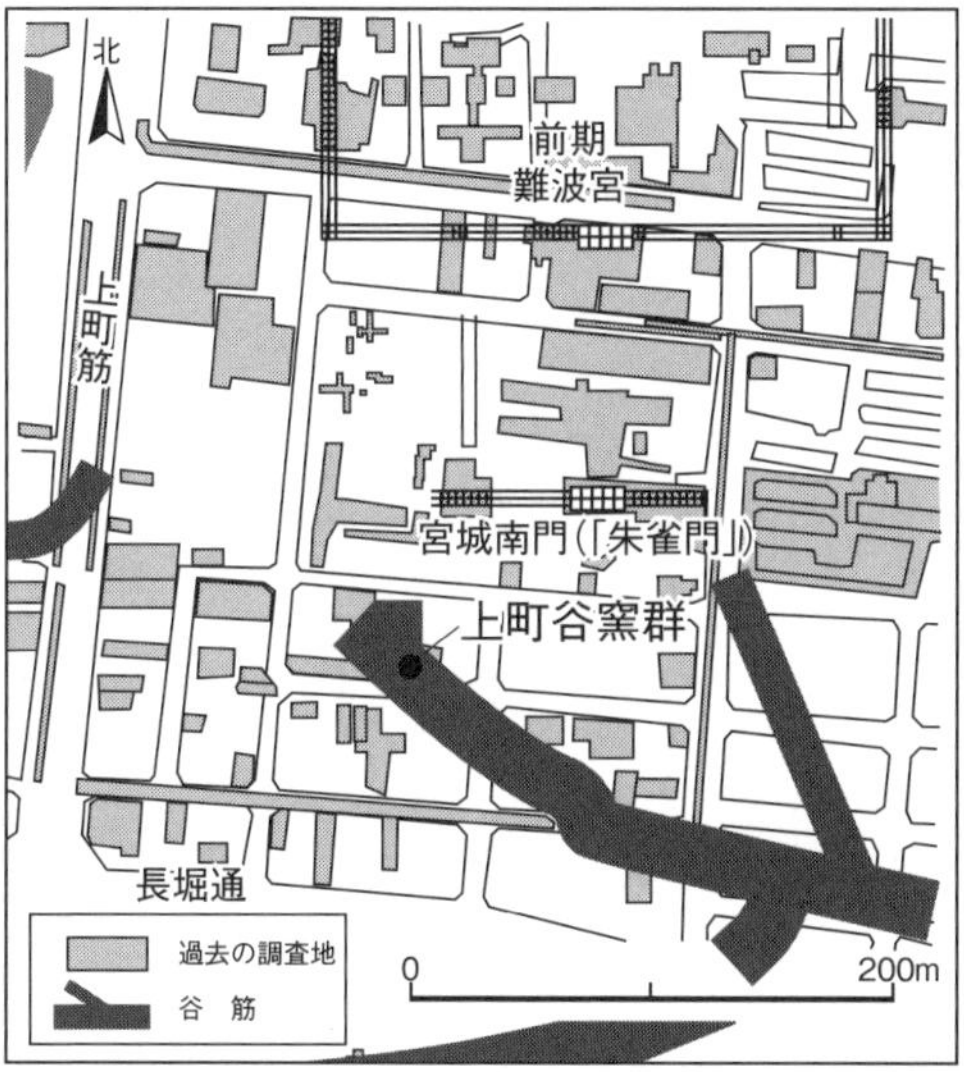

図 69-3　上町谷須恵器窯調査地の位置と周辺の地形

図 70-1　TK73 号窯（堺市）　陶邑の須恵器窯は南北15km、東西9 km の範囲に1000 基ほどあった。図70-2 のように河川などで6 つの地区に分かれる。TK73 号窯は、東を前田川、西を石津《いしづ》川に挟まれる。窯は、焚口《たきぐち》から煙道《えんどう》まで残り、長さ11.4m、幅2.4m の大きさである（大阪府教育委員会提供）。

町台地にある施設に対する官営工房的な場であったように思える。

大阪湾沿岸で古墳時代前半期に目立つ土器製塩についても同じく直面した問題である。製塩の本格的な展開は、多少距離が離れようとも、海岸から森林が近い和泉南部が選択されたのであろう。

■陶邑での須恵器生産

陶邑で須恵器が生産され、大規模化へと矛先が向くようになるのは、小地域消費の枠におさまらないほどの需要が大きくなってからである。大阪市平野区の長原古墳群で出土する須恵器から見て、在地で消費するために埴輪と同じように、小規模に焼かれていた可能性も高い。

応神陵・仁徳陵古墳の築造のあいだに、日本列島は北部でも宮城県仙台市の大蓮寺《だいれんじ》窯跡をはじめ、その初期から斉一性のある形の土器が各地まで及んだ。これは、百舌鳥の履中陵古墳の築造をきっかけにできあがった「造墓ネットワーク」をテコに、石津川上流に核的生産基地・陶邑が本格稼働したタイミングになる。より開花するのは、

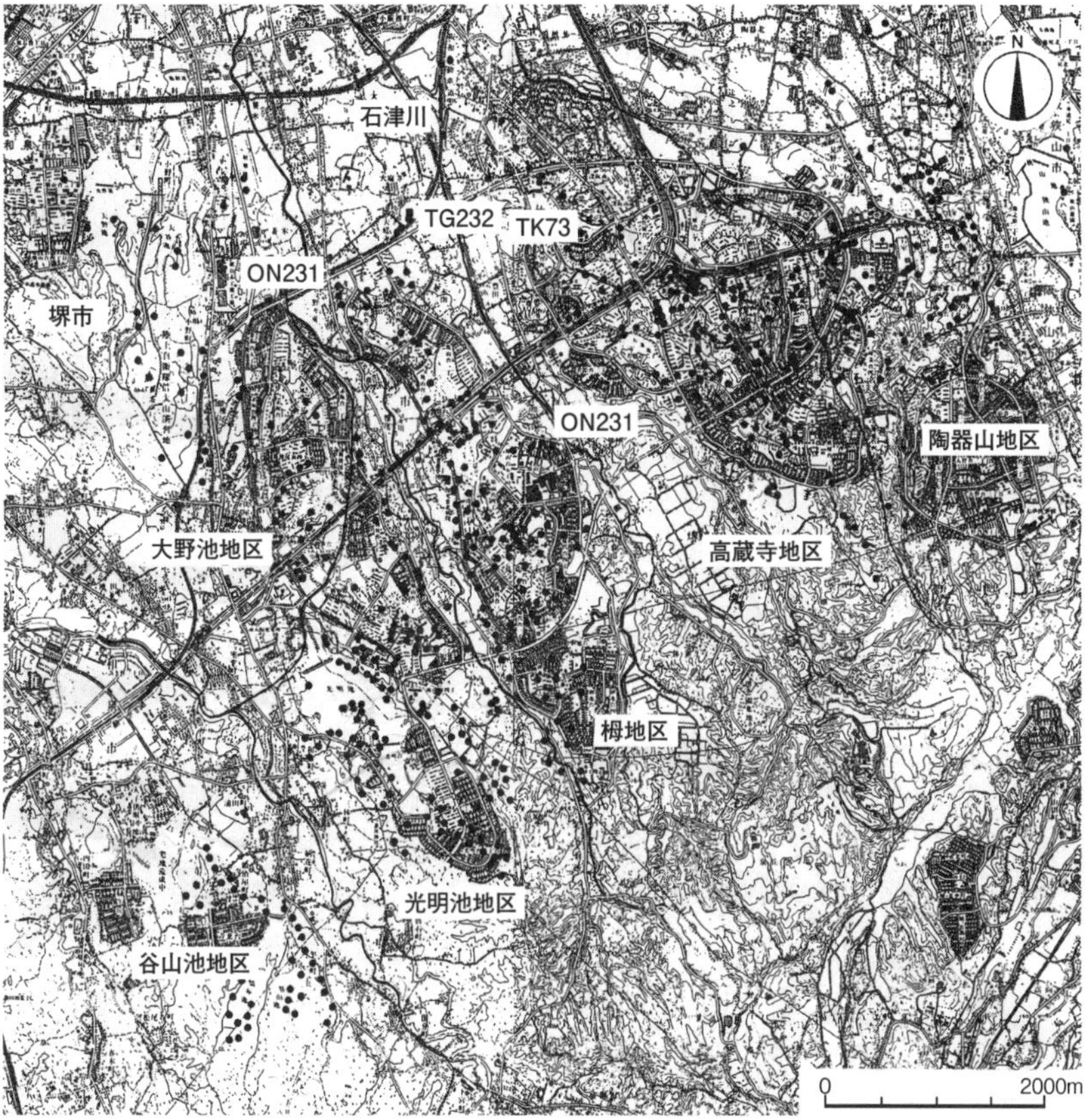

図70-2　陶邑の須恵器窯地区と初期窯

ニサンザイ古墳築造のころだ。

陶邑での須恵器の初期生産は、まず朝鮮半島からの渡来系工人によって焼き始められた。それに在地の工人も加わり、独特な一定の共通した形を確立させていく。その過程は陶邑内部の堺市小阪《こさか》遺跡といったような集落において、在地がかった土師器と同じような形の須恵器が加わっていくことで読みとれる。つまり、この遺跡では杯の底が丸くなり、高杯《たかつき》や複合口縁の壺、甕《かめ》口縁の断面の形がくの字になることなど、それまでにつくられていた日本列島の形が多く見られるからである。

この変化は、渡来系集団と在地系集団の融合のなかでつちかわれた日本列島独自の斉一性といってよい。先に古

Ⅰ型式１～３段階（５世紀）

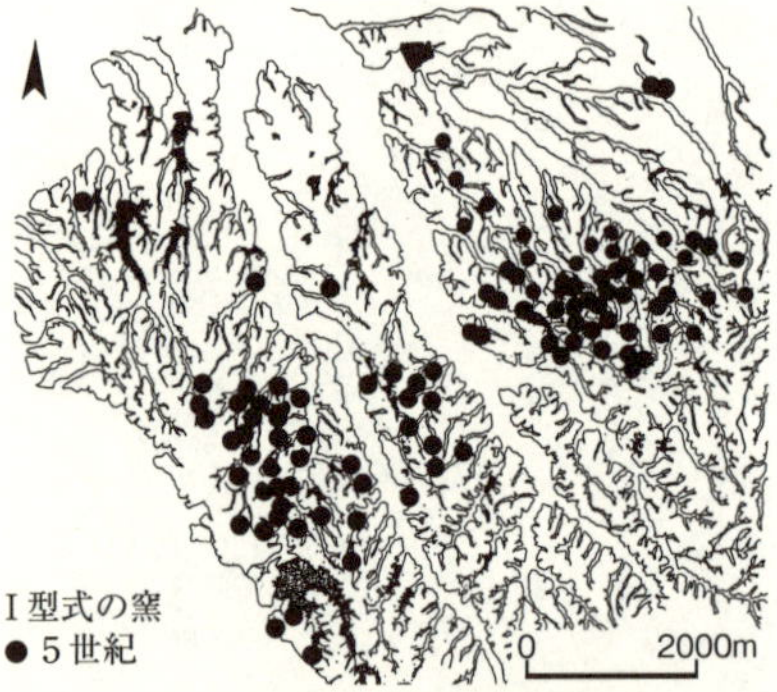

Ⅰ型式１～５段階（5・6世紀）

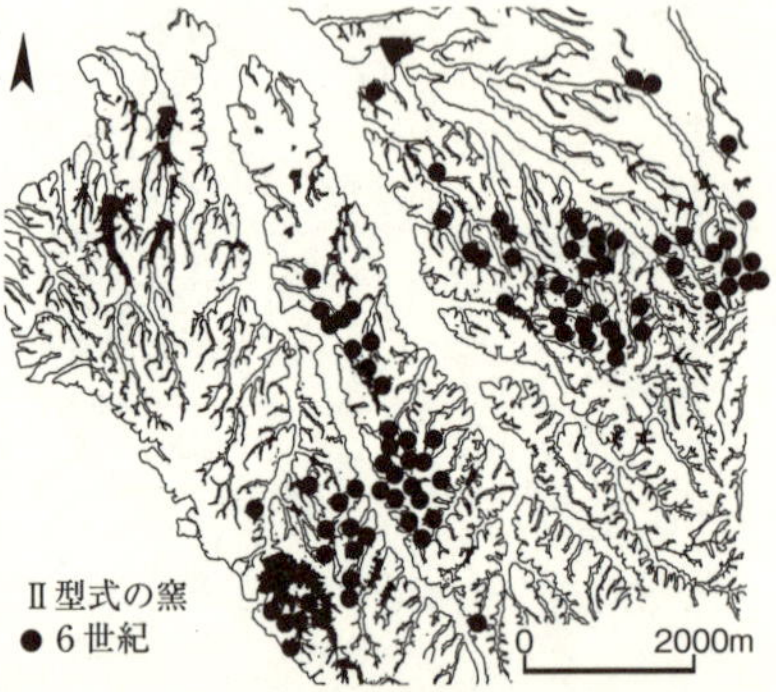

Ⅱ型式１～５段階（6・7世紀）

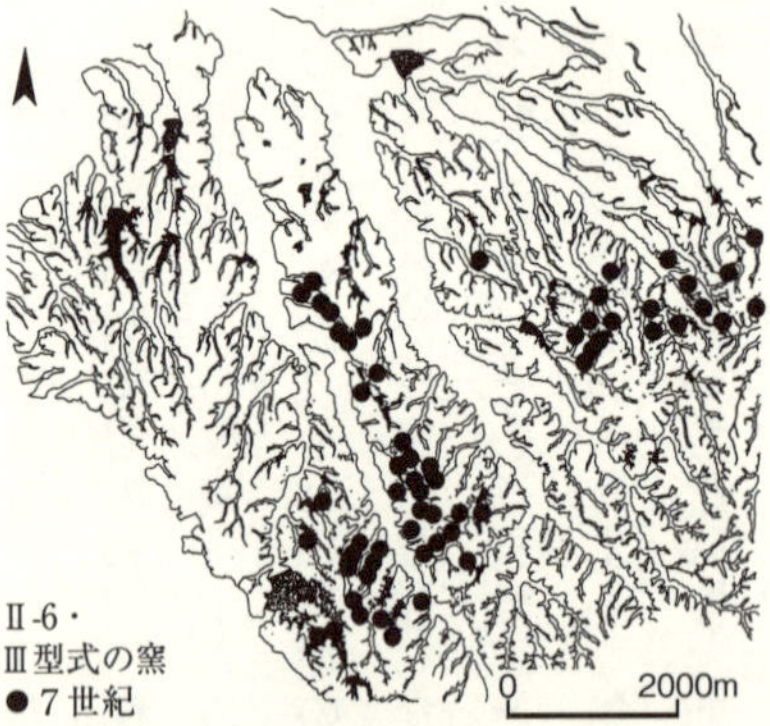

Ⅱ型式６～Ⅲ型式３段階（７世紀）

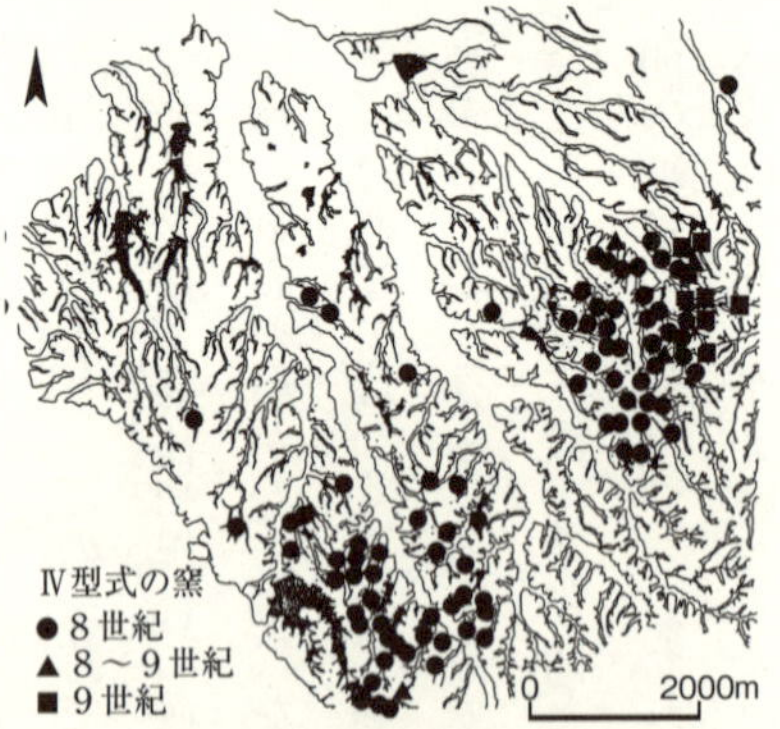

Ⅳ型式～５型式（8・9世紀）

図71　陶邑窯跡群の時期別窯分布の変化　時期が下るにしたがって、多くの窯が虫喰いのように、森林を求めて内陸へ移動する動きが見られる。

図72　陶荒田神社《すえあらた》（堺市中区上之《うえの》）　旧陶器《とうき》村に祀られる延喜《えんぎ》式内社《しきないしゃ》。社伝によると、崇神《すじん》天皇７年に大田田根子《おおたたねこ》が大和の大神《おおみわ》神社（桜井市）の大物主神《おおものぬしのかみ》を祀る神主になった際、地元陶邑《すえむら》で大田森と呼ばれていた当地に創建されたという。

式土師器が日本列島に広がり、その共通した広い範囲の下地を媒介にして、同じように広がる須恵器の形の移行過程を認めることができる。

しかしそれとても、渡来系と在地形の集団の混在具合によっては斉一化が必ずしも一本調子、同一系譜でなかったことが、図70－2に示した陶邑の高蔵寺《たかくらでら》（TK）・大野《おおの》池《いけ》（ON）、陶器山《とうきやま》（MT）、光明池《こうみょういけ》（KM）の各地区で築窯量の増減にムラがあることからわかる。

こうしたことは同時に、窯業による土器生産の拡散・伝達にとって、多人数の共同作業を伴う必要とそれによる特質が生じたことを示している。

淝水《ひすい》の戦い（20頁参照）後の混乱する朝鮮半島の情勢から察すると、日本列島には多くの渡来人が流入したことであろう。このとき、遅々として進まなかった大規模な窯業体制を推進するために、多くの渡来系技術者を受け入れ、畿内政権が設けた新たな土地を物色して、それぞれで小経営をサポートする力が重なり合い、大規模化したと思われる。微々たる違いに見えるかもしれないが、須恵器の系統差は、こうした諸事情の融合を反映していることにほかならない。

百舌鳥古墳群からの塩の道

■土器製塩の生産

初期段階の陶邑で、大規模な須恵器生産をこなすための工人の確保は、石津川河口にある履中陵・仁徳陵・ニサンザイ古墳の築造のために労働力を確保するという物流の動きと容易に結びつく。

畿内政権（大王）が、日本列島各地でネットワークをつくり上げたことは、同時期に窖窯《あながま》で焼かれ、第五章で見た細かいつくりも似る埴輪や須恵器からわかる。百舌鳥と陶邑とは、同じ事情で、和泉北部という地域に入りこんできた。そうした交流システムを誘導できる集団がそれらを掌握していたことになる。

人的な交流とともに、畿内政権にとって、古墳時代前半期の和泉地域は、生産物においても重要で特別な存在であった。というのは、吉備勢力が存在する備讃《びさん》瀬戸から、弥生時代後期に大阪湾沿岸に土器製塩が大規模に移入されていたからである。その技術は弥生時代の終わりごろから、それは和泉各地でも展開する。このころはまだ、大和・河内という地域での枠組みのやや離れたなかにあって、まずは和泉中・南部が核となっていた。

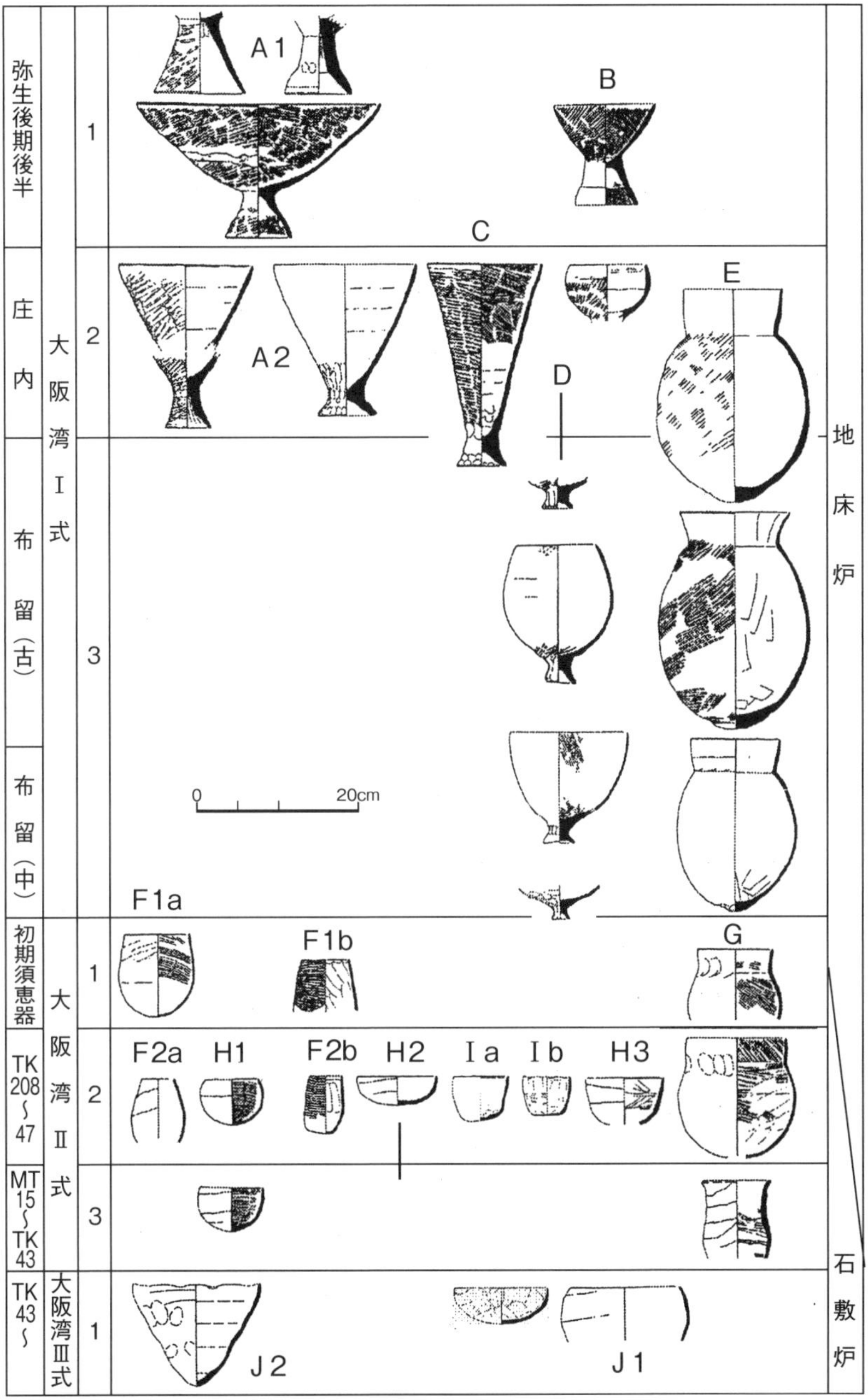

図73　大阪湾周辺地域の製塩土器編年　めまぐるしく土器の形が変わってくる。特に、大阪湾Ⅱ式は個別化・小型化して、内陸の奥深くにも運ばれていった。

庄内期には、摂津から紀伊にかけて大阪湾岸全体で土器製塩が行われるようになった。この急激な畿内地域内での塩の極端なまでの需要は、墳墓築造労働力や軍事用、牧用が引き金になったかもしれない。それは、布留期には内陸部へと及び、畿内は一体化した。製塩遺跡の大画期は、初期須恵器段階の中でも応神陵・仁徳陵古墳築造期に訪れた。状況的には、上・中級の馬を手厚く扱うことと、馬の拡大生産が加わる。

積山洋《せきやまひろし》氏（大阪文化財研究所）の製塩土器の編年表（図73）のなかにあるF類と分類される薄手の丸底筒状土器と一緒に出土することが目印になる。ところが、和泉地域のほとんどで製塩遺跡が廃絶していく時期である。一方で、大阪府最南端の淡輪《たんのわ》（岬《みさき》町）や和歌山市北部の紀ノ川北岸西ノ庄《にしのしょう》・加太《かた》に集中して活発になる。しかし、それも六世紀になると終息する。この現象は、畿内にとって、塩の自給生産の掌握先がより広範囲になったと解釈すべきであろう。

土器製塩における弥生時代後期、庄内期、布留期、仁徳陵古墳期の変動は、直接的には渡来技術と関わらないかもしれない。しかし、それぞれ畿内政権と吉備政権の微妙な連合内部の関係性を物語っている。また、政権の直接的な塩支配の範囲が、布留期の四世紀の段階では和泉地域に及んでおり、五世紀には紀伊に、六世紀にはそれ以上へと広がる空間構成への変化を示唆するように思える。百舌鳥、陶邑、和泉は畿内政権の領域の枠組みの安定度とその範囲を時期ごとで測るバロメーターであり、新たな渡来系集団と在地集団の集合によって手工業生産の展開には欠かせない場としての役割をはたした。

水上路と船と湊から陸路へ

■菩提池西《ぼだいいけにし》型の船形埴輪

ところで古墳時代の代表的な船の形として、菩提池《ぼだいいけ》西型と西都原《さいとばる》型（16頁参照）がある。

四世紀代の大阪府和泉市菩提池西遺跡出土の船形埴輪例がある。この形の船は、上部の構造が変わっている。舷側板《げんそくばん》に対して両木口の固定と前後のバランスを受け止めるように誇張した盾《たて》風の竪板《たていた》・飾り板風の隔壁《かくへき》を船底材の上に取り付ける。全体として下部の刳抜《くりぬ》き船底部上に大きな箱形の木枠をのせたような格好となる。成形法で見るなら、上下で船体を二分割したような二体構造の物である。

ところで、八尾市・久宝寺《きゅうほうじ》遺跡では、図74のようにこの船材が出土した。庄内期、すなわち混乱前期はじめに使われた船である。刳抜《くりぬ》き船底部は現存長三メートル、最大幅一・二四メートルで、その先端部と体部刳抜きの境界の溝に長さ一・

図74　久宝寺遺跡の船材出土状況
本来、右にある船底部分の上に、左の竪板がのる（大阪府文化財センター提供）。

図75　古墳時代の木造船

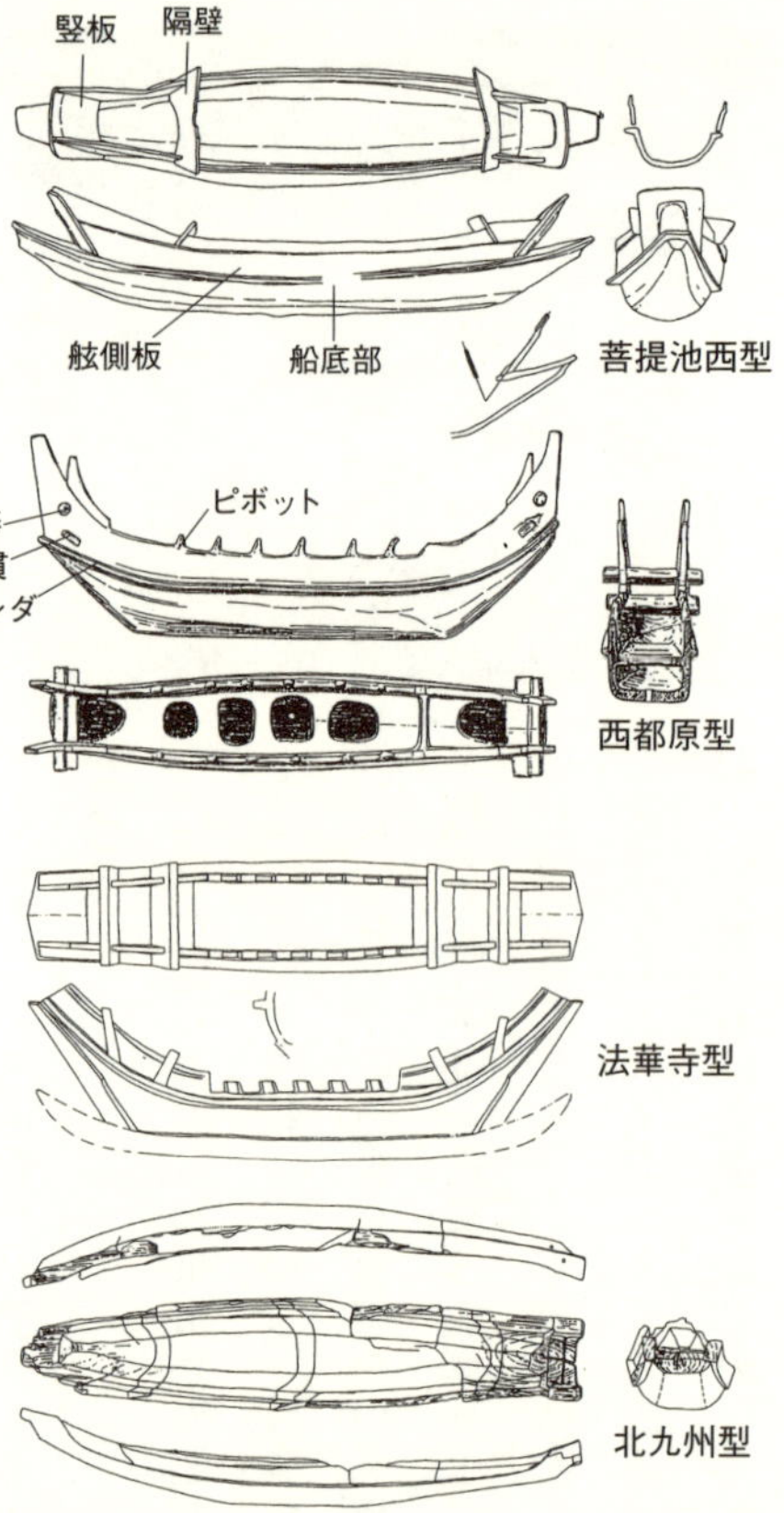

七三メートルの竪板がとりつく。これを一〇分の一ほどにしたのが菩提池西例ということになる。

今やこれに似た船に類する資料は、日本列島各地で確認される。石川県小松市千代・能美《のうみ》遺跡で小形の竪板材、同じ日本海側の兵庫県豊岡《とよおか》市出石《いずし》町の袴狭《はかまざま》遺跡出土板材には船団が線刻された。韓国の船形土器の舳や艫《ろ》の部分をよく見ると、図76上の湖林美術館の資料にも似た形の船がある。すなわち、邪馬台国《やまたいこく》時代を含む混乱前期の間はこのタイプの船が中心で、大陸では乗り換えていたであろうが、少なくとも朝鮮半島南部まではこのような船で海にくりだしていた。

■西都原《さいとばる》型の船形埴輪

これよりのちの五世紀後半以降の船舶形態の動きとして、古墳時代を代表する宮崎県西都市の西都原古墳群から出土した埴輪例がある（図3）。朝鮮半島出土の船形土

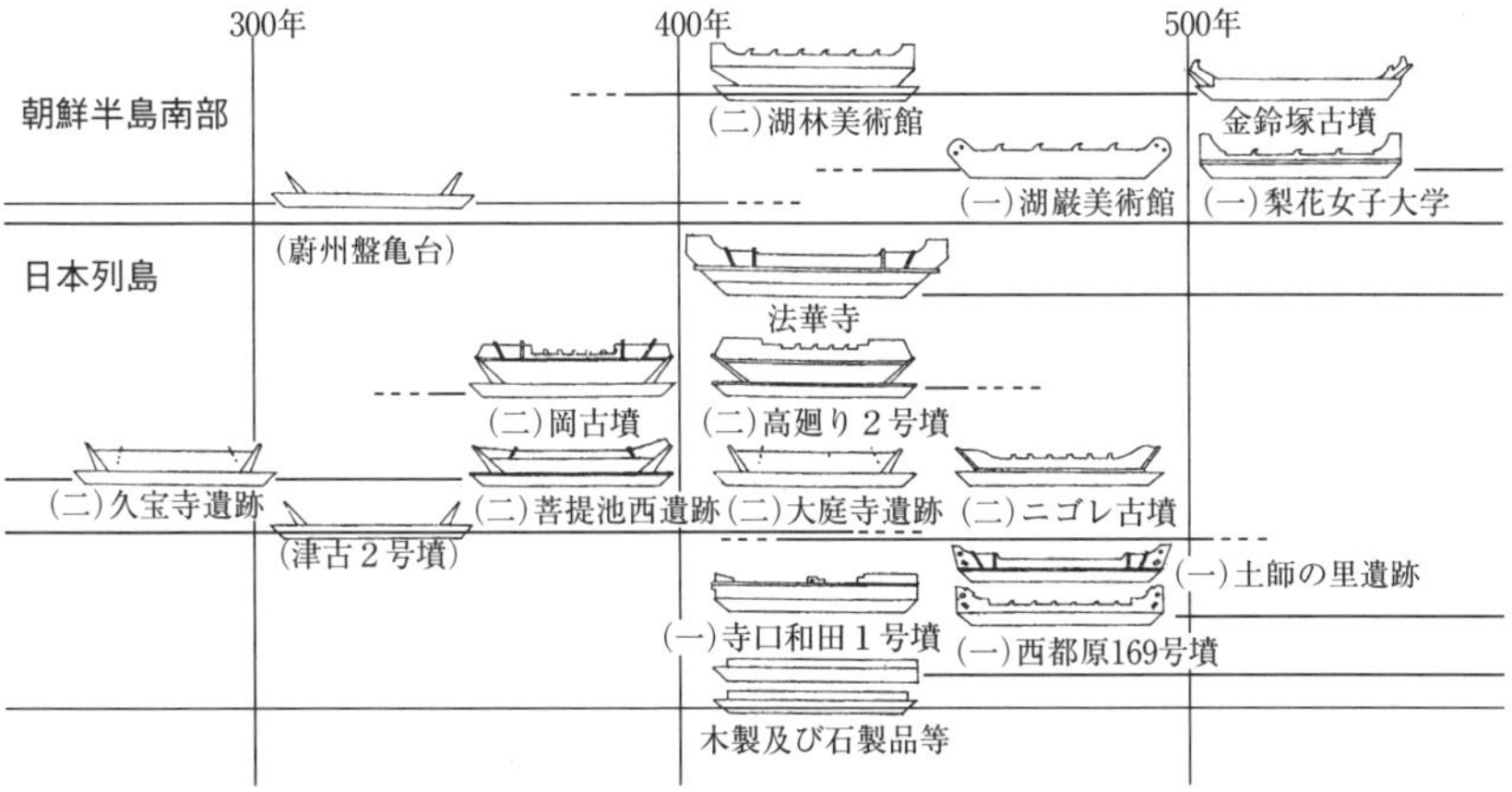

図 76　埴輪及び土器から見た弥生時代から古墳時代への大型船の変遷
(　)は絵画より。(一)は一体成形船、(二)は二体成形船。

器も含めて、刳船《くりぶね》の両側端上に分離した舷側板《げんそくばん》とフェンダの存在、竪板の替わりとなる丸棒や貫《ぬき》の使用といった特徴から、西都原型としてまとめることができる。船底部と舷側板が密着して取り付き一体化することから、一体成形船と呼べる。

これに類した実際の船材は、大阪府四《し》條《じょう》畷《なわて》市蔀《しとみ》屋《や》北《きた》遺跡の井戸枠などに使われた木材に見られる。井戸からはＴＫ四七型式の須恵器が出土することから、それは、主に五世紀中頃に船と使用されたことがわかる。こまかい特徴としては、船底部側面の枘孔《ほぞあな》が先端に向かって外に開き、両木口が閉じない。すなわち、船底部そのものが先端に向かってせばまるが、舷側板がせばまらずに平行し、接合しないと言うことになる。さらに、船底材先端が舷側板と密着させる必要がないため、せばまる部分から上端の加工が粗くなる。

久宝寺例の場合には、舷側板端が竪板に取り付くために、その部分の接合部までは精巧な加工が施され、両木口がぴったりと閉じる構造となり、蔀屋北例とは対照的である。さらに、端部木口をふさぐ材はなく、船底部先端が厚みを増して匙《さじ》状となり、刳抜

図77　蔀屋北遺跡出土の馬埋納土坑《どこう》

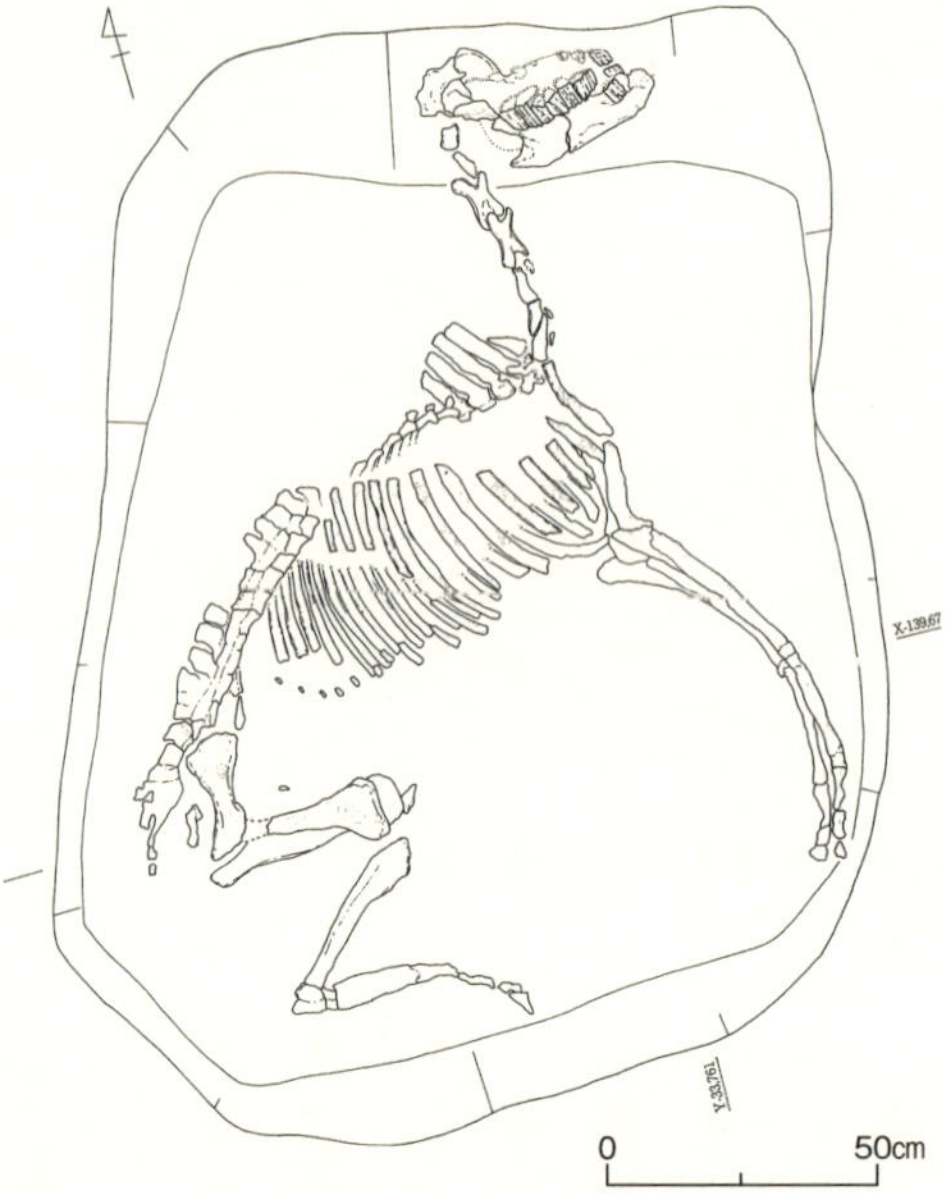

き船底部のみで、先端の形状が完結する。この形状は、西都原例の埴輪の細部表現と一致する。

■西都原型船形埴輪から見る馬の大量物入

ところで、久宝寺例に比べて厚く、頑丈なフレーム製を感じる船材を出土した蔀屋《しとみや》北《きた》遺跡は、馬の全身埋納、製塩土器、鑣轡《ひょうくつわ》・鞍《くら》・鐙《あぶみ》といった初期のシンプルな馬具を伴った牧的な性格をもつ集落跡である。そして、大阪湾から直接、大きな船で内陸に入ることが可能な立地と大形の壺や甕《かめ》などの陶質《とうしつ》土器の流入といった湊《みなと》という一面も持つ。

一方、熊本県弁慶《べんけい》ガ《が》穴《あな》古墳の横穴式石室内にある、西都原型の船に乗った馬の装飾文様も気になるところである。他にも、大量の朝鮮半島からの陶質土器の大甕の出土も気になるところである。

もはや五世紀後半は、馬は大量に朝鮮半島から持たらされていたはずであり、消費財の大量輸送に伴う搬入・搬出といった行動や馬の乗降の動きにスムーズさが求め

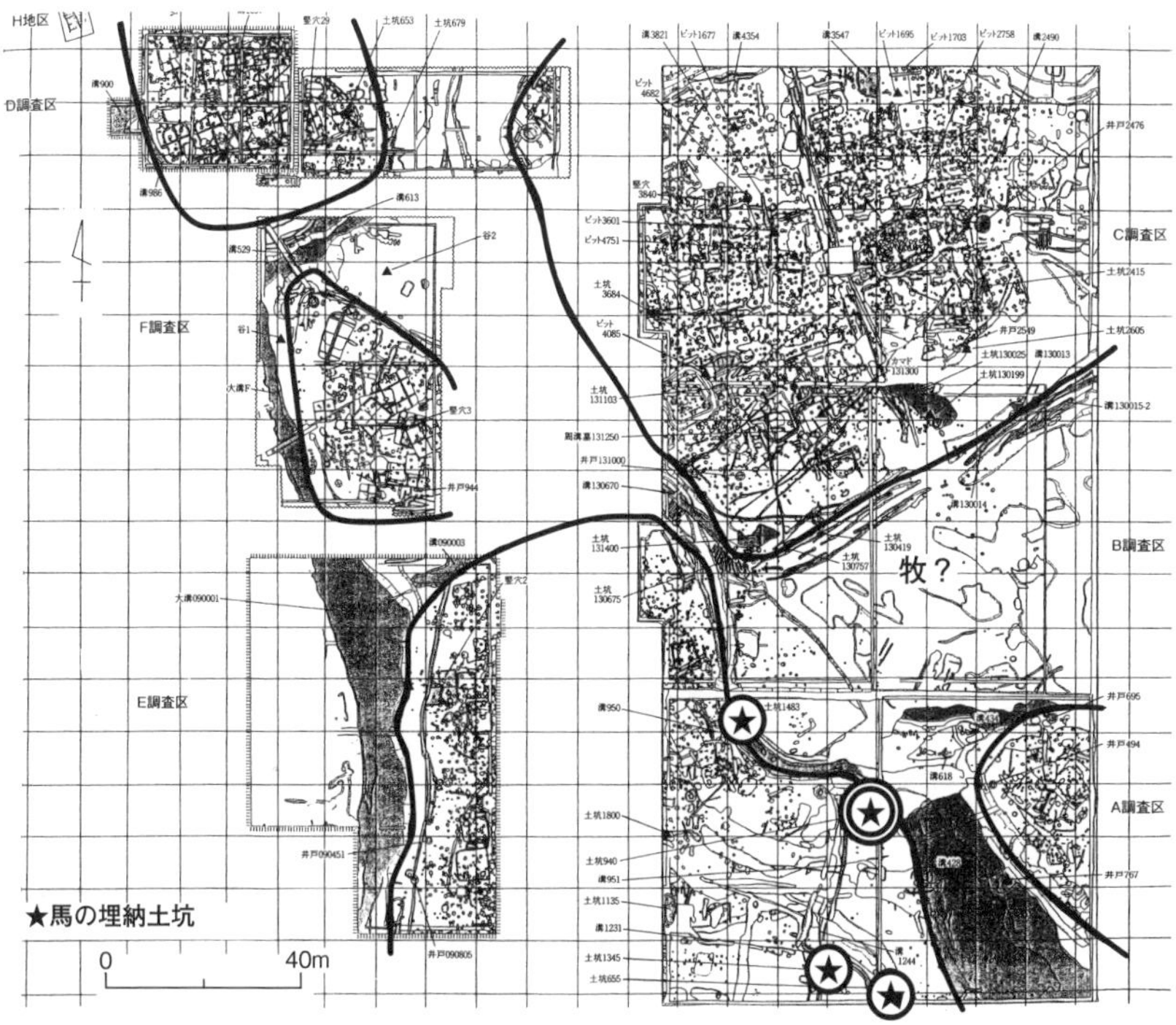

図 78　部屋北遺跡の馬の埋納土坑

られたであろう。

菩提池西型では、二体成形という上部の前後が閉ざされた構造では不便さが目立つ。それに比べて、西都原型は前後の両木口、つまり、北野耕平《きたのこうへい》（故人・神戸商船大学）が「船梁《はり》の丸棒と貫《ぬき》とが笄《こうがい》のように貫通している」というそれらの固定具をはずせば、船の前後は、荷受け出しをするフェリー的な利便さを感じるほどである。

■陸路の整備

さて、二五〇基が集中する大がかりな長原古墳群もそうであったが、大王クラスでは百舌鳥・古市古墳群の墓域と集落との位置関係も同じであった。双方とも平野に面した台地・丘陵である。墓域を設定した時点での主な交通手段は、河川・海上の船が重要視された。

五世紀はじめまでの古墳で船形埴輪の出土は、

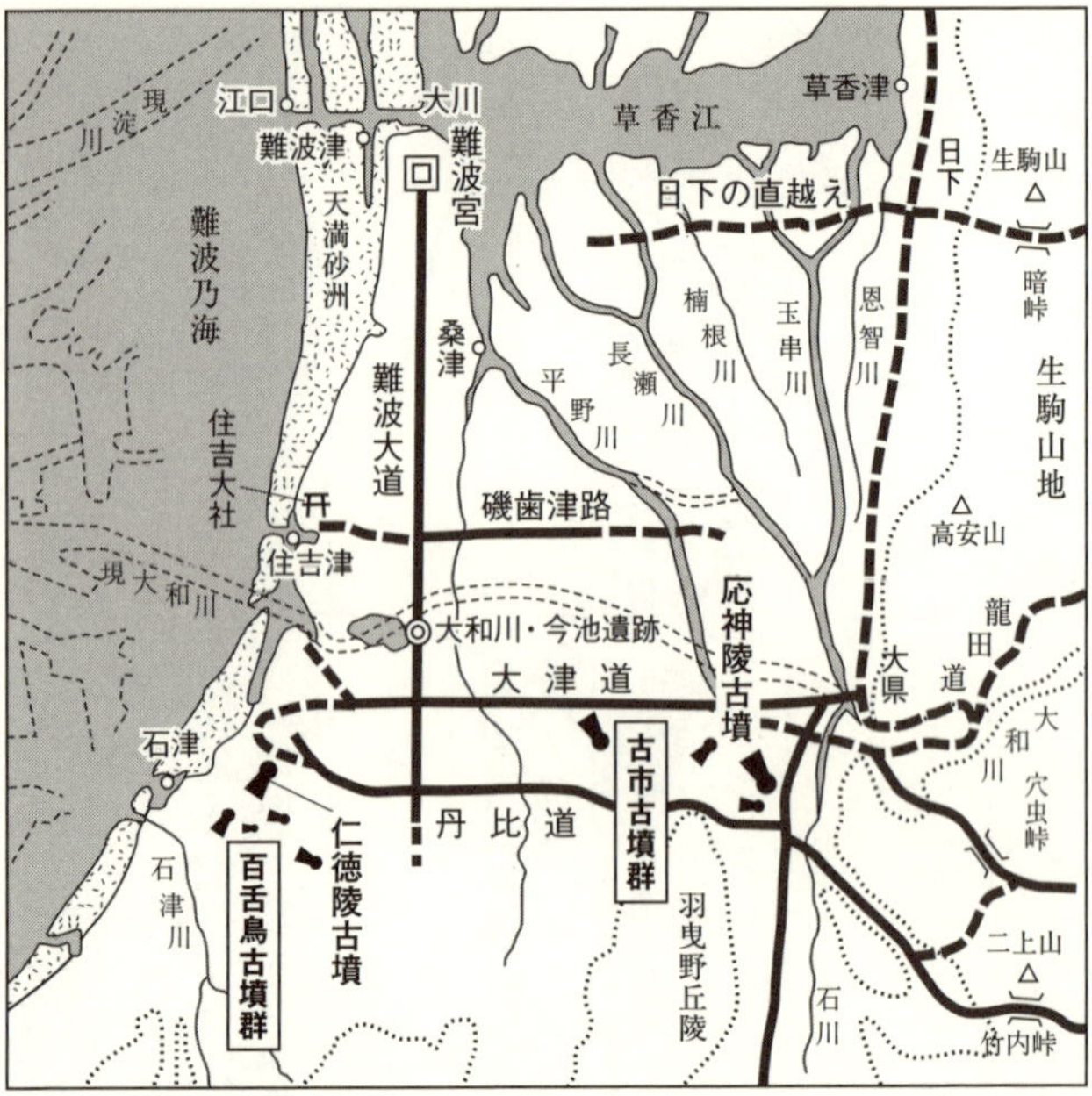

図79　6〜7世紀頃の摂津・河内から大和に至る陸路

墳丘くびれ部や周溝での出土が目立った。しかし、藤井寺市の野中宮山《のなかみややま》古墳のくびれ部での馬形埴輪の出土に始まり、すぐさま応神陵古墳では、馬は形象埴輪のなかで主役的な存在となった。

平野や海に面した同様な台地の先端部にあった百舌鳥・古市間の道中は、南北に連なる山を越え・谷を越えてではあるが、陸路による東西の連絡性はよかった。結果として、主要古墳築造時には『古事記』履中《りちゅう》記にあるような難波宮《なにわのみや》からまっすぐ南に下る道、そこから河内・大和国境の二上山《にじょうざん》に向かう東西道といった陸路の原型は整備されていったことになる。その南には古市と百舌鳥が対峙した。

両者の位置は、応神陵古墳後円部と仁徳陵古墳前方部の南端を結ぶとほぼ東西の関係になる。両古墳の築造後には、ランドマークと大いに重宝され、東西の灯台として、その陸路の往来は一気に活気づいたであろう。

乗馬といえば、『日本書紀』雄略九年の田辺伯孫《はくそん》が古市郡から飛鳥部《あすかべ》郡に帰るときに誉田陵《こんだ》（応神陵古墳）にいた赤馬と交換したが、翌朝目覚めると土馬（埴輪）になっていたという説話が思い出される。当時、往来の手段に最先端であった馬のひんぱんな利用がより一層、待望され、増産されたことは想像に難くない。ここに大和・河内は水上路と陸路という二つの選択肢が用意されるようになった。

仁徳陵古墳築造ころの空間支配構造

■法円坂遺跡《ほうえんざか》の倉庫群

五世紀中葉の重要な施設に、倉庫群がある。

今の大阪市中央区のNHKと大阪歴史博物館の南に、法円坂遺跡が保存されている。桁行五間（約一〇メートル）、梁行五間（約九メートル）の掘立柱建物が少なくとも十六棟並ぶ。南北に二列、東西に二分され、その方位はほぼ

図 80-1　発掘された法円坂遺跡の５世紀の倉庫群（大阪文化財研究所提供）

図 80-2　復原された法円坂の５世紀の倉庫　大阪歴史博物館の南側前に復原されている（大阪文化財研究所提供）。

図81　５世紀ごろの難波想像図（植木久氏画）　上町台地で見つかった法円坂遺跡の真際まで、当時海が入り込み、津が発展していた。

真東西である。これらは、側柱と床束《とこつか》の他に棟持柱《むねもちばしら》がつくのが特徴であり、棟持柱の位置から東西棟の入母屋《いりもや》造りの高床式《たかゆかしき》に復原される。

この倉庫を壊してつくられた竪穴住居が五世紀後葉であることから、機能していた時期は五世紀中頃あたりになる。

立地は西に大阪湾、東に河内潟、北に大川や淀川と三方が水に囲まれた上町《うえまち》台地の突端、津・湊のある最高所にある。当時の河内平野と大阪湾の眺望のよい位置で、その存在を古墳以上に誇示したかもしれない。ビジュアルでランドマーク的な交通の灯台であるとともに、船での往来の交差点・広場となり得たであろう。そして、何よりもましてそこに蓄えられたものは、富の象徴であった。倉庫の規模は奈良時代のものと比肩、凌駕する。

その横に、五〇〇メートル近い墳丘を築いた仁徳陵古墳被葬者が居を構えていたとするなら、群馬県にある首長居館である三ツ《みつ》寺《でら》I遺跡と首長系譜墳墓である保渡田《ほとだ》古墳群の規模的に一：一という比率関係と同じとするなら、大王級の居館は、現在の大阪城本丸や前期難波宮朝堂院クラスに匹敵したことになる。

■仁徳陵古墳被葬者の中心エリア

難波宮下層付近を仁徳陵古墳築造ころの核的な中心エリアだとして見ると、まず、一日で余裕をもって往復可能な半径五〜一〇キロには、大王に直接的な居館と倉庫群

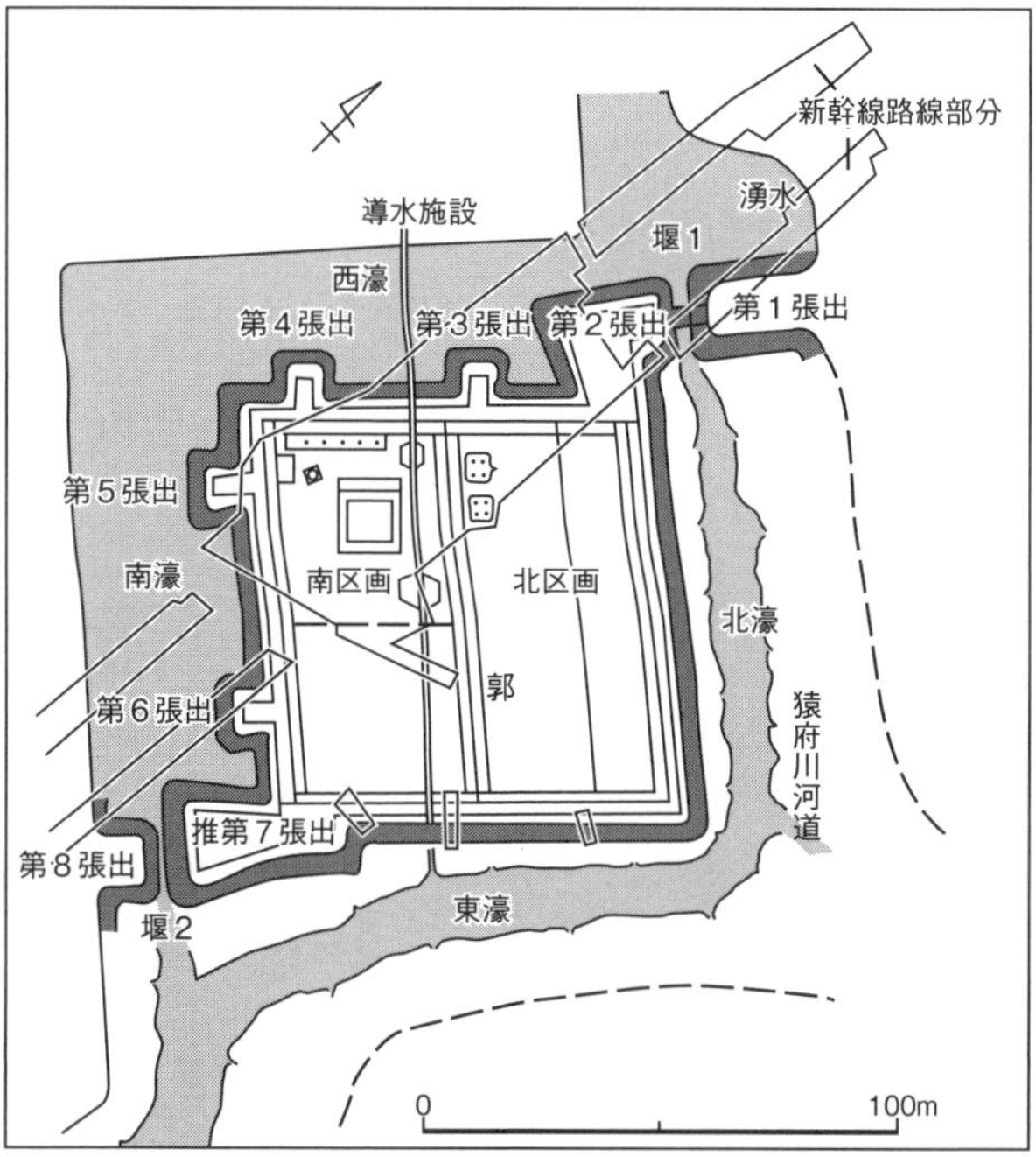

図 82-1　三ツ寺Ｉ遺跡全体図　5世紀後半に、上毛野《かみけぬ》の榛名山《はるなさん》東南麓の井野川《いのがわ》流域に三ツ寺Ｉ遺跡（三ツ寺居館《きょかん》）が出現した（群馬県高崎《たかさき》市三ツ寺町）。そして5世紀の第3四半期から6世紀初頭にかけて、居館の北西1kmの一帯に、二子山《ふたごやま》古墳→八幡塚《はちまんづか》古墳→薬師塚《やくしづか》古墳の順で前方後円墳が築造された。保渡田古墳群である（225頁参照）。

図 82-2　北西方向から見た三ツ寺居館　検出された張出し施設。人頭大の川原石が積まれている。低いところが堀（群馬県埋蔵文化財調査事業団提供）。

といった統治ラインと牧といった生育ラインがある。これは直接的なキャッチメントエリアに相当するだろう。

さらに、その外周の一日でかろうじて往復可能な半径一五キロと一日で到達可能な三〇キロには、台地と山地を利用する埴輪工房を伴なった墳墓・手工業ラインとその背後に須恵器工房といった手工業ラインが集まることになる。

直接的な日常生活範囲と地域首長の環境に伴なう農業ラインや周囲の導水祭祀と庭的な広場といった祭祀ライン、鍛冶工房の手工業ラインなどが間隔をおいて配置されたのである。

■中心エリアと周辺地域の構成

主な構成を説明しておくと、まず居館（統治ライン）は群馬県三ツ寺Ⅰ遺跡を参考に

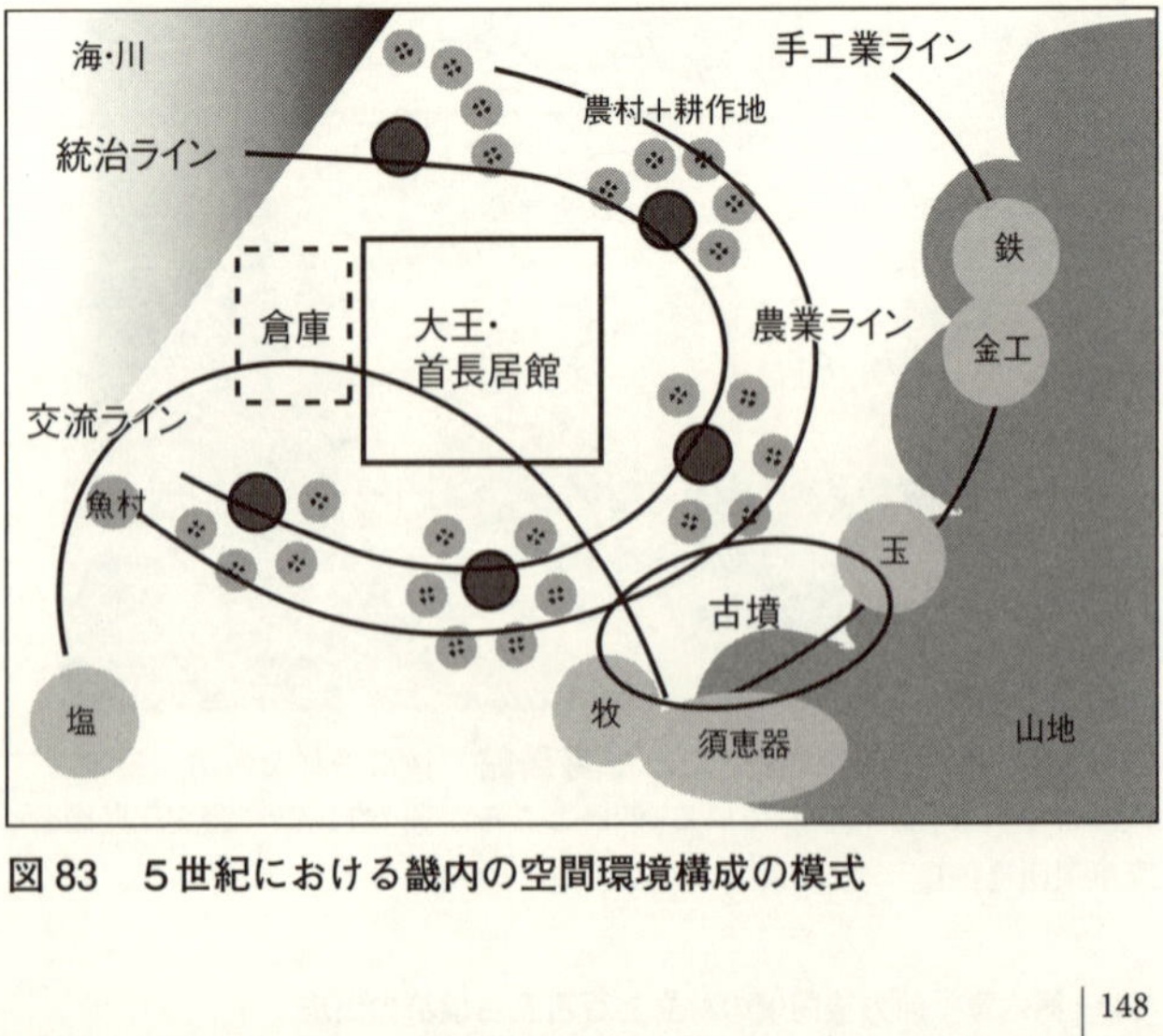

図 83　5世紀における畿内の空間環境構成の模式

すると、敷地の位置は一定である可能性がある。その内部は代々首長が替わるたびに立て替わるが、意識的には新居をかまえていることになる。

対して墓域の方は、その政治・統治空間のなかで広範囲に設定されて平面的に広がる。居館は広い屋敷地、周濠や柵列による防御施設、主屋たる大型建物を中心に倉庫や長屋などの附属建物や井戸、祭祀を執り行う施設や祭祀遺物、従者などの住いや工房施設群がある。鍛冶工房といったものは鍛冶炉を中心に展開し、それに付随する建物群・炭置場なども備わる。製品化するためにこれに他の手工業が結びつく。大阪府柏原《かしわら》市の大県《おおがた》遺跡は刀装具になる鹿骨の加工品が多い。武器の一貫生産が行われたのであろう。奈良県御所《ごせ》市の南郷《なんごう》遺跡群では鉄・ガラス・銅・銀などが複合し、さまざまな要素を必要とした装飾大刀製作すべての加工工程を含む。

これらに伴なう燃料消費は大きく、薪や炭などになる木材が豊富にある場所であることが好ましい。それとともに、それぞれの工房機能が河内の北・中・南部、大和中・南部に割りふられ、それぞれの丘陵沿いで展開した。

こうした施設のあり方をふまえて統治施設の配置を見ると、統治ラインは格差が大きく、付随する防御的な施設の数が増えて豊かになるにしたがって、特殊・絶対化する大王がかかえ持つ範囲が大きくなり、自身の小宇宙、つまり日常生活の場を大きく広げることになる。

この段階の古墳は、周囲に衛星的に配備された陪冢《ばいちょう》とも呼ばれる中小墳を備え、それと同じように近親の従者などの居館がやや離れて分散し、全体として大王居館を囲む防御ベルトをつくっていた。その地帯は、同時に農業ラインが備わる。つまり、統治ラインの周縁には、耕地生産の面積に合わせ、一般農民層などの居宅が散らばり、相互補完的な何重もの防御帯とあわせて自己生産性を持つエリアになっていた。

手工業・墳墓ラインは、その外縁の台地や丘陵地近くで機能に合わせて位置する特殊手工業工房や墓域などがより特殊化して、長期化する場合には専業化した。交流は上記ラインを横断し、大規模な祭祀はそれぞれの中心部と結界である巷《ちまた》で執り行われたことになる。

第七章　畿内大型古墳群の特徴と盛衰

畿内大型古墳群の実態

■五大古墳群の分布

日本列島にある前方後円墳は一定の階層に限られる、というものではなかった。特にその前半では物量的な優劣を競うばかりでなく、同じ墳形は同一の集団関係の紐帯《ちゅうたい》を示した。そして、そこに集まる供献《きょうけん》物などの集合体の豊かさや一致性は、関係範囲の広さや性格の関係性の強さをより以上に表現した。そのため、大王墓と目される墳墓などとともに、同じ所に集まって群をなした。

古墳の分布変化について河野一隆氏は、統計学的な整理作業を行った。その変化を追うと、四世紀前半には桜井市・天理市の大和東南部のみに見られた前方後円墳が、四世紀後半になると大和北部の奈良市佐紀《さき》・大和西部の奈良県広陵《こうりょう》町馬見《うまみ》・大和高

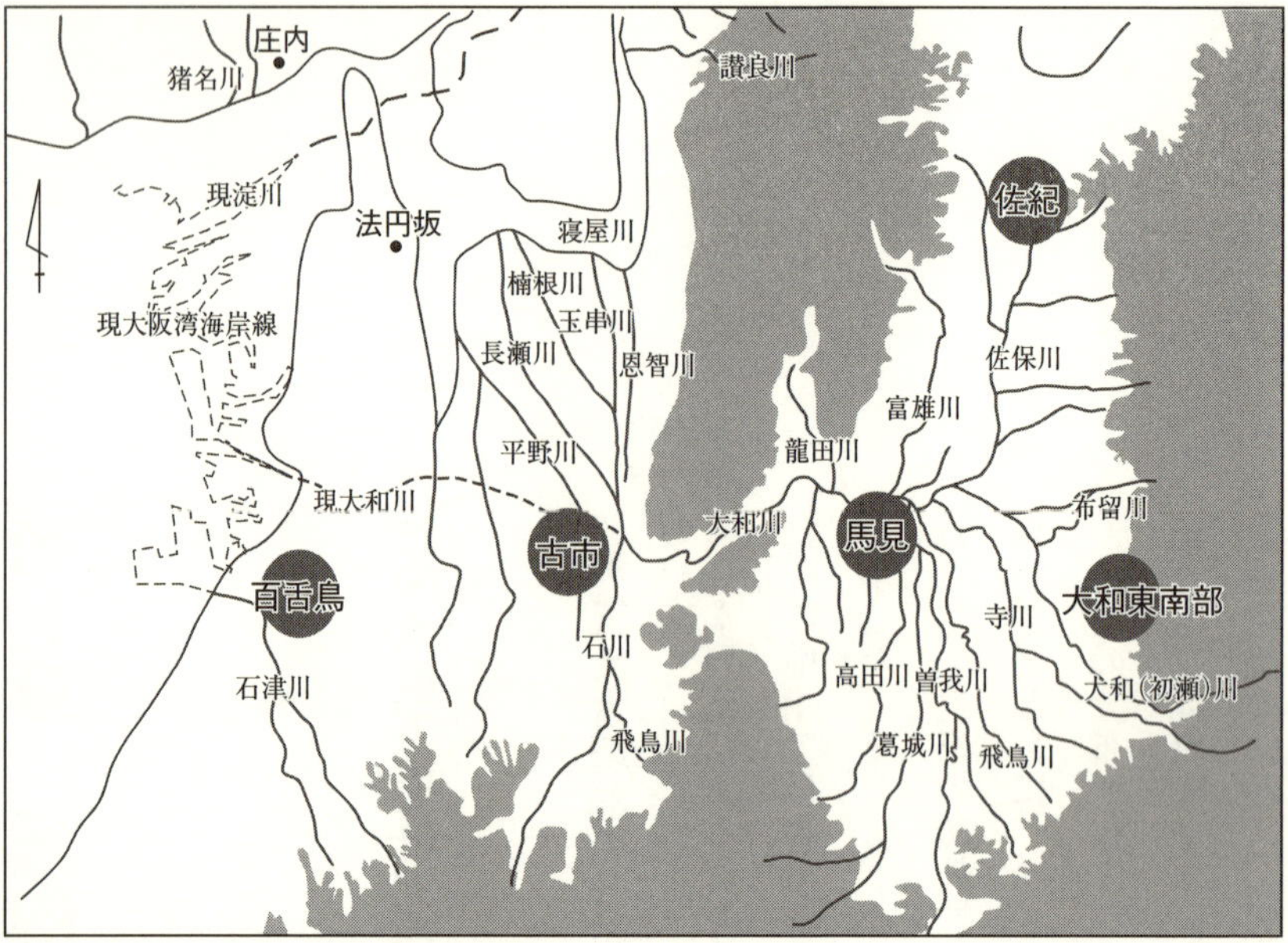

図84　大和・河内における５大古墳群

田市にも広がりをみせるようになった。さらに、四世紀末から五世紀前半にかけて大きく範囲を広げ、佐紀・馬見をはじめ河内・和泉の古市・百舌鳥に展開している。五世紀中葉は、古市・百舌鳥を中心にして東に佐紀・馬見、北に大阪府茨《いばら》木《き》市・高槻《たかつき》市三島、南に大阪府岬《みさき》町淡輪《たんのわ》といった具合に分布が西に偏心するようになる。

分布の変化は、畿内において墳丘長二百メートル以上の古墳も同じような傾向を持つ。そして、大型墳は他の中小の古墳を同じく随伴して基本的にはピラミッド型の階層構造をなす。とは言えども、大墳丘をかかえ持つ古墳群は限られてくる。

そもそも、百舌鳥古墳群の初現である乳岡《ちのおか》古墳は墳丘長一六〇メートルにすぎなかった。名実ともに大型古墳群になったのは、三六〇メートル以上ある履中《りちゅう》陵古墳の築造である。仁徳陵・ニサンザイ古墳となる大王墓を除くと、一六八メートルの大塚山古墳、一四六メートルのいたすけ古墳、一八六メートルの御廟山《ごびょうやま》古墳、一四

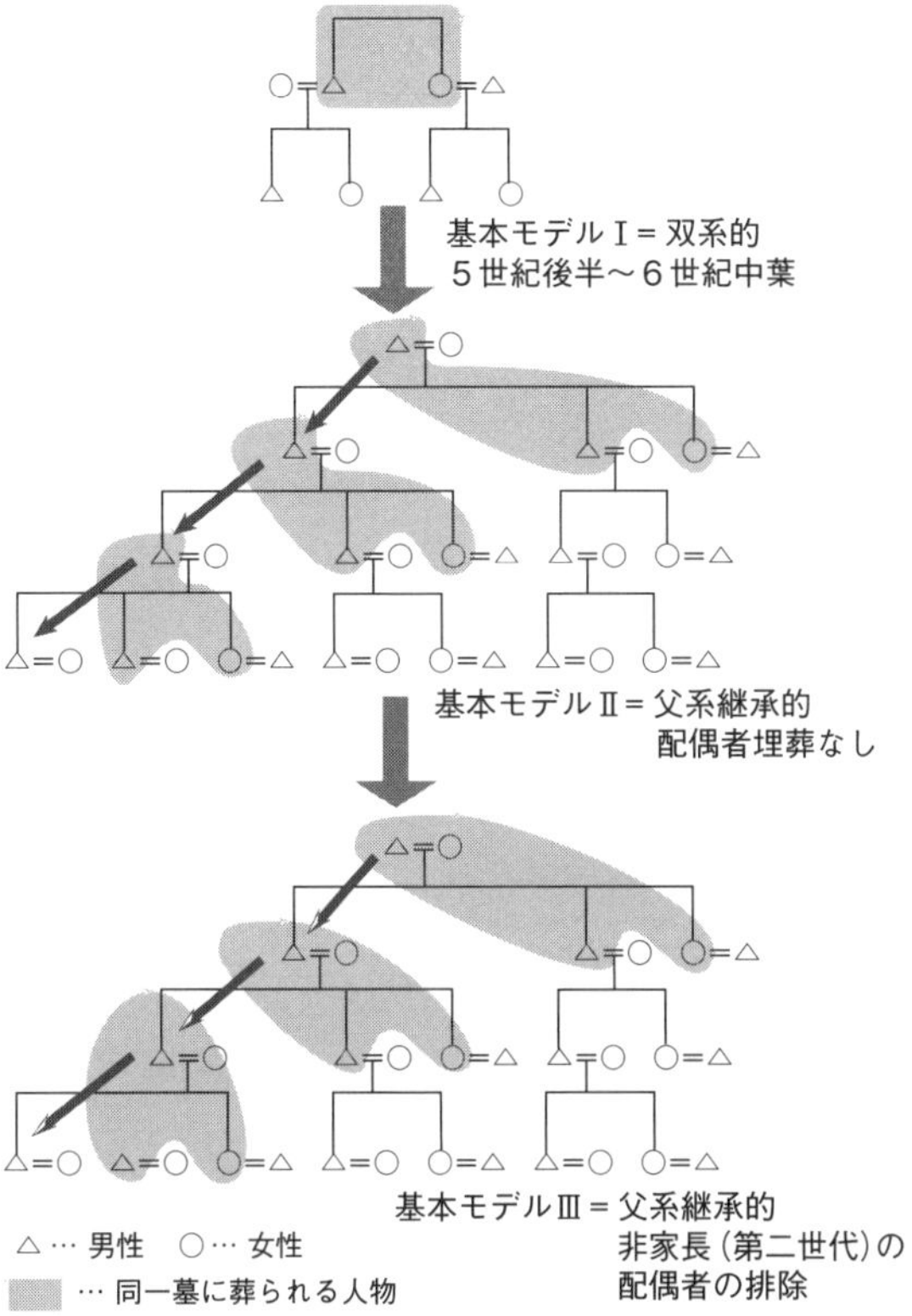

図85-1　古墳時代における親族関係の基本モデルの変化

八メートルの反正《はんぜい》陵古墳といった古墳が乳岡古墳と同規模で順次つくられたことになる。反正陵古墳以外は後円部径が百メートルを保つ。それらに次いで百メートル規模では、仁徳陵古墳の対角線上に永山《ながやま》・長塚《ながつか》古墳が続くが（177頁参照）、これは単純に地域型のなかにいれることはできない。

百舌鳥古墳群の場合、広域型の大王墓が三代、そして、乳岡古墳を除いてそれぞれ大王墓にからんだ時期で地域型の四代の首長墓が築かれたことになる。それより小さいものは、地域型陪冢《ばいちょう》や地区型の古墳となる。この様相は、広瀬和雄氏（国立歴史民俗博物館）のいう典型的な階層構成型古墳群の様相を示す。しかし、他の畿内に複数の二百メートル級の古墳を持つ大型古墳群では、そう単純にはいかない。

■大王級古墳の移動

つまり、目立った分布集中は、畿内の各所、大和東南部、佐紀、馬見、古市、百舌

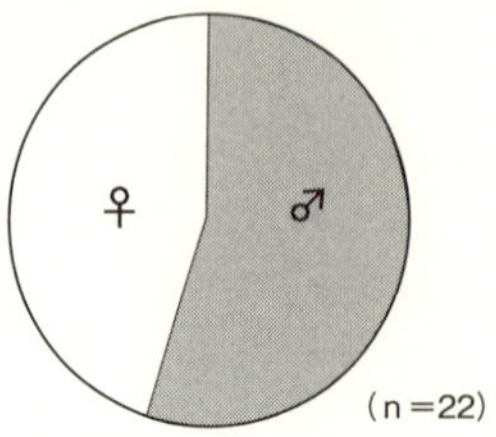

図 85-2b　中小古墳の初葬人骨性別割合

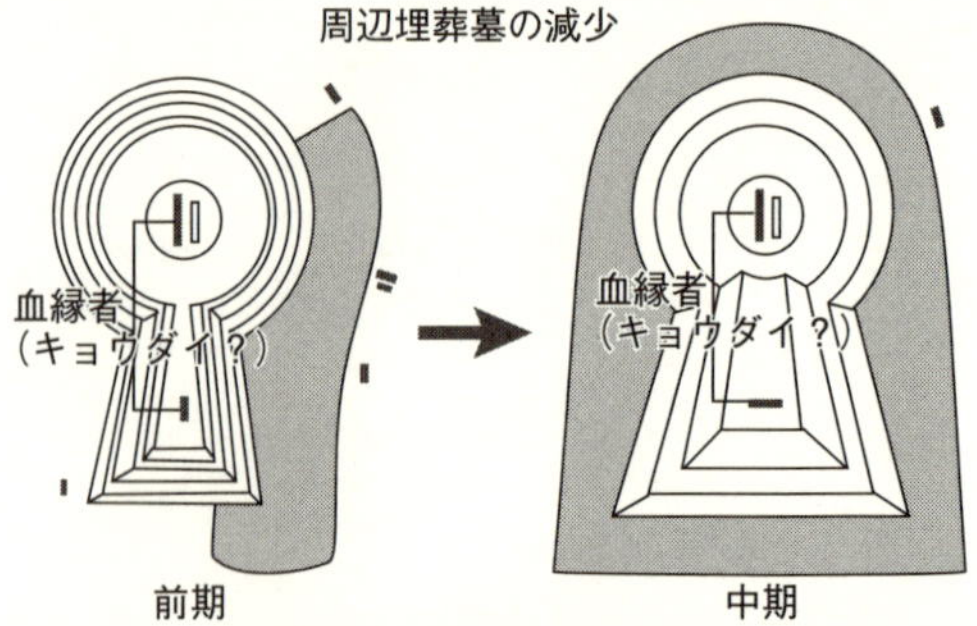

図 85-2a 前方後円墳の埋葬配置と被葬者の親族関係

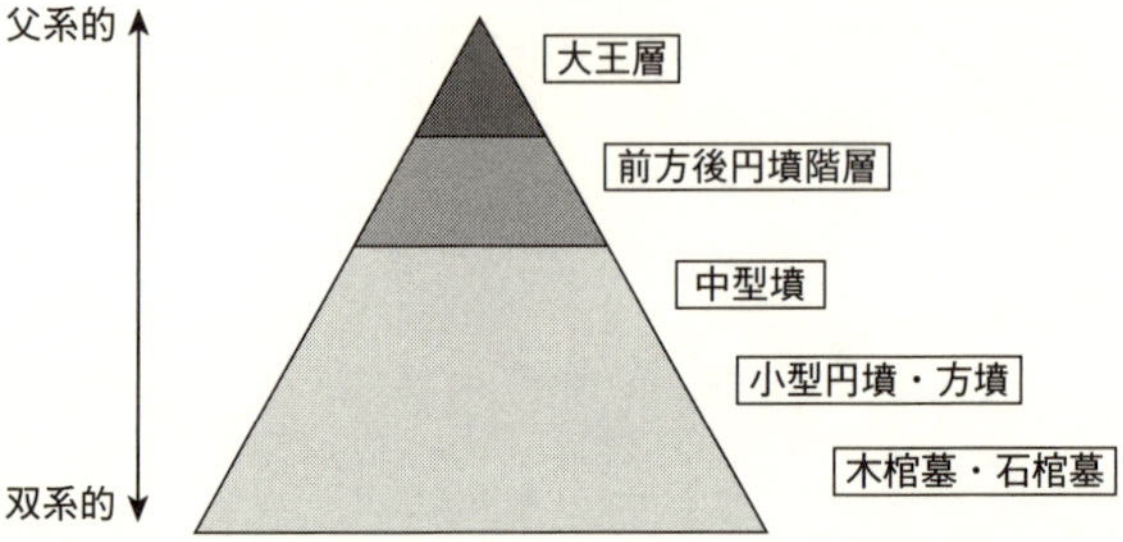

図 85-2c　古墳時代前期の地位継承

鳥という地にあり、五大古墳群と呼ばれる。大王級の古墳は大和東南部から佐紀、百舌鳥・古市とそれら古墳群が移動したことになる。その後、五世紀末以降のそれらは、全体に古墳の集中度を失いだす。それは、百舌鳥と佐紀の大型墳が終焉するころにつながる。ちょうど混乱前期に始まって、中期に終わることになる（三八三～四七九年）。東アジアが最も乱れたが、百舌鳥と佐紀東群の盛衰は宋《そう》の時代に限られる。

田中良之氏（九州大学）によれば、古墳時代の親族関係については三段階が見られるという。前半期の三世紀から五世紀代の古い段階は、複数埋葬の場合にはいずれも血縁者が埋葬される。つまり、同世代の血縁者、キョウダイが基本なのである。

そうした親族集団と墓域を伴にする構成と首長墳が集団を移動していく動態について、古墳の大きさや形に表れた階層差とともに、「族墓」として墓域を伴にすることになる。それは、そうしたアイデンティーの

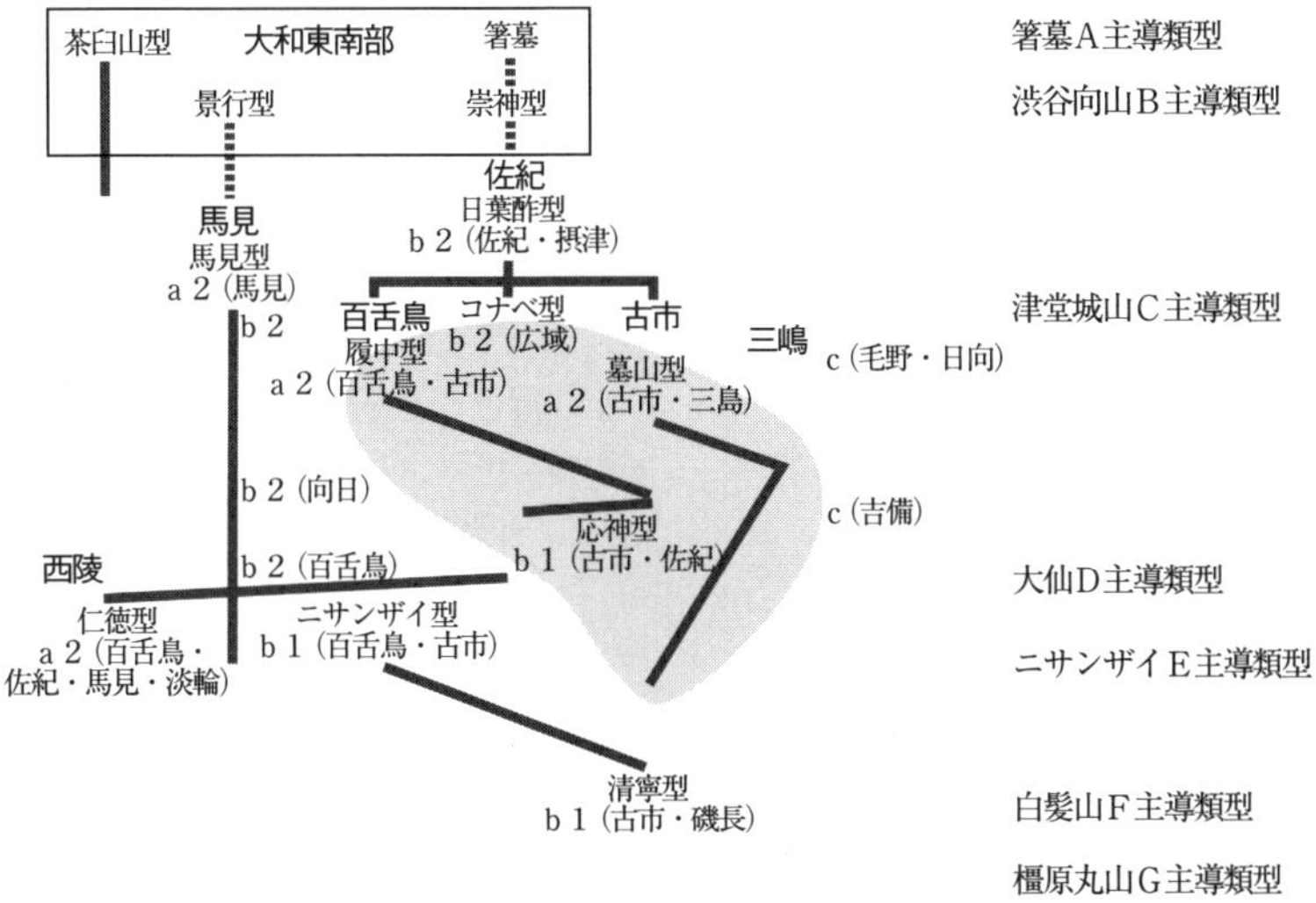

図86　畿内における墳丘形態と大型古墳群の関係　※59頁図26-1の変遷図と照合のこと。

表示、階層表示が優先されるなかで、族長表示も残った段階であったと田中氏は考える。

この説は、九州地方中心ではないかとの批判もあったが、清家章氏（高知大学）によって、近畿地方周辺でも同じ傾向があることが確認されている。

すなわち、古墳時代前半期の古墳のまとまりは、血縁関係を基礎としていたことになる。

五大古墳群の性格

■大和東南部の古墳群

最も古い在地的系列の古墳のなかに、大王墓を含むのが大和東南部の古墳群である。周溝墓や墳丘墓を含む多様で在地的な小規模墳を母体としながら、崇神《すじん》・景行《けいこう》陵という初期の大王墓が出現する。前方後方形などを含むのも、特徴である。

平面形をはじめとする前半期の前方後円墳築造に対する主要

	墳丘長（m）	後円部径・高（m）	前方部幅・高（m）
新山古墳	137	67・10	65・8
佐味田宝塚古墳	111.5	60・8	45・8
築山古墳	• 210	• 120・17	105・12.5
（中段）	186	102・15	84・9
巣山古墳	• 204	• 109・24.5	94・21
島ノ山古墳	• 195	• 106	100
（中段）	177	90	80
新木山古墳	• 200	• 117・19	119・16
（中段）	176	101・15.3	91・11.2
ナガレ山古墳	103	64・8.75	70・6（2段）
乙女山古墳	130	• 104・14.7	52・3.5
（中段）	103	87・11.5	30・0
（狐塚古墳）	86	66・7	25.5・5
河合大塚山古墳	• 193	• 108・15.8	114・16.9
（中段）	175	82	95
河合城山古墳	109	60・10	73・10
狐井城山古墳	140	85・12	110・13
倉塚古墳	137		
寺戸前方後円墳	133		

中段計測値以外は、近藤義郎編『前方後円墳集成』近畿編、山川出版社、1992に基づく。200m級は、基本的に墳丘長200m／後円部径100m、長径指数2.0を示す。

図87-1　馬見古墳群大型古墳の墳丘各規模の比較

な三つのモデルがここで創出され、平面的にも時間的にも強い影響力を持ち得るが、北部の奈良市佐紀《さき》の神功《じんぐう》皇后陵古墳築造以降、秀でた規模の古墳はなく、中期に至っては目立った古墳はほぼないといって差し支えなかろう。

かろうじて後期には、継体朝ころと目される墳丘長一一四メートルの西山塚古墳（天理市）が再出現するにすぎない。中期に見られないという極端なこの造墓活動から、中期にふくれあがる百舌鳥古墳群との関連性はきわめて強い。

■佐紀の古墳群

佐紀古墳群は、大王級の墳墓築造を契機として、四世紀後半から五世紀中葉にかけて墳丘形態の中心的な存在として続く。つまり主導類型に対して、古墳時代前半期は常にそれに追従する古墳を輩出する。群形成の契機となった神功皇后陵古墳以外

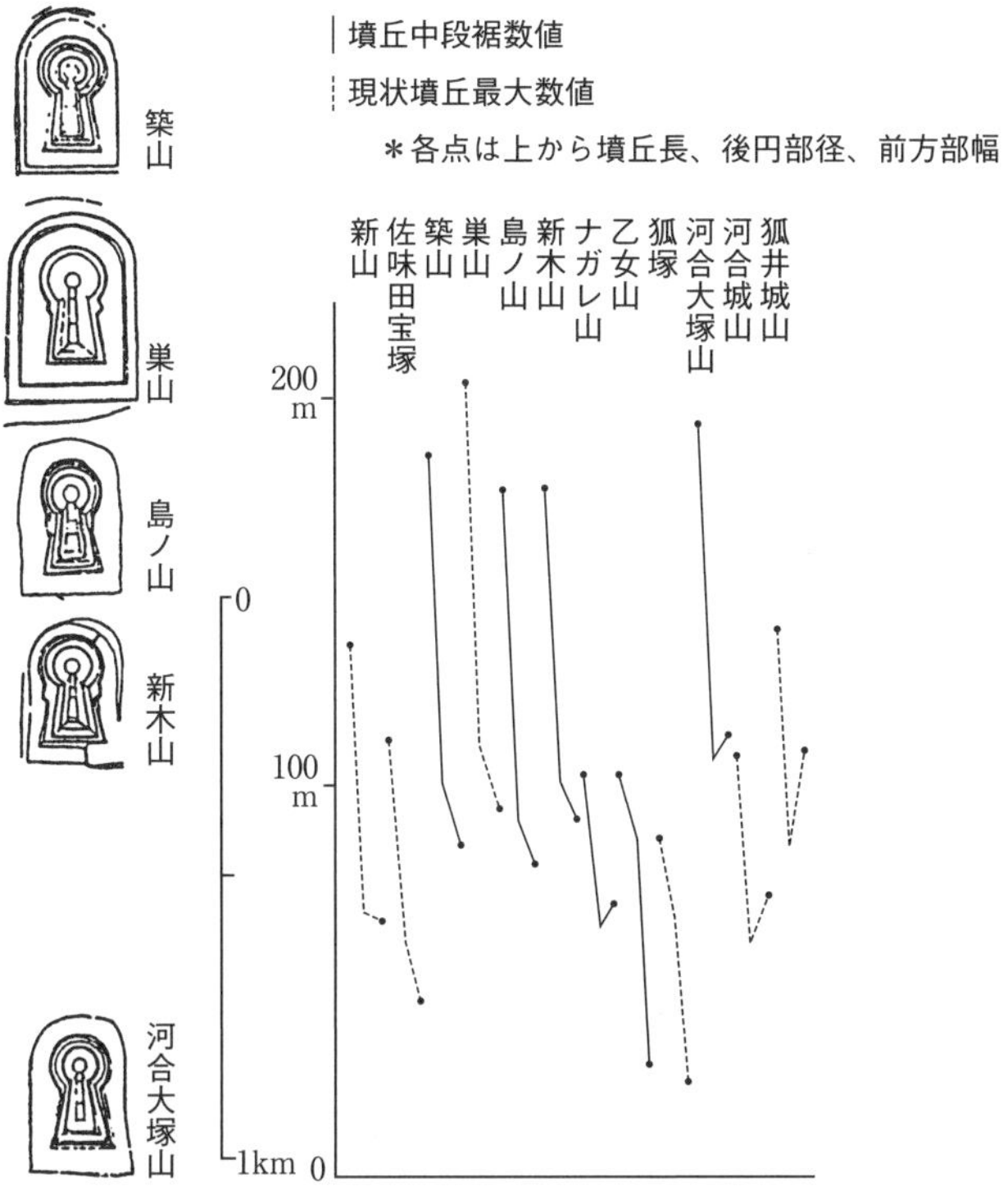

図87-2　馬見古墳群
墳丘各規模の比較
乙女山《おとめやま》古墳は、他の200メートル級の後円部径と変わらないが、墳丘長は70メートルダウンする。

の大型前方後円墳は、それぞれの併行時期に最大になれずに常に副次的な立場にある。このことから、全般に配偶者的系譜が想定できる。

ただし、図86にある前方後円墳の類型関係に見るように、日葉酸媛《ひばすひめ》型が神戸市の五色塚《ごしきづか》古墳などと密接な関係性を持つ。のちのコナベ型など群中の墳丘モデルや埴輪製作技法が、日本列島各地に影響を与えているのは見のがせない。

■馬見の古墳群

馬見古墳群は、古墳時代前半期の間、二百メートル級を築造し続けるが、大王墓を含まない。典型的な在地・地域的系列の大型古墳群である。墳丘長二百メートル、墳丘長／後円部径の長径指数二・〇が四世紀後葉から五世紀中葉の七五年の間、馬見型という墳丘形態が連続する。図87に見るように、在地的な安定度は高い水準にあり、大王級と匹敵するエネルギーを持つ。

しかし、その間に百メートルの後円部径を維持しながらも前方部が小さくなった帆《ほ》

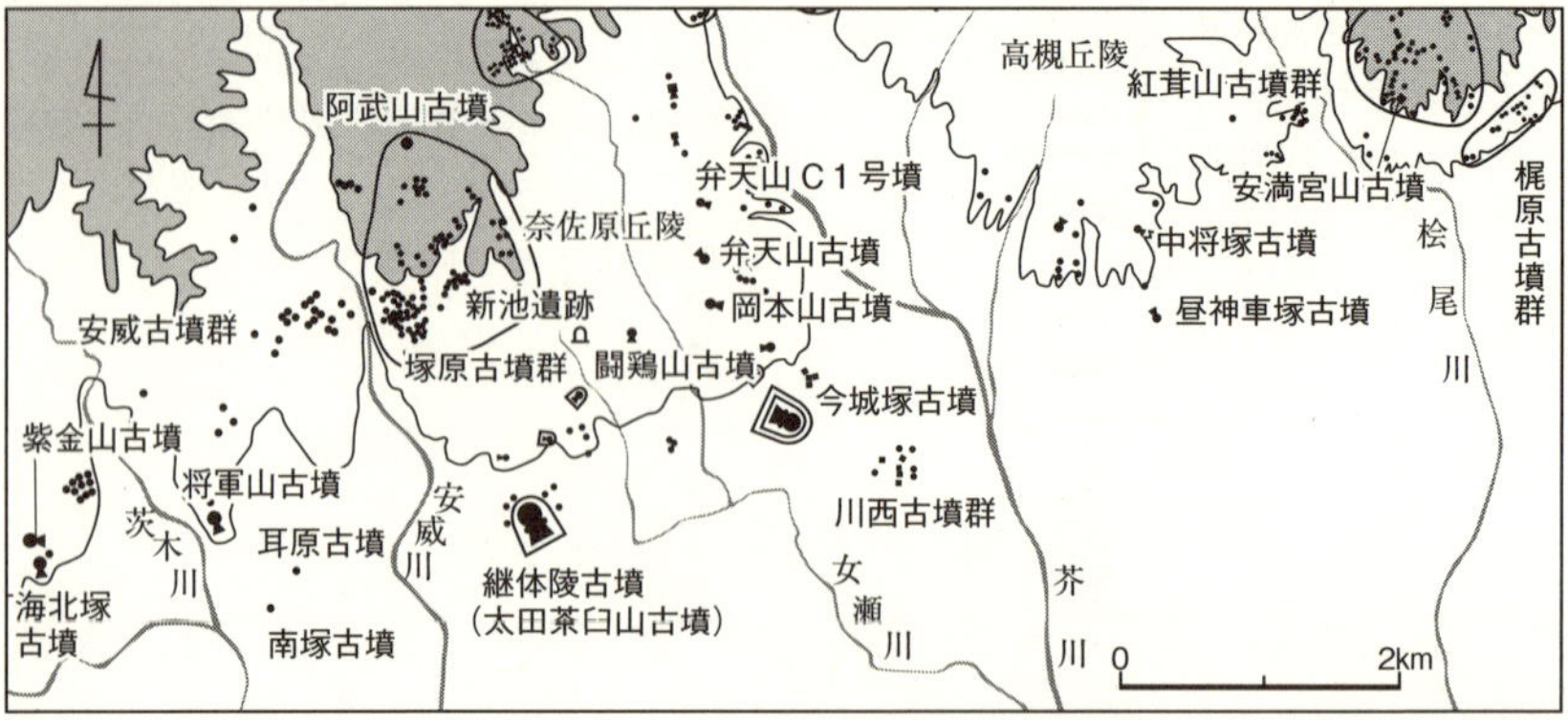

図 88　三島の古墳（大阪府高槻市・茨木市）　今城塚古墳と継体陵古墳の間、北方に両古墳の埴輪を焼いた新池《しんいけ》遺跡がある（106 頁参照）。また、紫金山《しきんざん》古墳（83 頁参照）も、安威《あい》山麓に築かれている。

立貝《たてがい》式の乙女山《おとめやま》古墳がある。この古墳は、規制をうけたと考えられることから大王墓系列には組みこみにくい。ただし、精美な帆立貝式という墳丘型式が広がっていることや墳丘に馬見型の比率を採用する古墳も多く、墳丘形状での影響力はすこぶる強い。

仁徳陵古墳と相似で、時期が近い河合大塚山古墳は大王配偶者的な立場の被葬者の可能性があろうが、地域の特性を主張することについての変化はない。

一方、大和中央部を中心にした在地内での消長関係からすれば、四世紀前半・六世紀が東南部勢力、四世紀後半・五世紀が馬見という墓域に入れ替わる。特に、ごく初期古墳の重層性ではすべての造墓エネルギーが大和東南部に集約されたと言えるぐらいである。それが分解した。その際、基本的には佐紀が前方部の短い崇神《すじん》型を、馬見が長い景行《けいこう》型を志向することから、すでに四世紀代の大和で系列の特徴が分裂していることになる。

■ 古市の古墳群

古市古墳群は、百舌鳥古墳群のような広域的・地域的な大型墳を含

図89　継体陵古墳と今城塚古墳　手前が真の継体陵と考えられる今城塚古墳。奥側が現在、宮内庁によって継体陵と治定される太田茶臼山古墳（毎日新聞社提供）。

みつつも、中小の古墳が複雑に混じりあう。その成立については、墳丘や埴輪の類似具合いからすれば佐紀との関係性を強く持つ。前方部の長い馬見型・大仙類型とは合流しない。大王と配偶者的被葬者の墓系譜も、同居する複雑な古墳累積を示す。津堂城山古墳以降、主導類型を伴にする古墳が連続し、六世紀中葉まで続く息の長い古墳群である。

■百舌鳥の古墳群

百舌鳥古墳群は、先に見たように大王墓を常に含むが、墳丘形態に群としての独自性がなく、広域的に優勢を誇る大王墓系譜にしたがった。履中陵古墳からニサンザイ古墳まで主導類型を取り入れ、併行時期でトップの墳丘規模を誇り、計画的に順次、築造された。馬見型と大仙類型の類似度から佐紀・馬見・淡輪《たんのわ》との強い関係性を持つ。

■三島・淡輪の古墳群

以上が畿内の五大古墳群である。ほかに二百メートル前後の墳丘が二基ある古墳群が大阪府の北（三島）と南（淡輪）にある。北にある三島古墳群は六世紀の大王墓を含む。五世紀の大阪府

図90　西陵古墳（大阪府岬《みさき》町淡輪）　墳丘長210 m。後円部直径115 m、高さ18 m。前方部長さ110 m、高さ14 mの前方後円墳。墳丘本体は仁徳陵古墳と相似形の平面プランである。周濠が巡り、墳丘は三段築成。西側に造出しがある。墳丘の北側には、2墓の円墳が現存している（岬町教育委員会提供）。

茨木《いばらき》市の継体陵古墳の方は、基本的に地域的で配偶者的な系譜の色が濃い。というのは、この古墳が墳丘長二二五メートルで、大阪府羽曳野市の墓山古墳や藤井寺市の允恭《いんぎょう》陵古墳と計三基について、上田宏範が同じ墳丘設計だと指摘した墓山型に入るからである。その関係からすれば、古市、そして二次的に佐紀との関係が成立する。

一方、六世紀の高槻《たかつき》市の今城塚《いましろづか》古墳は一九〇メートルの墳丘長であるが、六世紀代でこれ以上に大きいものは欽明《きんめい》陵と目される三一〇メートルの奈良県橿原市の丸山古墳しかなく、立地において今城塚古墳は継体陵とみて差し支えない。三島古墳群は、短期的・断続的に複数築造された古墳群である。

さて、和歌山県境に近い和泉南部の南の西陵《さいりょう》古墳群の方は、大王墓を含まない、地域的な古墳群に含まれる大王配偶者的系譜である。馬見型の墳丘本体周囲に精美な盾形周濠と外堤を持つ仁徳型のみで構成される。百舌鳥・馬見の結びつきが強い短期追従のものといえる。しかし、すぐに、近くに築かれた西小山《にしこやま》古墳のように径五〇メートルの円墳に縮んでいく。

第八章　大仁徳陵古墳築造コンプレックスの完成

仁徳陵古墳と百舌鳥三陵――河内にまつわる仁徳伝承

▣五世紀中葉はじめの仁徳陵古墳の築造

日本列島最大の仁徳陵古墳は現在、宮内庁によって百舌鳥《もず》耳原《みみはら》中陵、仁徳天皇陵とされる。これは、平安時代の諸制度を記した『延喜式《えんぎしき》』※1に「百舌鳥耳原中陵」という名から引かれている。和泉国大鳥《おおとり》郡にある古墳のうちの、「中」という位置関係から仁徳天皇陵にあてられた。

ちなみに、北は反正《はんぜい》陵、南は履中陵となり、百舌鳥三陵とも呼ばれる。しかし、それよりさかのぼり、三陵を比定した根拠となった『古事記』には、毛受之耳原、『日本書紀』には百舌鳥野陵に仁徳天皇が葬られたとあるだけである。なお、仁徳天皇は大《おお》雀命《ささぎのみこと》、または大鷦鷯尊《おおさざきのみこと》と呼ばれたとのことである。

※1　**延喜式**（えんぎしき）　平安初期にまとめられた律令《りつりょう》の施行細則。五〇巻。九〇五年（延喜五）に藤原時平《ときひら》・紀長谷雄《きのはせお》らが勅を受け、九二七年（延長五）に撰進された。施行は九六七年（康保四）である。

白石太一郎氏によれば、七世紀前半には『延喜式』の陵墓歴名表の原史料の一部がすでに原形が整えられていたが、信憑性が高いと言えるのは六世紀中ごろの継体陵以降であるとする。つまり、それ以前の陵墓名は、特に個別の人物像を個別の墳墓にあてはめることができない。この場合も、「百舌鳥」のあたりに葬られたと考えるしか手がないのである。実在性そのものもあやぶまれる。

地名説話とともに、仁徳天皇の業績記事は多い。『日本書紀』の編纂者にとっても、日本最大という仁徳陵古墳の墳丘の大きさは特別な存在であったのだろう。その前後にあった開発伝承記事を集中させたかもしれないが、仁徳には治水灌漑事業も多い。

たとえば、『日本書紀』仁徳一一年条にある難波《なにわ》の堀江《ほりえ》の掘削は、梶山彦太郎氏らによると、現在の大川《おおかわ》に対応するという指摘があるが、これは、難波にあった宮の北を掘って西の海に入るという堀江のことである。北の河へは茨田《まんだ》堤を築くとある。

図91 『古事記』『日本書紀』『延喜式』に記載される陵墓名（崇神〜推古天皇。『延喜式』に記す兆域などは省略）

歴代	古事記	日本書紀	延喜式
崇神	御陵在㆓山辺道勾之岡上㆒也。	葬㆓于山辺道上陵㆒。	山辺道上陵
垂仁	御陵在㆓菅原之御立野中㆒也。	葬㆓於菅原伏見陵㆒。	菅原伏見東陵
景行	御陵在㆓山辺之道上㆒也。	葬㆓大足彦天皇於倭国之山辺道上陵㆒。（成務紀）	山辺道上陵
成務	御陵在㆓佐紀之多他邦美㆒也。	葬㆓于倭国狭城盾列陵㆒。（仲哀紀）	狭城盾列池後陵
仲哀	御陵在㆓河内恵賀之長江㆒也。	葬㆓天皇於河内国長野陵㆒。（神功紀）	恵我長野西陵
応神	御陵在㆓川内恵賀之裳伏岡㆒也。		恵我藻伏崗陵
仁徳	御陵在㆓毛受之耳㆖原㆒也。	葬㆓于百舌鳥之陵㆒。	百舌鳥耳原中陵

一方、『古事記』の仁徳記でも、

履中	御陵在㆓毛受㆒也。	葬㆓百舌鳥耳原陵㆒。	百舌鳥耳原南陵
反正	御陵在㆓毛受野㆒也。	葬㆓瑞歯別天皇于耳原陵㆒。（允恭紀）	百舌鳥耳原北陵
允恭	御陵在㆓河内之恵賀長枝㆒也。	葬㆓天皇於河内長野原陵㆒。	恵我長野北陵
安康	御陵在㆓菅原之伏見岡㆒也。	葬㆓菅原伏見陵㆒。	菅原伏見西陵
雄略	御陵在㆓河内之多治比高鸇㆒也。	葬㆓大泊瀬天皇于丹比高鷲原陵㆒。（清寧紀）	丹比高鷲原陵
清寧		葬㆓于河内坂門原陵㆒。	河内坂門原陵
顕宗	御陵在㆓片岡之石坏岡上㆒也。	葬㆓弘計天皇于傍丘磐杯丘陵㆒。（仁賢紀）	傍丘磐杯丘南陵
仁賢		葬㆓埴生坂本陵㆒。	埴生坂本陵
武烈	御陵在㆓片岡之石坏岡㆒也。	葬㆓小泊瀬稚鷦鷯天皇于傍丘磐杯丘陵㆒。（継体紀）	傍丘磐杯丘北陵
継体	御陵在、三嶋之藍御陵也。	葬㆓于藍野陵㆒。	三嶋藍野陵
安閑	御陵在㆓河内之古市高屋村㆒也。	葬㆓天皇于河内舊市高屋丘陵㆒。以㆓皇后春日山田皇女及天皇妹神前皇女㆒、合㆓葬于是陵㆒。	古市高屋丘陵
宣化		葬㆓天皇于大倭国身狭桃花鳥坂上陵㆒。以㆓皇后橘皇女及其孺子㆒、合㆓葬于是陵㆒。	身狭桃花鳥坂上陵
欽明		葬㆓于檜隈坂合陵㆒。	檜隈坂合陵
敏達	御陵在㆓川内科長㆒也。	葬㆓譯語田天皇於磯長陵㆒。是其妣皇后所㆑葬之陵也。（崇峻紀）	河内磯長中尾陵
用明	御陵在㆓石寸掖上㆒、後遷㆓科長中陵㆒也。	葬㆓于磐余池上陵㆒。（用明紀）改㆓葬橘豊日天皇於河内磯長陵㆒。（推古紀）	河内磯長原陵
崇峻	御陵在㆓倉椅岡上㆒也。	葬㆓天皇于倉梯岡陵㆒。	倉梯岡陵
推古	御陵在㆓大野岡上㆒、後遷㆓科長大陵㆒也。	葬㆓竹田王子之陵㆒。	磯長山田陵

秦人《はたびと》に茨田《まんだ》堤・三宅《みやけ》、和邇《わに》池・依網《よさみ》池、難波の堀江で海に通わさせ、小椅江《をばしのえ》を掘って墨江津《すみのえのつ》としたとの記述がある。

北河内の茨田堤については、先に紹介した馬に関係する遺跡である四條畷《しじょうなわて》市の蔀屋《しとみや》北遺跡の状況を思い浮かばせる。この遺跡は、縄文海進後に海がひくときにいち早く陸化し、弥生時代前期からは集落・水田を営んでいたが、河内平野南半の土砂の堆積に伴う土地上昇も手伝って、庄内期以降は湿地化した。しかし、五世紀中葉はじめの仁徳陵古墳築造のころから一気に集落が大きくなる。朝鮮半島産

池溝等の名	所在国	日本書紀記載年月	備考（古事記の記載）
依網池	河内	崇神六十二年十月	推古朝に依網池・軽酒折池を造るとある。
苅坂池	大和	崇神六十二年十一月	
反折池	〃	〃	
高石池	河内	垂仁三十五年九月	垂仁朝に印色入日子命が血沼池・狭山池・日下之高津池を造るとある。
茅渟池	〃	〃	
狭城池	大和	垂仁三十五年十月	
迹見池	〃	〃	
坂手池	〃	景行五十七年九月	景行朝に坂手池を造るとある。
韓人池	〃	応神七年九月	応神朝に建内宿禰が渡来人を率いて、百済池を造るとある。また剣池を造るとある。
剣池	〃	応神十一年十月	
軽池	〃	〃	
鹿垣池	〃	〃	
厩坂池	〃	〃	
茨田堤	河内	仁徳十一年十月	仁徳朝に難波堀江・茨田堤・丸邇池・依網池を造るとある。
栗隈大溝	山背	仁徳十二年十月	
和珥池	河内	仁徳十三年十月	
横野堤	〃	〃	
感玖大溝	〃	仁徳十四年	
磐余池	大和	履中二年十一月	
石上溝	〃	履中四年十月	
高市池	〃	推古十五年	
藤原池	〃	〃	

図 92　『日本書紀』に見える造池溝の記事（亀田隆之『日本古代用水史の研究』所収の表を一部改変）　狭山池（河内）の築造は、発掘調査（年輪年代）の結果、推古24 年（616）をあまり隔たらないころとされている。

図 93　仁徳陵古墳 造《つくり》出《だ》し出土の須恵器甕《がま》　大量の液体を貯蔵するために、仁徳陵古墳被葬者は、数多くの須恵器甕を積極的に焼くことを推進したことを象徴する出土品である。

肩岡池	大和	〃	
菅原池	〃	〃	
栗隈大溝	山背	〃	（再出）
戸苅池	河内	〃	
依網池	〃	〃	（再出）
掖上池	大和	推古二十一年十一月	
畝傍池	〃	〃	
和珥池	〃	〃	（再出）

の陶質土器の大甕破片も目立って出土する。

蔀屋北遺跡に接して、丘陵端にある寝屋川《ねやがわ》市の高《たか》宮《みや》遺跡で出土する初期須恵器が近辺で焼かれ出すのもこのころである。

このタイミングは、倭と高句麗が内政的には大型安定期に入った東アジア混乱中期後半はじめのころである。混乱中期を前後半にわけるのには、日本列島の画期としては、仁徳陵古墳の築造をもって後半にするのがよいだろう。

■河内平野開発のピーク

こうした状況からすれば、図3にある西都原《さいとばる》型の船が大阪湾から内陸へと入ったことを思い浮かべると、湾に面した堀江の南には、現在のＮＨＫ大阪放送局の場所にある法円坂《ほうえんざか》遺跡（大阪市中央区）の一辺一〇×九メートルの掘立柱建物一六棟が立ち並んでいたのが見えた。そして、高低差のない内陸へと向かうと、その突きあたりには先の四條畷市の蔀屋《しとみや》北遺跡や寝屋川市の高宮《たかみや》遺跡の湊《みなと》がにわかに繁栄した。

仁徳陵古墳築造期は、河内平野開発がピークに達した時代であった。堀江と茨田《まった》堤は、先に紹介した河内平野の南半の土地が弥生時代後期に至って高くなってしまった

図 94　青山古墳群と古市大溝　古市大溝が、最も典型的に台地を東西に切断するところに青山軽里《かるさと》古墳群がある。大溝は、青山２号墳②と軽里４号墳⑪を削ってつくっている。

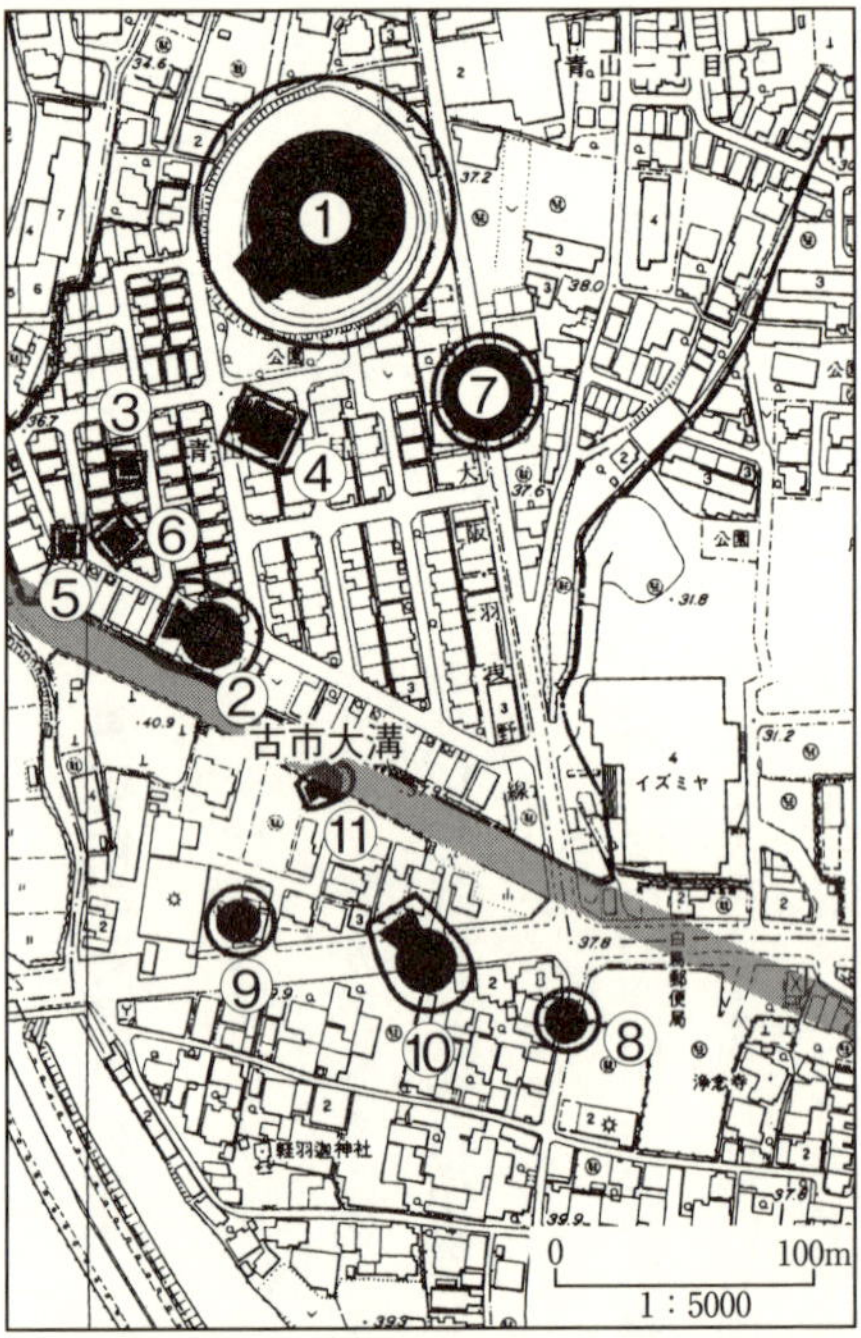

ために土地が低くなり、水没被害が起こるようになってとった対策であろう。

現在、いまだに寝屋川水系として、大阪府が平野北半の治水事業をしなければならなくなった浸水対策の始まりであったといえる。河内平野開発とともに、堀江は大和川と淀川を掌握するには絶好のポイントとなり、その内陸は渡来の人々を受けとめる重要な土地としても整備されることになった。

青山軽里古墳群墳一覧表

No.	古墳名	墳形 墳丘長(m)	葺石 埴輪	出土遺物	築造時期
①	青山１号墳 （青山古墳）	造出付円墳 72	○ 円・形		５世紀中葉
②	青山２号墳	前方後円墳 33	× 円・形	須恵器	５世紀中葉
③	青山３号墳	方墳 8	× なし	須恵器	５世紀後葉
④	青山４号墳	造出付方墳 20	○ 円・形		５世紀後葉
⑤	青山５号墳	方墳 7	× 円・形		５世紀後葉
⑥	青山６号墳	方墳 14	○ 円	須恵器	５世紀中葉
⑦	青山７号墳	円墳 32	○ 円・形		５世紀中葉
⑧	軽里１号墳 （若子塚古墳）	円墳 23	○ 円・形		５世紀後葉
⑨	軽里２号墳	円墳 25	○ 円・形		５世紀中葉
⑩	軽里３号墳	前方後円墳 33	○ 円・形		５世紀中葉
⑪	軽里４号墳	前方後円墳 18	× 円・形	須恵器 土師器 馬具	５世紀末

図95　応神陵古墳築造前（左図）と築造中及び以後　何条にも分岐して流れていた大水川を人為的に一本にまとめている。

■感玖《こむく》の大溝《おおみぞ》の掘削

ところで、『日本書紀』仁徳一四年条には、石川から水を引くために感玖の大溝を掘り、四万頃《しろ》あまりの田を得たという伝承記事がある。現在、大阪府羽曳野《はびきの》市で見つかった古市大溝と呼ばれる南北の台地・丘陵を東西に幅二〇メートルにも及ぶ直線で掘り割る大きな溝がある。これが感玖の大溝であると見なされることもある。

しかし、幅の広い溝は五世紀中葉の青山二号墳や五世紀末の軽《かる》里《さと》四号墳、六世紀前葉の矢倉《やぐら》古墳などの堤や周濠をつぶしてつくられている。灌漑目的で水が横断して流れようとする目的なら、それなりの勾配を維持する幅が必要となる。調査成果からすれば、古市古墳群にある大溝は、飛鳥時代の開削となり、この溝で直接に恩恵をこうむるのは、飛鳥時代以降に大きく展開する藤井寺市はさみ山遺跡や北岡《きたおか》遺跡などで検出される官衙《かんが》開発に伴なう地域なのである。

仁徳伝承にある古市大溝の原型があったとすれば、図95に示す

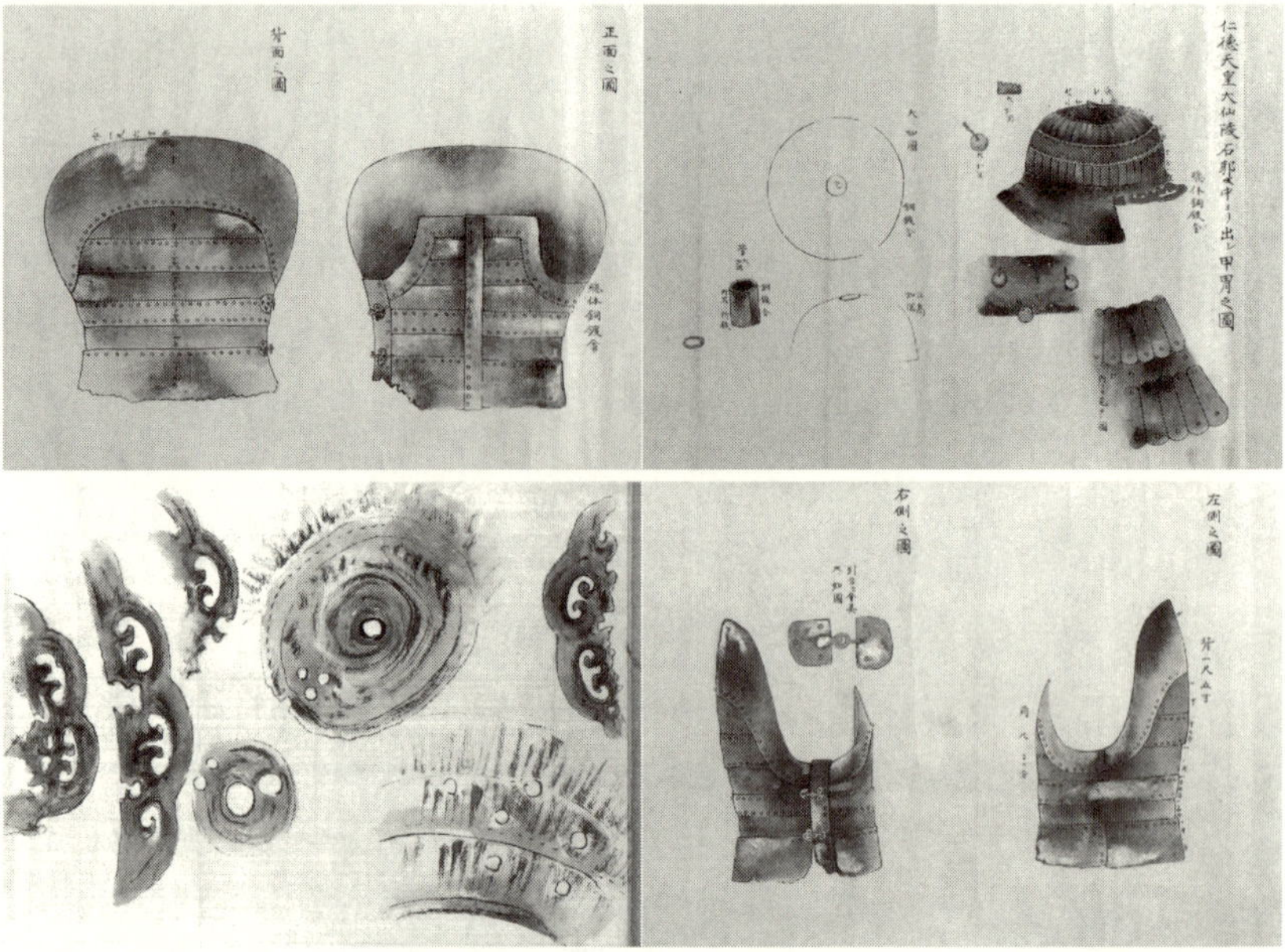

図96　仁徳陵古墳前方部石室出土の甲冑（巻子、27×245cm）『仁徳天皇大仙陵石槨之中ヨリ出シ甲冑之図』（堺市博物館提供）

ように、応神陵古墳をつくるときにその流路を無理に外堤の外側に迂回させた大水川《おおずいがわ》と、その川と石川との合流点から取水したというような開削工事といったものがそれにあたることになろうか。そうであれば、長原遺跡群から東側の八尾市の太田《おおた》・沼《ぬま》のあたりの地域は、主に河内平野縁辺をうるおすことに貢献したことになる。

仁徳伝承前代の品陀和気命《ほむだわけのみこと》・誉田別尊《ほんだわけのみこと》と呼ばれた応神伝承のころは、韓人《からひと》・剣《つるぎ》・鹿垣《かのかき》・厩坂《うまやさか》池といった大和の池溝開発が中心に記される。しかし、仁徳伝承のころには河内方面に特化するとともに、渡来系とされる人々の出自とも大いにからんだ記事へとふくらむ傾向を否定できない。

■仁徳陵古墳に葬られた複数の人物

仁徳陵古墳は、近世・近代の伝承も多い。一八世紀初めの『大仙陵絵図』（口絵参照）に「竹垣の中、南の方

※2　『全堺詳誌』（ぜんかいしょうし）　江戸時代中期の一七五七年（宝暦《ほうれき》七）、堺の惣《そう》年寄《どしより》をつとめていた高志《たかし》芝巌《しがん》が著した堺の地誌。

に小手塚《こてづか》、北の方に洞穴口の大石」とあったとされる。また、一七五七年の『全堺詳誌《ぜんかいしょうし》』※2には、後円部に三・一八メートルの石の唐櫃《からびつ》があったと伝える。

先にも見たように、津堂城山古墳の石棺と同じ大きさである。後円部の情報は、これだけである。前方部の方は、一八七二年に前面中段上に見られた石室、石棺が『和泉国大鳥郡　仁徳御陵南登リ口地崩出現ノ石棺　幷石郭《ならびにせっかく》ノ図』に克明に描かれる（口絵参照）。丸石で組んだ長さ三・六メートルの竪穴式石室、中に朱が塗られた長さ二・四メートルの石棺がある。亀の甲の形、短辺、長辺とも二つの縄かけ突起がつく。『仁徳天皇大仙陵石郭中ヨリ出シ甲冑《かっちゅう》之図』では、石室内よりきらびやかな金銅装横矧《こんどうそうよこはぎ》板鋲留短甲《いたびょうどめたんこう》・眉庇付《まびさしつき》冑や大刀金具、ガラス碗が出土する。

仁徳陵古墳の墳丘に葬られた人物は、一人ではない。複数埋葬は田中良之氏が男と女、男性同士、女性同士など、男女ペアが原則でなく、同世代構成が基本であるという。さらに、田中氏は仁徳朝と飛鳥時代は近親婚を考える必要があり、これは王族をかなり意識したときに露骨になるかもしれないとされている。そして、後円部と前方部の両被葬者は、図85-2aに示す清家章氏の考えからすれば、血縁者（キョウダイ）の可能性が高いことになる。

図97　黒姫山古墳　墳丘全長114 m、径円部径65 m、高さ11 mの北側に造出しを持つ前方後円墳。墳丘の周りには盾形の周濠がめぐっている（大阪府立近つ飛鳥博物館提供）。

内部施設としての黒姫山《くろひめやま》古墳の例

■黒姫山古墳出土の二四領の甲冑

「祖禰《そでい》、みずから甲冑をつらぬき、山川を跋渉《ばっしょう》し、寧處《ねいしょ》にいとまあらず」とある倭王武《ぶ》の上表文（四七九年）にある甲冑も含めて、墳丘の増大が象徴する物資量を誇る様子も、仁徳陵古墳の築造でピークを迎える。仁徳陵古墳前方部石室出土品の絵図には、眉庇付冑《まびさしつきかぶと》・横矧板鋲留短甲《よこはぎいたびょうどめたんこう》が示される。

この種の甲冑は、大阪府堺市美原《みはら》区黒姫山古墳から出土する二四領の甲冑典型例になる。黒姫山古墳出土の甲冑群では衝角付冑《しょうかくつきかぶと》一一、眉庇付冑が一三、そして三角板鋲留短甲一一と横矧板鋲留短甲一三と、大きく二つの甲冑スタイルに統一されている。仁徳陵古墳との埴輪の比較からすれば、黒姫山古墳の方が少し古くなることから、円筒埴輪の細部に至る外面調整B種ヨコハケの統合と同じように、短甲形式は仁徳陵古墳のころによりシンプルに統一されて、横矧板鋲留短甲のみに限られていたはずである。

■甲冑製作の発展

これら甲冑製作の発展段階で見られる新しい要素は、鉄加工素材入手とそれに伴

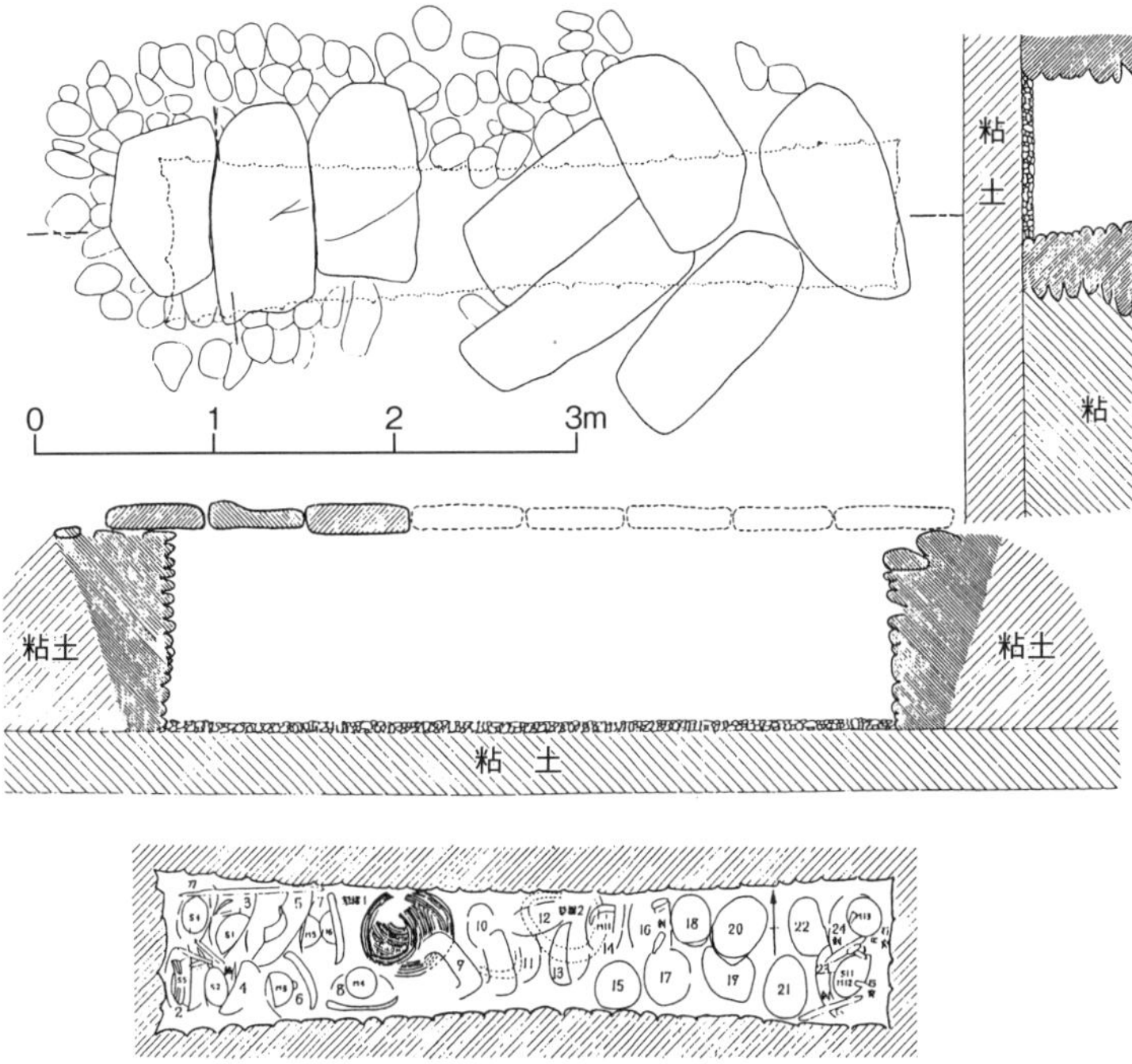

図 98　黒姫山古墳前方部石室と石室内部の遺物配置　番号は短甲一領ずつを表わす。ぎっしりとつめられていた。

なった技術進歩の製作年代の上限をさすことになる。それぞれを実現可能にした主導的な形式は、先に触れた茨木市の紫金山《しきんざん》古墳から出土する竪矧板革綴《たてはぎいたかわとじ》に始まり、方形板革綴、長方板革綴、三角板革綴、三角板鋲留、横矧板鋲留の順に次々と開発されていったのである。その初出を各々の生産開始年代であるとすれば、三角板鋲留と横矧板鋲留が、須恵器の時期でTK七三～二一六型式ということになる。履中陵古墳から応神陵古墳築造のころである。混乱中期前半末ということになる。

甲冑は、それまで、オーダーメイドであった。堀田啓一氏によれば、このときに開発された横矧板鋲留短甲が日本列島各地へのレディメイド的な量産型、型紙とプレス、裁断型をしっかり接合して容易に製作できる方式の拡散と普及をさせることになったとする。

図99　黒姫山古墳出土の甲冑　手前列が眉庇《まびさし》付冑、中央列が右から三角板鋲留《びょうどめ》襟付（右前胴開《どうびらき》）・三角板鋲留（胴一連《どういちれん》）・横矧《よこはぎ》板鋲留（右前鋲開）短甲、奥列が左から横矧板鋲留（右前鋲開）・三角板鋲留（右前鋲開）、横矧板衝角付冑である（大阪府立近つ飛鳥博物館提供）。

■甲冑の出現状況

当初、甲冑は四世紀の紫金山古墳のように、銅鏡や腕輪を包みこむ容器のような扱いを受けていた。ところが、黒姫山古墳の前方部頂には、四・〇三×〇・八三メートルの川原石で壁を整えた竪穴式石室に図99のような甲冑が納められていた。石室内は、三〇センチメートルの粘土のうえに五センチメートルの厚さの小礫がまず敷かれた。二四領の短甲は、完全に石室平面を埋めながら直か置きされた。甲のなかに冑、その隙間に頸鎧《あかべよろい》・肩鎧・草摺《くさずり》の付属具、短甲のうえに刀剣・矛《ほこ》・石突《いしづき》・鏃《ぞく》といったセットになる武器類を納めた。朱は用いられていない。

東西両側から順番に、甲冑は置かれた。図98の下にある出土状況を見ると、西方からはまず南西隅から北西隅へと、その後は、北側を優先して北南の順になる。そして、東方からは、東向け北東隅から北側を優先して北南の順に二両ずつ置かれた。衝角《しょうかく》付冑を入れた短甲のほとんどは、頸鎧・肩鎧がつく。冑を入れない短甲には頸鎧を入れない。眉庇《まびさし》付冑よりも衝角付冑をつけた場合を完全装備と当時の人が考えていたのではないかと、調査担当者の森浩一氏（同志社大学名誉教授）は言っている。

横矧板鋲留短甲は、大きな鉄板素材が必要であるが、枚数と形状をそれまでの材料

図100　アリ山古墳北施設の検出状況　鉄刀剣、その上に矢柄が腐ってなくなった鏃だけになった鉄の束が両木口や中央に残っている（大阪大学考古学研究室許可済、藤井寺市教育委員会提供）。

以上にしぼり込むことができた。応神陵古墳と併行する黒姫山古墳では、その形式の統一がもう一息というところであった。その到達点は、仁徳陵古墳築造の時期に完成を見るのであろう。このタイミングは、同じ形式の黒漆を塗った甲をまとった軍勢をイメージすることになる。そして、それらの頂点には、仁徳陵古墳前方部のような鍍金技法による黄金色の甲冑をつらぬいたリーダーがいたということになる。

アリ山古墳の発掘

■応神陵古墳西側の方墳

黒姫山古墳のような副葬庫は、極端にいえば四世紀の奈良県桜井市のメスリ山古墳の竪穴式石室のうえに設けた六×〇・七メートルの二一二本以上の鉄槍、鉄製の弓矢などを納めた施設と大きさは変わらない。しかし、応神陵古墳の場合はそれだけではなかった。

応神陵古墳の北東側には、盾塚《たてづか》・鞍塚《くらづか》古墳などの中小墳が集まる。これらは、ふつうの埋葬施設を持つ。ところが、西側側面には一辺四五メートルの奇妙な方墳がある。藤井寺市のアリ山古墳である。ここには、墳頂中心部にメスリ山古墳とは比べものにならないくらいの鉄鏃《てつぞく》を中心とした多くの武器・農工具が埋納された。出土埴輪は応神陵古墳埴輪群の中相を示し、築造時期も合致する。

さらに、そのちょうど左右対称の位置に、一辺四三メートルという同様な規模でほぼ同じ埴輪を出土する栗塚《くりづか》古墳も存在する（図102参照）。双方とも、築造位置に応神陵古墳との計画性が感じられるばかりでなく、埴輪樹立時期も同じであることから、大型墳には周濠や外堤がめぐらされるばかりでなく、古墳の墳丘に近い埋納施設が設けられたことになる。

図101　副葬庫埋納時の再現アリ山古墳
図100で朽《く》ちてなくなってしまった刀剣の鞘《さや》や槍・矢の柄を復原した状況（大阪府立近つ飛鳥博物館蔵）。

■多数の鉄製品の埋納

今少し、アリ山古墳の墳頂施設を詳しく見てみよう。東西方向に大きく三つの施設が南北に並び、大量の鉄製品が出土する。

北の施設は、三・〇二×一・三八メートルの木枠、中央は二メートル四方に遺物が出土し、そのうち一・六以上×〇・三五メートルの木箱と〇・七×〇・五メートルの楕円形になって、砂礫《されき》面に赤色顔料が付着する。

南には、一・五以上×〇・五以上メートルの木枠があった。この南施設は、砂礫質

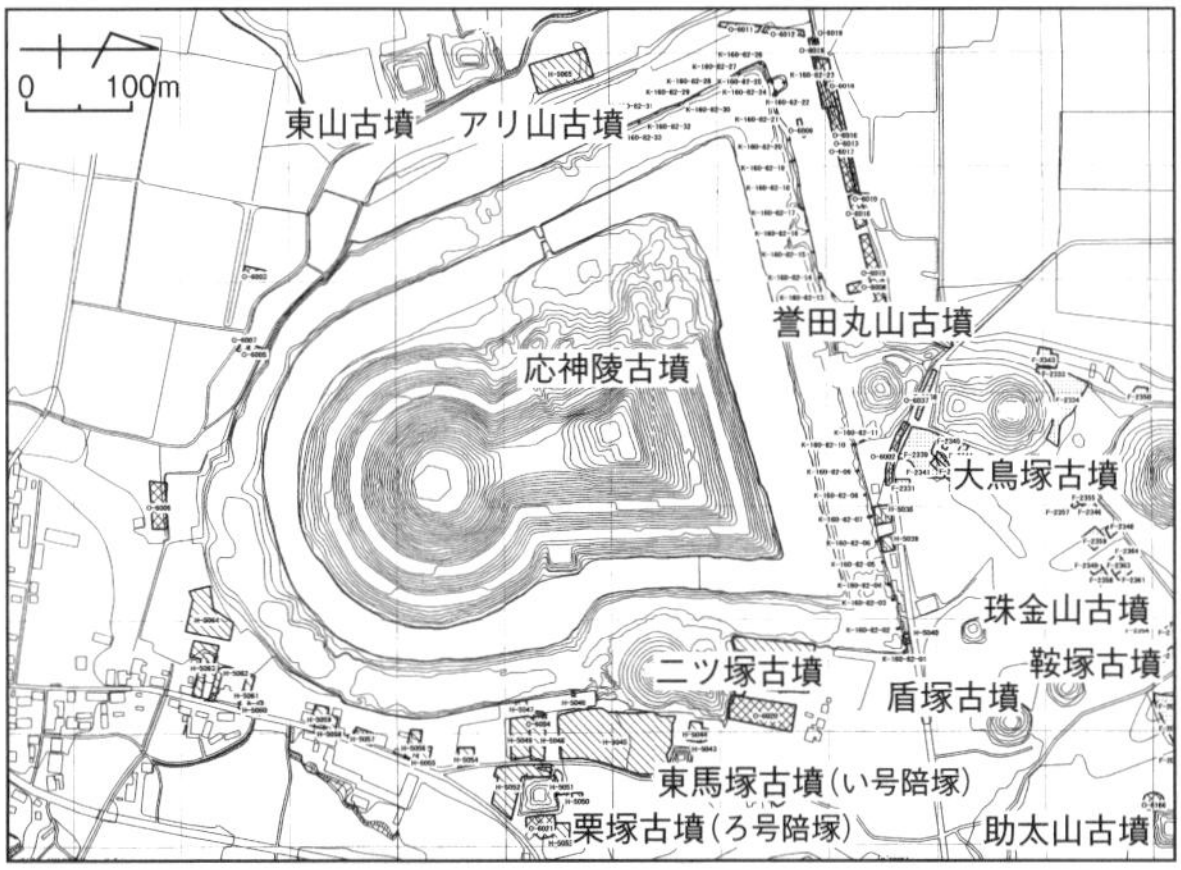

図102　応神陵古墳と周辺の古墳

の土層の上に直接、幅二・五センチメートルの短冊状鉄板が一枚ずつ等間隔に並ぶ。中央施設南側は、円礫《えんれき》を含んだ透水性のよい砂礫質土の上に直接、東西方向に細長く刀剣類が置かれた。そして、その西側にある四三本の槍矛先《やりはさき》群は鋒《みね》を東に向け、鉄鏃群はその西にあり、二一、二三、二六本ごとの三群からなり、東西双方に向く。周囲の攪乱土《かくらんど》からは蕨手刀子《わらびてとうす》や斧・鍬・鎌が出土する。中央施設北側には、中に三分の二ほどの朱を入れた土師器壺が置かれた。

さて、北施設は褐色粘質土に土壙《どこう》を垂直に掘りこんで、内壁として木板を木枠状に組合せる。西北部以外、床面には径五センチメートルの円礫を七センチメートルの厚さで全面に敷き並べる。土壙の内部は、三層に重ねて全面に鉄器を埋納する。下層は斧・鑿《のみ》・鉇《やりがんな》・錐《きり》・鋸《のこぎり》・蕨手刀子《わらびでとうす》などの工具類、鍬《くわ》・鎌などの農具類。一三四個・九群の斧、二〇一個・一七群の鎌、四九個・五群の鍬といった具合に同種品を数個ないし十数個ごとに束ねる。斧・鎌は、すべて木柄を付けたままである。鍬は、台木に着装して刃先を南に向けていた。中層は、八五口の刀剣群と九口の槍矛群である。刀剣類はすべてが木鞘《こざや》に入り、東群が二一口、中央と西群は半身ずつ重なって、中央群が二五口、最後に置かれる西群が三五口となる。

東西方向で土壙木口に茎を向ける傾向はあるが、種類、装具、長さをそろえる基準はない。槍矛群は刀剣群の上に置く。上層は、一五四二本の鏃で全面を覆い隠すように埋納する。鉄鏃は矢竹がつくが、漆は塗られない。西端に一一群、東端に六群、中央に六群、西群と中央群の間に六群、東群と中央群の間に三群に分かれる。一群の鉄鏃の表面に皮革様の物の上に朱彩した漆膜があることから、鉄鏃をかぶせるほどの袋のようになった矢筒、つまり胡禄《ころく》状の入れ物に入れられて埋納されたようだ。矢束は、土壙のまわりから鋒を手前にして置き並べられた。

こうした行為の復原は、埋納目的でなく、被葬者ゆかりの人々それぞれが持ち寄って、それらを整然と埋納した結果のように思えてならない。ともかく、同じような鉄製品が大量に惜しげもなく集まったことは確かである。

仁徳陵古墳における墳丘の復原像

■墳丘・周濠・堤・埋葬施設の配置

巨大古墳は、遺骸を埋葬する施設だけでなく、大きな墳丘、水をたたえた周濠、それを囲う堤、さらにその外に埋納施設といったものが配置されて、一個の墳丘コンプレックス[※3]としてつくりあげられていた。仁徳陵古墳の墳丘にはそうした当時の労

※3　墳丘コンプレックス
（ふんきゅうこんぷれっくす）
エジプトの一個のピラミッド建造についてのまとまりを、ピラミッド・コンプレックスと呼ぶ。ここでは、それにならって、一個の墳丘建造に関わるものをこのように呼ぶ。

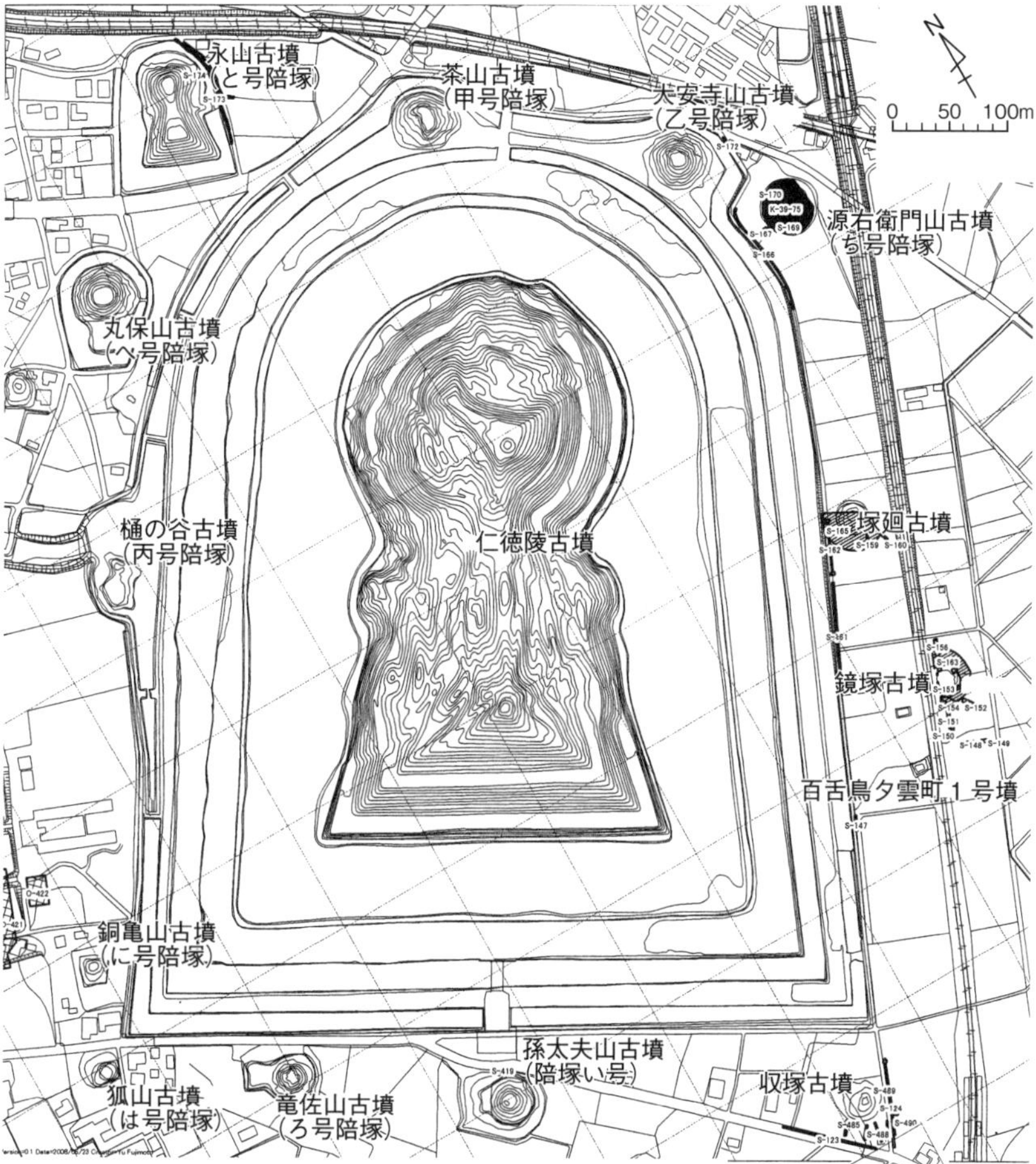

図 103　仁徳陵古墳及び周囲の陪冢群

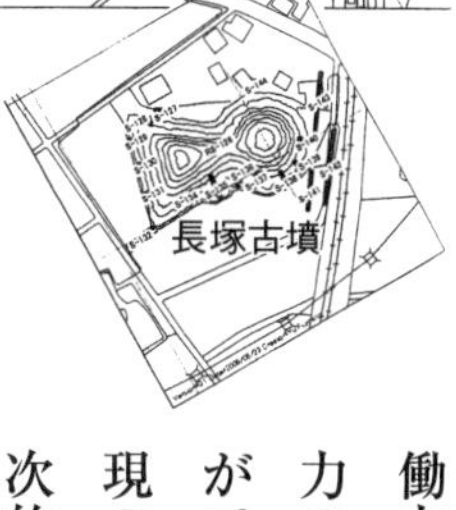

働力、技術、組織力の枠を見ることができる。その実現のためには、一次的には草木の伐採、周濠の土を掘って墳丘の土を盛る、葺石《ふきいし》の石を運んで葺《ふ》く、埴輪を運ぶといった一般労働力の結果が、二次的には墳丘の設計・施工・管理が、さらに三次的には埴輪・副葬品・石棺・石室製作の技術者はもちろん、一般労働力の確保と掌握、それを支える住まい、食料、道具などが必要であった。

五世紀前半、日本列島の中

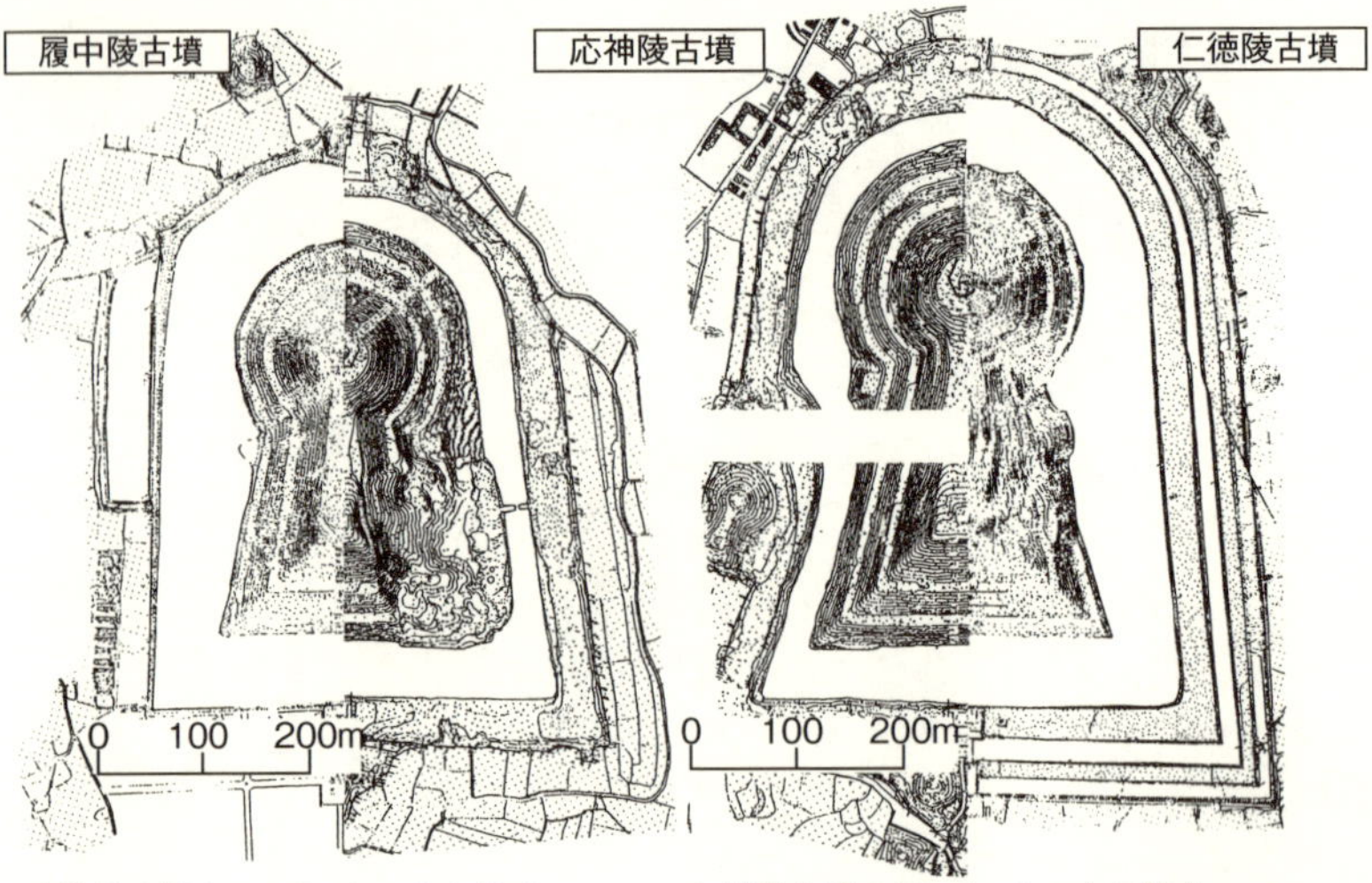

応神陵古墳を93パーセントに縮小
履中陵古墳を100パーセントとする

仁徳陵古墳を90パーセントに縮小
応神陵古墳を100パーセントとして前方部をのばす

図104　履中陵・応神陵・仁徳陵古墳の墳丘比較　基本的に7パーセントの誤差で履中陵古墳と応神陵古墳は、同じ設計図でつくられており、仁徳陵は、図右の左の応神陵の前方部の白くなった分をのばして大きくしたものである。

でも墳墓の築造が最も激化したのは、畿内であった。墳丘を築造するために、各地から人を呼ぶ集団関係と往来のネットワークを生み出したことは、想像に難くない。三世紀の箸墓古墳築造時の人の集散には、自発的な感じを受けるが、五世紀前半は、一個の古墳築造に計画的な動員をかけて、多くの人々を巻きこんでいく時代になっていた。

■仁徳陵古墳の復原模型

私は、大阪府立近《ちか》つ飛鳥《あすか》博物館の展示で一五〇分の一、直径一〇・五〇メートルの仁徳陵古墳の復原模型の製作に関わったことがある。その復原では、最も外周の堀まで含めた全長が八四〇メートルになった。墳丘各部は墳丘長五一二（四八六）メートル、後円部径二八四（二四九）メートル、後円部高三七・五（三五）メートル、前方部幅三五二（三〇五）メートル、前方部高三七・七（三三）メートルとなる。括弧内の数字の方が、従来から言われてきたものである。復原模型では、墳丘長で二八メートル、後円部径で三五メートル大きくなっている。

墳丘長が五百メートルをこえるのはおかしいようだが、これは、周濠にたまる水で見えない墳丘裾をどのように復原するかにかかわってくるからである。図104は、墳丘長日本第三位の履中陵古墳、第二位の応神陵古墳、第一位の仁徳陵古墳の測量図を半分にしてそれぞれの墳丘を比べることができるようにした。等高線の粗密で粗いところが平坦であり、密なところが斜面になる。

図105　仁徳陵古墳の復原模型（大阪府立近つ飛鳥博物館提供）

三古墳とも、三段築成であることが分かり、中段の幅は一致する。しかしながら、履中陵・仁徳陵古墳の下段斜面はほとんど幅がなく、それに比べて、応神陵古墳は中段と同じ幅で下段がまわる。つまり、履中陵・仁徳陵古墳が中段の幅と下段が同じであるとすれば、八割がたが水没して測量図に反映されない。そうなると、履中陵・応神陵古墳は各段が同一となり、仁徳陵古墳と応神陵古墳の後円部の各段もまさしく一致することになる。先の上田宏範の指摘どおり、応神陵古墳と仁徳陵古墳の違いは前方部をのばしたということだけになる。

中期の前方後円墳はふつう台地に築かれ、上・中・下と三段に分かれる。周濠掘削で下段を削りだして、それで得られた土砂を中心に盛土して

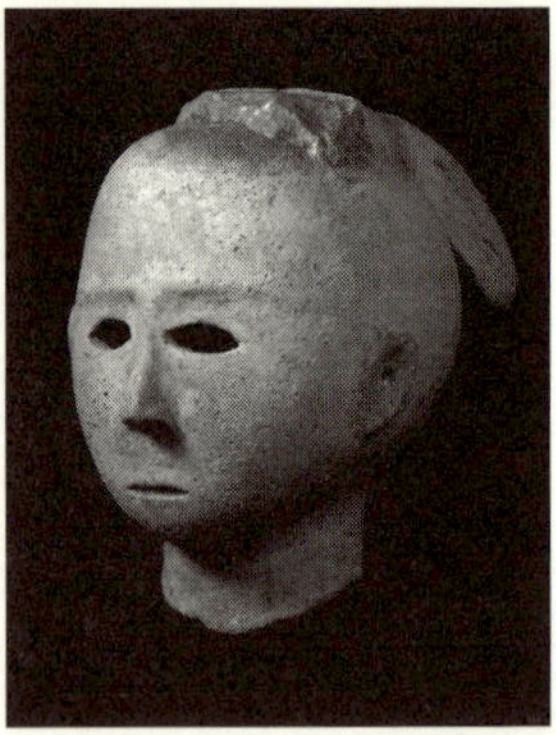

図106　仁徳陵古墳出土の人物埴輪
この埴輪の表情は、おだやかである。この顔からは、製作を強要、労働を酷使《こくし》されたような作者の姿は想像できない（宮内庁蔵）。

中・下段が形づくられる。また、下に掘りこむ周濠を掘削するときには、雨水や湧き水などの処理をするため、排水溝をつくって近辺にある低い土地に落とす。仁徳陵古墳の西側には樋《ひ》の谷《たに》という谷と西側に低地があり、中・下段を先の同じ幅である一対一にする深さまで掘ることができる。

仁徳陵古墳はその後、二〇センチメートルほどの大きな川原石を用いて葺石を葺く。上・中段のテラスは、幅一〇メートルもある。埴輪列及び木製品の列など、さまざまなものが置かれたであろう。造出《つくりだ》しの方では、須恵器の大甕が数多く並べられた。さらに、堤はおそらく埋葬後に先の周濠掘削排水溝が埋められる。堤の内外の両肩付近に埴輪列および木製飾り物の列が置かれ、南西には外区を設けて、巫女《みこ》・馬形埴輪などを並べて仕上げられた。

堀のまわりは、最も高い北東部で二〇・八八メートルから、前方部西隅で一六・六六メートルと全体に西側へ下がり、比高差は四メートルある。堀幅が二〇メートル。内濠は上が水平な内堤に囲まれて底も水平を保ち、外濠も同じく外堤に囲まれる。もっとも外側の堀は堤に囲まれずに不安定な地形がとり囲み、底のレベルも安定しない。このことから、この堀は外堤を形づくるための「外周溝」になる。

仁徳陵古墳外周は、二重濠と外周溝、総じて三重堀となる。周囲の調査で関連した埴輪がほとんど出土しないのは、外域になるからである。

図107　吉備の造山古墳・作山古墳周辺図（岡山県）

第九章　大王墓増大のエネルギー源

畿内政権による古墳の規制

■古墳築造における規制

一個の墓に対する物量的な拡大は、物質を好んだ文化に大きく依存した。それとともに、その所有をめぐって大王墓は、ほかの墓と相対的な位置関係にあった。なかでも、最も肩を並べたのは墳丘周辺で労働規模が大きく異なるが、その本体規模で、履中陵古墳の三六〇メートルに肉薄する岡山市北区の墳丘長三五〇メートルの造山《つくりやま》古墳といった吉備《きび》勢力であった。そのため、畿内政権では、吉備勢力より墳丘を大きくすることを余儀なくされた。

大型前方後円墳の動向は、四世紀中葉から始まった百メートル台の大きさの墳丘が並び集まる分散集中型から、四世紀末ごろの河内・大和で墳丘長二百メートル前

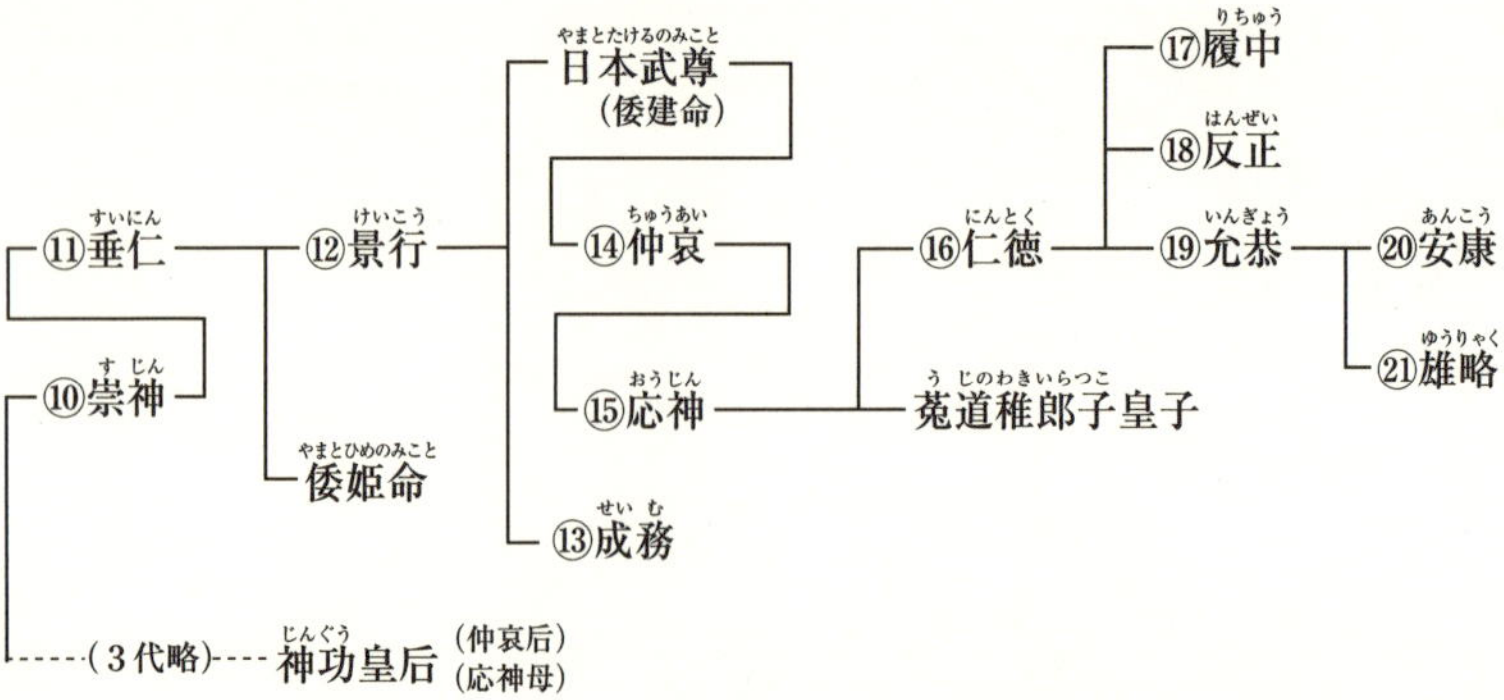

図108　４～５世紀を中心とした大王伝承系譜　丸数字は『古事記』『日本書紀』に記された代数。

後の古墳が林立する状況をへて、一気に百舌鳥・古市で増大の一途をたどる中央集中型へと相対的な序列表現の意味が変化した。中央といいながら、それぞれの地域間、互いでの結びつき方は、それぞれの事情で微妙に不ぞろいな状態である。そうした不均等でルーズな相対的な関係が絶対的なものへと、五世紀前半の間には確実に整えられて置き換わっていく。つまり、畿内政権は、対周辺地域について、それぞれで異なるきめ細かな墳丘規制をしいた。さらに、そのつどの地域相互の事情にあわせながら、大王墓級の古墳が絶対的な権力を保とうとする姿が古墳の様相に見られる。すなわち、古墳築造に際しての規制方法にバラエティーさがあった。

■大王権力による墳丘築造の規制

墳丘規制については、小野山節《おのやませつ》氏（京都大学名誉教授）の見解がある。四世紀から五世紀初めにかけて、王の葬送に前方後円墳がつくられていたが、五世紀前半のある時期、前方後円墳の築造が、河内王朝からの規制によって、帆立貝式《ほたてがい》か円墳、あるいは方墳という墳形にするように規制をうけたというのである。その規制は、後で弱まり、五世紀中葉には前方後円墳の造営が可能になったが、五世紀後半のある時期に再び規制をうけて、帆立貝式古墳がつくられたという。

私は、この規制には、五世紀前半を中心とした対地域事情にあわせて大きく、継続、突発、段階、断絶という四種の物があったとみる。そして、五世紀後半にはニサンザイＤ主導類型発生時の帆立貝式古墳への分化があった。すなわち、規制には大きな二段階の現象も見られた。後のものは、日本列島の範囲ではきめ細かに効力を発揮した。しかしその分、日本列島の範囲をはみ出て、前方後円墳文化が展開する大きな枠組みになったことである。このことは、後で触れたい（236頁参照）。

主に前方部を小さくする規制について、都出比呂志氏は五世紀前葉に地域の盟主的首長権の移動が大王権力周辺の政治的変化と連動していたと考えた。首長権の変動は、やや不明瞭な四世紀後葉の一回、明確な五世紀前葉から六世紀前葉までの三回、計四回あったという。この強力に連動した変化は、大王治世ごとに組織的なあり方が大きく移り変わったことを意味し、最初は混乱中期開始にあわせて、最後は混乱後期におこったことになる。

五世紀中葉に大王墓そのものが、墳丘規模の絶対的な位置を手中におさめて、とりたてて増大化を計る必要はなくなったが、ちょうど倭の五王の遣使の始まりと重なる。そしてこの間、首長権の変動をも手伝って、規制が効力を発揮した地域では、首長系列について墳丘規模の小型化という現象が目立った。

年代	記事	文献
四一三	倭国の朝貢	晋書
四二一	讃爵号を得る	宋書
四二五	讃の朝貢	〃
四三〇	倭国王の朝貢	〃
四三八	珍の遣使朝貢	〃
四四三	済の遣使朝貢	〃
四六〇	倭の遣使朝貢	〃
四六二	興の遣使朝貢	〃
四七七	倭の遣使朝貢	〃
四七八	武の遣使上表	〃
四七九	武を鎮東大将軍に任ず	南斉書
五〇二	武を征夷大将軍に任ず	梁書

図 109　倭の五王の中国への遣使

図110　佐紀古墳群
（奈良市）

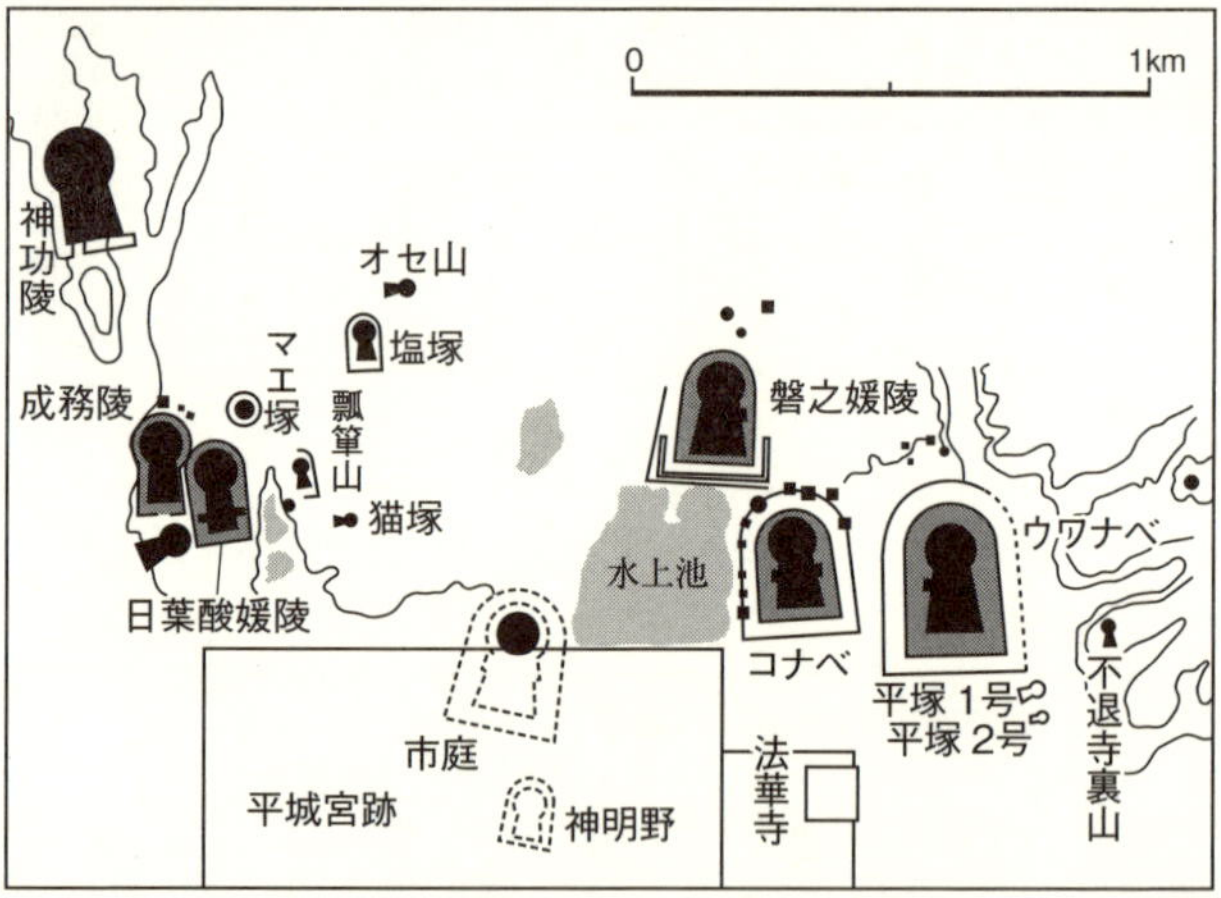

四世紀末の墳丘墓規模の転換

墳丘の小型化傾向のポイントとなるのは、円墳・帆立貝式化をふまえるなら、四世紀後葉と五世紀前葉の変化が大きい。それは、都出氏の第一期、第二期の変動とも重なる。さらに、細かい相対的な時期関係からすれば、四世紀末ごろに、奈良市の佐紀《さき》で墳丘長二二七メートルの垂仁《すいにん》陵古墳、奈良県馬見《うまみ》で二二〇メートルの巣山《すやま》古墳（広陵町）、大阪府古市で二〇八メートルの津堂《つどう》城山古墳、大阪府百舌鳥で一六〇メートルの乳《ちの》岡《おか》古墳が林立して畿内の各地でつくられた。

百舌鳥はともかくとして、河内・大和で併行して二百メートルを超える墳丘規模の古墳がつくられ、突出する古墳はない。日本列島各地での地域の怡頭という意味では、畿内のみならず各地で起こった。

東北ではこの時期東日本最大、墳丘長一六八メートルの宮城県名取《なとり》市の雷神《らいじん》山古墳が築かれ、日本海側では丹後の京都府与謝野《よさの》町で一四五メートルの蛭子《えびす》山《やま》古墳が築かれる。そして、鹿児島県では一五四メートルの東串良《くしら》町の唐仁《とうじん》大塚古墳である。各地勢力のこの均質な台頭は、大和を中心とした連合政権の首長権の均等で、物質的な競合とともに、各地域勢力との結びつきをも明示した。そのタイミングは、

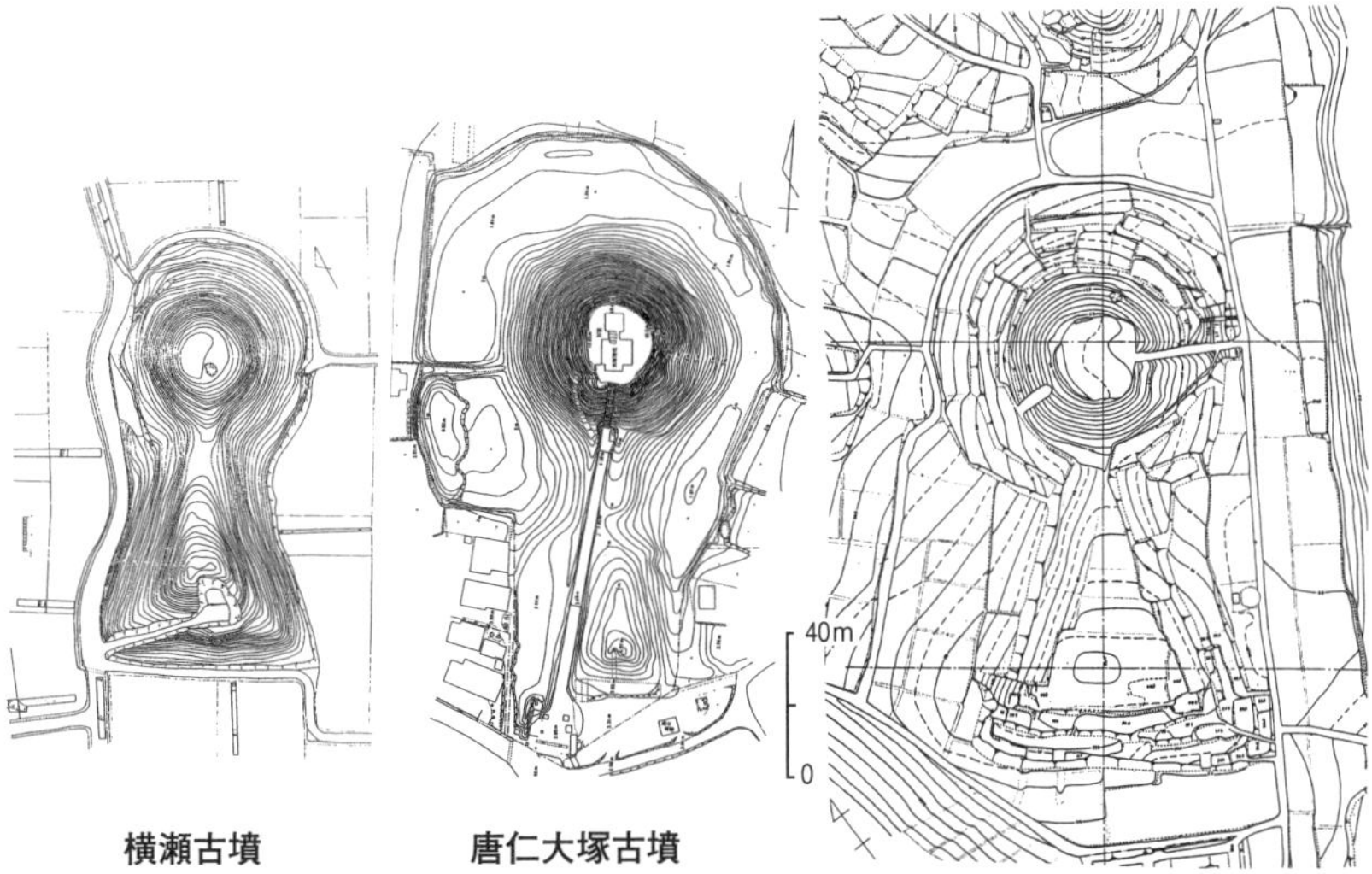

横瀬古墳
(235頁参照)
唐仁大塚古墳
雷神山古墳

図111　東北・九州の前方後円墳

東アジアの混乱中期前夜であった。

こうした現象に先行して、図26−1に見るように佐紀にある墳丘長三百メートルの神功《じんぐう》陵古墳が築造されており、大和は二分されることが前段、ことの発端であろう。これに続く、二〇七メートルの日葉酢媛《ひばすひめ》陵古墳や二一八メートルの成務《せいむ》陵古墳はむしろ縮んでいく。

にもかかわらず、馬見の方では同等の規模にまで墳丘をのばすようになり、大和高田市の築山《つきやま》古墳は二一〇メートル、広陵町の新木山《にぎやま》古墳は二百メートル、大和は三分された。そして大和周辺では、大阪府岸和田市の摩湯山《まゆやま》古墳が二百メートル、神戸市の五色塚《ごしきづか》古墳が一九四メートルといったように、これらに匹敵する古墳づくりの準備は畿内内部から整っていた。

そしてその間に、造出し、盾形周濠、外堤の萌芽を確認でき、着々と五世紀型前方後円墳のモデルとなる津堂城山類型につながっていく。

二百メートル級の古墳の林立は、それ以前にあった百メートル級の均質な古墳を束ねて広域一本化して、墳丘が大きくなったのであろう。その不均質は、小型化の現象をも呼んだ。

各地勢力の首長権移動の様相

■向日《むこう》丘陵の古墳

都出比呂志氏が首長権の移動を強調する典型例は、京都府の向日丘陵の古墳で端的に見られる。畿内内部にある京都府向日市・大山崎《おおやまざき》町・長岡京《ながおかきょう》市の桂川《かつらがわ》地域では、和田晴吾氏（立命館大学）が、箸墓古墳と相似形であると指摘した向日市元稲荷《もといなり》古墳から始まる向日グループがある。このグループは、四世紀の間、盟主的な首長系譜として続いた。しかし、五世紀前葉には、南西側に位置する墳丘長一二四メートルの恵解山《いげやま》

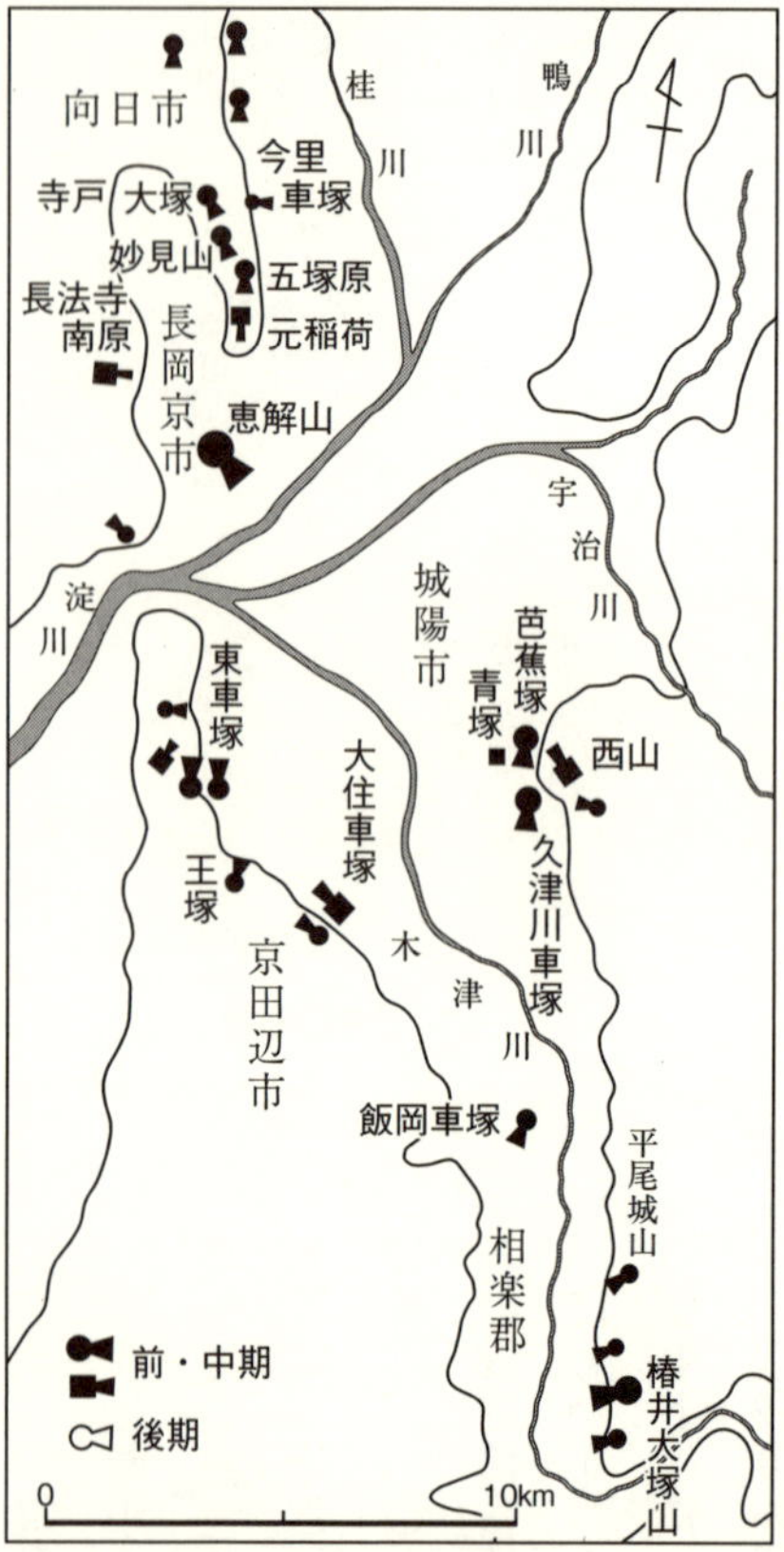

図112　南山城の主要古墳

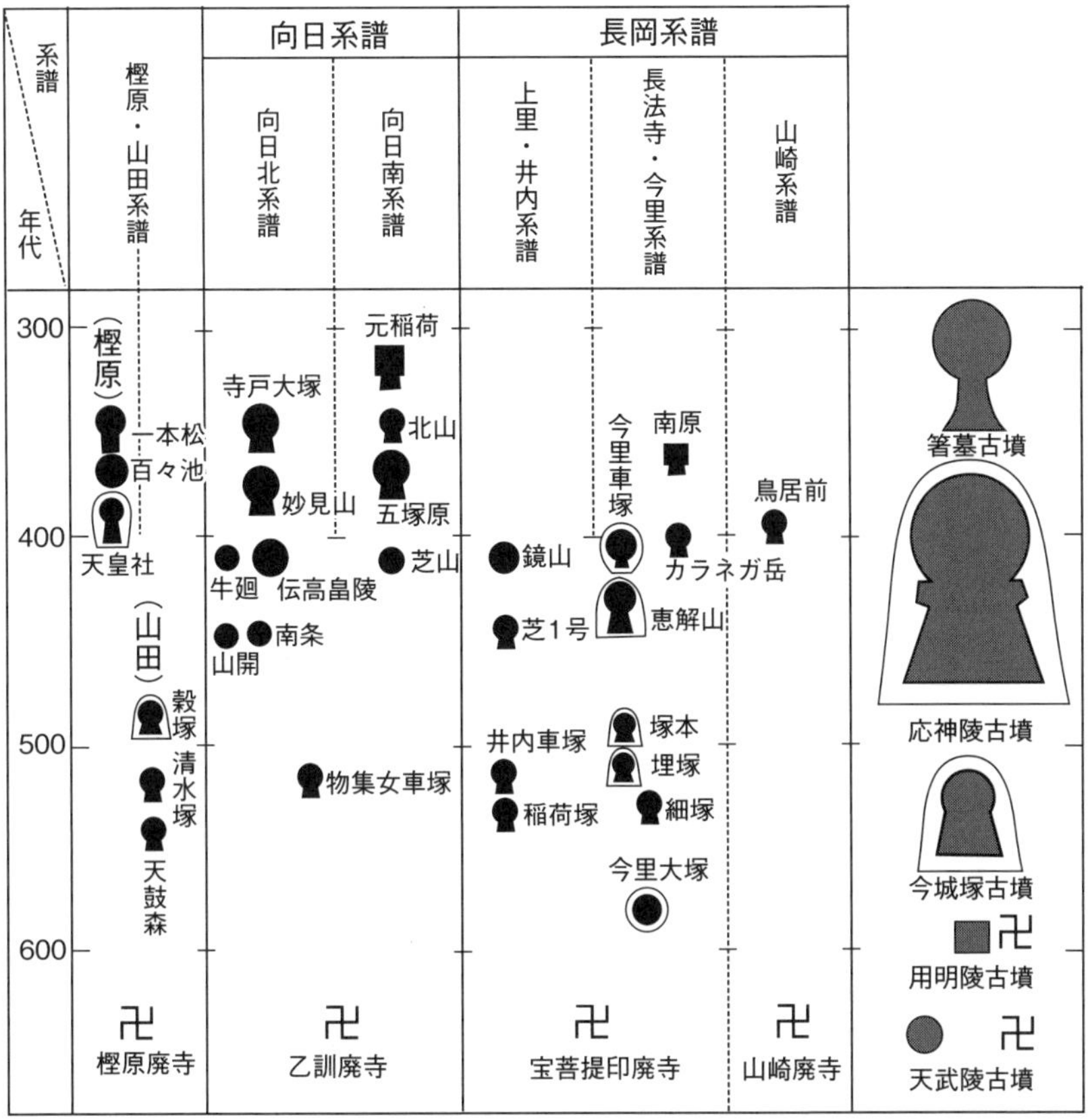

図 113　首長系譜の変動（京都府桂川水系の例）

古墳のある長岡グループに移動して展開したと都出氏は語る。

　さらにこれを細かく見るなら、この移動現象は、他に先がけておこっている。長岡グループで先行した墳丘長六〇メートル、後方辺四〇メートルの前方後方墳である長法寺《ちょうほうじ》南原古墳の段階では、前方部縮小現象も見られる。しかし、これは、それそのものが長岡グループの出現にもつながることから、河内平野でも見られた円形原理の墳丘の顕在化と同じ現象になりそうである。

　このタイミングは、二百メートル級林立へと成長する芽を育てた。日本列島的な規模でおのおの首長権が入れ替わっていく重複築造期間へと突入したのだ。長岡グループに併行して、向

図114　恵解山古墳（長岡京市）
写真左に見えるのがJR京都線。墳頂からは、淀川が合流する京都盆地北半が一望できる（長岡京市教育委員会提供）。

日グループも円墳化している。

その後、向日丘陵の古墳は長岡でも鳥居前やカラネガ岳二号墳、今里《いまざと》車塚といった古墳など、しばらく縮んだままの状態が続いた。しかし、突如、墳丘長一二六メートルの恵解山古墳が出現するということになるのである。この古墳は、古市の仲《なか》津姫《つひめ》陵古墳と同じ時期で埴輪も似る。一方、馬見古墳群では乙女山《おとめやま》古墳でいったん、前方部を縮小する時期でもある（図87参照）。これらは、符合する流れである。総じて向日丘陵の地域関係は継続型でそのつど、墳形が変化し、一時、縮小するという系列を追いかけることができる。

■山城南部の古墳

向日・長岡の山城北部の状況に対して、山城南部でも同じような動きを示している。木《き》津川《づがわ》右岸南部で、まず一七五・一一〇メートルの椿井《つばい》大塚山・平尾城山古墳がつくられた。木津川左岸北部では、八幡《やわた》市の五〇メートル・一一〇メートル・九〇メートル・七五メートルの茶臼山・西車塚・東車塚・石不動古墳である。京田辺市の大住《おおすみ》では、南塚・車塚といった前方後円墳がある。しかし、両地域とも、四世紀後葉、一辺五〇メートルの方墳の八幡ヒル塚古墳以降、目立った古墳が見られなくなる。

かわって、右岸北部の城陽《じょうよう》市の久津川《くつかわ》古墳群では、丸塚古墳が墳丘長八〇メートルの帆立貝式であったが、五世紀前葉になって、一八〇メートルの車塚、一一五メートルの芭蕉《ばしょう》塚といった中型前方後円墳が連続してつくられる。これは、五世紀の向日丘陵に限れば恵解山古墳一つが突出していたことになるが、恵解山古墳が古市の仲津姫陵古墳に、久津川車塚と芭蕉塚が応神陵古墳・ニサンザイ古墳に併行して対応しているように、山城単位で見れば、きわだって安定した連続性を持つ築造地域と評価できる。

■山城全体を見る

つまり、山城全体という広域で見た場合、古墳出現時には、北部の元稲荷、南部の椿井大塚山の各古墳二元勢力であったものが、その後、中部の八幡の西車塚が加わる。次の段階で、全体に墳丘が縮小するが、まず北部の恵解山古墳がまとめるかっこうになる。ただし、なかなか百メートル級をこえないでいたが、さらに大きく山城全体を束ねるように現れたのは、久津川車塚古墳であった。恵解山古墳の墳丘裾を中段裾に設計してひとまわり大きい三段築成の二百メートル級に肉薄する存在となった。

早くも、次は最下段が省略された芭蕉塚古墳がつくられる。これら三古墳は、いずれも最上段の墳丘長／後円部径指数が二・〇であることが墳丘設計上、注目される。

図115　久米田古墳群
（大阪府岸和田市）

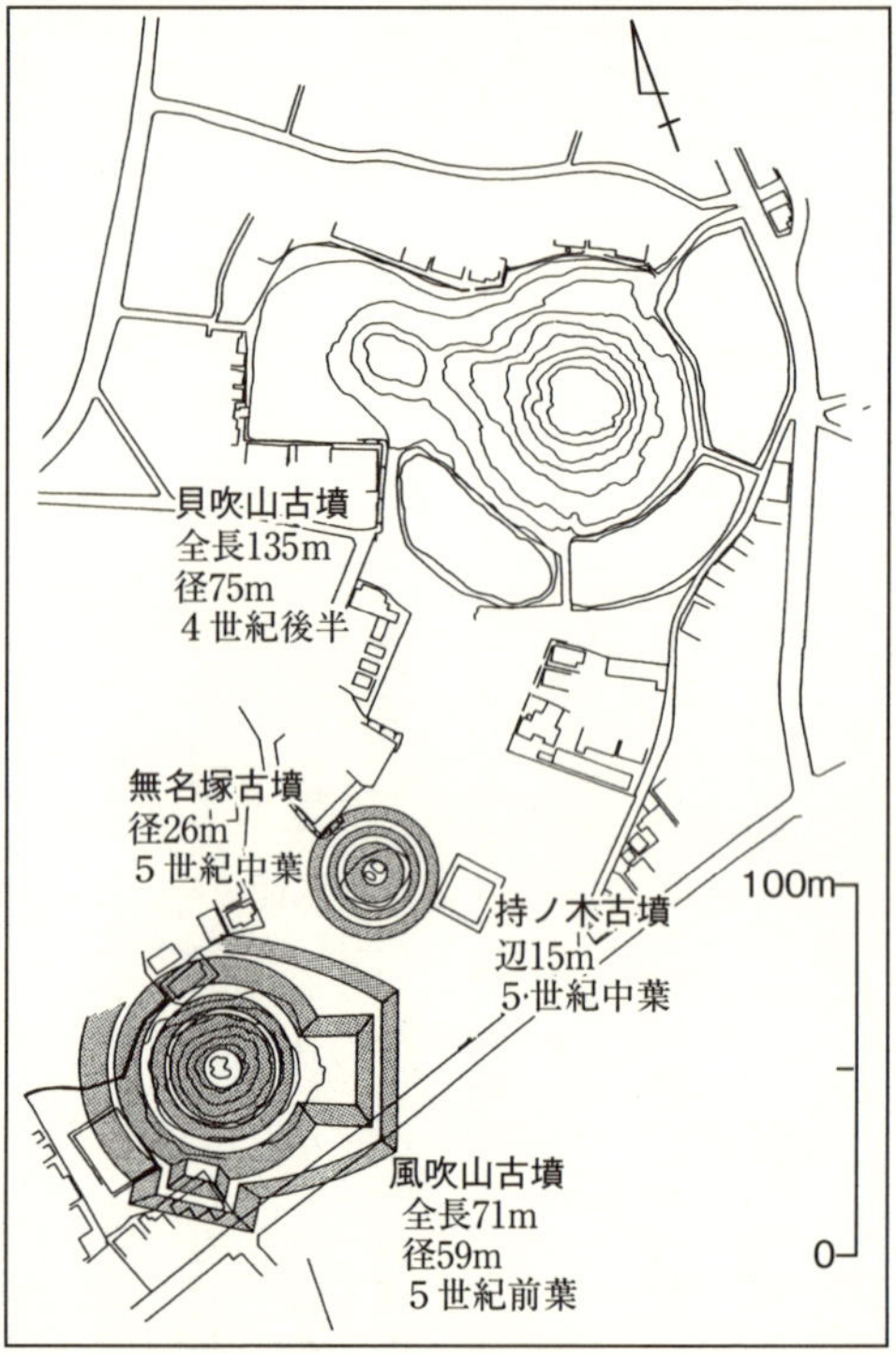

各地に連動した各種の古墳規制

■久米田《くめだ》古墳群の場合

地域的に継続する系列とは別に、突発的に小さくなる大阪府岸和田市、図115の久米田古墳群のような場合もある。墳丘長一三五メートル、後円部径八二メートルの貝吹山《かいぶきやま》古墳の後、墳丘長七一メートル、後円部径五九メートルの帆立貝式で後円部に造出しがつく風吹山《かぜふきやま》、径二六メートルの円墳である無名《むみょう》塚、一辺一五メートルの方墳の持《もち》ノ木《き》といった具合に古墳が順次小さくなり、墳形も変化していく。ここでは、風吹山古墳の前方部が極端に縮小する。これには、四世紀の佐紀（大和）との関係と、先に触れたように五世紀になってからの百舌鳥との重層した関係という複雑な事情にあわせて、地域内墳墓系譜も一層、錯綜したことであろう。

■加古川《かこがわ》（東岸）流域の場合

畿内周辺部の兵庫県加古川東岸下流でも、もともと四世紀代には海沿いの墳丘長九〇メートルをこえる南大塚をはじめ、西大塚、日《ひ》岡《おか》陵※1といった前方後円墳をかかえる日岡山古墳群があった。しかし、五世紀にはそれより上流へ二キロメートルさかのぼった西条古墳群へと首長墳が移動した。

ここでも図116にあるように、西条古墳群の行者塚《ぎょうじゃづか》古墳が墳丘長九八メートル、後円部径六八メートルと前方部が短いながらも、前方後円墳に含めることができる。これに対して、それより後で、北西にある帆立貝式の人塚《ひとづか》古墳は墳丘長八〇メートル、後円部径六四メートル、西にある尼塚《あまつか》古墳は墳丘長五五メートル、後円部径四六メートルの造出しの付く円墳へと変化していく。

この場合は久米田古墳群とは異なり、段階をへて、前方部が徐々に小さくなるのが特徴である。一定の関係下で、相対的な力関係の徐々に差が大きくなった姿を読み取ることができる。

■丹後の場合

畿内周辺、北部の丹後（京都府）では、先にも少し見たが佐紀古墳群西群の出現に

※1 **日岡陵**（ひおかりょう）　『日本書紀』に伝える第十二代景行天皇の皇后、播磨稲日《はりまのいなびの》大郎女《おおいらつめ》の陵と伝える。褶墓《ひれはか》古墳とも呼ばれ、現在、宮内庁が管理している。

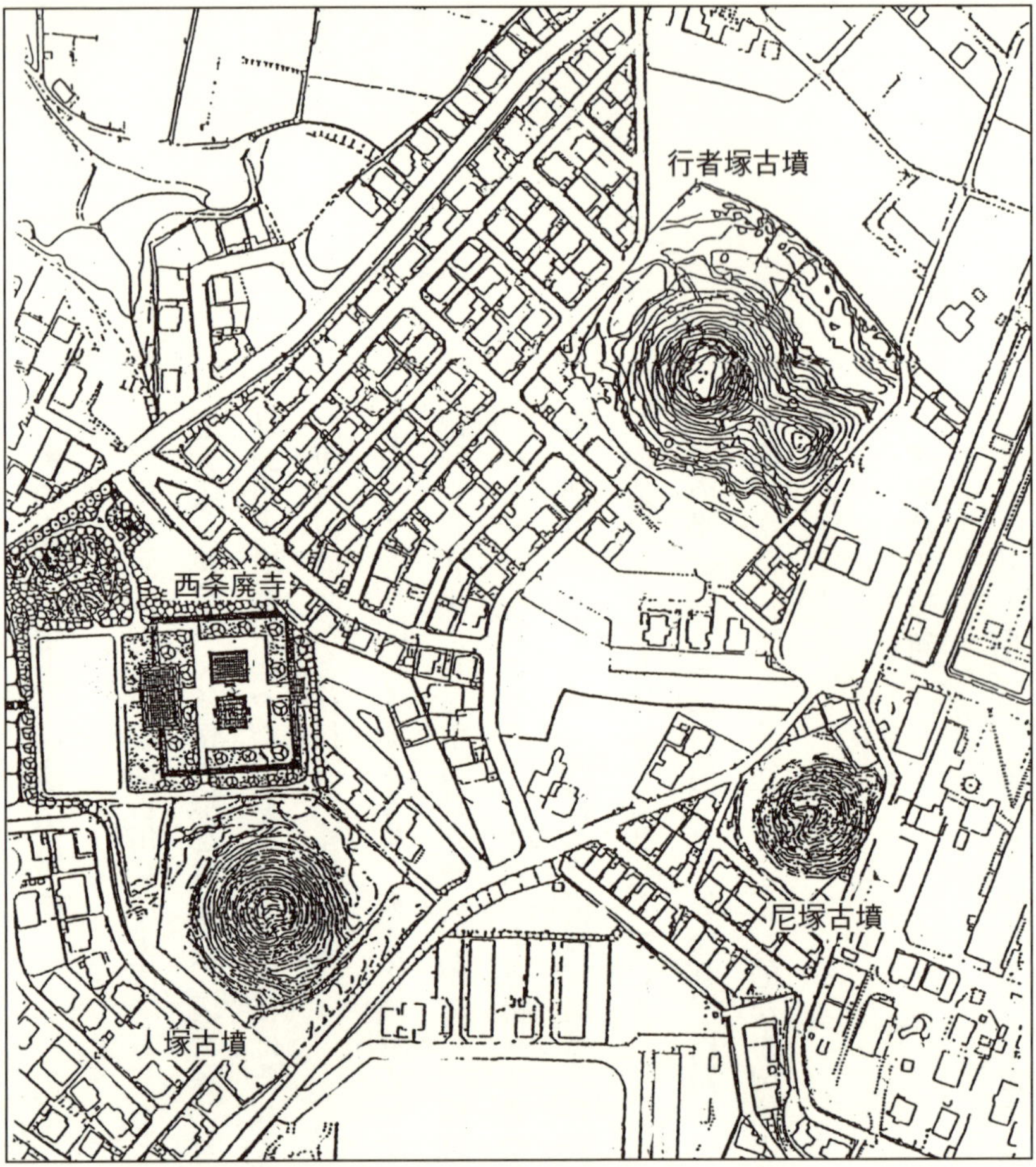

図 116　西条古墳群（兵庫県加古川市）

あわせて野田川水系の与謝野《よさの》町にある一四五メートルの蛭《えび》子山《すやま》古墳がつくられた。朝顔形埴輪の口縁部をけずったような独特の丹後型埴輪が並べられるようになる。

その後につくられるのは、いずれも京丹後市である。日本海に面する福田川水系の網《あみ》野《の》銚《ちょう》子《し》山《やま》、竹野川水系の神《しん》明山《めいやま》（図60）と次々と日本海最大の、海岸沿いの二百メートル近い前方後円墳が登場する。ところが、竹野川の一〇〇メートルの黒部《くろべ》銚子山古墳を最後に、五四メートルの産《うぶ》土山《すなやま》、三〇メートルのニゴレ

図117　野田川流域の出土埴輪（与謝野町）　蛭子山古墳を整備した与謝野町立古墳公園の中の「はにわ資料館」に展示されている。

古墳、五四メートルの鴫谷東《しぎたに》一号墳といった円墳に変わった。円墳に変わるタイミングは、四〇〇年を過ぎてしばらくしたころになる。

■東北地方の場合

前方後円墳に先行する前代的な墳墓形式といわれる前方後方形周溝墓と福島、宮城、山形各県で確認される前方後方墳は、東北地方では四〇〇年頃にほぼ終息を迎える。仙台平野では、五世紀はじめに大中型墳が断絶するとともに、六世紀にはほぼ消滅する。大中型墳の断絶と同時に、小型墳では円墳が増加し、逆にそれらの分布が広がる。福島県の北山田二号墳のように、造出しの付く径二四メートルの円墳などに代表されるように、五世紀前半に東北地方各地でおこる。こうした現象のみでは、畿内との関連性が薄くなったという解釈も成り立つ。しかし、埴輪や土器の様子を見るとその考えは成り立たない。

それは、物の移り変わりでわかる。まず四世紀にあっては、特殊器台系埴輪を伴なう福島県会津の亀ヶ森古墳や、円筒埴輪を出土する福島県の舟森山《ふなもりやま》・保原《ほばら》愛宕山古墳に畿内との接点が見い出せる。引き続いて、五世紀に至っても福島県の庚申壇《こうしんだん》、長持形石棺のある宮城県名取《なとり》市の経ノ塚《きょうのづか》などの古墳に埴輪が立てられ、関係がつながり、むしろ深くなっている。質的な変化は、ここでは認められない。

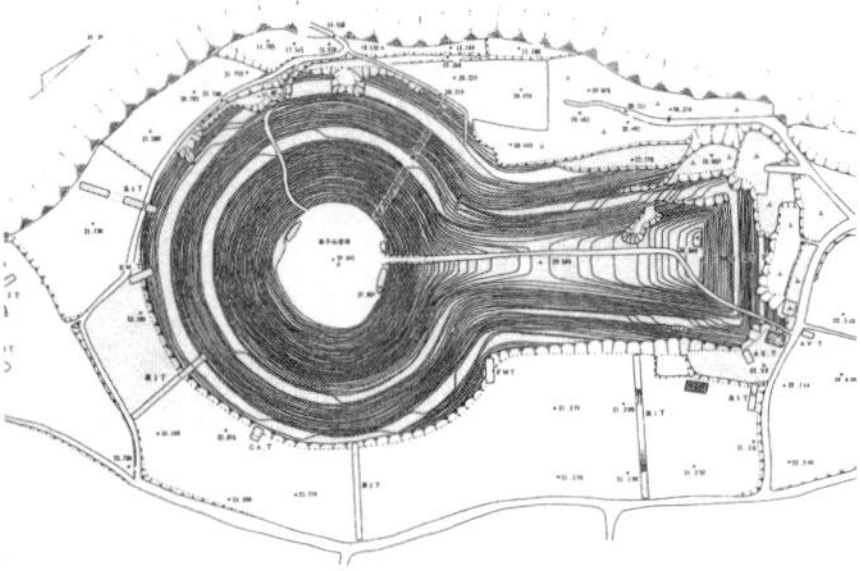

図118　**網野銚子山古墳**（京丹後市網野町）

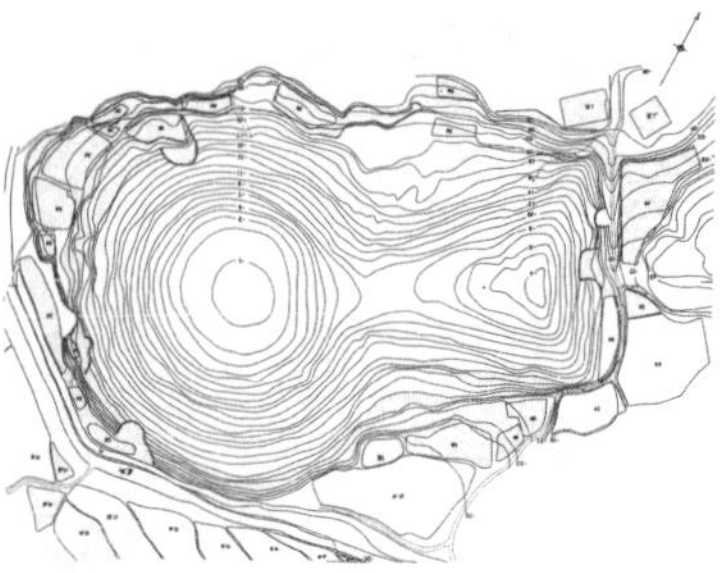

図119　**神明山古墳**（京丹後市丹後町）

この連動性は、窖窯《あながま》焼成の埴輪の段階（108頁参照）に至っても同じである。むしろ、埴輪の製作法の細かい部分が敏感に反映されており、畿内との結びつきが強くなる。これにとどまらず、このころから南小泉《みなみこいずみ》式土器※2への移行や宮城・山形県に朝鮮半島の陶質土器も入りだした。かえって日本列島の枠をこえた、広い活動が活発になる。

さらに、円筒埴輪に施されるBc種ヨコハケ外面調整という仕上がり規則でつくった埴輪が、仁徳陵古墳築造のころにつくられた帆立貝式の前方後円墳や造出しのつく円墳に立て並べられた。山形県では径五〇メートル、二段築成の菅沢《すげさわ》二号墳、造出しのつく円墳の戸塚山一三八・一三九号墳。墳丘長六八メートルの福島県の国見八幡塚、墳丘長五四メートルの宮城県の念南寺《ねやじ》といった帆立貝式古墳がある。

前方後円墳林立から仁徳陵古墳墳丘の最大化へ

ここで、東アジアを視野に少しふりかえって見ると、朝鮮半島北部では、広開《こうかい》土《ど》王《おう》碑に記される三九一年からの高句麗と倭との接触がある。それとともに、高句麗の南下が朝鮮半島においてより緊張を高めていた。中国の歴史書『宋書《そうじょ》』に

※2　南小泉式土器（みなみこいずみしきどき）　仙台市若林区に、おもに弥生時代から古墳時代にかけての、東北地方でも有数の集落跡である南小泉遺跡がある。
　ここから出土した土器を標式として、宮城県内の土器の年代を決める南小泉式土器とする土器型式である。
　南小泉遺跡の中には、四世紀末につくられた遠見塚《とおみづか》古墳（117頁参照）がある。

倭の記事が残る五世紀は、日本列島の内部的なまとまりとともに、対外的にも大きく成長と飛躍が求められた時代になった。

　畿内政権内の混沌を切りぬけ、再び群をぬいてつくられた古墳は、五世紀前葉の古市にある墳丘長二九〇メートルの仲津姫陵古墳であり、百舌鳥の三六〇メートルの履中陵古墳であった。

　他地域の古墳より相対的に大きな古墳を築くことで、混沌とした状況を回避し、一定の強固なまとまりを再編成したのである。それは、物質的に他を凌駕するとともに、各地の墳丘生産規模をおさえることを試みた結果にほかならない。圧倒的な墳墓を築造することで、中国大陸・朝鮮半島をも意識した広い範囲の他者に向けて、墳丘増大のペースは急激に強まった。

　林立から築造規制でもって各地勢力のエネルギーを吸収し、その分、大王墓の大型化がめざましく加速した。結局この期間に、日本列島の中で最も古墳づくりが激化

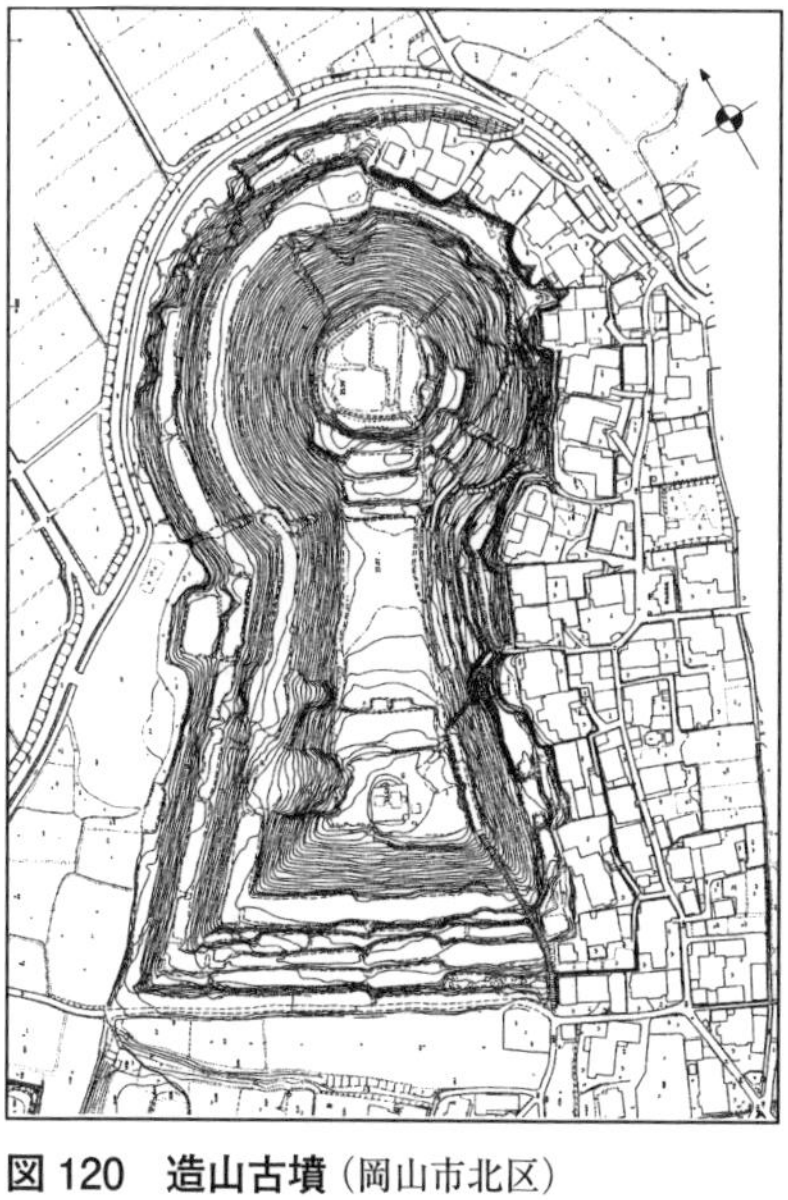

図120　造山古墳（岡山市北区）

した地域は、畿内と吉備《きび》（岡山県）にしぼられていく。

墳丘長四一五メートルの応神陵古墳がつくられた時点で匹敵する古墳は、吉備の墳丘長二八六メートルの総社《そうじゃ》市作山《つくりやま》古墳と、墳丘長三五〇メートルの岡山市造山《つくりやま》古墳だけになった。しかし、仁徳陵古墳がつくられたころには、匹敵するような古墳はなくなる。履中陵・応神陵・仁徳陵古墳の墳丘は、つくられるたびに大きくなって地域勢力に対して最大規模を維持したのである。

まず、後円部と前方部の標高を比べると、履中陵古墳は四四・六、四二メートル、応神陵古墳は五八・六、五八メートル、仁徳陵古墳は五〇、五〇メートル、徐々に前方部が高くなっていることが分かる。墳丘中段裾の後円部径と前方部幅を比べると、履中陵古墳は一八五、一九〇メートル、応神陵古墳は二百、二三〇メートル（推定）、仁徳陵古墳は二二〇、前方部は二五〇メートル、これも前方部幅が増える。前方後円墳が新しくなるときの傾向の一つに、前方部が大きくなることがあるが、この例でも、その流れにあう。埴輪の編年のみならず、墳丘形状からも築造順位は確認できる。

先にも見たように、履中陵古墳と応神陵古墳の基本設計は同じである。ただし、後者の方は本体の前方部がやや大きくなり、それにそって前方部側の堤や周濠は広がる。そして、西半分は内濠、内提に加えて、外濠、外堤も加わって、墳丘本体は隔絶されていく。

図121　高廻《たかまわ》り２号墳の円形墳丘と周溝底出土の船形埴輪（大阪市平野区）　長原で200基以上の小形方墳が爆発的につくられる直前、高廻り２号墳のような円墳がランドマーク的につくられた（大阪文化財研究所提供）。

小形方墳群と陪冢《ばいちょう》、そして墳丘規模縮小の系列

■小形方墳群と中小墳の築造

地域首長と目される古墳の不規則な小型化とともに、小形方墳群というべき物も同じころに萌芽がある。長原古墳群や京都府木津川《きづがわ》市の上人ヶ平《しょうにんがひら》古墳群などを代表例とするものである。五世紀中葉に、爆発的に一定範囲内で集中して数多く築かれる。大阪市平野区の長原古墳群が塚ノ本《つかのもと》や高廻《たかまわ》り一・二号墳といった円墳、上人ヶ平古墳群が上人ヶ平五号墳の造出し付円墳がまず最初に築かれることを契機にする。

こうした系譜、配分域が、似ている物がある一方で、大型墳に際立って近接する中小墳があることから、いわゆる「陪冢《ばいちょう》」と称される物もある。

これら小型墳は、方形周溝墓群とは根本的に異なる。円形原理の古墳を頂点にした築造序列の認識を持ったうえでのさまざまな墳丘が展開する。そして、墳丘には埴輪、しばらくして最も重要な葬具の一部となった須恵器の副葬を加える。

群として均質に展開する場合と、墳丘規制によって小形方墳群とともに

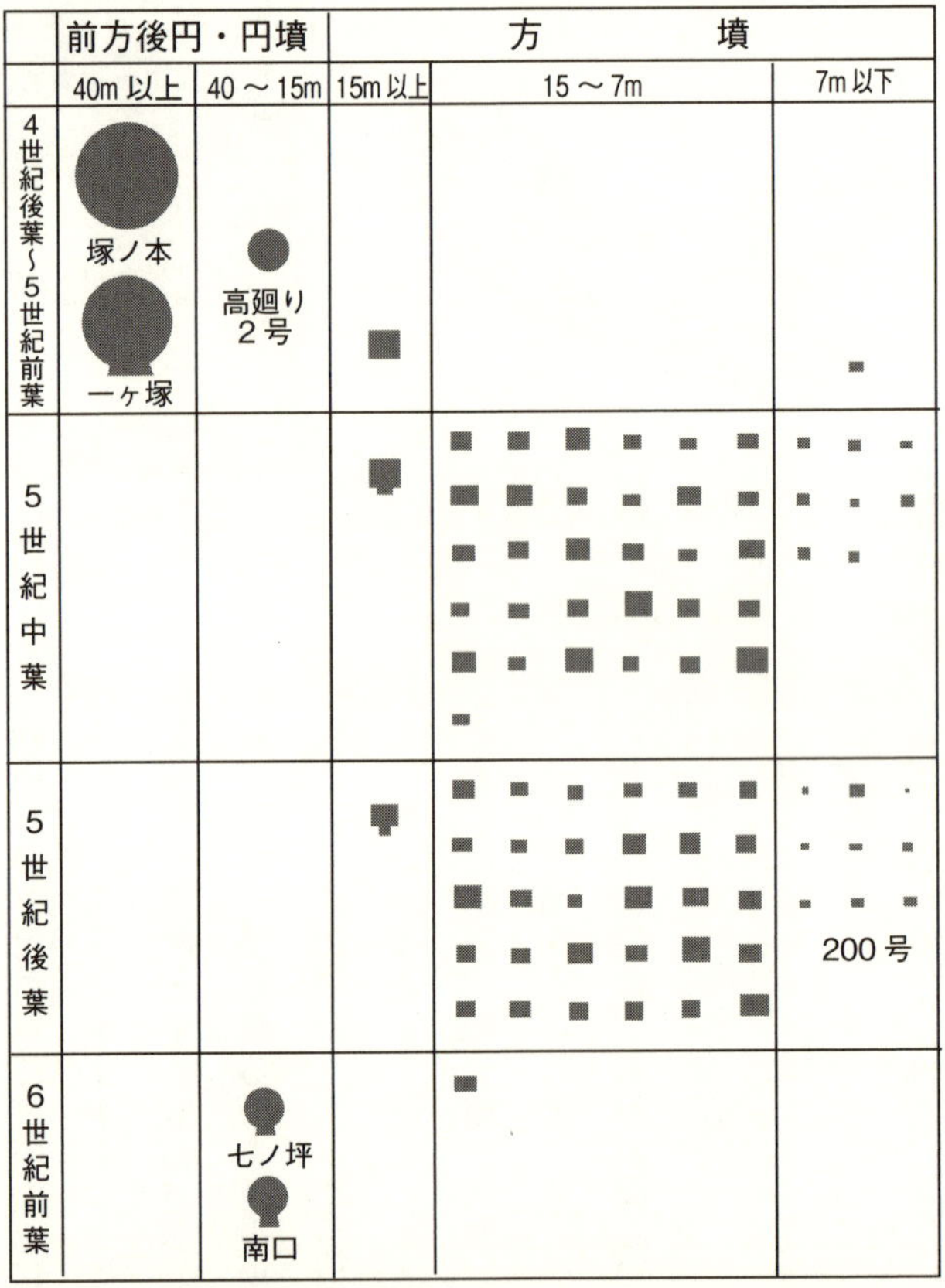

図122　長原古墳群（大阪市）の編年　長原古墳群は、塚ノ本《つかのもと》古墳といった円墳がまずつくられ、5世紀前葉末の応神陵古墳の築造のころから、爆発的に方墳が百年近くにわたりつくられる。6世紀には、横穴式石室を内部主体に持つ七ノ坪の帆立《ほたて》形式古墳が象徴的につくられ終息する。

大小の古墳が相入り乱れて集中する場合もある。それらは、たとえ同じ形と大きさであったとしても、規制のあり方しだいでは系譜、階層、機能といった内容が異なる。均質性がある小形方墳群や中小墳といったものと、陪葬がなくとも従属的な役割を持つと目される陪冢とを区別するには、表面的な情報以外に手がかりがないと判断できない。

ところで、小形方墳群は、応神・仁徳陵古墳を頂点とするような階層分化がはっきり見えてきたときに、それを支える下部の古墳群が生まれた。上人ヶ平古墳群は当初、埴輪樹立の造墓に伴って窖窯《あながま》の設置といった生産拠点と同居する必要があった。南方にある奈良市の佐紀古墳群を意識しながら、山城南端部

図123　長原古墳群の長原131号墳から出土した土器と埴輪（大阪文化財研究所提供）

と大和東北部の境となる、奈良山を中心とした中地域単位の居住区を束ねるような自立性をもった位置に集中してつくられた。

一方、長原古墳群のはじめは、埴輪に始まり、被葬者の貯えた陶質土器や初期須恵器が次に副葬されたが、早くに古墳用と思われる須恵器の大きな甕《かめ》や大量の杯《つき》類の供《きょう》献《けん》が始まる。河内平野南半部のうち、西半の平野川流域を基盤として古市古墳群と結びつき、これも墓域内で窖窯《あながま》を経営していたと思われる。

小形方墳群と大型古墳群とは、地理上一定の距離をおいて分かれ、平面上では重なり合わないことを特徴とする。これに対して、いわゆる陪冢と呼ばれる中小墳は、小形方墳などとともに大小様々な古墳が主墳と目されるまわりに入り乱れる。そのなかには、同じ形と大きさであった場合でも、規制のあり方しだいでは系譜が異なっていることは先に見た。つまり、主墳とともに計画的に配置された陪冢と、それを前後にして追従する中小墳のことである。

■古市古墳群・二ツ塚《ふたつづか》古墳の系列

主墳周辺の調査が進む古市の複合事例を見ると、図102のように、応神陵古墳はさまざまな古墳に囲まれていることがわかる。墳丘北東部には、堤が妙に屈曲するところがある。そこには二ツ塚古墳がある（図133）。応神陵古墳は、これをよけ

図124　大阪府藤井寺市・羽曳野市の古市古墳群・二ツ塚古墳系列の推移

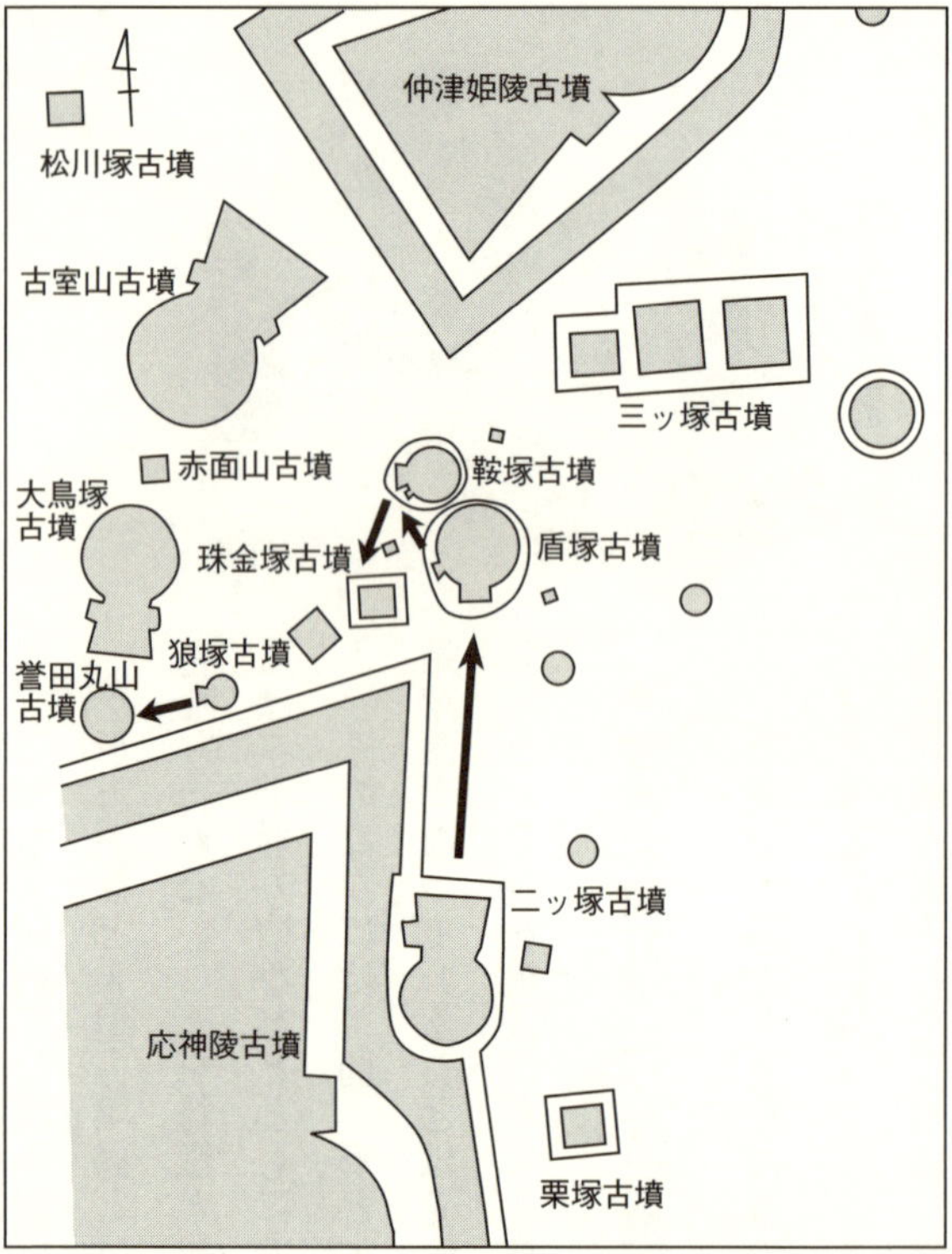

て墳丘に取りこんだ。いわば先住者である。この地の国府《こくふ》台地の中央には、もともとはこの系列が展開し始めていた。古市古墳群の範囲には、東側の国府台地の先端にある赤子塚《あかごづか》古墳下層から二ツ塚古墳にかけて台地稜線上、西側では北端の津堂城山《つどうしろやま》古墳から、南側の向墓山《むこうはかやま》古墳まで大水川《おおずいがわ》の左岸沿いの段丘崖にも、四世紀後半の古墳が築かれていた。

そのうちの一つ、二ツ塚古墳は系列の墓標となり、グループで最も古く、径七三メートル、墳丘長一一〇メートルの前方後円墳として生まれた。これよりのち、帆立貝式古墳である盾塚《たてづか》、造出し付円墳である鞍塚《くらづか》、一辺三〇メートルの方墳である珠金塚《しゅきんづか》に至るまで、近辺で推移する。仲津姫陵・古室山《こむろやま》・赤面山《せきめんやま》・大鳥《おおとり》塚《づか》・誉田《こんだ》丸山や応神陵古墳がのる国府台地西側の稜線上の西グループからは、北側の河内平野や南東の石川流域まで一望できる。そして、それより東側のやや鞍部になった斜面を中心として、この東側グループの系列は展開することになる。そのため、河

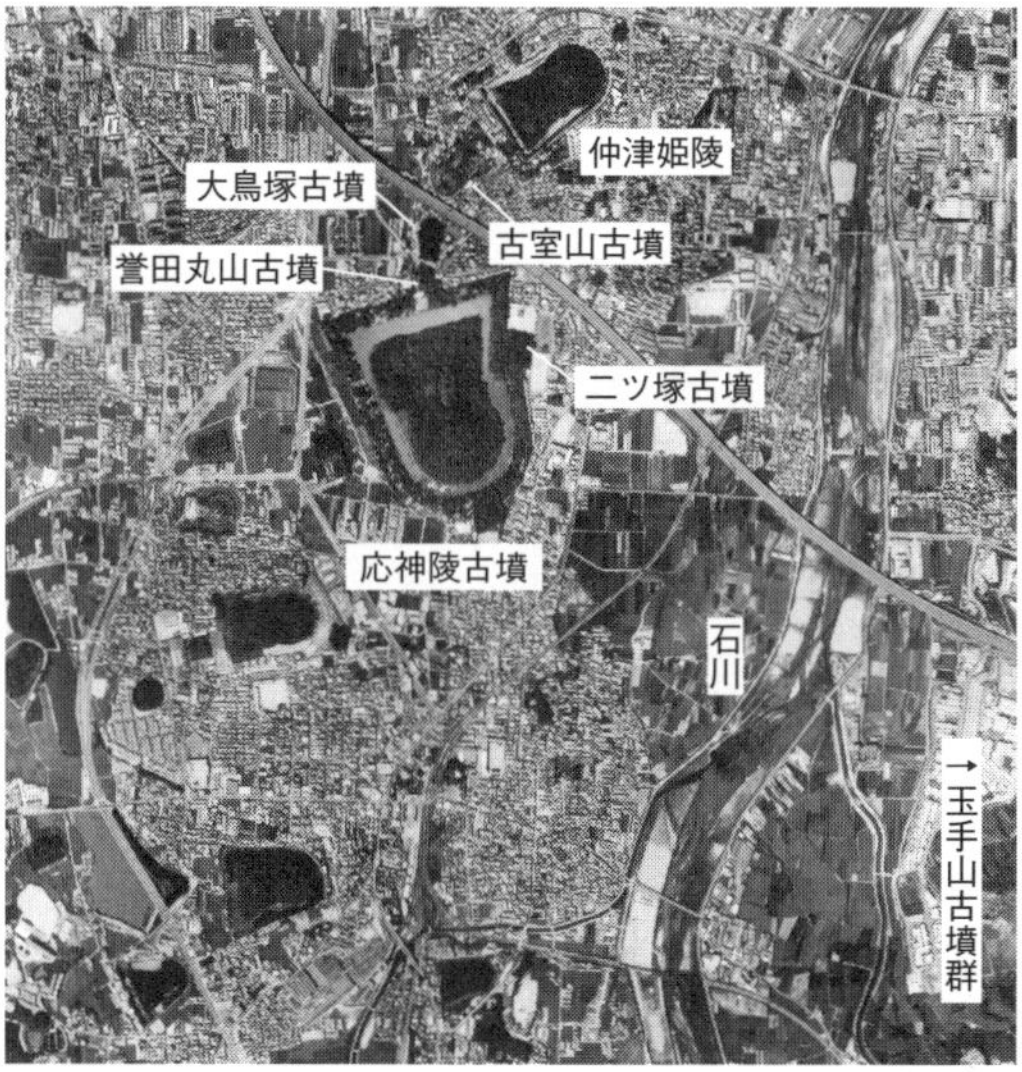

図 125　石川と古市古墳群
石川の西側、平野に面して古市古墳群、その東側の山手に玉手山古墳群が築かれる（藤井寺市教育委員会提供）。

内平野に向いた北西側の視界はさえぎられ、石川流域からの眺望を優先させる。

このことから二ッ塚系列は在地系、しかも石川との関係が深かったことがわかる。そして、仲津姫・応神陵古墳と近接し、関係はするものの一歩おいた下位の地域的な階層と見られる。言いかえるなら、この系列の墓域が決定されたあとから、大王墓系列がその隙間をぬって築造を開始したことになる。二ツ塚古墳築造時点で、石川をへだてた玉手山《たまてやま》古墳群も含めた流域沿いの主要な古墳群の築造が停止する。

このことから墓域が、四世紀末ごろに、石川流域沿いから古市のこの地点に束ねるために移動し、さらに五世紀初めには、古市に大王墓の墓域が組み込まれた。おそらく、在地首長は、築造協力と同時に墳丘規制をうけて百メートルの墳丘規模を踏襲できずに、縮小を余儀なくされたと言えよう。とすれば、二ツ塚古墳の築造時点で古市において大王墓級墳墓の計画的な築造は考えられていなかったことになる。

■古室山《こむろやま》系列の狼塚《おおかみづか》古墳・誉田《こんだ》丸山古墳の築造

こうしたなか、台地中央の西に開いた谷間に狼塚古墳という古墳がつくられる。一見、この古墳は東側の石川グループに見える。

図126　狼塚《おおかみづか》古墳出土の柵形埴輪　狼塚古墳は、径21m、墳丘長28mの造出しを持つ円墳。造出しの取り付けの鞍部とくびれ部から、導水施設を模したと思われる柵形埴輪が出土した（藤井寺市教育委員会提供）。

しかし、川村和子氏は、狼塚古墳が応神陵古墳中堤に取り付く形をとり、造出し部を西側に向け、そのくびれ部から見つかった柵形埴輪の出入口を西側に向けていることに注目する。その方向は、大鳥塚古墳とのあいだの鞍部の隙間をぬって大水川《おおずいがわ》流域に向けられることになる。この立地は、段丘崖という眺望の利点だけである。

出土埴輪から、応神陵古墳築造古相中に狼塚古墳は築かれ、その後、大水川に向いたその手前の残地いっぱいに誉田丸山古墳がつくられることになる。盾塚《たてづか》古墳を中心とする東側グループが西側にある方墳に変わることからすれば、西に大水川を意識した狼塚と誉田丸山は、東側とは別の系列であり、径四六と五〇メートルという近似する円墳であることからも、二ツ塚系列とは異なり、古室山系列の一角をなしていたと位置づけることができる。

それぞれ古墳の実態が判明するなら、こうした峻別《しゅんべつ》を行うことができる。墳丘のめまぐるしい変化のなかにあって、原則的には応神陵古墳の段階に古市古墳群内の古墳規模の縮小化が目立つ。おそらく、中型前方後円墳系譜を持つ古墳が、一辺五〇メートル前後の方墳に変貌し、縮小を余儀なくされたのであろう。

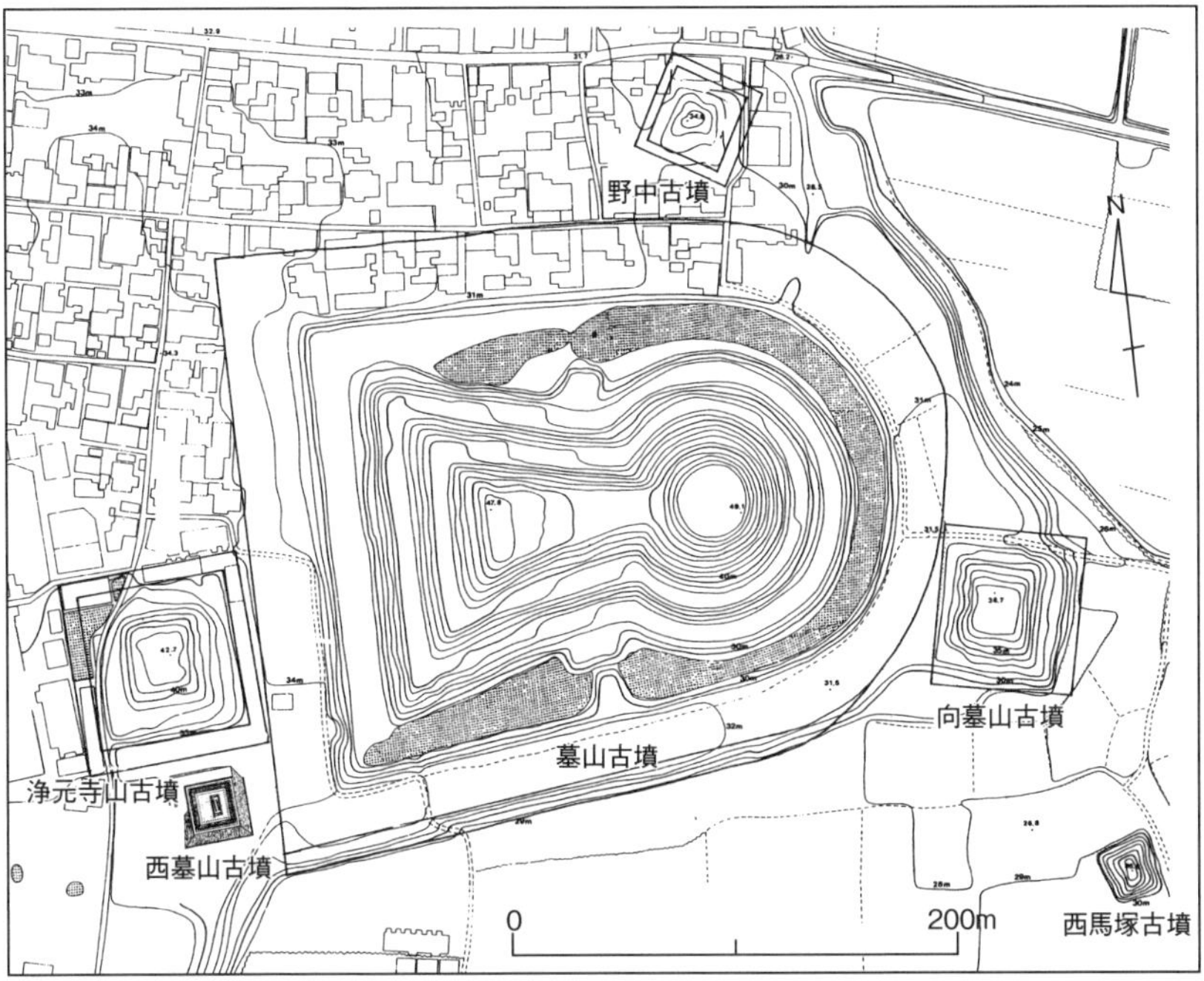

図127　墓山古墳とその付近（羽曳野市・藤井寺市）　北野耕平氏らは、主墳の墓山古墳を中心に野中・向墓山・浄元寺山の各古墳は、計画的に、同時期に配列されていたと考えていた。

墓山《はかやま》古墳と応神・仁徳陵古墳周囲の古墳

■墓山系列の築造

古市古墳群の中で、方墳にはアリ山古墳のような陪冢的な性格もあったが、墳丘の縮小化で気になるのは、古市の墓山古墳とその周囲の四方墳である。これを墓山系列と呼んでおく。これらの一辺は、西墓山《にしはかやま》三一、野中《のなか》古墳三七、向墓山《むこうばかやま》・浄元《じょうがん》寺山《じやま》六八メートルである。応神陵古墳周囲のアリ山・東山・栗塚のように同じような大きさではなく、ばらつきがある。一見、突発的に小さくなったとも思えるが、西墓山古墳や野中古墳には、百舌鳥・古市に特徴的な鉄器の大量埋納が見られることから、これまで従的な「陪冢」「陪塚」と見なされてきた。

しかし、墓山系列の出土円筒埴輪は、向墓山古墳が第三期古相、墓山・西墓山古墳が第三期新相、浄元寺山古墳が第四期古相、野中古墳が第四期中相と順次、五〇年ほどにわたって時期をずらして墳丘に埴輪を立てたことがわかった。

このことから、まず、向墓山古墳は墓山古墳に先行することになる。立地は、大水川に面した中位段丘崖斜面につくられる古市古墳群のなかでは、最も古い四世紀型に入れてよい墳丘立地である。と言うのは、東の低地から見た場合に自然地形を利用して大きく見せる工夫があり、そのために基底部は台形、下段上の幅四メートルのテラスも一・五メートルの比高がある。調査された西辺南側と北辺西側に墳丘裾の状況から、少なくとも二つ以上の渡土堤が設けられ階段状の周溝を持つことがわかる。そして、墓山古墳と接する西側はその外堤盛土が周濠にかぶって、その周溝の外側輪郭の一部が変形をうけている。

図128　西墓山古墳の鉄埋納施設
右の副葬庫は、刀剣類が中心、左の施設は農工具類中心である。
現在、藤井寺市立アイセルシュラホールに実物を出土状況をそのままにして、展示されている（藤井寺市教育委員会提供）。

次につくられたのは、西墓山古墳である。調査の結果、墓山古墳と同時築造である。方墳群のなかで最も小さな墳丘で、人体埋葬を伴わない墓山古墳の付属施設ということになる。主墳の墓山古墳との位置関係を見ると、長さ五・五メートルの二つの副葬庫が墳丘の中心から主墳側の東側にずれて並ぶ。アリ山・野中の両古墳の各施設が、墳丘中心におかれることからすれば、西墓山古墳の場合、それらは東によせられて西

図129　野中古墳から出土した大量の甲冑（大阪大学考古学教室許可済、藤井寺市教育委員会提供）

側には埋納者が行動するスペースが設けられたことになる。埋納者は主墳方向を向いて、まず二百点以上の刀剣類、そして手前に二千点以上の農工具類をおさめた。これは、純粋に墳丘外堤のさらに外に設けられた主墳付属施設なのである。

この古墳の時期に比べ、後につくられる野中古墳は、須恵器にして二型式分近くへだたることになる。墓山系列でも、その間に浄元寺山古墳の築造をはさんでいる。さらに、内部主体としての人体埋葬と第二列の個人所有的な副葬品のバラエティーからすれば、主従の関係とは言い切れないのである。

田中晋作氏は、特定物品の埋納を主眼とした物には、あらかじめ計画的につくられた「陪塚」と、「主墳」での埋葬のときに新しくつくられた古墳との二つがあるとする。四基中、西墓山古墳と野中古墳の内部の様子が分かるだけであるが、その埋納品にも時期差がある。墳丘が重なり合い、向墓山古墳が主墳に先行してつくられることで、前者の解釈の陪冢にも相当しない。西墓山古墳は、計画的に同時期につくられたと言う前者にあてはまりそうであるが、人体埋葬を伴わず、陪葬でない。時期をあまり隔てず追従するという意味からすれば、浄元寺山古墳が唯一、後者の陪冢である可能性があるのみである。

築造時における古市の状況を見ると、応神陵古墳築造段階に方墳への規制縮小の時期にあたっている。そして、野中古墳の出土品は、調査担当者の北野耕

図130　青山１号墳　墳丘は２段に築かれ、濠をめぐらせている。墳丘には、大きさも応神陵古墳の埴輪群に似た埴輪が出土する（藤井寺市教育委員会提供）。

平が言うように墓山古墳築造ころのものが最も古く、一〇領の甲冑は新しい物も含み、三角板革綴《かわとじ》式襟付《えりつき》短甲から横矧板鋲留《よこはぎばんびょうどめ》式短甲まで三形式分にわたる。製作年代からすれば、三〇年以上の長い期間に生産されたもので、墓山古墳との関係性はあるが、同時期内での主従性は薄いと言えよう。

つまり、墓山古墳周囲の方墳は、同じような時期や施設を示さないことから、接して同じ墳形の物があるからと言っても、同じ位置関係を保っていたとは限らないのだ。

■青山《あおやま》古墳群の築造

ところで、古市で順次、墳丘が小さくなる古墳群がある。

図94に示した青山古墳群は、大型墳と接することはなく地形的に重ならない単独のものである。応神陵古墳築造段階古相と併行する時期につくられた径六五メートル、墳丘長七三メートルの青山一号墳（青塚古墳）である。帆立貝式古墳として、突如、当地点に古墳群の盟主として出現する。出現契機は山城の上人《しょうにん》ヶ《が》平《ひら》古墳群（197頁参照）と似ていそうであるが、古市の中に埋没する立地であることから、均質な小形方墳群には当てはまらない地域首長墓群と見てよかろう。

さて、一号墳築造のすぐ後に南接して、一辺一五、墳丘長二〇メートルの前方後方

図131　軽里４号墳から出土した埴輪列　円筒埴輪の他、家・馬・人物などの形象埴輪が立てられていた。古市大溝の堤の土がそのままかぶったために、前方部頂、最も後円部側に家形埴輪が置かれ、その前に、中に何かを納めた須恵器が供えられた。さらに、その前面には埋葬者の行動スペースを設けた様子がそのまま残る事例である（羽曳野市教育委員会提供）。

墳である四号墳が築かれる。これも、第四期古相に入る。この現象は、前方後円墳からまず前方部に規制がかかり、次に主丘に形の規制が働いたと考えることができる。そして南側に、第四期中相に相当する二号墳がつくられる。これは径二七、墳丘長三三メートルの帆立貝式古墳であり、規模が回復しているが、方形ではない。允恭《いんぎょう》陵古墳の周囲にある古墳の墳丘は、円形傾向を示すのだが、それと同じ流れとなる。

さらに、南側の古市大溝をへだてて、墳丘長一八メートルの帆立貝式古墳である軽《かる》里《さと》四号墳がある。この古墳は、やや時間があいて第四期新相になるが、この青山系列が続くなか、須恵器を伴なった一辺七〜一四メートルの方墳が密集してあるのも特徴である。古市の階層性をコンパクトにサイズダウンしたような構造を持つありさまである。

■百舌鳥古墳群での規制と、諸古墳の性格

古市での規制には、帆立貝式・方墳・円墳化といった三つの波があり、古墳の小型化にバラエティーがあった。では、百舌鳥の仁徳陵古墳周囲は、どのような動きを見せるのであろうか。

図103に示している古墳では、南東部にある墳丘長六五、後円部径三五メートルの前方後円墳である収塚《おさめづか》古墳が、仁徳陵古墳よりやや新しくニサンザイ古

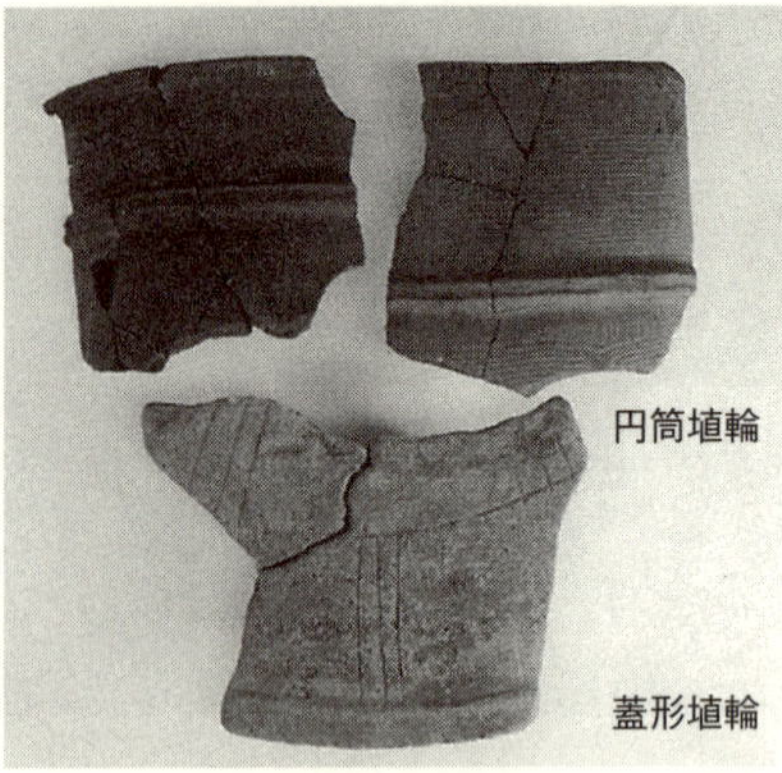

図132　収塚古墳出土の埴輪
周濠から円筒埴輪や蓋《きぬがさ》形埴輪などが出土している。埴輪片ではあるが、仁徳陵古墳周囲の古墳はこうした遺物が近年の調査で出土することによって、細かな築造時期がわかるようになってきた（堺市教育委員会提供）。

墳までは下らない。比較的精美な埴輪製作法を受けついでいる。源右衛門《げんえもん》古墳は、収塚古墳と同じ時期である。ただし、地元色が強く、手を抜いた埴輪製作である。塚廻《つかまわり》古墳と菰山《こもやま》古墳も近い時期であるが、埴輪製作の統制力の差が微妙にある。墳丘長八七、後円部径六七メートルの帆立貝式の丸保山《まるほやま》古墳はニサンザイ古墳併行である。竜佐山《たつさやま》古墳もやや下る。径二〇メートルの一本松古墳は、五世紀末と大幅に遅れる。周囲の古墳は、築造中とその直後であっても、どんどんと墳丘が変化していく。基本的に小さな墳丘規模へ、前方後円墳や帆立貝式古墳、円墳へと前方部が縮小する方向を示していた。

これは、百舌鳥古墳群全体でも、仁徳陵古墳の段階で中型前方後円墳墳系譜が円墳や帆立貝式古墳に変化する共通した特徴である。百舌鳥・古市古墳群の両者は、時期は多少ずれるが、群内で圧倒的な大型墳が築かれた段階で、それぞれに規制を貫徹することが容易にできる段階に入ったことがくみ取れる。大王お膝元とでも言うようななかで、段階的な墳丘規制の事例と言うことができる。

■古市・百舌鳥の規制からわかること

以上に見てきた事例をもとに、古市・百舌鳥古墳群にひそむ同じ大きさ、同じ形の物を重層構造性とともに、時間推移を考え合わせることでそれらの分解を試みた。

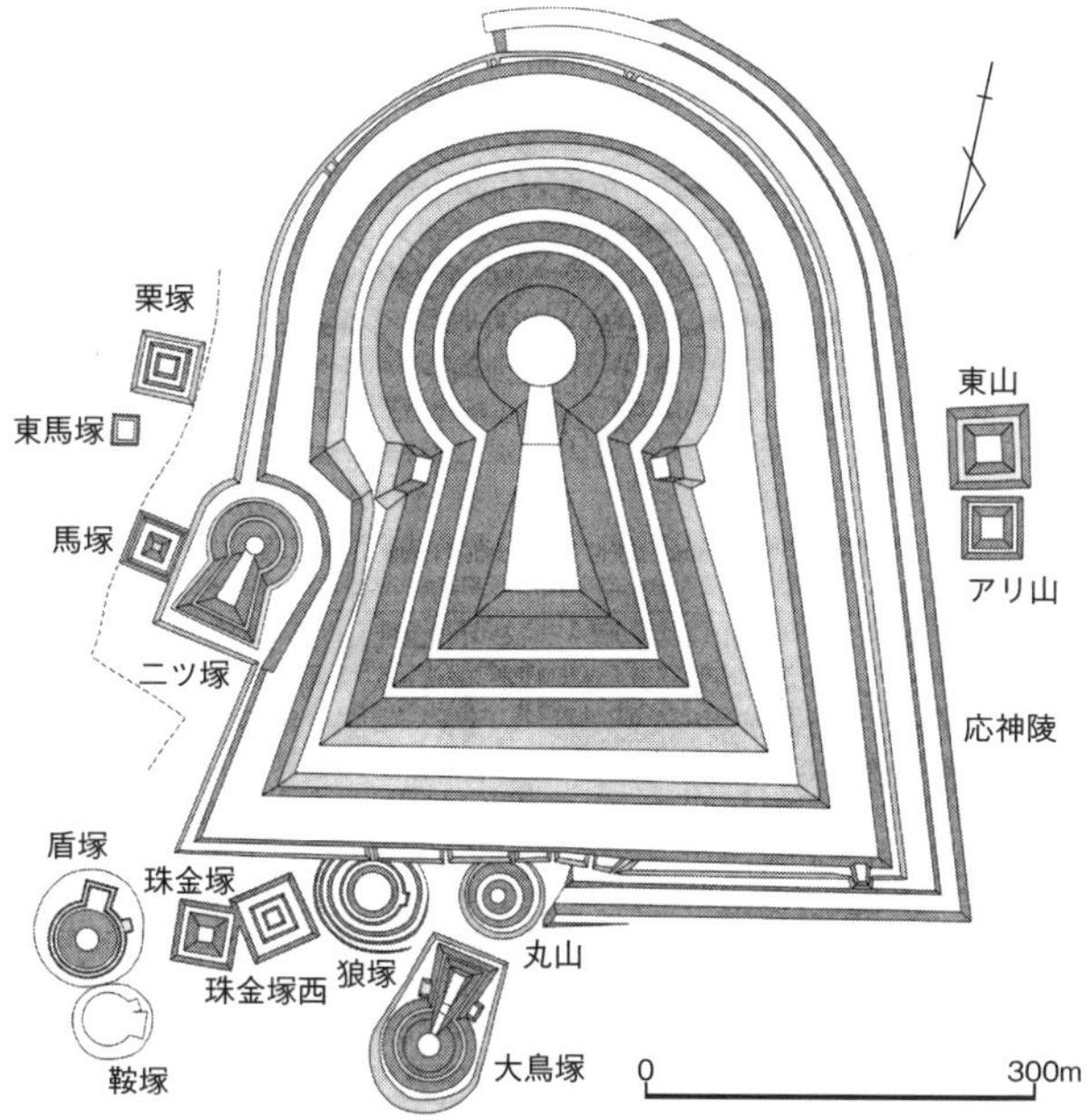

図133　応神陵古墳・周辺古墳墳丘復原　応神陵古墳の周囲の中小墳は、前方後円墳→帆立貝式古墳→方墳→円墳と墳形が変化しながらつくられた。

そのなかには、まず、①直接的な付属施設としての西墓山古墳。②従属型の親密性が高く、主墳とともに計画的につくられた古墳であるアリ山・栗塚古墳。③主墳の築造を機に後続して、順次周囲に築造される仁徳陵古墳周囲の古墳。④主墳と考えられる古墳に接するが、それに先行して出現し、一定の首長系譜上にありながら縮小を余儀なくされる二ッ塚・古室山系列墳。⑤④に比べて主墳とは接しないが、墓山系列や青山古墳群のように段階的に縮小していく古墳で構成される。⑥⑤の系譜と関連性を持つ小形方墳群、⑦⑥より離れた大阪市・長原古墳群のような小形方墳群があった。

②が陪冢、③・④が墳丘規制の影響で成立した古墳で、それらは、逐次小型化していった。そうしたなかで、第四期古相の応神陵古墳築造段階までは、形と大きさについて系列のありさまや変化に多様性があり、そのつどの相互関係によって、きめ細かな対応がなされた。しかし、第四期中相の仁徳陵古墳築造段階には、その過程のなかで墳丘が縮小し、円形原理に整理されていく姿があった。

この規制は、小型墳だけではない。堺市の墳丘長一五

図134　百舌鳥大塚山古墳　周濠をめぐらせた百舌鳥古墳群では５番目の大きさを誇る前方後円墳だったが、戦後、宅地化され、今ではその墳丘上部は見られない。

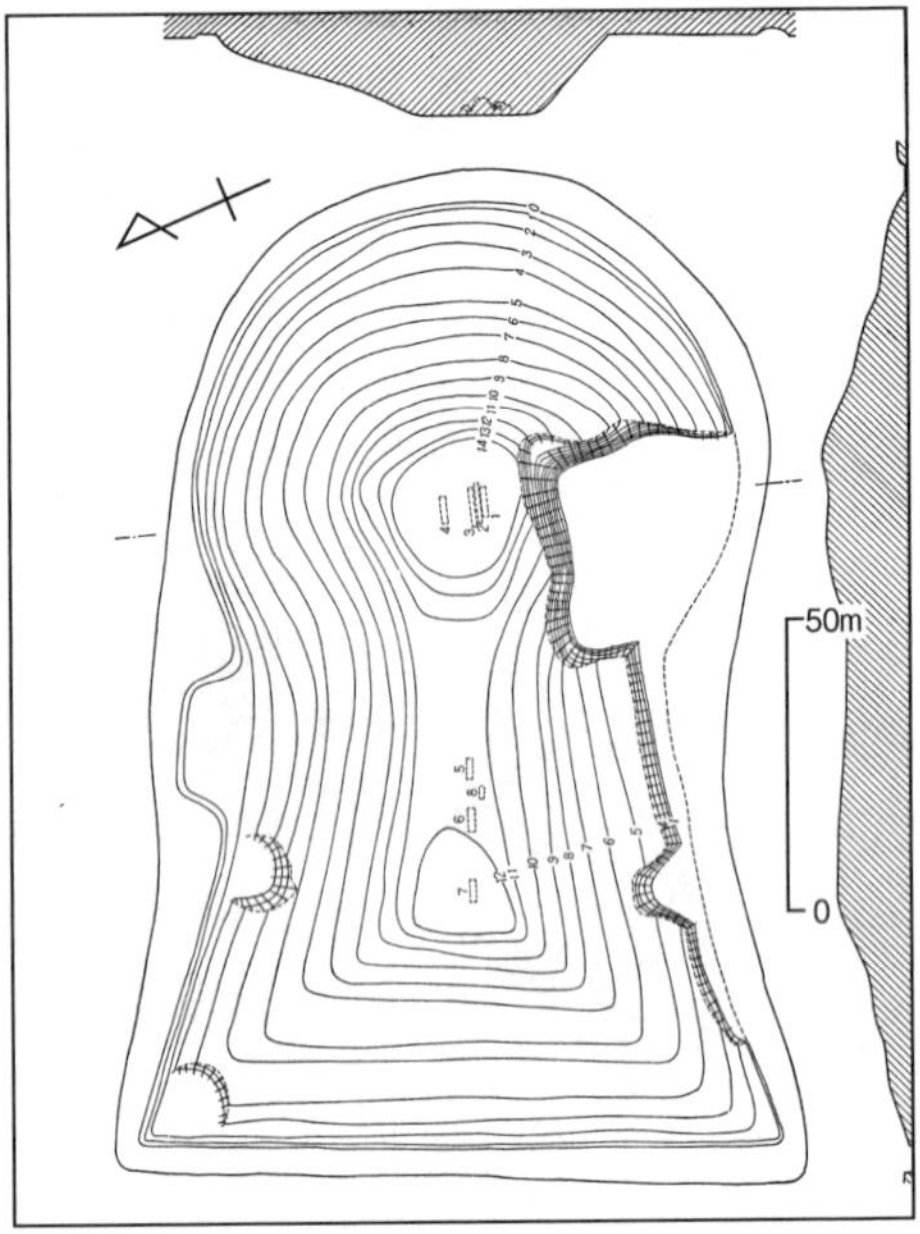

九メートルの百舌鳥《もず》大塚山《おおつかやま》古墳の主体部は八基の粘土槨、八尾市の墳丘長一六〇メートルの心合寺山《しおんじやま》古墳も石室ではなく、粘土槨、木棺直葬であった。

次に触れるように、仲津姫陵・履中陵古墳の段階で、四世紀のはじめごろのような日本列島の造墓エネルギーのまとまりが復活した。そして、さらなる渡来者の増加を自力手工業生産システムの確立で、そのエネルギーは増した。しかし、それでは突出した物にはならず、周囲が四世紀末に手にした造墓力を規制することでエネルギーをおさえ、それをも集約したのが仁徳陵古墳と言えよう。他者との格差は、反比例して大きくなった。

やはり、仁徳陵古墳の築造は、物質的で相対的な関係を絶対的な関係へと大きく導き、変化させる画期をもっていたのである。

第十章　ニサンザイ主導類型古墳の発現と前方後円形墳墓の外郭

墳丘規模の限界性

■大和東南部の古墳と布留《ふる》遺跡

これまでは、現在地表に存在する古墳を見てきたが、五世紀の間、すなわち東アジア全体の混乱中期に、大和東南部では目立った古墳がほとんど無くなる。奈良県橿原《かしはら》市にあるたくさんの木製品の出土で有名な四条古墳や桜井市の木立古墳のように、上が削平された中小墳が大和盆地内で今後も見つかる可能性はある。しかし、百舌鳥・古市・佐紀・馬見にあるような大型墳の検出は望めない。

すなわち、四世紀の天理市の景行陵古墳や櫛山《くしやま》古墳がつくられたあとは、六世紀の継体天皇の后（手白香《たしらか》皇女）の墓と目される西山塚古墳（天理市）まではぽっかりと造

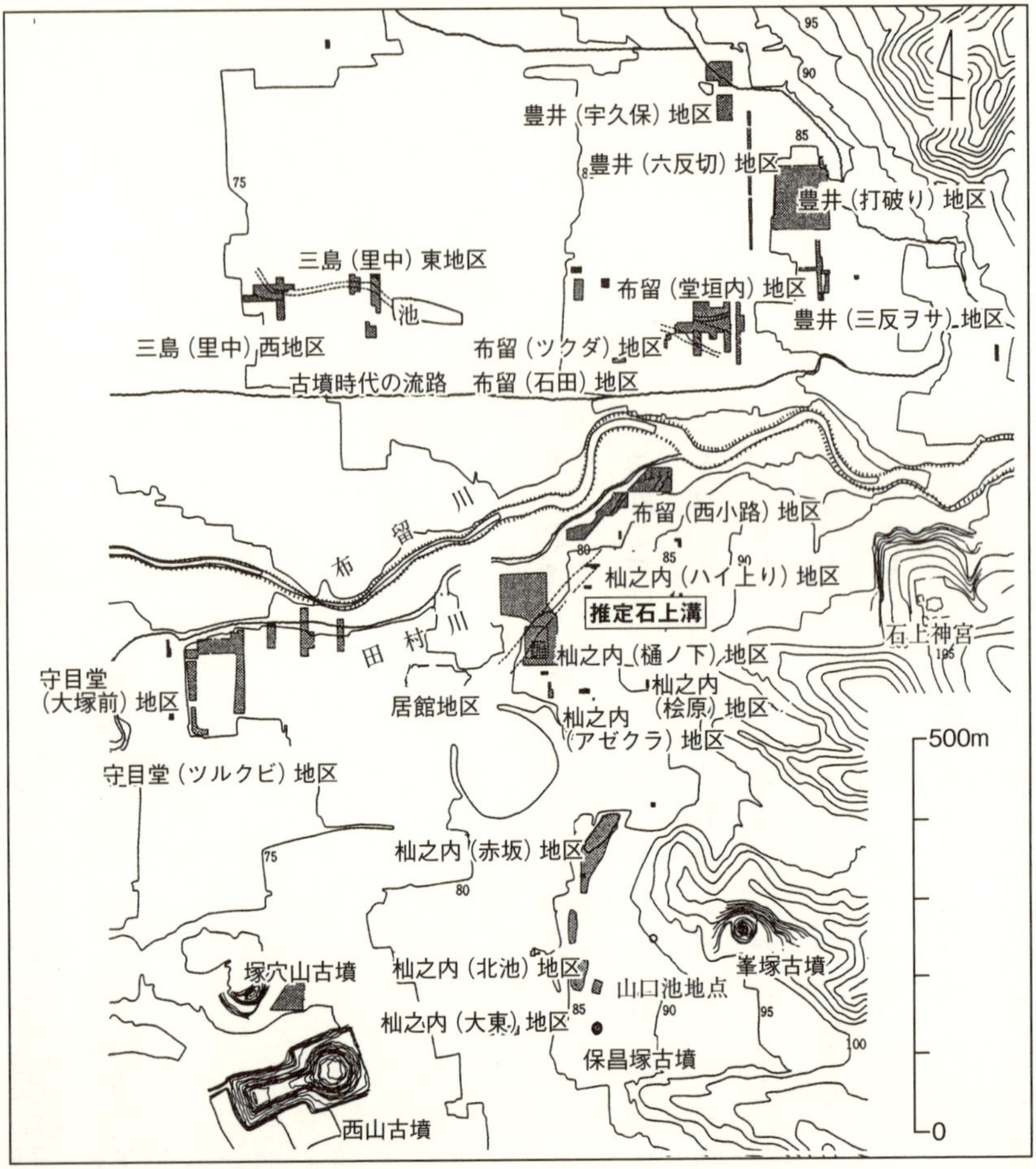

図135　布留遺跡の古墳時代の状況

墓活動に大きな穴があく。これは、規制なのか。

この地域には、図135の中央を横切る布留川を中心として、そこから分水する推定石上溝《いそのかみのみぞ》を要する天理市布留《ふる》遺跡がある。それを中心とした遺跡群の居館や溝、流路、池の検出、出土する手工業生産の痕跡など、日本列島をリードすることがらが目立って確認される。ここでは築造規制というようなことはあり得ないはずだが、中期大型墳はないのだ。しかし、大阪市の上《うえ》町《まち》台地突端にある法円坂《ほうえんざか》遺跡の大型倉庫群を伴なった「宮」と呼べるような存在とともに、布

図136　土師の里８号墳出土の埴輪円筒棺　土師の里８号墳は、一辺12mの小形方墳。３基の埋葬施設があり、そのうち中央施設は、円筒埴輪形の棺専用品２個体を連接していた。写真の埴輪は、窖窯で焼く時期の製作技法でつくられているにもかかわらず、黒斑《こくはん》が多くついている（藤井寺市教育委員会提供）。

留でも同じような「宮」、加えて官営工房などが併設された可能性が高い。

■仁徳陵古墳の卓越性

となれば、大和東南部から主要古墳が欠落する時期に限って、大きくふくらむ百舌鳥古墳群の消長がやはりその穴を埋めているとしか考えようがない。もちろん、大和東南部にあるエネルギーは古市にも及んだはずである。しかし、大型墳の有無を埋めた中心は百舌鳥と見なすべきであろう。少なくとも、仁徳陵古墳、ニサンザイ古墳の造墓のエネルギーには日本列島中のエネルギーが百舌鳥に集中した。

というのは、仁徳陵古墳の時期に限っては、古市においてすら大中型墳の築造が停止していたことがうかがえる。五世紀の埴輪編年を語るときに、最も過不足なしに埴輪群の生産期間を重ねながら埋めていくことができるのは古市古墳群である。にもかかわらず、仁徳陵古墳の埴輪群に併行する埴輪は、今のところ、藤井寺市の土師《はじ》の里《さと》八号墳の埴輪円筒棺に用いられた野焼きの物に限られる。これは窖窯《あながま》焼成でないことから、積極的な生産体制に組み込まれることなく、単独でつくられたことを意味する。今後、仁徳陵古墳埴輪群に併した埴輪が出土したとしても中型墳以上の古墳はあり得ないだろう。比肩する古墳群である古市といえども、エネルギー

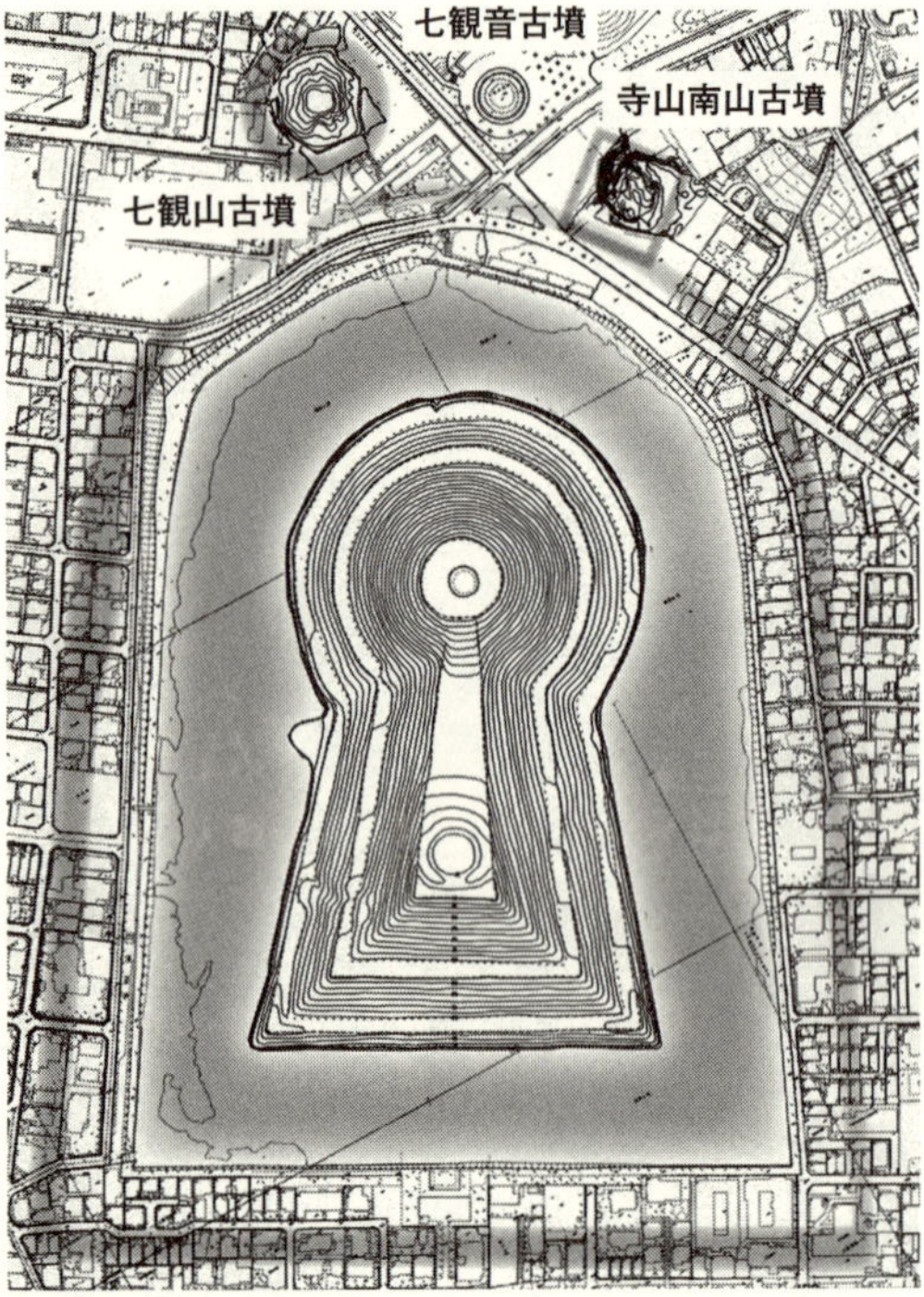

図 137　履中陵古墳　周囲に、一重の外堤とそのまわりの外周溝の痕跡が残る。

は、仁徳陵古墳の墳丘が必要とした三万本に集中投下されたとも言えよう。

百舌鳥と古市といった関係においてさえ、仁徳陵古墳の造墓体制はほかに例をみない規模になった。それは物資の投下をおしまない厚葬の時代ではあったが、限界点を示していた。そもそも、先にも述べた三百メートル級の箸墓《はしはか》古墳を大幅に越えたのは、百年以上ものちの履中陵古墳のことである。その間、同じような見かけ上の墳丘規模がひきつがれはしたが、丘陵地形をたくみに利用したものであり、ようやく地表から上が盛土という墳丘規模で並んだ。

ただし、それまでに極度に均衡がくずれなかったのは、日本列島内での住民のバランス、すなわち築造のための労働力動員の容量と、余剰にさく関心について、そんなには変わりがなかったからであろう。そうした意味では、丹後、東北、宮崎の事情は畿内政権が求めていた範囲以上にそれまでなかった統括力を発揮したもので、加算できた余力のなかで、履中陵古墳が頭角を現したのである。まず、そのエネルギーを吸う人海戦術となったわけである。

■中国の動きと畿内政権の対応

ところが、その統御のためにはツールがいる。

ここで東アジア情勢をふりかえって見ると、混乱前期はじめへのきっかけは、漢の献帝《けんてい》劉協《りゅうきょう》の即位年（一八九年）に事実上の分裂状態に陥ったことであったかもしれない。しかし、それ以前の漢帝国の崩壊に伴なった民衆の動きは、その統治秩序システムを知っている人々を周辺に拡大・拡散させる結果となった。そうして渡来してきた人々は、日本列島に対して、中国を中心としたきめ細かな統治支配体制の枠組みのなかへと導くには充分であった。

混乱前期後半も、また同じような人材流出とその人々による中国システムの流布の時代ともなった。

増加する多くの人々、それは朝鮮半島、とくに高句麗・百済が強くまとまることで、より南部に人々を押し出し、次々と日本列島に渡来したことは想像に難くない。そのなかには、職能的にそれまで今一歩、日本列島には定着しきれなかった技術体系についても、実践的に協働して定着できる陣容を整える多くの人材が求められることと連動して、流入した。畿内政権は、来たるべき、そして求められる技術体制の到来のための保証を組み、それを待ち望む日本列島の各地に対して、その労働力を求め、集めた。

そもそも、手工業生産の日本列島の大陸化は段階的に起こっていた。かつて、都出比呂志氏が説いた「農具鉄器化」という考え方がわかりやすい。弥生時代の農耕開始時にも、鋳鉄製の斧《おの》形耕具の刃先《はさき》を大陸に頼った段階があった。しかし、弥生時代中・後期には、日本列島で培われた方形板刃先を創造する段階があった。さらに、古墳時代中期には図138下にあるU字形の刃先が出現して、土木用具から耕具に至るまでの鉄器化が進んだ。これらは、火力を用いた量的な自立生産を段階的ではあるものの、飛躍させていく道程を示すものでもあった。

最後の画期は、大陸での一定の大きなまとまりを少なからず取りもどした、中国の東晋《とうしん》、宋《そう》が興ったタイミングであった。

宋は、周辺に対してより広範なまとまりをうながした。混乱中期は、散在して小地域でまとまりかけていたものに大きな交流圏を誘発させたのである。その時点での渡来集団の直接的な労働力と、それに基づく窖窯《あながま》焼成に象徴される火力の技術的な革新が、古墳築造の限界を飛躍的に越えた。

ただしそれは、仁徳陵古墳の大きさを限界としただけである。むしろ、前方後円墳という特殊な墳墓に類する最大の広がりはその次の段階になる。

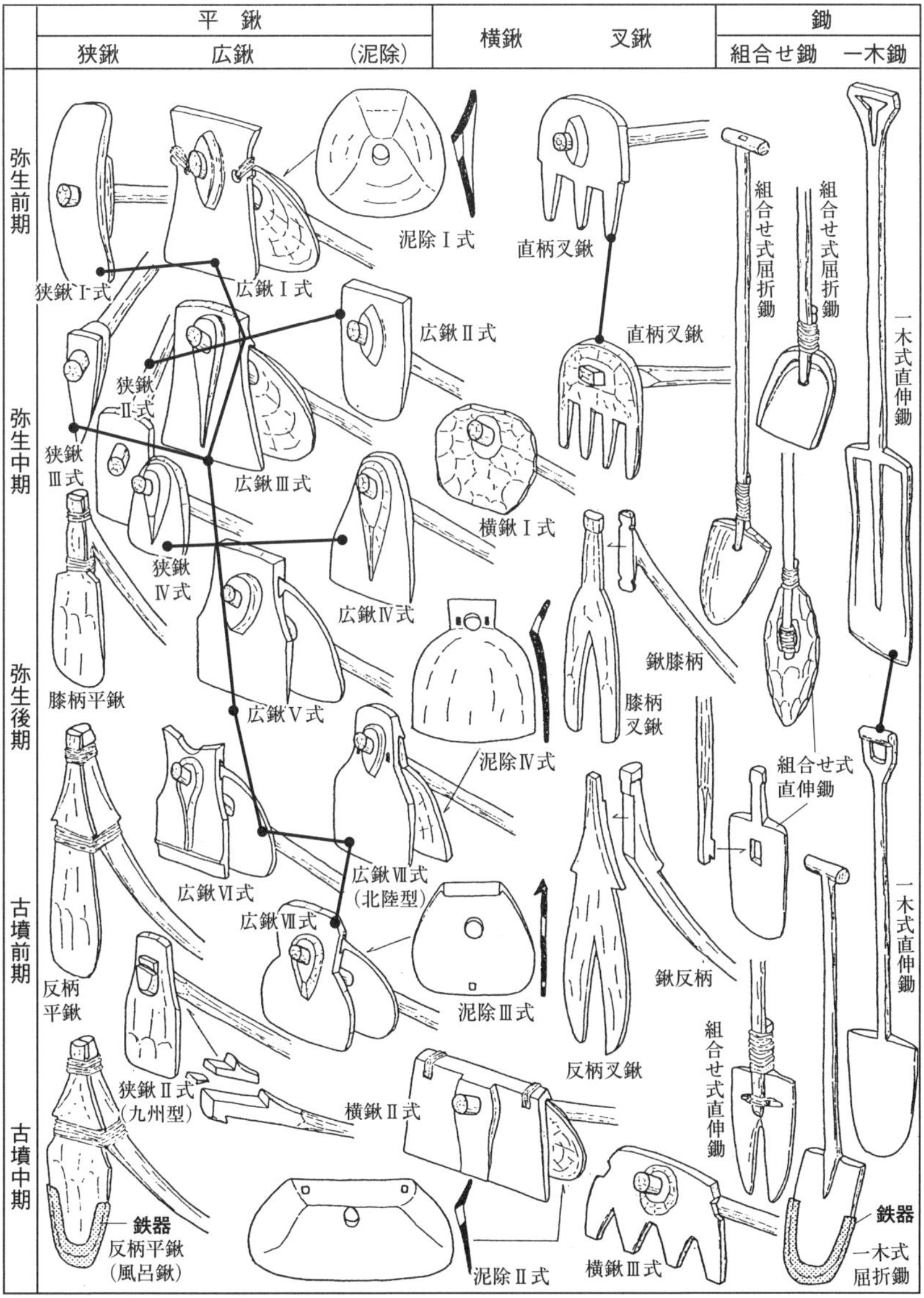

図 138　弥生から古墳時代の近畿地方における鍬《くわ》と鋤《すき》の変遷概念

朝鮮半島の竹幕洞《ちくまくどう》《チュンマクトン》遺跡と松鶴洞《しょうかくどう》《ソンハク》一号墓から見た倭国

■倭《わ》の五王時代の安定と朝鮮半島

仁徳陵古墳がつくられてからしばらく、倭の五王の安定した交流の時代が続いた。このことは、日本列島内で相対的に大きな古墳をつくらなくなった一つの要因ともなった。東北南部から南九州までの日本列島でのまとまりは、当然のこととなっていたかもしれない。

四三八年、倭王珍《ちん》は中国・宋に倭としては、二度目の使節を送った。「使持節《しじせつ》、都督《ととく》倭・百済・新羅《しらぎ》・任那《みまな》・秦韓《しんかん》・慕韓《ぼかん》（馬韓《ばかん》）六国諸軍事、安東大将《あんとうたいしょう》軍《ぐん》、倭国王」と、大きく朝鮮半島南半諸国を含めて除正した。しかし、「安東将軍、倭国王」のみが認められた。倭王済《せい》は、四五一年には「安東大将軍」となり、百済の要求に代わって加羅《から》（伽耶《かや》北部）が加わった。五世紀の東アジアは、日本列島の安定以上に、朝鮮半島南部の諸国との交流と編成争いはかなりし烈な争いになっていた。

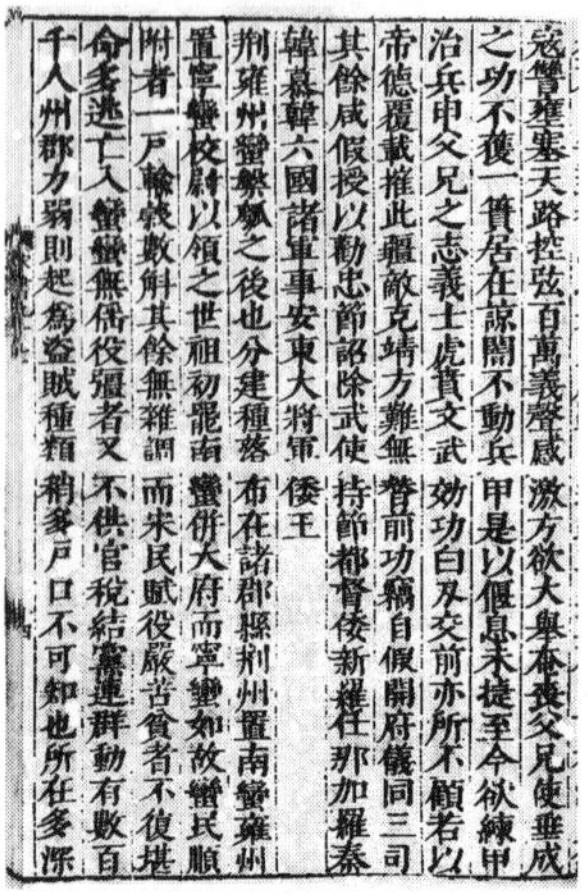
寇讎壅塞天路控弦百萬義聲感激方欲大舉奄喪父兄使垂成
之功不獲一簣居在諒闇不動兵甲是以偃息未捷至今欲練甲
治兵申父兄之志義士虎賁文武効功白刃交前亦所不顧若以
帝德覆載摧此彊敵克靖方難無替前功竊自假開府儀同三司
其餘咸假授以勸忠節詔除武使持節都督倭新羅任那加羅秦
韓慕韓六國諸軍事安東大將軍倭王
荊雍州蠻盤瓠之後也分建種落布在諸郡縣荊州置南蠻雍州
置寧蠻校尉以領之世祖初罷南蠻併大府而寧蠻如故蠻民順
附者一戶輸穀數斛其餘無雜調而宋民賦役嚴苦貧者不復堪
命多逃亡入蠻蠻無徭役彊者又不供官稅結黨連群動有數百
千人州郡力弱則起為盜賊種類稍多戶口不可知也所在多深

図139　『宋書』倭国伝
前から５～６行目に「使持節、都督倭……」の文章が見える。

朝鮮半島の三国時代において、倭系遺物と呼ばれる日本列島的な遺物の入りこみや影響が大いにあったことは、近年富みに明らかになってき

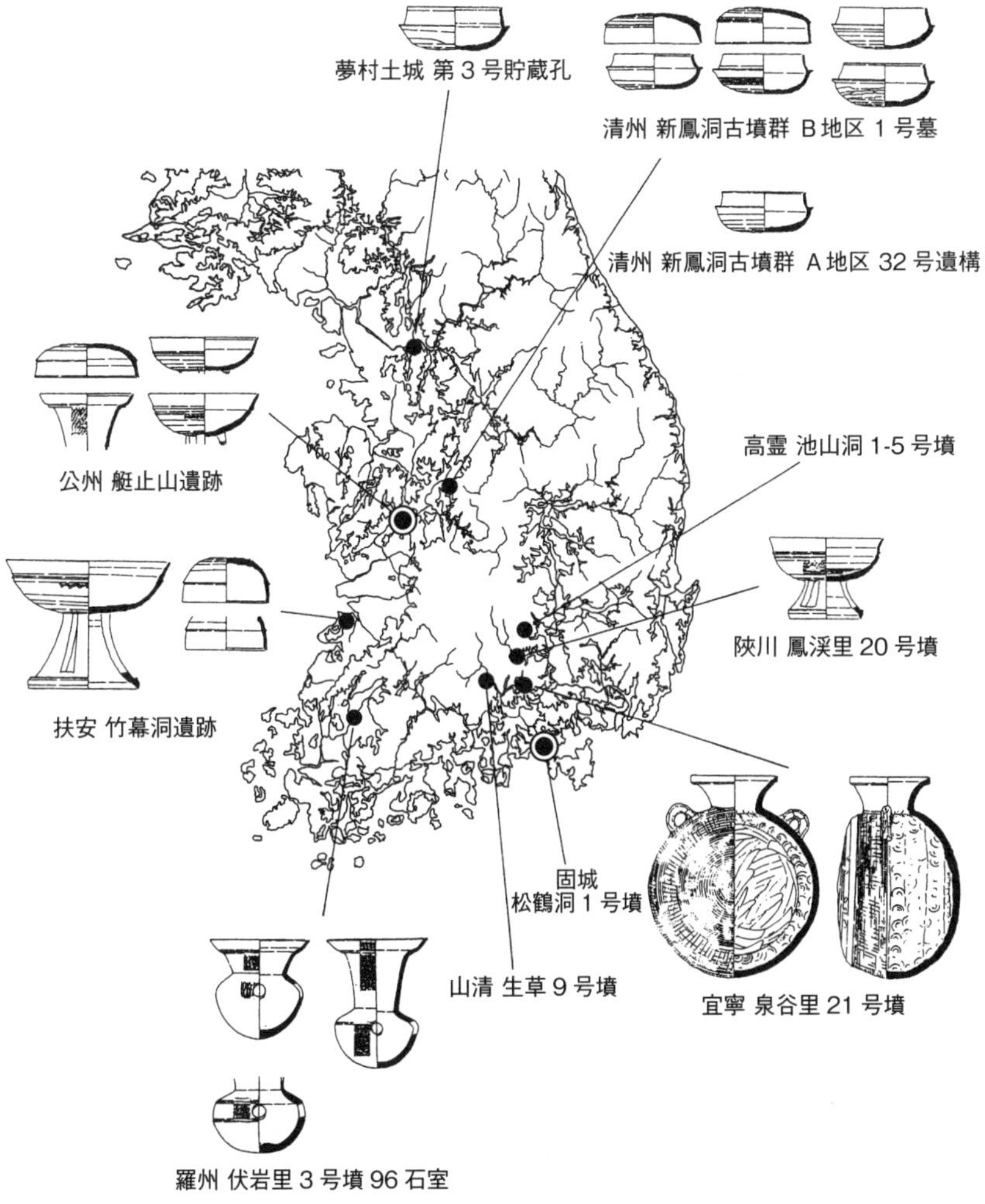

図 140　朝鮮半島出土須恵器系土器の分布

ていることである。

その流入のあり方について、木下亘《わたる》氏は、先に触れた筒《つつ》形銅器・巴《ともえ》形銅器・土師器《はじき》系土器などといった四世紀から五世紀前半のものと、須恵器《すえき》や須恵器系土器といった五世紀前半から六世紀前半にかけてのものの二つのピークがあったことを指摘する。

後者の土器類については、図140に示すように京畿道夢村土城《むそんどじょう》、忠清北道清州新鳳洞《しんほうどう》《シンポンドン》墓群、

図141　竹幕洞遺跡（韓国・扶安郡）　田中俊明氏提供。

忠清南道公州艇止山《てぃとさん》《チョンヂサン》遺跡、全羅北道扶安竹幕洞《ちくまくどう》《チュンマクトン》遺跡、全羅南道羅州伏岩里《ふくがんり》《ポガンニ》二・三号墓、慶尚北道高霊池山洞《ちさんどう》《チサンドン》一―五号墓、慶尚南道固城松鶴洞《しょうかくどう》《ソンハクトン》一号墓など韓国西半でまんべんなく出土する。五世紀中葉から六世紀前葉に集中し、蓋杯《ふたつき》・高杯《たかつき》・𤭯《はぞう》・提瓶《てぃへい》など供献土器が目立つ。

■竹幕洞遺跡と松鶴洞一号墓

そうした中にあって、その間のトピックに、竹幕洞遺跡と松鶴洞一号墓があげられる。

竹幕洞遺跡は、黄海《こうかい》《ファンヘ》につきでた辺山《へんざん》《ピョンサン》半島の南側の断崖絶壁のうえにある露天祭祀遺跡である。遺跡の南に比べて、北側はきびしく切りたった崖へ一気に風景が変わる。そのような、景観領域の境界線上のような所でもある。まずは、子持ち勾玉《まがたま》、鏡・刀子《とうす》・斧・剣形の日本列島的な石製模造品を用いたのち、五世紀後半からは大形の甕《かめ》などの上に中国青磁《せいじ》や馬具を供える行為も見られる。その中には、日本列島産である須恵器も含まれる。普遍的な鉄鋌《てってい》や鉄板といった祭祀のほか、舟・人・馬といった石製形代《かたしろ》と特徴的な祭祀具もある。この遺跡の前半は、時期的にも倭の五王の遺使の時期と重なる。そして、図140の左側、すなわち西海上から北に向かうには、避けて通れない場所であった。

図142　松鶴洞１号墓（韓国・固城郡）　発掘前の状況。田中俊明氏提供。

一方、松鶴洞一号墓は、かつて韓国の前方後円墳として最初に話題になった墳墓である。その後、二〇〇〇年前後に発掘調査された。その結果、三基の円墳が重なり、竪穴式や横穴式の石槨《せっかく》・石室を中心として多数の埋葬施設があることがわかった。大きい方の円の中心にある古い竪穴式石槨からは五世紀後葉のものが、以降、周囲の主体部から六世紀前葉までの副葬品が続いている。

とはいうものの、もともとこの松鶴洞一号墓が前方後円形と言うことで、朝鮮半島でのその存在意識が高まったことで研究が深まっていった意義は大きい。それ以降の知見により、朝鮮半島西南部の全羅南道地域、栄山江《えいざんこう》《ヨンサンガン》流域には前方後円墳形の墳墓が集中して分布することがわかるようになった。

朴淳発《パク・スンバル》氏は、次のように、五世紀後半から六世紀前半までのこの流域を語る。

前方後円形が生まれた事情として、ソウルに都があった漢城《ハンソン》期百済との支配的な同盟関係から南の公州《こうしゅう》《コンヂュ》に移った熊津《ゆうしん》《ウンジン》期百済との直接的な支配関係に至る間の過渡的な状況下に求める。当時の国際情勢からは、「百済―栄山江―九州―倭王権」とつながる構造が、「百済―大和王権」という大きなまとまり関係に再編される状態にあったとする。

混乱中期から後期にかけて、こうした特殊な墳形が現れて混乱後期前半にピークを迎える。まさに、朝鮮半島南部の五世紀代もまた激動の時代であった。

図143　允恭陵古墳　その規模は、古市古墳群の中では4番目の大きさである（堺市提供）。

ニサンザイ古墳の縮小、前方後円墳と須恵器の広がり

■ニサンザイ古墳の築造

仁徳陵古墳で、墳丘の大型化は止まった。しかし、その南東につくられた次のニサンザイ古墳は、大王墓級の目安となる三百メートル級をかろうじて保つ。その後、三百メートル級は三三五メートルの大阪府松原・羽曳野市にまたがる河内大塚、三一〇メートルの奈良県橿原市の丸山といった古墳にすぎなくなる。六〇年に一基の築造ペースである。

二百メートル級は、いずれも大阪府内の二三〇メートルの允恭陵《いんぎょう》（藤井寺市）、一九〇メートルの白鳥陵《はくちょう》（羽曳野市）、二四二メートルの仲哀陵《ちゅうあい》（藤井寺市）、一九〇メートルの今城塚《いましろづか》（高槻市）の三基であり、二五年に一基ペース。全体でも二百メートル以上は同じペースである。その間隔で造墓を行うエネルギーにさいた社会は、それまでになくペースダウンしていた。

仁徳陵古墳の後、允恭陵古墳の墳丘規模は大幅に縮んだ。ただし、それ以上に他の古墳が小さくなった。墳丘長二三〇メートルは、同時期においては際立つ。相対的な関係が保障されたわけである。日本列島では、その後につくられた吉備

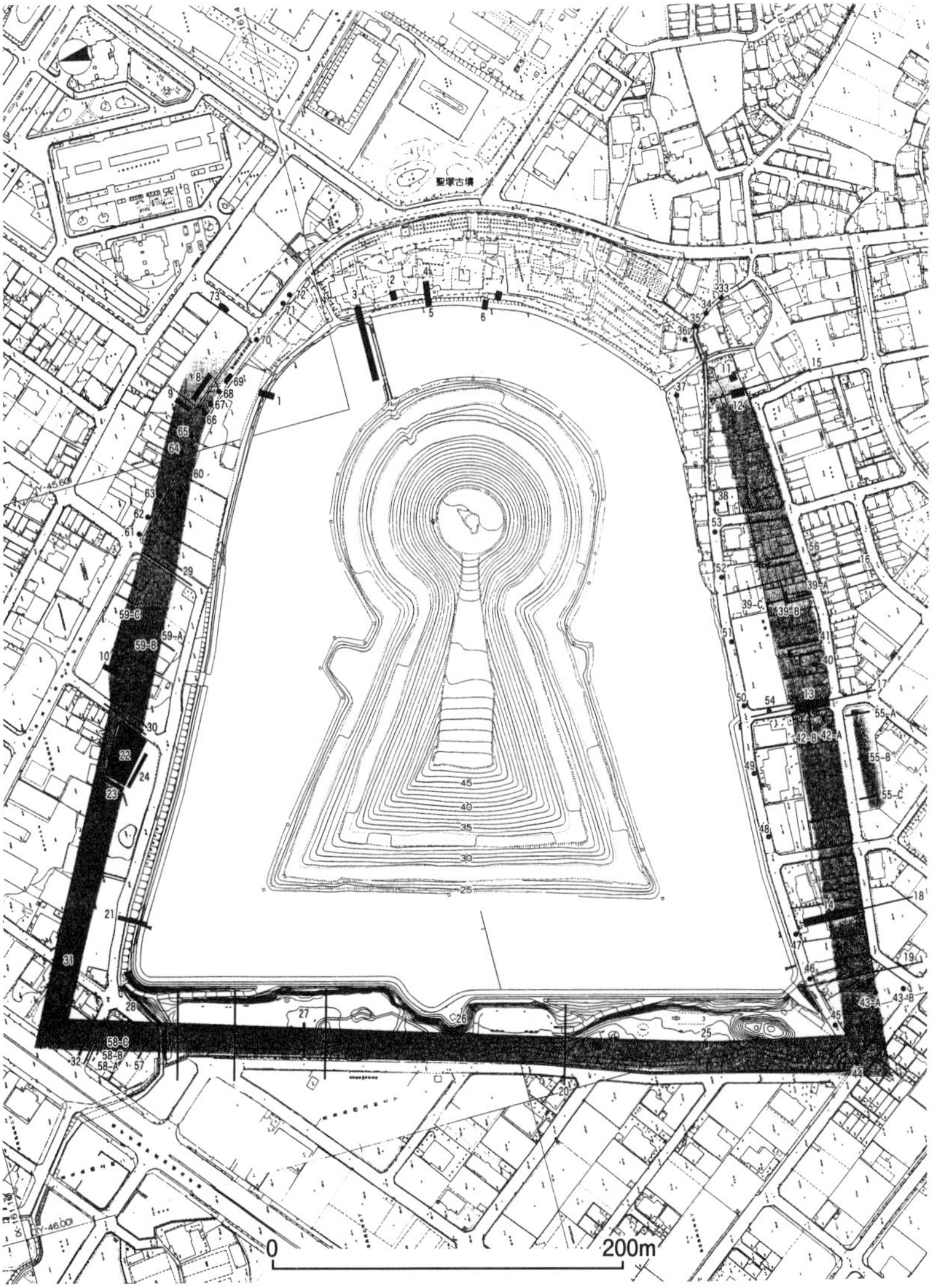

図 144　ニサンザイ古墳（堺市）

図145　両宮山古墳（岡山県赤磐《あかいわ》市）
畿外では珍しく水をたたえた盾型周濠がめぐる。周濠の周囲には、外堤がめぐる（岡山県古代吉備文化財センター提供）。

の岡山県赤磐《あかいわ》市の両宮山《りょうぐうざん》古墳を除いては、二百メートル級のものは、畿内大王墓級墳墓だけであるという確固たる位置を築いた瞬間であった。

百舌鳥では、石津川上流の陶邑《すえむら》窯跡群側に寄せるようにニサンザイ古墳がつくられた。墳丘は縮んだが、これに反比例して、より窯跡群は、図71のように爆発的に拡大した。この生産エネルギーを造墓へと配分できたであったろうが、そうはしなかった。しかも、この時点では、和泉北部は仁徳陵古墳段階よりも増して人々の往来は激しくなっていた。

墳丘が縮小したとはいえ、前方部は増大して立体化した。泉北高速鉄道の車窓から見る姿は、低平な履中陵・仁徳陵古墳に比べて、ピラミッドのようにそびえている。図144のように盾形《たてがた》周濠の長幅比が一：一の美しいニサンザイ類型ができあがった。それに反して、帆立貝式の前方部、そして後円径と前方部幅比が一：一といったように前方部での形が制約をうけた。時間差や系統差だけでなく、前方部の比率できめ細かな階層表現をめざそうとしたのである。

■各地のニサンザイ型古墳

畿外では類型的に、前方部が大きいものに先の両宮山《りょうぐうさん》古墳がある。墳丘長が二〇六、後円部径一一六、前方部幅一四五メートルである。石部正志《いしべまさし》氏らが古くから指摘する

図146　保渡田古墳群（群馬県高崎《たかさき》市）
手前に二子山、奥に八幡塚が復原され、薬師塚が西光寺《さいこうじ》境内の森となって左側に見られる（かみつけの里博物館提供）。

ように古市の白鳥陵古墳と似ており、前方部幅が広い。しかし、それは極く限られた古墳で、ニサンザイ主導類型の前半期間には、前方部が発達しないで径と幅が等しくなるものが地域首長墳に多い。

たとえば、京都府亀岡市の千歳《ちとせ》車塚古墳は、墳丘長七九メートル、後円部径四一メートル、前方部幅四五・五メートル。群馬県高崎市の保渡田《ほどだ》古墳群では二子山《ふたごやま》、八幡塚《はちまんづか》、薬師塚《やくしづか》といった三古墳が百メートル前後で、後円部径が七〇、六〇、六六、前方部幅が六九、六〇、七〇と等しいといったものである。階層的には、ニサンザイ類型の一つ下位、後円部径と前方部幅が同じ、帆立貝式や円墳より上位という前方部上下関係といったところであろうか。

■江田船山《えたふなやま》古墳の築造

『日本書紀』允恭《いんぎょう》四年、氏姓のみだれを正すとする熱湯に手を入れ正否を問う「盟神探湯《くかたち》」の記事があるが、この由来について田中良之氏は、氏族の系譜にあったとする。関連して、允恭と考えられる倭王済《せい》は中国的父系系譜を前提としていた可能性は高いとする。この流れは、倭の五王の朝貢の過程で五世紀中葉の支配者層のなかで、父系へと転換が始まりだした現れとする。

こうしたなか、同じような墳丘で時代を背負う特徴的な前方後円墳も出現する。

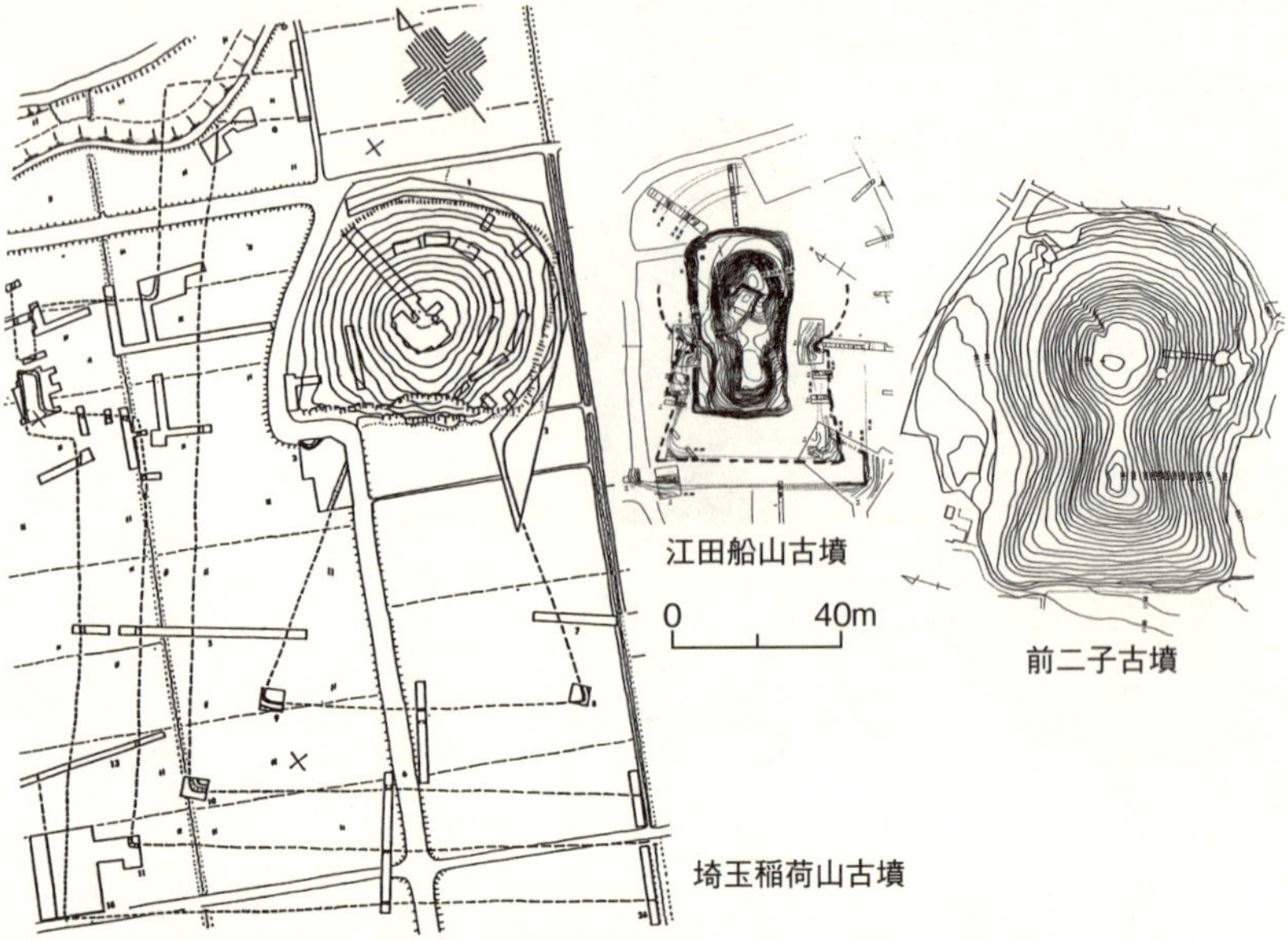

図 147　江田船山古墳（熊本県）・稲荷山古墳（埼玉県）・前二子古墳（群馬県）

もっとも、規模は、決して大きくはない。

雄略天皇と考えられる倭王武《ぶ》を示す「獲加多支鹵《わかたける》大王」の銀象嵌《ぎんぞうがん》鉄刀が出土した熊本県和水《なごみ》町の江田船山古墳は、墳丘長六二、後円部径四一、前方部幅四〇メートルである。その周囲に、盾形の周濠が確認されるとともに、さらに外堤がとりつく。後円部には、横口式の家形石棺がとりつく。

　その一世代あとで墳丘長九四、後円部径六八、前方部幅六五メートルの三：二となる相似形墳丘の群馬県前橋《まえばし》市の前二子《まえふたご》古墳が築造されるが、すでに横穴式石室となり、石材が大型で切石状である。この時期、一・六×一・〇メートルという大きな使用石材は異様である。この間に、大王墓級も横穴式石室に変化していた可能性は高い。

　江田船山古墳の石棺側のくびれ部では、一九八五年の周溝調査でＴＫ二三型式の須恵器が出土した。同時期には、倭王武を示す金象嵌鉄剣を出土した埼玉県行田《ぎょうだ》市の埼玉稲荷山《さきたまいなりやま》古墳の出土埴輪や伝出土の須恵器高杯《たかつき》も、

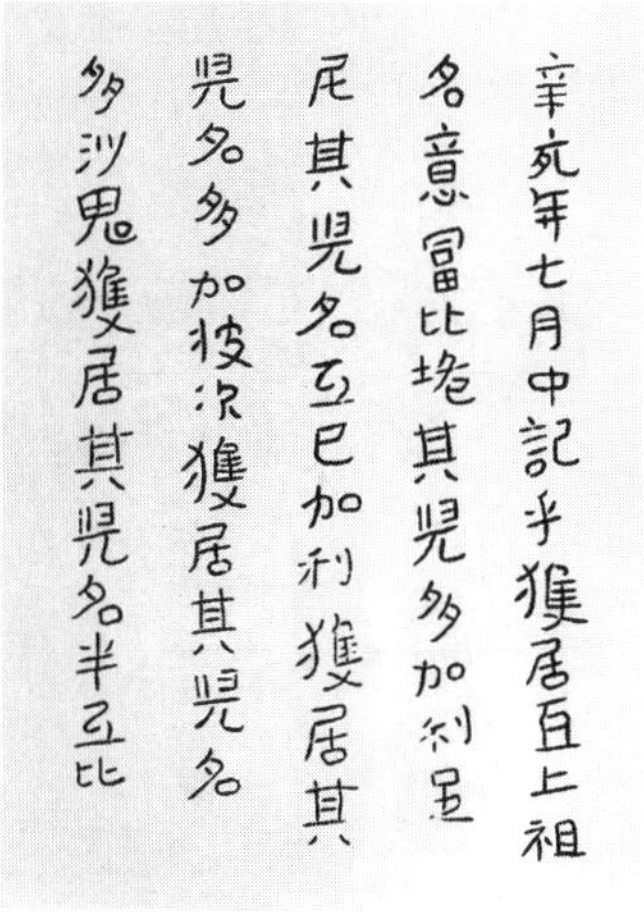

図148　稲荷山古墳「辛亥年」鉄剣銘と銘文（表）　鉄剣の長さ73.5cm。表に57文字、裏に58文字が刻まれている（埼玉県立さきたま史跡の博物館提供）。

江田船山古墳の出土の須恵器と似る。

関東、九州と東西に分かれた特徴ある古墳に、ワカタケル（倭王武）と象嵌された鉄刀剣をたずさえた被葬者が長期間の保有を経ないで、共通した世代で副葬された。

■倭王武の文字による支配

倭の五王の時代の最も新しい時期に併行するこれらの古墳は、混乱中期の終焉を示す。五世紀中ごろを中心に続いた中国交渉の断絶と次代への新たなる変化の兆しである。この時期、高句麗は強力にまとまって南下し、百済を押しさげた。

さらに日本列島へ渡来する人は、増えたことであろう。それらの人々も、古墳築造の労力と技術への発展を期待して、造墓エネルギーにさくことができたはずである。しかし、そうした方面には、意識の中心が向くということはもはやなかった。それは、倭王武に至って見

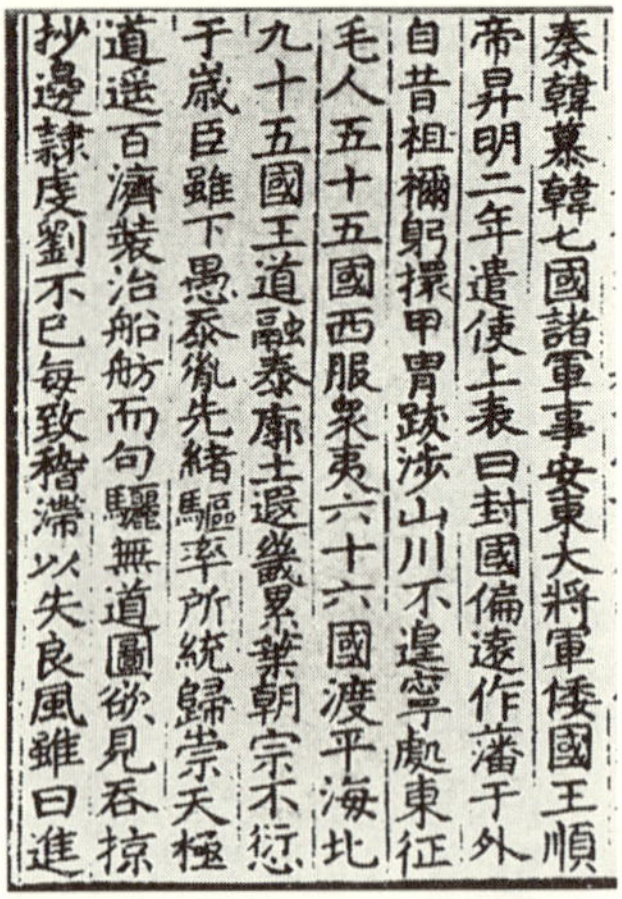

秦韓慕韓七國諸軍事安東大將軍倭國王順
帝昇明二年遣使上表曰封國偏遠作藩于外
自昔祖禰躬擐甲冑跋渉山川不遑寧處東征
毛人五十五國西服衆夷六十六國渡平海北
九十五國王道融泰廓土遐畿累葉朝宗不愆
于歳臣雖下愚忝胤先緒驅率所統歸崇天極
道逕百濟裝治船舫而句驪無道圖欲見呑掠
抄邊隷虔劉不已毎致稽滯以失良風雖曰進

図149　倭王武の上表文（『宋書』倭国伝より）　3行目に「昔より祖禰《そでい》、躬《みずか》ら甲冑《かっちゅう》をつらぬき、山川を跋渉《ばっしょう》し、寧處《ねいしょ》にいとまあらず」とある（16頁、308頁参照）。

られた巧みな宋《そう》への上表文《じょうひょうぶん》と象嵌鉄刀剣に見られる文字も、無関係ではない。視覚的、軍事的色彩の強かった五世紀の支配方式のなかにあって、文字による支配へと大きくシフトした。

■陶邑《すえむら》からの須恵器生産の拡散

鉄刀剣に表現される一側面に比べて、仁徳陵古墳の制御力はまだまだ造墓を媒介として標示される物質的な宗教センターの側面が支えとなっていた。さらに、五世紀前半は、上部を構成する被葬者の墳墓築造に伴う埴輪生産だけでなく、一般階層も巻き込んで生活様式が変わった手工業生産の一大画期でもあった。墳墓は異った物質的な矛先《ほこさき》の変化が最も求められ、今なお進展していった時期ではあった。

そのうち、窖窯《あながま》で焼く須恵器は日本列島北部でも陶邑《すえむら》の初期の物と形も文様も似る仙台市の大蓮寺《だいれんじ》窯跡窯をはじめ、その初期から斉一性を持った物が各地でつくられたことは先にも触れた。その体制づくりには、渡来系工人と百舌鳥と陶邑という場が大いに貢献した。さらに日本列島の東方への波及は、東海への埴輪・須恵器生産において技術の中心―周辺関係という強固な図式が形成された。

尾張（愛知県）の低地部には、箸墓類型かと思われる墳丘長八〇メートルの愛知県

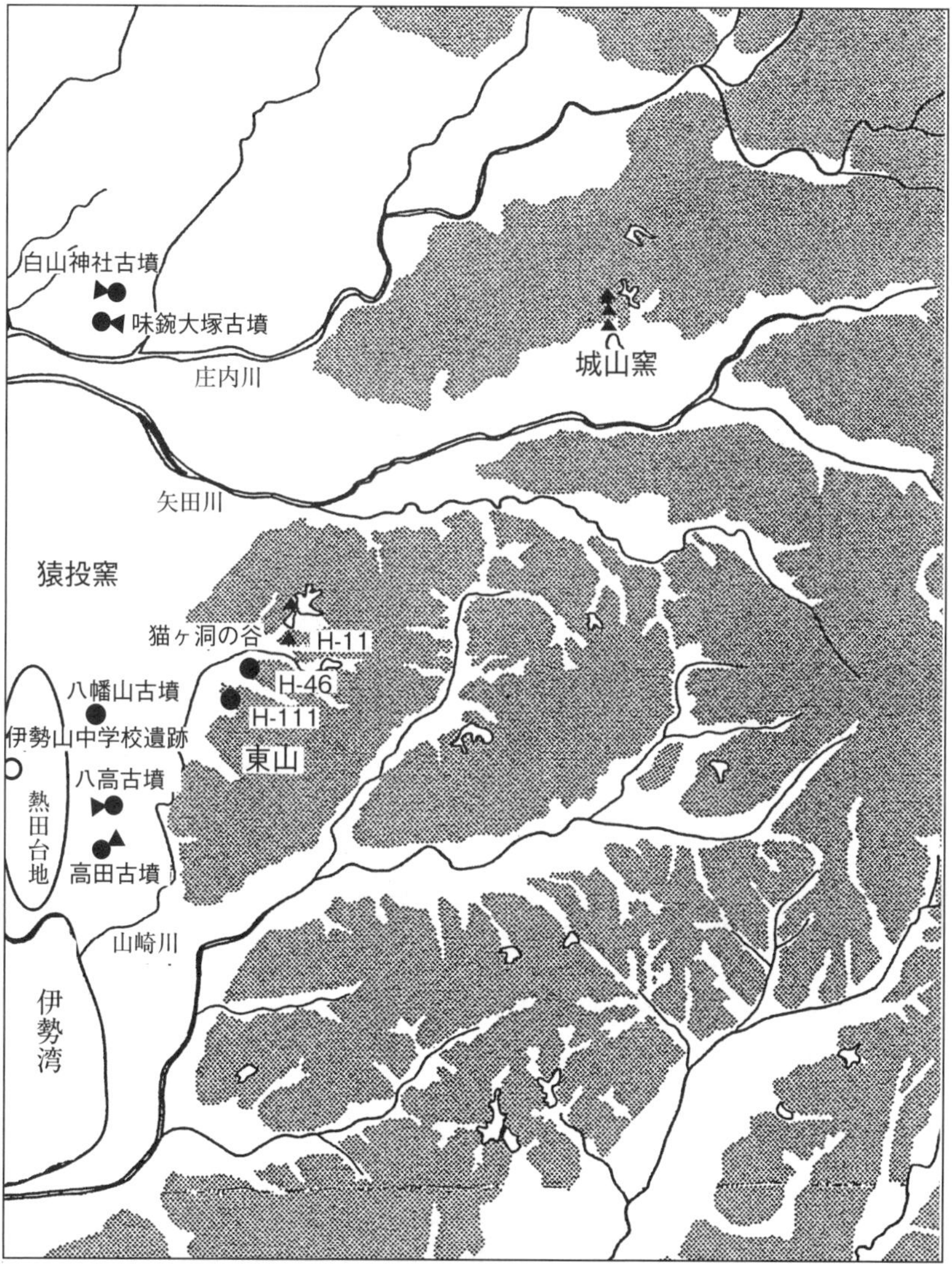

図 150-1　5世紀における尾張《おわり》・東山地域の須恵器窯と主要古墳の分布（名古屋市）

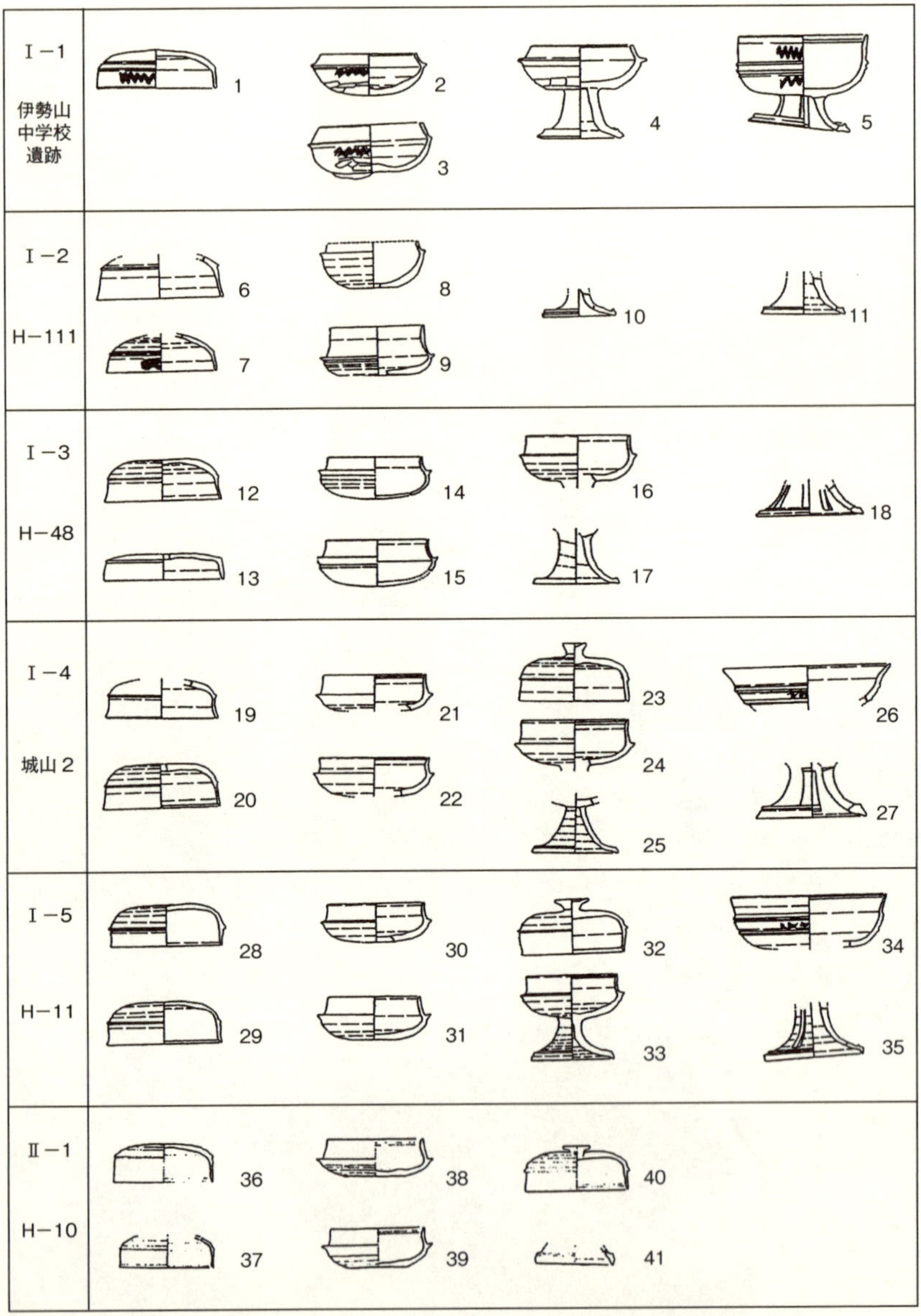

図150-2　東海地方の須恵器生産　上の東山H−111窯跡は導入期で、図150-1の地図の中でも最も平野側に展開した。東山H−11窯跡は図150-3の下方にあるような拡散期にあたる。

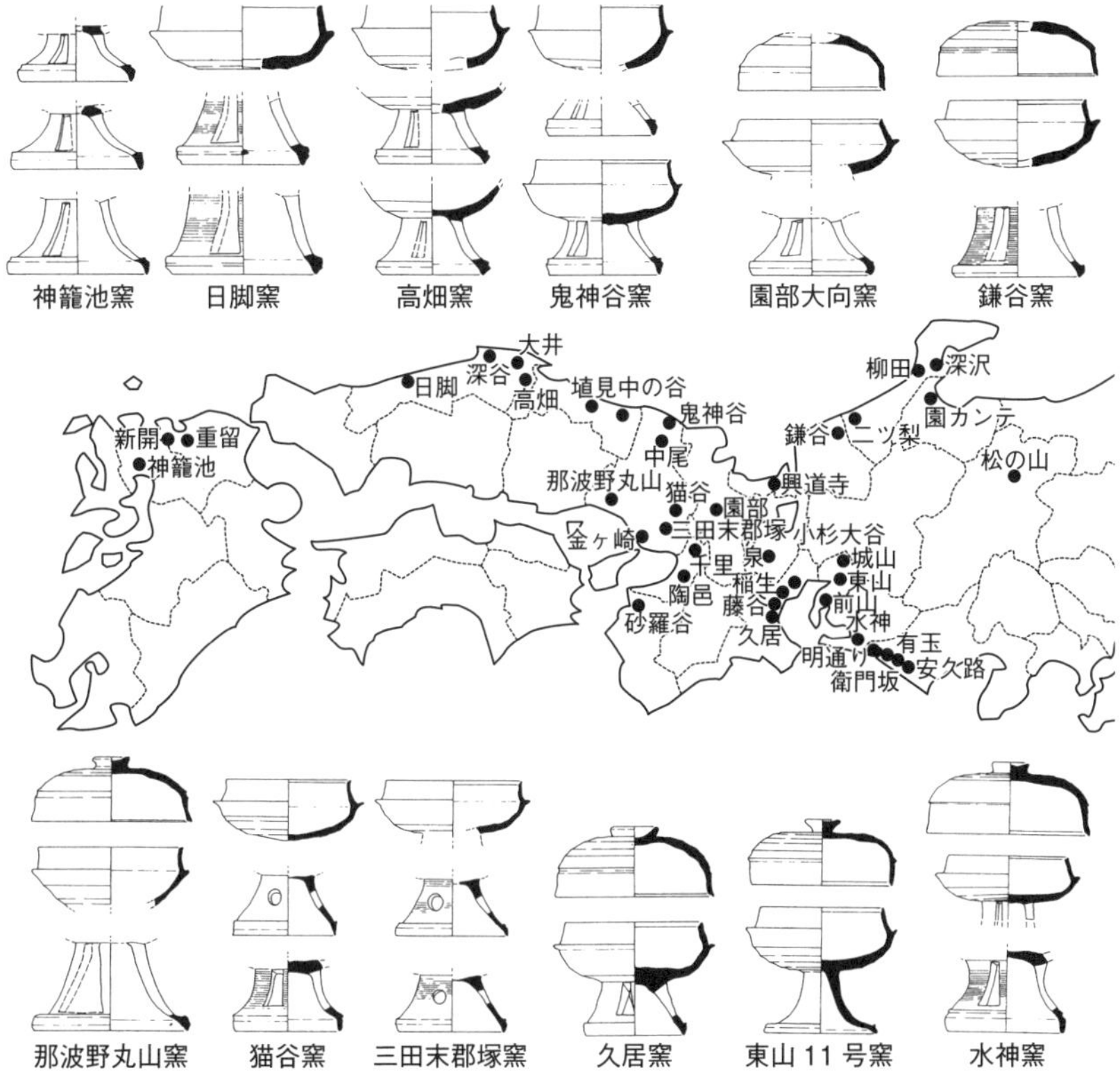

図 150-3　陶邑《すえむら》須恵器の拡散　北九州・瀬戸内海・畿内の外縁部の海岸・内陸を問わず、きめ細かに生産拠点が広がっている。

あま市二ツ《ふたつ》寺神明社《でらしんめいしゃ》古墳があるが、その後はしばらく目立った古墳はなかった。ところが、図150−1の中央左に見るように、名古屋市東部の低地に面した所に猫ケ洞《ねこがほら》の谷がある。その谷を中心として形成された東山《ひがしやま》窯跡群（名古屋市千種《ちくさ》区）では、TK二一六型式に併行するH−一一一号窯跡から須恵器生産がにわかに本格化し始めた。谷口から奥に向かって、五百メートルの間隔で順に築かれる。六世紀前半までは、須恵質埴輪を併焼する特徴がある。この窯跡群は、陶邑の掌握のもとで始められたともされるが、のちに猿投《さなげ》窯に発展していく独自性を保つ。窯自体が示すように、埴輪と須恵器の窖窯焼成が同時に進むのも、この窯跡群の特徴である。

図151　八幡山古墳（名古屋市昭和区）　東海地方最大を誇る円墳である。

猫ヶ洞の谷をぬけて伊勢湾にそそぐ山崎川沿いには、墳丘規制の影響下で円墳をつくったとは言え、径八二メートルもの東海地方最大を誇る名古屋市昭和区の八幡山《はちまんやま》古墳が生まれた。窖窯焼成の埴輪が出土する。そのあとにも近くの昭和区に、径三六メートルの一本松《いっぽんまつ》古墳が続く。猫ヶ洞は、埴輪・陶邑・墳丘規制がセットになった須恵器窯ひいては手工業大型生産の導入の拠点となった。

この事象は、田辺昭三の言う第一の拡散期に含まれる。その後の五世紀後半から六世紀前半にかけては、図150-3のように陶邑を除いて、五〇ヶ所近くの須恵器窯跡が近畿を中心に、東海、北陸、山陰、九州各地に窯が広がっている。

陶邑と各地域間の関係の実態は、近畿から東海にかけては技術の玉突き伝播があると言う。しかし、遠隔地でも直接的に陶邑の技術が移転する場合があると菱田哲郎氏は指摘する。それには、陶邑から各地への技術拡散と、陶邑への大規模生産地の維持のための労働力の流入と帰郷による拡散が考えられる。さらに、島根県安来《やすぎ》市の門生山根《かどうやまね》一号窯は、生産の初期には陶邑製品に似た特徴を持っていたが、しだいに独自色を見せるようになった。

須恵器導入後の事例は、さらに日本列島各地で調査が進めば、対陶邑との接触度合いを見ることによって、その形の変遷が陶邑と同調して連動するか、もしくは、地域化するかが地域ごとでつぶさに見てとれるようになるだろう。

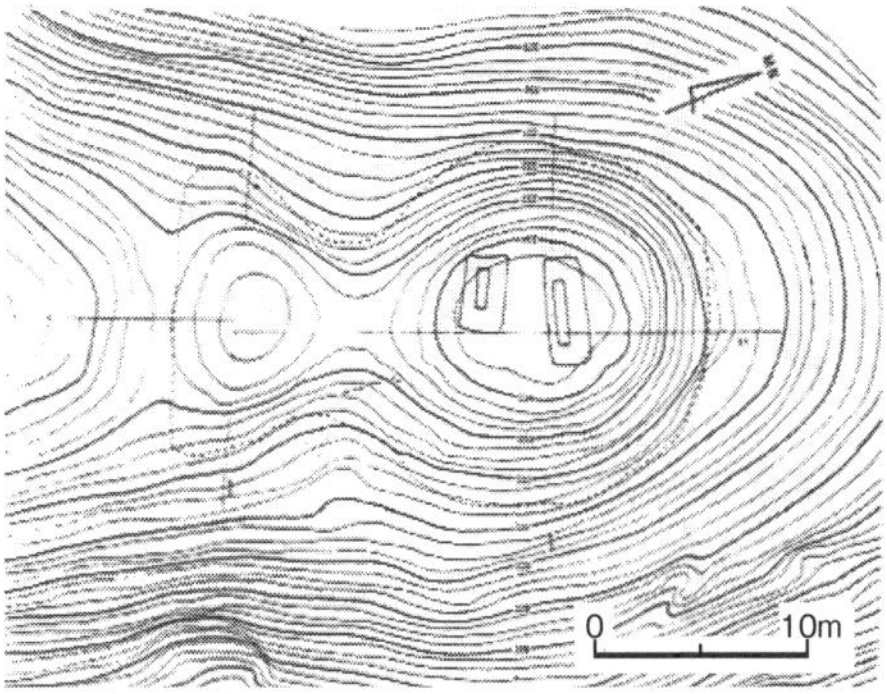

上：図 152-1　宇陀の前方後円墳の一つ、大王山１号墳（宇陀《うだ》市榛原《はいばら》区）
榛原西小学校の敷地にある。1974 年に、主体部・墳丘とともに宇陀で本格的な発掘調査が行われた初めての前方後円墳であり、典型的な古墳である。

下：図 152-2　見田《みた》・大沢《おおさわ》１号墳（宇陀市菟田野区）　標高530 mの屋根上にある前方後円墳。隣接して２～５号墳の方墳も築かれている。

日本列島内の前方後円墳の内在性と外郭

■大和・宇《う》陀《だ》地方の前方後円墳

大和でありながら、遅れて一斉にふき出すように前方後円墳が出現する地域がある。大和盆地には含まれない奈良県東部の大宇陀《おおうだ》・菟田野《うだの》町を中心とする現、宇陀市地域である。

宇陀地方では、墳丘長は、小さなもので黒木《くろき》一号墳など三基が二二メートル前後。大きいもので不動塚《ふどうづか》一号墳が五〇メートル、塔《とう》の奥《おく》古墳が四五メートルである。そのような小さな前方後円墳が二二基ほど知られるところである。それゆえ、今後も新規発見されて、数が増えていくだろうが、これら小型前方後円墳はすべてやせ尾根上にあり、もとの丘陵地形をたくみに利用してつくられている。そのため、陣山《じんやま》・アカサカ古墳を除いて、横穴式石室を内部主体に持つ古墳でも、

図153　角塚古墳（奥州市・奥州市教育委員会提供）

前方部幅が狭いのが特徴である。木棺直葬《じきそう》を内部主体とする古墳には、弥生時代の方形台状墓のような平坦な立体感を持つ。鴨池《かもいけ》・北原西古墳といった前半期の古墳は、前方後方墳である確率が高い。初現期はわずかだが、見田《みた》・大沢《おおさわ》一号墳のような前方後円墳も混じる。主流をなすのは五世紀後半以降、六世紀中ごろまでの物で、木棺直葬と横穴式石室を内部主体とする。

大和盆地に接するがゆえに前方後円墳がなかった地域。そう考えられるが、そのような地域にも、小さいながらも小地域ごとで前方後円墳がつくられるようになった。

もう少し巨視的に見るなら、近畿地方北部の丹波や若狭といった地域も、同じような傾向事例になろう。こうした地域は、先の規制の動きとは逆さまである。むしろ、応神陵・仁徳陵古墳築造期から後、造墓活動が活発になる。規制することで、エネルギーが集まり巨大化していった。その集中エネルギーの反面、次の段階に前方後円墳の分布が最も大きくまんべんなく広がることを誘発したのである。

■奥州・角塚《つのづか》古墳、南九州の前方後円墳の築造

というのは、日本列島の北限の前方後円墳である岩手県奥州市の角塚《つのづか》古墳がつくられるのはむしろ、第一期規制の後になるからである。この古墳は、古墳分布の北限で

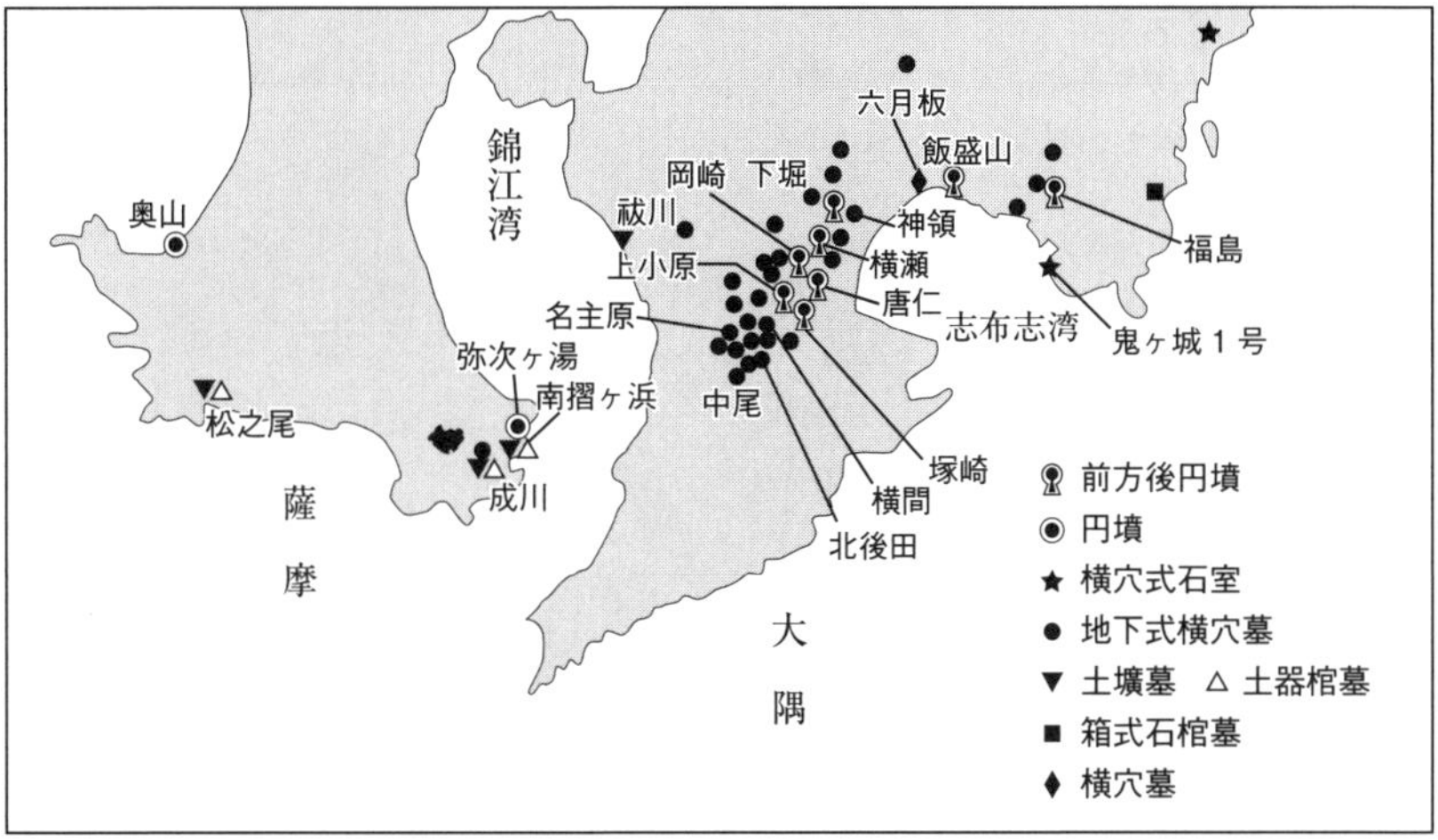

図 154　九州南端の古墳時代墳墓

あった宮城県の大崎平野からは七〇キロメートル離れ、胆沢《いさわ》城近くの扇状地上にある。墳丘長四五メートルの二段築成。立地は宇陀地域とは異なるが、後円部径三〇、前方部幅二〇メートルで前方部は開かずに大きさも同じような規模である。

一方、南端の古墳は鹿児島県大隅《おおすみ》半島西側の肝属《きもつき》平野、志布志《しぶし》湾沿いに約二〇基の前方後円墳が集中する。東北のように、さらに単独で外へと伸びたとは思えない。今のところ、肝属平野につくられた前方後円墳の波は新旧二回あった。古い古墳は五世紀はじめの唐《とう》仁《じん》古墳群にある。墳丘長一五四メートルの唐仁大塚古墳の築造は、中型墳が日本列島の要地で目立った時である。新しい時期の古墳には、一四〇メートルの大きさの横瀬《よこせ》古墳がある。これは初期須恵器、応神・仁徳陵古墳の時期にからんでいる。

これら南北限の古墳から出土する埴輪には、直接な製作共通性は認められない。しかし、北の方の埴輪は畿内の影響を受ける仙台市の裏町《うらまち》埴輪窯との間接的な関係にありそうである。南の方は須恵器に共通性があり、畿内政権とはそれらとの接点で築造したようにも思えるが、これも北接する宮崎平野との動向関係が気になるところ

図155　西都原古墳群《さいとばる》（宮崎県西都市）　写真上方中央の左側に女狭穂塚《めさほ》古墳が見え、隣接して男狭穂塚《おさほ》古墳がある。なお、女狭穂古墳の後円部の上方に西都原型の船形埴輪が出土した西都原170号墳が築かれている（宮崎県立西都原考古博物館提供）。

である。なかでも注目したいのは、畿内と同じような埴輪を生産する宮崎県西都《さいと》市の西都原《さいとばる》古墳群では女狭穂《めさほ》古墳以降に墳丘規制がかかり、その周囲で目立った物はなくなった時期に、横瀬古墳が築造されるというタイミングになる。

■前方後円墳の範囲拡大

すなわち、仁徳陵古墳築造後の墳丘規模縮小の時期に、小規模な前方後円墳、帆立貝式古墳が日本列島各地の、それまで顕著に古墳が築造されなかった地域の穴を埋めると同時に、前方後円墳の分布範囲は最大化したことになる。一墳丘の増大の前方後円墳時代は仁徳陵古墳で収束したが、前方後円墳の範囲拡大と各地への浸透は、まだしばらく続いた。

一基に集中するエネルギーはついえたが、順番を待つようにして、各地の前方後円墳に対するエネルギーが点灯したことが、仁徳陵古墳以降も、未だ一五〇年も前方後円墳がつくられる理由であろう。それはその後、日本列島の東側の前方後円墳の築造数が爆発的に増えることからもわかる。

図156　明花洞墓　田中俊明氏提供。

図157　海南長鼓峰墓　田中俊明氏提供。

韓国の前方後円形墳墓

■栄山江《えいざんこう》流域の前方後円形墳墓

さて、韓国でも栄山江流域の前方後円形墳墓が、最大の範囲拡大と同じようなタイミングで出現していそうである。しかし、類似度については、東北の角塚《つのづか》や九州の横瀬《よこせ》といった古墳とは縁遠い存在である。田中俊明氏は、その特徴を次のようにまとめている。

一〇基ほどが朝鮮半島南西部の栄山江流域を中心に分布し、それも、その近くに限られる。地域内では密集せずに広く分散し、他の古墳群とは離れて孤立する。墳丘規模は、明花洞《めいかどう》《ミョンファドン》の三三メートルから海南長鼓峰《かいなんちょうこほう》《ヘナンチャンゴボン》の七七メートルまでである。古いチャラボン墓が竪穴式石槨である他は、ほとんどが横穴式石室である。段築《だんちく》や造出し、葺石《ふきいし》はないが、周濠を持つ物もある。副葬品は百済《くだら》的であるが、埴輪形土製品（円筒形土器）や石見《いわみ》型盾形木製品といった日本列島的な物も出土する。築造時期は、五世紀後半から六世紀中ごろにおさまる。

墳丘平面プランについて、成洛俊《ソン・ナクチュン》氏は五基の墳墓に規格を認めるものの、全体の統一的な規格はないと判断している。この特徴のなささこそ、先のニサンザイ主

光州　月桂洞　一号墳	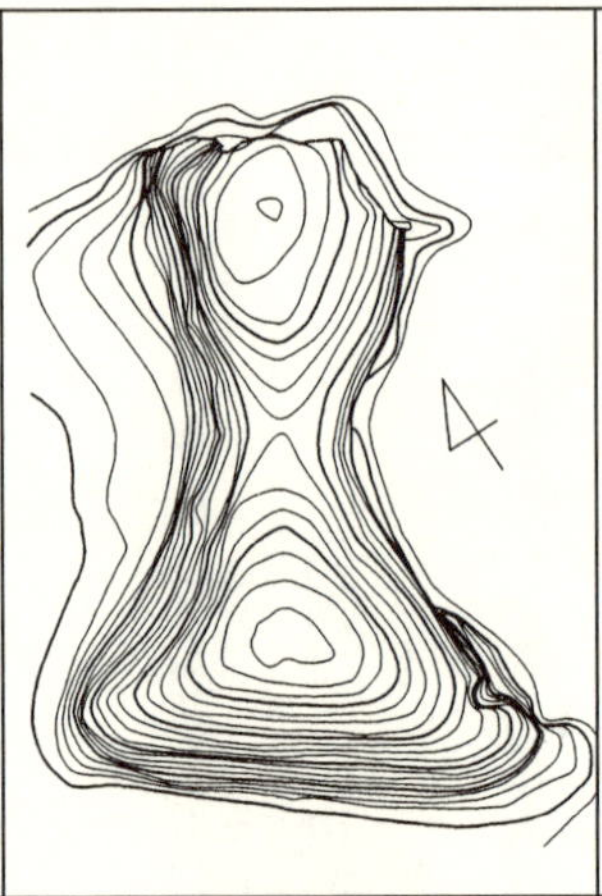	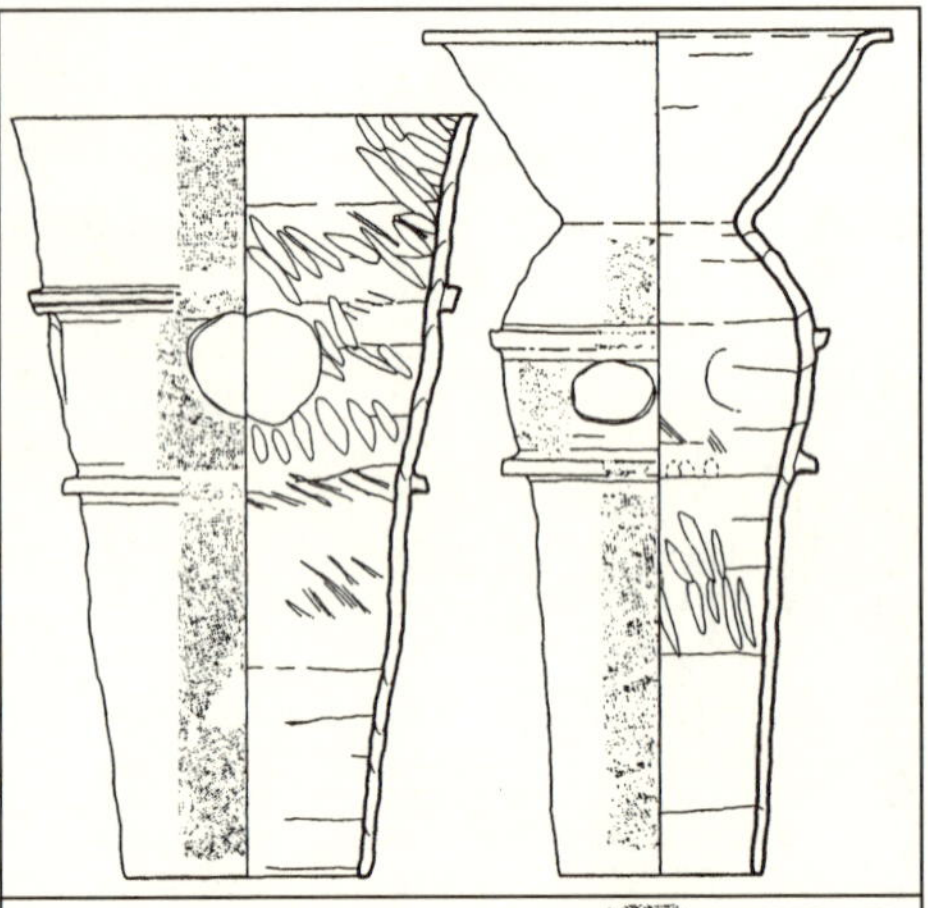
光州　月桂洞　二号墳	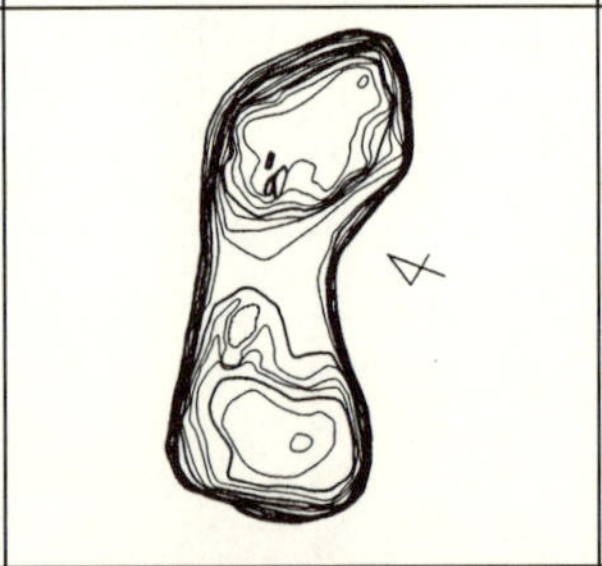	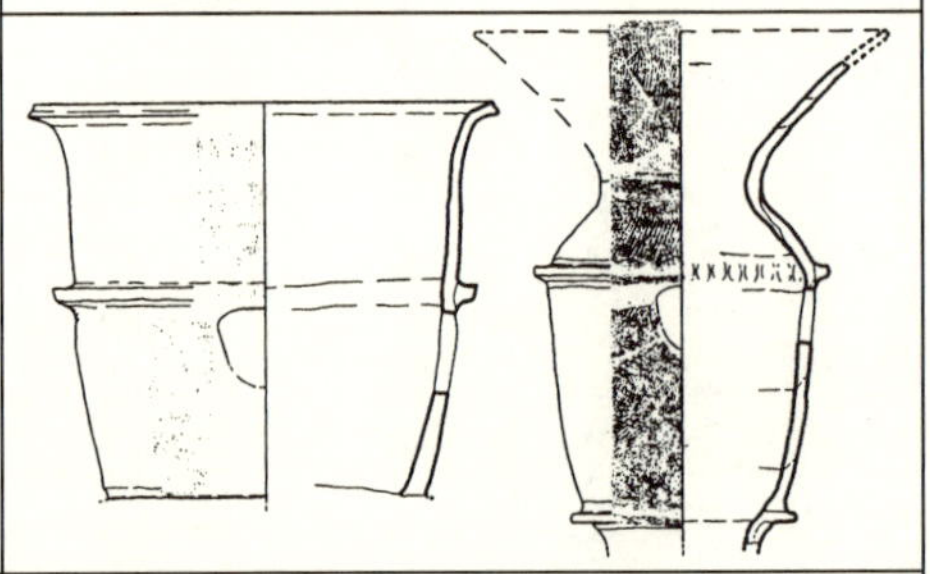
光州　明花洞　古墳	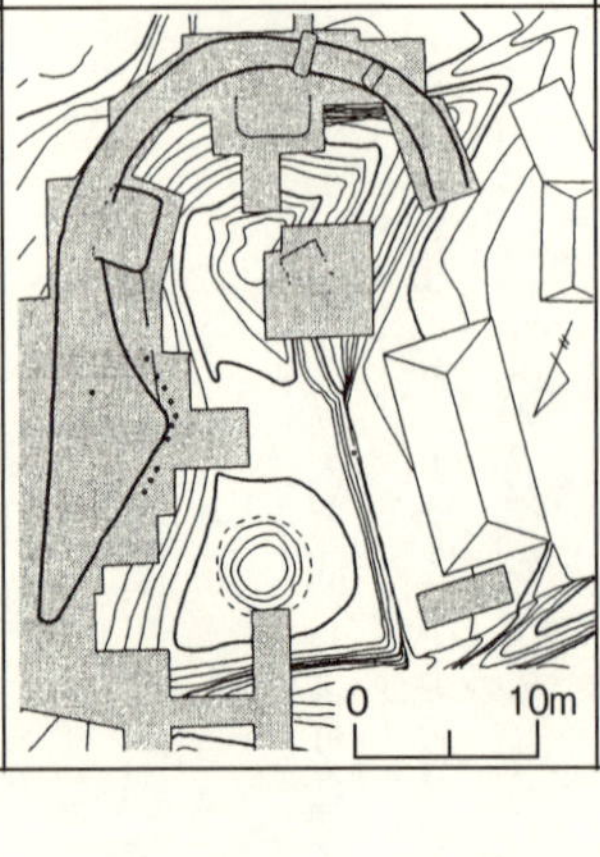	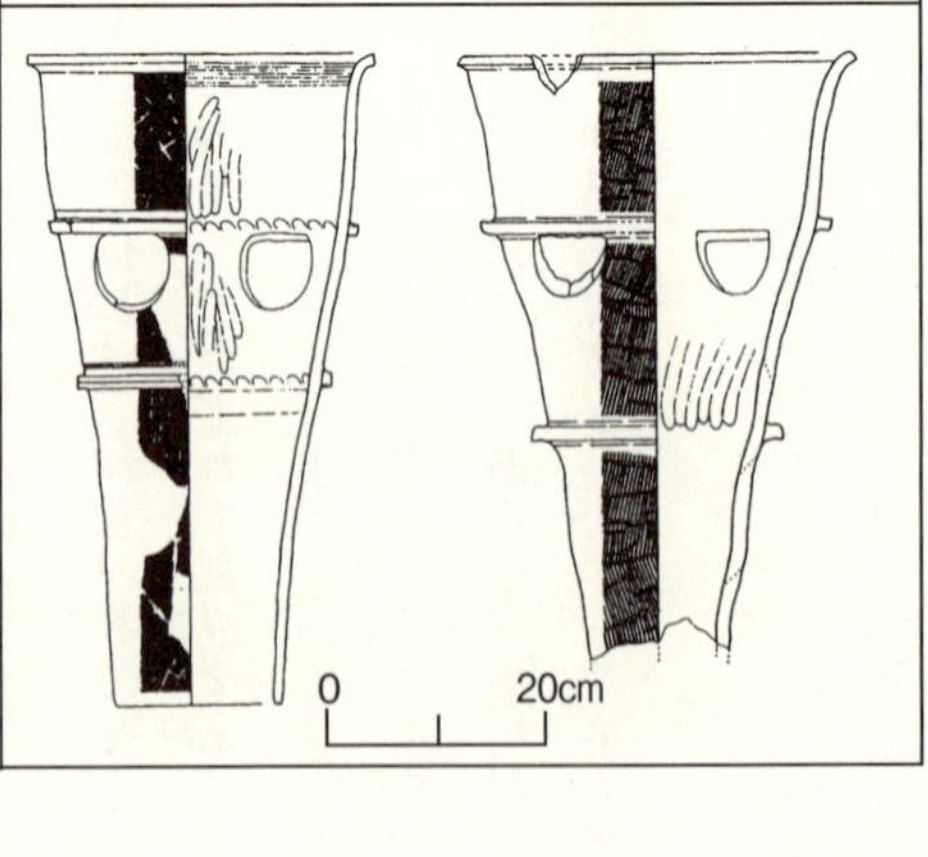

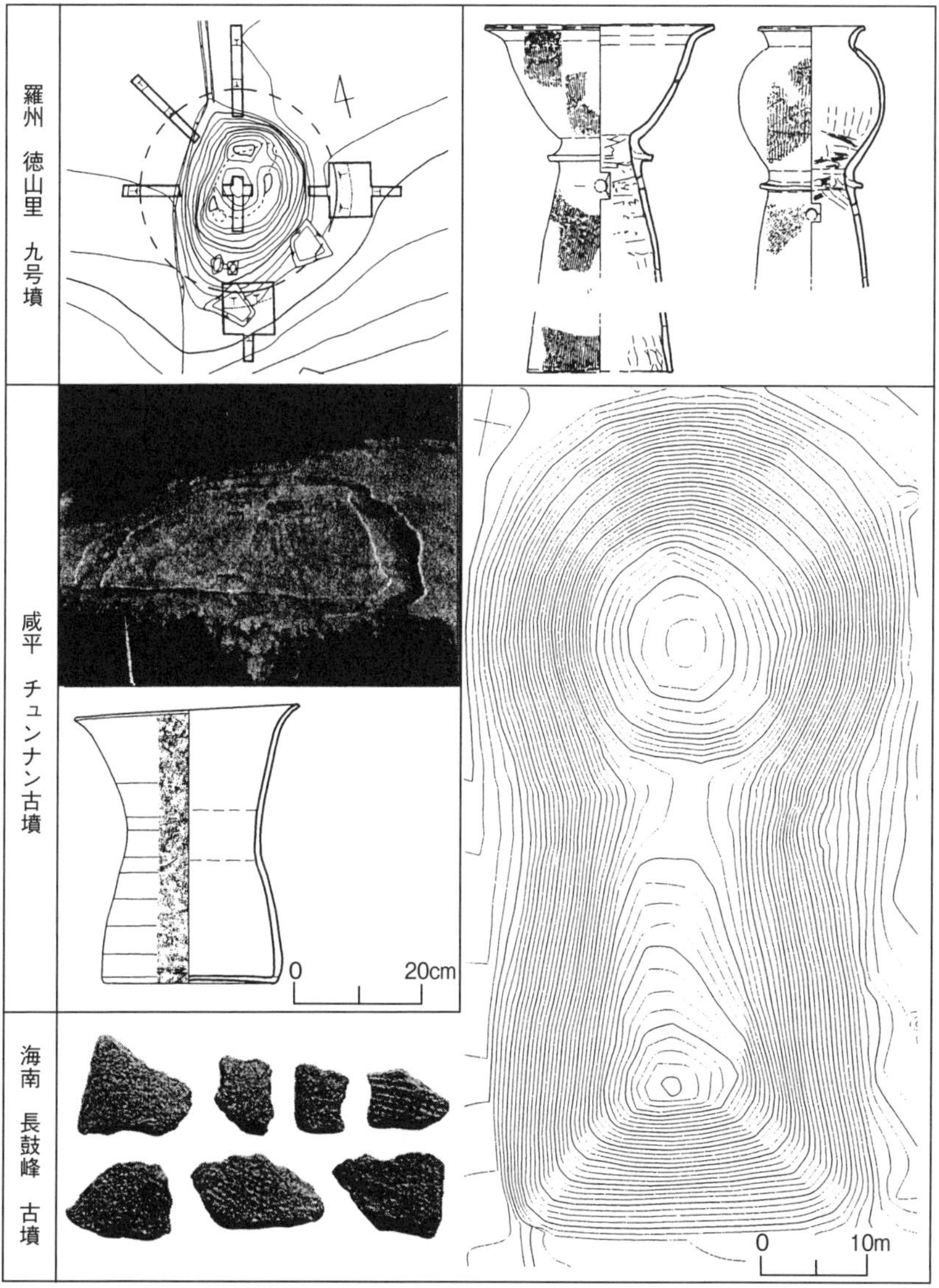

図 158　韓国の前方後円形墳墓

図159　月桂洞1号墓　田中俊明氏提供。

導類型に併行する前方後円墳に見られる一般的な特徴である。その際、日本列島の地域首長墳には、後円部径と前方部幅が等しいものが多かったが、ここでは前方部幅がやや狭く四〇メートル前後が多いのも、時期的な特徴として共通する。さらに、一八：二二メートルの明花洞墓と一六：二七メートルの月桂洞《げっけいどう》《ウォルゲドン》一号墓といった例のように、典型的に前方部が増大した形をひく墳丘がある。この変化は、日本列島の古墳と連動したとみなすことができる。

つまり、栄山江流域の前方後円形墳墓が現時点で、時期的に五世紀後半以降に位置づけられるのは、きわめて順当なものと言えよう。ただし、流行性はあるが、これを先の階層的な様相と同一視するほどに細かい形状の類似性はない。

■韓国の前方後円形墳墓の横穴式石室

次に、墳丘内部にある横穴式石室については、柳沢一男氏が前方後円墳形墳墓に多い九基を栄山江型として、独自性を持つ石室として位置づけている。

その特徴は、羨道《せんどう》が玄室《げんしつ》前壁のほぼ中央に接続し、立柱石・梱石《しきみいし》を配置した玄門を設け、玄室壁面下部に腰石《こしいし》を配置する例が多いといった三点である。さらに、玄室の平面形・立面形、羨道接続の有無が石室を構築する際の大切な原理・属性であるとする。ただし、こうした共通点がありながらも、さまざまな石室があるのは個々に異なる系譜に由来したものであるとする。柳沢氏によって長鼓峰・新徳《しんとく》《シンドク》・月桂洞類型と分類された石室の相互関係は、玄室壁面下部の腰石で二分でき、その腰石の配置を同じくする造山《ぞうざん》《チョサン》類型と長鼓峰類型の間に玄室構造の強い相関性があるという。

それぞれの石室類型と日本列島の物を比べると、造山類型は、五世紀末の墳丘長五〇メートルの福岡県の番塚《ばんづか》古墳の羽子板形の物と平面形が同型同大である。進徳類型は、玄室壁面下部に大型の腰石を持ち、高く持ち送った玄室立面を持った六世紀前葉の墳丘長八〇メートルの福岡県の王塚《おうつか》古墳例など、北九州型である。基部が前壁の壁体から遊離する二重立柱石の鈴泉里《れいせんり》《ヨンチョンニ》の石室は、熊本県北部の玄室平面形の前壁が丸みを持った肥後《ひご》型の石室と似る。長鼓峰・月桂洞類型は九州系石室に見あたらず、前者は栄山江型と伽耶《かや》西部の複合形式、後者は鈴泉里と伏岩里《ふくがんり》《ポガムニ》三号墓の組合せである。

柳沢氏は、このように北西九州と、もしくは南西朝鮮半島の地域的な接点を見出して強調している。

■中国の横穴室墓との影響

ここで、特に注目したい石室がある。

それは、図160右上にある長鼓峰類型とする狭く長い羨道を持つ石室である。造山古墳の玄室にこの特徴のある羨道をつけた、または羨道から玄室奥壁から羨道端まで大

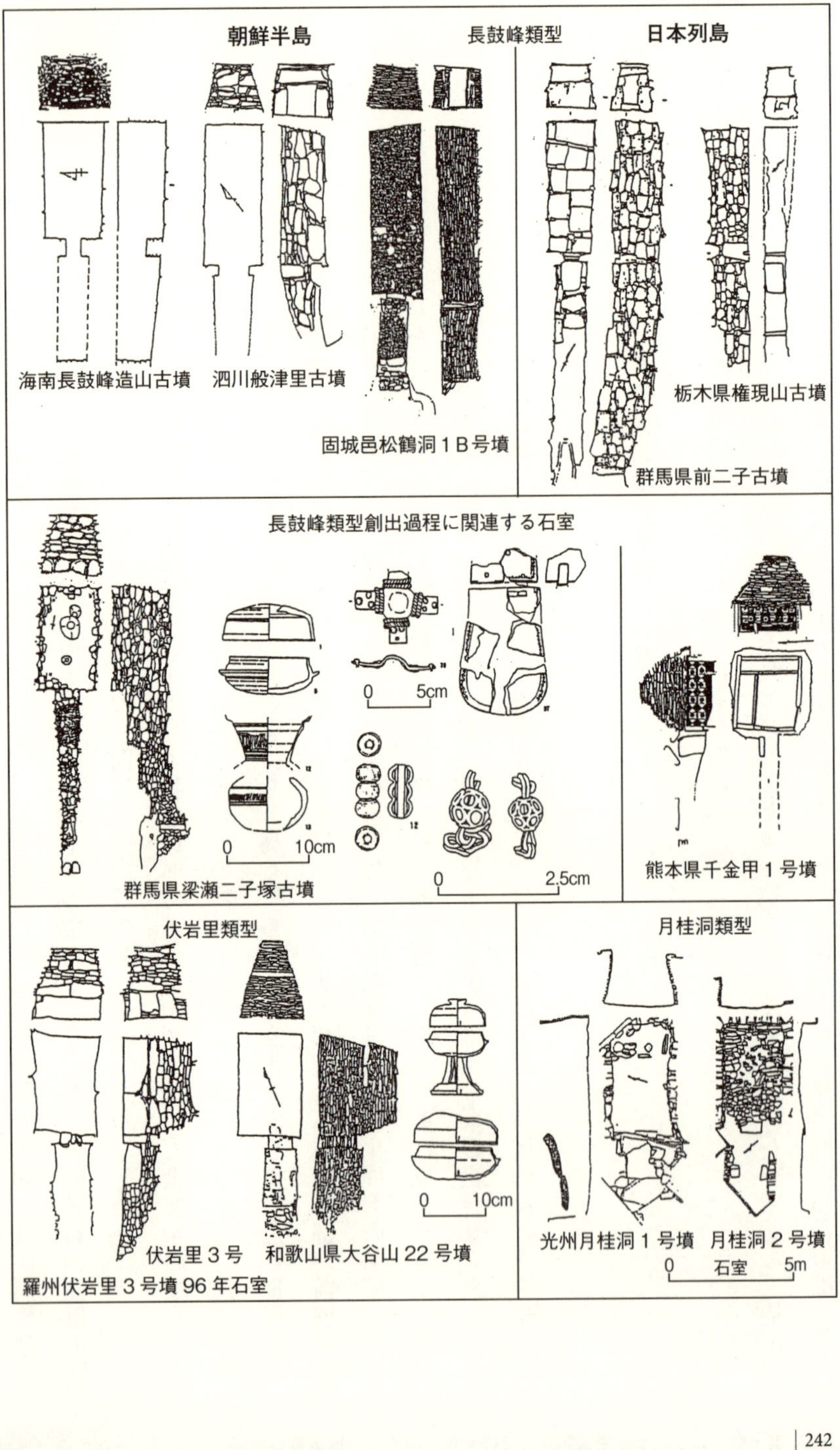
朝鮮半島
長鼓峰類型
日本列島
海南長鼓峰造山古墳
泗川般津里古墳
固城邑松鶴洞1B号墳
栃木県権現山古墳
群馬県前二子古墳
長鼓峰類型創出過程に関連する石室
0 5cm
0 10cm
0 2.5cm
群馬県梁瀬二子塚古墳
熊本県千金甲1号墳
伏岩里類型
0 10cm
伏岩里3号
和歌山県大谷山22号墳
羅州伏岩里3号墳96年石室
月桂洞類型
光州月桂洞1号墳
月桂洞2号墳
0 石室 5m

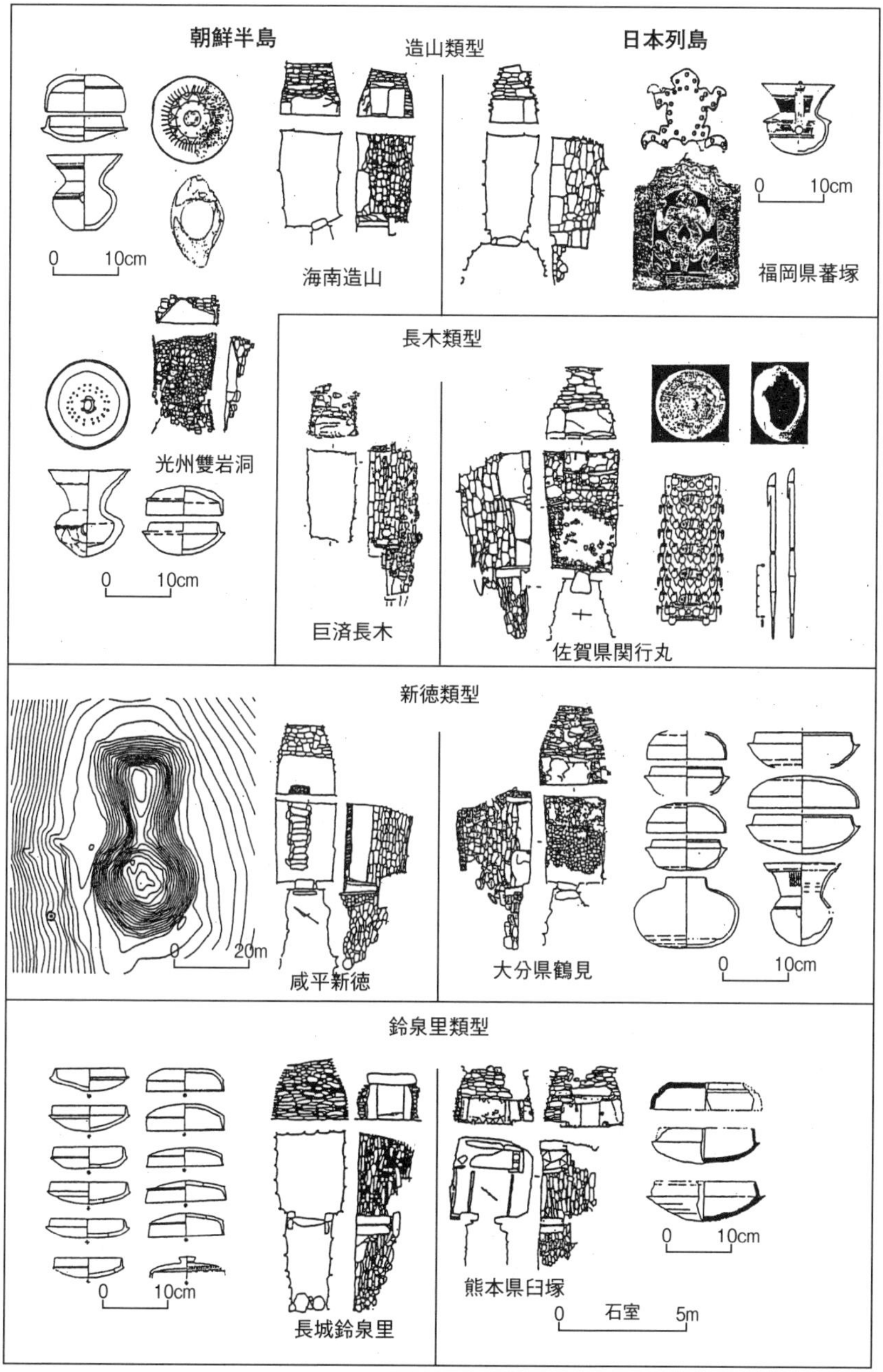

図160　5～6世紀の朝鮮半島と日本列島の横穴式石室墳の比較

図161　松鶴洞墓群　整備後。田中俊明氏提供。

図162　月桂洞２号墓　田中俊明氏提供。

半の天井石を水平に架ける手法は、松鶴洞一B－一号墓と似る。さらに、長鼓峰類型に酷似するのは墳丘長九二メートルの群馬県高崎市の前二子《まえふたご》古墳の石室であると柳沢氏はいう。これは、全長一三・八、玄室幅二（二・四）×長五・二（四・六）、羨道幅一・三（一・二）×長八・五（四）メートルを測る。玄室と羨道の境に立柱石、床面に梱石、天井下部に楣石《まぐさいし》、玄室奥壁から羨道端まで一四個の天井石を水平に架けている。

この様子は筆者には、前二子古墳の長大な墓室、立柱石、梱石、楣石、特に床石といったこしらえが、全体に荒々しい表面形状をかもしだしながらも、中国の横穴室墓との直接的な影響が感じられる。

ともかく、柳沢氏の見解からすれば、栄山江流域の横穴式石室は、五世紀後葉のチャラボン墓と五世紀末ごろから六世紀前半までの海南長鼓峰→新徳→明花洞→月桂洞一・二号墓の二グループに分かれることになる。それにしても、横穴系の石室は日本列島の石室も含めて同時進行して各地域に浸透していったことになる。前者は百済漢城期の終わりに、後者はちょうど熊津期から泗沘《しひ》《サビ》遷都までに相当することになる。

■横穴式石室の採用

四七八年に雄略と思われる倭王武《ぶ》が宋への遺使を送る三年前、高句麗の長寿王が百済の蓋鹵《がいろ》王を殺害して、漢城は陥落した。東アジア混乱中期の終わりを告げる事件でもあった。ようやくこれを境に、すでに中国では漢代後半に成立していた横穴室墓の埋葬形態が、日本列島と朝鮮半島南部の内部主体の趨勢となった。

これ以降、日本列島の大王墓も墳形は前方後円形を踏襲しながら、横穴式石室を採用して中国大陸に近づいた。しかし、日本列島は中国の墓室のような塼《せん》をきれいに積んだ石室ではなく、荒々しい巨石化の道を歩む。まだまだ、独自色を保とうとしていた。仁徳陵古墳の築造を境に、倭国は飛躍的に大陸化に向かいだしたことには間違いないのだが、それはまだまだ折り返し地点にあり、未だ中国を中心とした東アジア文化には細かなところでなじめずに、今しばらくは独特な文化を展開させたのである。

大規模墳丘の造墓エネルギー配分の変化

これまで述べてきたことからすれば、前方後円墳は、いわば東アジアの混乱のなかで生まれ、その収束をもって消えた。本書では、巨大古墳の出現―仁徳朝の全盛は、ちょうど東アジア混乱期の前半を垣間見たことになる。

ただし、その前半と後半では質的に大きな違いがある。前半は、大規模墳丘至上主義とも思えるほど過熱した厚葬の時代。規模が大きくなればなるほど、日本列島各地から人々の往来が活発になった時代であった。

後半期は、墳墓の内部に力が注がれた。この時点で大きな前方後円墳の中に横穴式室墓を組み込むことに無理、いびつさはあった。それでも、社会のなかで墳墓に費やす比重は築造された墳丘規模の不揃いさから、そのつどの大王と地域首長に委ねられるようになった。朝鮮半島も含めて小地域のまとまりであったものが大きなまとまりになろうとしていたエネルギーのなかで、前方後円墳は維持、築造されたものと言えよう。この巻の範囲でははみ出すが、次期横穴式室墓は、東アジアでは極めて異例な荒々しい巨石文化を選択した。しかし、混乱後期の終わりをもって、それら独自性は精神的にも物質的にも、隋唐大帝国の秩序のなかにおかれることで、前方後円墳は消えていった。

ここで見た混乱の前半期は、世界的にも類いまれなる墳丘築造への物質的な固執であった。それは、漢末の渡来人の流入で始まり、日本列島も、混乱に巻きこまれた。さらに、漢帝国の崩壊がさらなる渡来の人を古代日本に呼んだことは想像に難くない。そうした不安定な状況に対峙するために、ある種のまとまり、日本列島の岩手県から鹿児島県まで前方後円墳文化が浸透していった。

そして、強固な大きな広域な文化的なまとまりを生みだして手中に得た。その一定の到達点を示す状況は、『日本書紀』『古事記』に大規模開発伝承が多い仁徳朝の時間帯に重なり、巨大前方後円墳文化と東アジアの混乱期を折り返したと言える。

記者の目
Column

古墳の調査にみる地震

平成二三年（二〇一一）三月一一日に発生した東日本大震災を、東海道新幹線の車中で体験した。所用があって、東京から大阪に向かっていたのである。静岡県の浜松駅を過ぎたあたりで突然、新幹線は止まった。揺れはまったく感じず、車内のアナウンスが「東北地方で強い地震がありました」と繰り返すのをぼんやりと聞いていた。

五〇〇キロ以上離れた場所で起きた地震にもかかわらず、新幹線は一向に動き出さない。しばらくして携帯電話のテレビをつけると、驚愕の光景が映し出されていた。大津波である。二〇〇四年一二月に起きたスマトラ島沖地震で、スリランカに押し寄せた大津波のような映像だった。

携帯電話の小さな画面だが、ただならぬ事態が生じていることだけはわかる。スローモーションのように仙台平野をさかのぼっていく津波を見たとき、これはものすごい惨事になるとの悪い予感があった。死者・行方不明者約二万人という未曽有の災害となったことは、知られる通りである。

長年、古墳の発掘調査を取材する機会があって、「これが地震の痕跡です」と説明してもらったことが何度かある。印象に残るのは西求女塚《にしもとめづか》古墳（神戸市灘《なだ》区）と、今城塚《いましろづか》

慶長伏見地震の直撃によって大きく崩壊した西求女塚古墳の竪穴式石室（神戸市教育委員会提供）

古墳（大阪府高槻《たかつき》市）の調査である。地震はいずれも慶長《けいちょう》元年（一五九六）に起きたいわゆる「慶長伏見《ふしみ》地震」で、古墳の主体部を直撃していた。阪神・淡路大震災（平成七年〈一九九五〉）はこの慶長伏見地震の「四〇〇年後の再来」といわれ、有馬《ありま》・高槻断層帯が動くというほぼ似た構造で発生している。

西求塚古墳は三世紀後半の前方後方墳で、全長は約一〇〇メートル。平成五年（一九九三）、神戸市教育委員会が実施した調査によって竪穴式《たてあなしき》石室から七面の三角縁神獣鏡をはじめとした銅鏡十二面などの副葬品が発見された。

これらの鏡などは、大和政権が中国の魏《ぎ》や晋《しん》王朝に朝貢《ちょうこう》した際に下賜《かし》され、瀬戸内海沿いの首長と同盟関係を結んだあかしとして配ったという理解が可能だろう。六甲《ろっこう》山《さん》のふもとの古代港湾「敏馬津《みぬめのつ》」にも近く、古代の瀬戸内海舟運をほうふつさせる発見だった。

竪穴式石室は地震によって二メートル下まで落下し、積み上げられた板石がばらばらになっていた。すさまじい破壊力で、被葬者は安らかな眠りを妨げられたことだろう。

今城塚古墳は「継体天皇の真の墓」として有名で、築造にあたっては六世紀の最新の土木技術が使われている。その代表が、巨大な横穴式石室を安定させるための例のない石敷き地盤（石室基盤工《きばんこう》）である。慶長伏見地震は、この堅固な石敷きやその上に乗っていたとみられる石棺を、無惨なまでに破壊し尽くしていた。

日本で「地震考古学」という分野を確立した寒川《さんがわ》旭さん（産業技術総合研究所招聘《しょうへい》研究員）によれば、巨大地震に直撃された古墳は、列島のあちこちにあるという。よく知られているのは応神陵古墳（誉田御廟山《こんだごびょうやま》、大阪府羽曳野《はびきの》市）で、上空から観察しただけで、前方部の墳丘が大きく崩れ落ちているのがはっきりとわかる。

今回の大震災は「千年に一度の惨事」と言われたように、約一一〇〇年前の貞観《じょうがん》十一年（八六九）には、この地方を巨大地震と大津波が襲っている。遠い陸奥《むつ》国のことながら朝廷にとってもめったにない災害だったのだろう、当時の正史『日本三代実録《さんだいじつろく》』には「海水が波濤《はとう》となって多賀城《たがじょう》（陸奥国府《こくふ》、宮城県多賀城市）の城下を襲い、一〇〇〇人が亡くなった」と、生々しく記している。

仙台平野にあって、東北最大の規模を誇る雷神山《らいじんやま》古墳（宮城県名取《なとり》市）は標高約四五メートルの丘陵にあったことで、東日本大震災の大津波を逃れた。五世紀につくられた全長約一七〇メートルの前方後円墳で、八年前に歩いて後円部に登り、名前の起こりとなった雷神をまつる小さな祠を確認したことを思い出す。雑木が生い茂っていたが、築造当時ははるかに仙台湾も視界に入ったのではなかろうか。

巨大な墳丘を築き、石室を設けて葺石《ふきいし》や埴輪を並べる作業は、古代において一大土木事業であった。葬られたのは一握りの支配層で、工事には多くの民が動員されたことだろう。だが、エジプトのピラミッド建設に従事したのが奴隷ではなく一般農民で、農閑期の雇用対策事業という側面があったとする最近の有力な学説のように、古墳の築造もただ民衆を収奪するだけのものではなかったのではないか。

つまり、古墳築造には工事を担った人々の思いも込められていたとみたい。共同体の安泰と発展を願う祈り、と言い換えてもいい。はっきりした証拠はないが、働く側がいやいやつくらされたような遺跡なら、これほど高い完成度を見せ、長い間、変わらぬ姿を保ち続けられるわけはないという直感である。

三世紀から七世紀にかけて、列島じゅうが「古墳づくり」に明け暮れた時代。一五〇〇年以上の時を超え、古墳は私たち古代史ファンの目を楽しませ、さまざまな想像も可能にさせてくれる。そして、どこの古墳に立つときも、わが祖先たちの知恵と懸命の努力とを感じる。

地震や津波は、一瞬にして私たちが築き上げてきたものを奪い去ってしまう。しかし、私たちは、それに打ちひしがれるだけではなく、立ち上がる。古墳などの遺跡を眺めても、それらが大きく傷つけられたことを含め、長い歴史を刻んできたことを、忘れてはならないだろう。

（産経新聞・渡部裕明）

鼎談

東アジアの中で、巨大古墳はいかにして出現したか

話者◉一瀬和夫（京都橘大学文学部教授）
田中俊明（滋賀県立大学人間文化学部教授）
菱田哲郎（京都府立大学文学部教授）
司会◉渡部裕明（産経新聞東京本社論説副委員長）

●前方後円墳の形に意味はあるのか

渡部　本巻では、西暦の三世紀から五世紀頃、古墳がどのようにできて、そして、どのようにして巨大化していったのかという話を中心に、その背景にある社会構造や、大陸、朝鮮半島と倭国の関係などを絡めて話をうかがえたらと思います。

私が本論を読んだ印象としては、一瀬さんは前方後円墳の形について、方形周溝墓《ほうけいしゅうこうぼ》から発生していったという、わりと素直な考え方だと思うのですが、考古学の世界では、あの形に特別な意味があると強調する意見があります。現在の学界の大勢はどうなのでしょうか。まず菱田さんはどのようにお考えですか。

菱田　私は設計を中心に墳丘の裾《すそ》の決め方など、技術的な要素で古墳築造のメカニズムを明らかにしていく一瀬さんの手法、つまり最初に意味論ありきではなくて、技術論、機能論から追っていくほうが、実際的で有効ではないかと思います。最近だと早稲田大学の車崎正彦《くるまざきまさひこ》さんの胎内《たいない》説なども ありますが、意味論はなかなか難しいように思います。

渡部　田中さんにうかがいますが、朝鮮半島の墓制から日本の前方後円墳を見ると、かなり異質な形なのでしょうか。

田中　朝鮮半島には周溝墓はありますが、そこからの発生メカニズムは何もないわけで、まったく違う形でとらえる必要があると思います。

一瀬　中国や高句麗《こうくり》は、方形を固守するような感じがあると思います。

一瀬和夫

最近、韓国から写真のような方形周溝墓群が出てきていますが、基本的には東アジアの墓制は方形なのかと思っています。そのなかで、日本列島ではなぜ、円が出てくるのかというのは、いまだに謎のままじゃないかという感じです。

渡部　韓国の方形周溝墓は、何世紀頃になるのですか。

田中　以前は古く見る見解がありましたが、最近では原三国時代（「三韓時代」に相当し、高句麗を含まない）で、特にそのような方形周溝墓は韓国の西南に多いので、馬韓《ばかん》の墓制のように見られています。三世紀頃と考えられています。それとは異なる周溝墓が青銅器時代の初期に見られますが、系譜関係はないようです。

一瀬　写真をご覧下さい。一片、中央が欠けている物、前方後方のようになっている物もあれば、左に四隅が切れている物もあればということで、日本列島で出てくる方形周溝墓をほとんど網羅しています。

渡部　これは、大きな流れとしては、大陸の影響ということを言えなくもないし、列島内である種、自生したと言ってもよいようにも思えますが、何がルーツかという議論は意味があるのでしょうか。

韓国の方形周溝墓

田中俊明

一瀬　私が考えているのは、東アジア全体、中国漢《かん》代のシステムを中心として、方形が一般的で、その影響下で朝鮮半島の南部あたりから日本列島にかけて、同じような墓というのが、辺境の地で生まれてくる。弥生《やよい》時代の日本列島だと方形周溝墓、朝鮮半島だとこういうものです。ところが、漢帝国の滅亡をきっかけにして、集落構造がすっかり入れ替わり、墳墓においてもいろいろな物が独自展開をしてくるのではないかと考えています。田中先生、新羅《しらぎ》は、遅れて円形になるのでしょうか。

田中　マウンドを高く積む円形の古墳は、四世紀頃です。その前に円墳がどこまで遡るかですね。マウンドがない物がそれより前にたくさんありますので。ただ、新羅では方形はそんなにないですね。

菱田　マウンドが残って、墳丘墓のような形になったのでしょうか。

田中　そうですね。

一瀬　むしろ、北部九州にある佐賀県吉野ヶ里《よしのがり》遺跡の丘墓のような物ですか。

田中　高句麗の場合は方形の積石塚《つみいしづか》がほとんどで、紀元前後ぐらいまで遡ります。積石塚は、横穴式の石室の封土墳が登場するまでは、ほとんど方形です。まれに円形の物もありますが。崩れて一見円形に見える物もありますが、方形の基壇をつくっていますから、積石塚の段階は方形を意識しているといえますね。

● 箸墓《はしはか》古墳の出現

渡部　日本では、弥生時代の終わり頃に四隅突出《よすみとっしゅつ》型であるとか、いろいろな形の物が、前方後円墳の発生へとつながっていくということでしょうか。

　ここで、今回のテーマである古墳というものの定義について、ご意見をうかがいたいと思います。二十年ぐらい前には、奈良県桜《さくら》井《い》市の箸墓古墳の築造、即ち定型化した大型の前方後円墳ができたのをもって古墳時代の始まりとする意見が強かったと思います。ところが、最近では箸墓古墳近くで調査された「ホケノ山古墳」など、箸墓古墳以前の物も古墳と称され、いつからを古墳時代とするかというのは、まだ学界でも大きく意見は分かれているのでしょうか。

菱田　時代区分の議論も、もちろん重要だと思うのですが、その背景にある、箸墓古墳が持っている画期性をどこまで評価するかというのが、やはり大きく意見が分かれるポイントだと思います。

　箸墓古墳以降を古墳時代とする見方は、箸墓古墳の隔絶性というか、そこから新しい時代が始まるというところに重きをおきます。今回、一瀬さんは、要所要所で箸墓古墳が弥生時代の、たとえば周溝墓から発案された物であるという点など、やはり弥生時代からの接続、帰結という形で箸墓古墳をとらえるという点を強調しておられるように思

菱田哲郎

います。そういう見方はとてもおもしろいし、重要な指摘なのです。

従来の古墳時代は、とにかく箸墓古墳から記述が始まって、もちろんそれ以前は前史として踏まえるわけですが、その箸墓古墳の評価として、完成された前方後円墳である点を強調する見方です。こうした見方は、その後の古墳を見ていくうえで、評価が分かれてくると思います。

ですから、今回の主題である仁徳陵古墳を頂点として見ていく流れのなかに、箸墓古墳はどういう位置にあるのかというのが、ここの読み解き方がポイントになるのではないかと思いました。

一瀬 亡くなった岡山大学の近藤義郎先生は、前方後円墳のすべての要素が前代からそろっていて、外的影響等々を受けてないような言い方をされていましたので、日本主義者のように言われたこともあります。一方、大阪大学名誉教授の都出比呂志《つでひろし》先生は、外的影響を探しておられるように思います。私の話に反論はたくさんあると思っています。

たとえば、弥生時代の墳丘墓が特定個人墓化して、どんどん特化して、墳丘も大きくなった到達点が箸墓古墳ではないでしょうか。箸墓古墳をつくるときの、その前方後円形の格好とか、どういう主体部をつくるのかとか、どういう品物を副葬品で入れるのかとか、その埋葬が終わったあと、吉備《きび》(岡山県)の特殊器台とか二重口縁壺《こうえんつぼ》とかが見つかっていますが、それらを持って来る予定になっていたのかどうかすら、ぼくは疑わしいと思っています。非常にその時の盛り上がりの中での計画性のない寄せ集めの結晶、まさしく連合体による集合造形物を達成した瞬間だったと思っています。

ホケノ山古墳にしても、二重口縁壺が主体部のまわりにたくさんたまっていますが、あれは葬式に来た関係集団が、たまたま持って来てくれて列化したという感じなのではないでしょうか。箸墓古墳というのが一旦できあがってしまって、ようやくその時に築造に参加した集団が全体の意志でもって結実した箸墓型の墓というものができあがった。

むしろ、純粋な前方後円墳の定型というのは、箸墓の北にある山辺《やまのべ》の道沿いの天理市の崇神《すじん》陵古墳とか景《けい》行《こう》陵古墳ぐらいを待たないといけないのかなというぐらいに思います。箸墓のすぐ後の近くの西殿塚《にしとのづか》古墳では、まだちょっと不安定かなという感じです。

菱田　一瀬さんは、箸墓古墳の後の西殿塚古墳も埴輪祭式の成立とかで重視されており、むしろ箸墓古墳の一点にこだわらず、その後の流れのなかで前方後円墳の祭祀体系ができあがっていくという点は、ていねいな叙述だと思いました。

渡部　まだ野辺《のべ》送りのようにスタイルがはっきりしていないものが、箸墓や西殿塚古墳まで残っていたのではないかという話はおもしろいですね。そこに、企画性があったんだと見る意見のほうが強いと思いますが。

一瀬　そうですね。計画的でないといけないという方は、大阪府立近《ちか》つ飛鳥《あすか》博物館の白石太一郎《しらいしたいちろう》さんや奈良県立橿原考古学研究所の菅谷文則《すがやふみのり》さんのようにいっぱいおられます。しかし、箸墓に関しては、そんなに綿密に墓をつくっている最中から、吉備の人間はこれだけ持って来てくれとか、前方部にはもっと壺を置きたいから、地元の連中は壺をもっと持って来てくれという話にはなっていないと思うのです。たまたまつくっていてみんな持ち寄った結果、たくさん土器が墳丘の上に置かれてしまって、次からもたくさん置いたほうがよさそうだということで、次にそれによりスタイルが要求されるのかなと思ったわけです。

渡部　むしろ、走りながら考えたということですか。
一瀬　そうですね。仕上がったのを格好いいと思ったのが、そのままステップアップして、図に乗った最たるものが仁徳陵古墳だったという感じでもいいのかなと思っています。

●箸墓《はしはか》古墳の巨大性

渡部　そうすると、箸墓古墳の築造をもって大和政権（大和王権・ヤマト王権などの表記もあるが、ここでは大和政権で表記）の成立だと見る意見よりも、柔軟ですね。
一瀬　デジタル的な転換ではないですね。ただ、個別に見ていきますと、理論的に非常に大きな壁である方か円へ、なぜ円形なのかという形の話題がつきまといます。実際、幾何学的な円形の墓は弥生時代の中期初め頃から、瀬戸内海のほうではけっこう検出されています。
　兵庫県の岸本一宏さんがまとめておられますが（52〜53頁の図22）、備讃瀬戸《びさんせと》沿岸から目立ってきて大阪湾まで届いた頃の弥生時代後期に、とくに百舌鳥《もず》古墳群のできる泉州《せんしゅう》（大阪府南部）あたりで、丸い物が出てきています。
　限界は、今のところ近江（滋賀県）のあたりです。ただ、このあたりの円形は、円形の竪穴《たてあな》住居を掘るのと一緒で、中心を決めて縄でくるっと引いてしまえば、円にできるような非常に平面的な低い墳丘なので、立体的な箸墓の円丘とは質的に違います。

渡部裕明

ただ、アイデアとしてどうして円がないのかと思っていましたが、そうではないということがはっきりしてきました。備讃瀬戸では、前期から出てきて東へゆっくり広がっていくうちに、方形周溝墓と同じように、立派に前方部に育っていく陸橋《りっきょう》部も、時代を追うごとに、岸本さんが整理されている「低地円丘墓の陸橋・突出部の形式的分類図」を見ると、形のうえでは前方部が育ってきています。

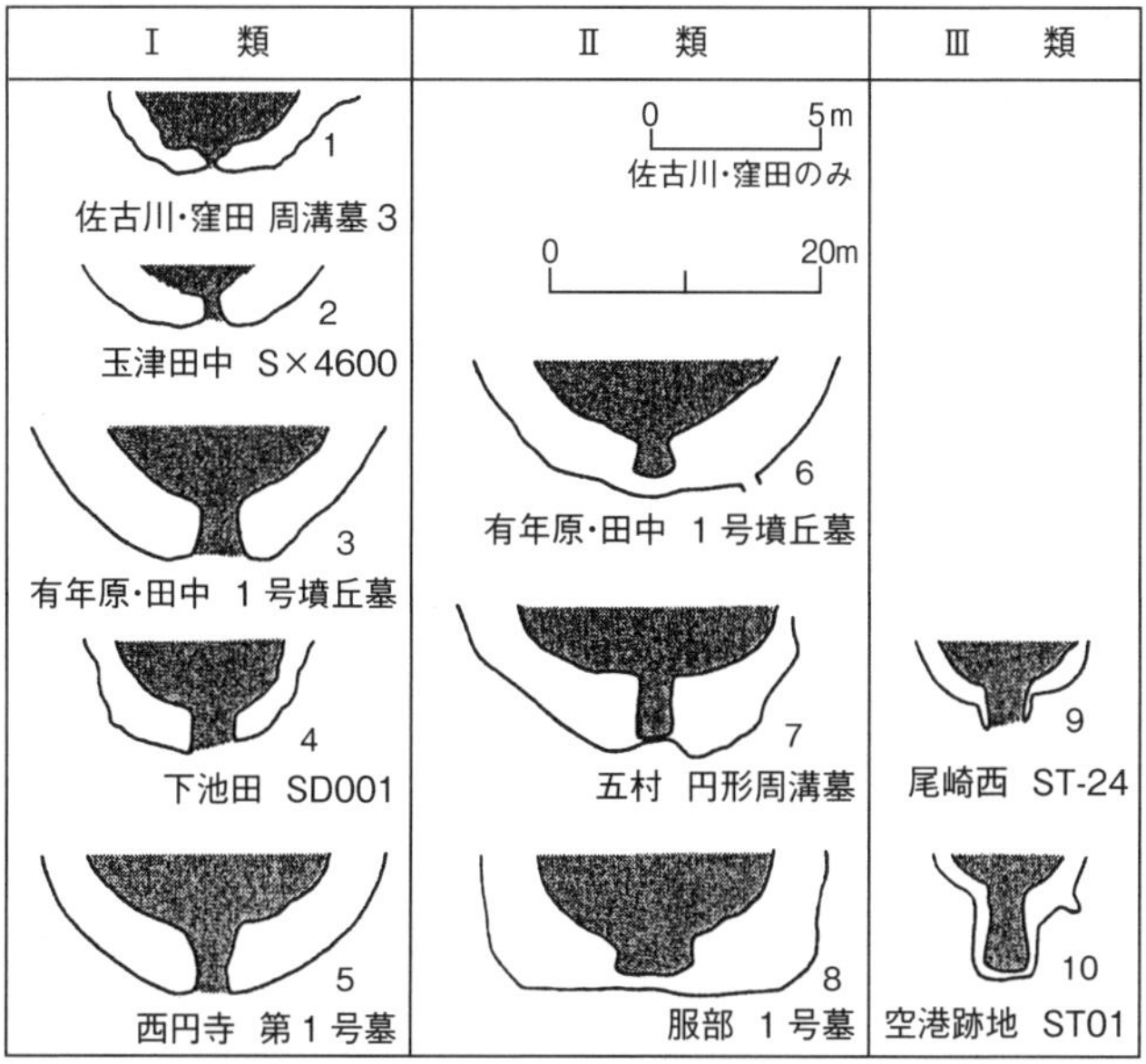

岸本一宏氏による低地円丘墓の陸橋・突出部の形式的分類

渡部　兵庫県赤穂《あこう》市の有年原《うねはら》・田中《たなか》遺跡（54頁の図23）などは、遺跡公園として整備されているということもあるのでしょうが、墳丘墓というイメージよりも、古墳といってもいいんじゃないかという感じがします。

菱田　岡山県倉敷《くらしき》市の楯築《たてつき》遺跡にしても、けっこう豪華な感じはしますね。

また、兵庫県たつの市の新宮宮内《しんぐうみやうち》遺跡も、やはり有年原・田中とよく似たような円形墳丘墓です。弥生時代中期にさかのぼりますが、一見すると古墳ですね。そのように箸墓古墳の物を見たとき、弥生時代の墓と何が違うのかというと、大きさが違うというぐらいでしょうか。

このように箸墓を理解して見るというのはたいへんおもしろいことですし、その後の古墳のなかでの画期性を考えていくうえで、はじめに箸墓ありきで古墳ができたという話から始めることより、いや、まだあれは弥生時代のお墓がちょっと大きくなったものだ、と一旦置き直して、改めてその後の古墳を眺めていくと大きい変化が見て取れるように思います。今回そういうリセットボタンを、一瀬さんが押しているという印象を持ちました。

渡部　箸墓古墳は、大きさという意味では画期と言えると思うのですが、朝鮮半島の墓も、規模が突如大きくなるというような現象はないのでしょうか。

田中　封土墳になる時期はありますが、突如という感じではないですね。大きいといっても、朝鮮では円墳で三〇メートルを越せば大型ですから、隔絶性が弱いというように思います。古墳のなかにいくつかそういう大型墓がありますが、それは突然というわけではなくて、マウンドがつくられ、そうした中に比較的大きな物もつくられていくという感じです。

渡部　そういう点で見ると、箸墓のような突然の巨大化というのは、東アジアのなかでもある種、特別なのですか。

田中　埋葬されているのが卑弥呼《ひみこ》かどうかは別にして、歴史的にそれまでと違うのは、中国の魏《ぎ》と通交関係を持ったということだと思います。そういう意識があるので、新しく企画的につくったというイメージを持ちやすいようですが、たとえば、魏で似たような外形の墓があるわけではないですし。要素的にはいろいろ言えるかもしれませんが、魏へ通交したことで、たちまちそういう影響を受けてということにはまったくなりません。もちろん権力として、それまでと違う意識は持ったと思いますので、それを象徴するようなものとしての企画性はあるかもしれません。
ただ、私はやはり、内在的にいろいろな要素が発達してきたという考えのほうが理解しやすいんじゃないかと思います。そのうえで、巨大化させるというような政治的な意識を少し持ったというように理解すればいいのではないでしょうか。

渡部　ホケノ山の調査を取材していたときに、そんなに時間をおかず箸墓ができたとき、なぜあんなに巨大化したのかという話をいろいろな人に聞きました。そのなかで大阪大学の福永伸哉《ふくながしんや》さんが、それはやはり魏に派遣した使節がなにがしかの物を見て、その影響じゃないかというような話をされて、非常に魅力的な考え方だなと思いました。邪《や》馬《ま》台国《たいこく》というか倭国連合、つまり、卑弥呼政権と大和政権とがどのようにつながっていったのか、非常に興味深いところですが、箸墓古墳の成立が謎にからんでいるように思えたのです。
一瀬さんは、箸墓ができたのをもって大和政権の成立というようには考えていないのですか。

一瀬　邪馬台国がどのようなものだったのか、連合的なまとまりということで逃げていると思うのですが。物質的にその大きさを示す装置

鼎談風景（2011年1月）

の一つが墳丘であり、三百メートルまで一気に大きくなったということはやはり大和政権の目安になります。しかし、それが実態としては、連合的なまとまりの中で、相対的な位置が圧倒的に強くなった時点を指すのかどうか。そういう意味からすると、中心部が大和より広い範囲になった畿内政権成立の最終的な完成形が応神、仁徳陵古墳のあたり。その時に圧倒的に強くなった段階かと思います。

東アジアサイズの目で見ますと、前方後円墳と言われるものが、中国で三世紀に漢帝国が崩壊し、次に六世紀後半に隋が出現するまでの間存在し、それが日本列島において物質的にいちばん盛り上がっていることになります。結局、前方後円形が不安定期間にずっと存続し続けているというのが、アバウトなんだけどおもしろいなと思っているのです。前方後円墳がなくなると、畿内政権が終わることにもなると思います。

●箸墓古墳の被葬者は誰か

渡部　ここで一つみなさんのご意見を聞きたいのは、第一巻「弥生興亡　女王・卑弥呼の登場」で話題になった箸墓古墳の被葬者は誰なのかという話です。都出比呂志先生や白石太一郎先生は年代観として、卑弥呼ではないかと。古代史の和田萃《あつむ》京都教育大学名誉教授は文献史学の立場から、卑弥呼の宗女・台与《とよ》と主張しています。橿原考古学研究所におられた寺沢薫さんは、もう少し下がって台与の後に立った男王。

一瀬さんの箸墓の年代観としては、どういうお考えですか。

一瀬　いま言った状況的な辻褄合わせからすれば、ちょうど日本の、特定個人墓などが出てきて、いろいろな地域性を各地で持ちだしている状態というのが、おそらく庄内《しょうない》式土器の時代だと思います。その時間帯と魏の時間帯というのは、合致してよいのではないかと思います。ただ、箸墓古墳のある纒向《まきむく》遺跡は、それ以上遡りそうにないような気もしています。

渡部　卑弥呼であってもよい、というような感じでしょうか。

一瀬　そうですね、ただし、結局、個人名を指しているかどうかという問題ですね。中国文献も隋の時代の聖《しょう》徳太子《とくたいし》を固有の人物としてはとらえていないと思います。それから考えると、卑弥呼のことも人物群のようなイメージでとらえているとすれば……。いまの言いぶりだと、邪馬台国が日本列島で大きな力を持つ地域とするならば、即ち纒向と言えますが。時間帯的には、そういう時間帯だろうと思います。

渡部　菱田さんは、何かで言及されましたか。

菱田　被葬者論はしていないのですが、箸墓の年代論はやはり三世紀半ば過ぎぐらいには持ってこないと。他の物の変化のなかでは辻褄が合わなくなりつつあるのかな、とは思います。

渡部　一般の読者は、「倭《わ》の五王」の墓が、いったいどこにあるのか、誰に当てはまるのかと同じように、箸墓古墳の被葬者論にはたいへん興味のあるところです。

菱田　記紀の伝承では、かなり整合的に、あとで陵墓伝承をつくり出している可能性がありますので、おそらく四世紀

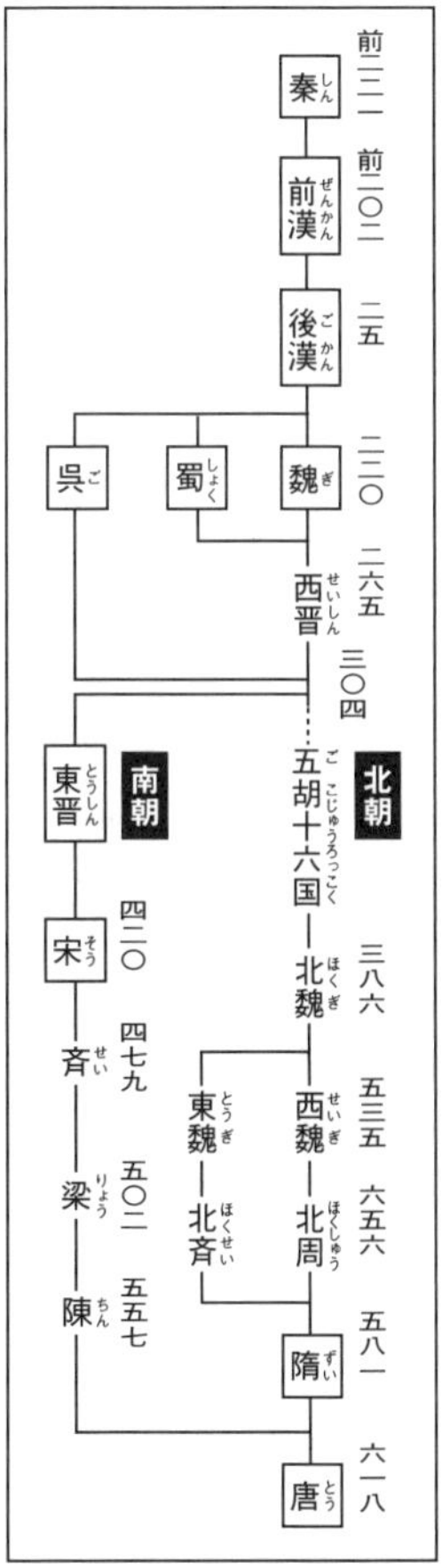

中国の王朝（数字は建国年）

まではなかなか届かないと思っています。そういう意味では、このあたりの大和の古墳群の被葬者論争を、日本側の文献から迫るのは、ちょっと無理があると思っています。

渡部　田中さんは、さっきうかがったところだと、時期的にいったら箸墓古墳の被葬者というのは卑弥呼ぐらいでよいという感じですか。

田中　箸墓古墳が卑弥呼の墓かどうかわかりませんが、画期的なという意味では、台与よりははるかに卑弥呼でしょう。しかも文献で見れば、前の段階と大きく違う政治的な変化が起きています。二十九の国がまとまって、倭王を立てているのは明確で、まさに連合体的なものを考える必要があります。

　だからといって、即座に時の王の墓を大きくつくるのか、変わった形にするのか、それは私にはわかりませんが、卑弥呼だとしてもおかしくない、魏に行ったことの影響や重要性という点で、画期性があるということはできると思います。具体的に魏から何か影響を受けたということではなくて、内的にそういう意識を持っているということで理解できるのではないかと思います。

渡部　大陸から直接何かが持たされたということではないにしても、ひとつの交流のなかで、大きな前方後

西殿塚古墳（奈良県天理市中山町）　全長220mの前方後円墳。現在、6世紀代の継体《けいたい》天皇の皇后となった手白香《たしらか》皇女の衾田《ふすまだ》陵として、宮内庁によって治定《じじょう》されている。古道の山辺《やまのべ》の道沿いにある。西殿塚古墳は3世紀代の古墳であることから、その被葬者は時代的にあわない。

　手白香皇女の墓は、近くにある6世紀前半の西山塚古墳ではないかとの説がある。

円墳というのが成立したという、そのような共通認識からスタートして、次の段階に移っていっていいのではないかと思います。奈良盆地の東南部に、非常に古い時期の大型の古墳が次々と築造された。箸墓古墳の次に古いのが天理市の西殿塚《にしとのづか》古墳というのが、考古学界の一応の共通見解だと思うのですが、西殿塚と箸墓の築造年代差というのは、二十年ぐらいのものなんでしょうか。

一瀬　きっと二十年以内でしょう。見つかっている吉備系の特殊器台しか相互に比べようがないのですが、たぶん将来的にもその特徴の差の区別がつかないですね。桜井茶臼山古墳から出土した二重口縁壺は箸墓古墳と充分に区別がつくので、十五年から二十年は空いていてもいいかという気はします。そうすると、十年前後ぐらいでもかまわないという感じです。

渡部　十年前後でもおかしくない。ああいう大きな物が、極端にいえば十年後に築かれたということを、どのように理解したらいいのか。それから、少し時代は遅れて、桜井茶臼山古墳のような物もできてくる。五十年ぐらいの短い期間に、崇神陵古墳などを含めて、次々とつくられていくというのは、大王的なもののお墓というふうに言っていいのか、あるいはその妻や身内の有力者を含め、誰のためにつくるお墓、古墳なのかということをどのように理解したらいいのでしょうか。

●男女の別にはこだわらない被葬者

菱田　おそらく古墳の年代が遡りにくかったのは、戦後の古墳研究をリードした京都大学の小林行雄《ゆきお》先生のお考えになった大和政権の成立と三輪山麓の古墳の形成を重ねるイメージがあったからではないかと思います。

一方、九州大学の田中良之《よしゆき》先生がキョウダイ原理の系譜の存在について明らかにされています。そこからいくと、被葬者が別に男王でなくてもよいという話もあるし、同じ墓に何人か入っていてもよいということになります。大阪市立大学の岸本直文《なおふみ》さんの、聖俗二王の並立のような話もありえてきます。

拡大解釈すると、一系的なつながりが古墳群で示されているわけではないというイメージが古墳時代前半期の様相なのかと思うのですが。それが違う方式で墓が集まりだすのが群集墳《ぐんしゅうふん》で、古墳時代の後半の特徴になってくると思います。

渡部　ということは、墓を別につくるという意味でしょうか？

菱田　男と女がもし葬られていたとしたら、最近の流れからいくと、それはキョウダイというか、同じ血縁の男女が入っているパターンになります。夫婦だと血がつながらないので、別の古墳に入ってしまうという。たとえば継体《けいたい》天皇の墓が大阪の三島《みしま》（高槻市《たかつき》）にあって、その妻（手白香皇女《たしらか》）の墓が奈良の天理市にあるという。そういうのが普通だったのではないでしょうか。

渡部　しかし、数が多すぎるのではないですか。

菱田　特定個人墓とか言いながら、一人に限定してつくっていない様相が、日本列島で見えています。朝鮮半島でも一緒の状態ですか。

田中　朝鮮では五世紀には、たとえば夫婦合葬もあります。皇南大塚《こうなんおおつか》などもそうです。ただし瓢形墳《ひょうけいふん》で、連結した別のマウンドのそれぞれの木槨内に木棺が見られます。南墳の外棺内の副葬品収蔵部から「夫人帯」銘の銀製金具が出ていますから、「夫人」であることは間違いありません。

菱田　日本でも、高井田山古墳《たかいだやま》（大阪府柏原市《かしわら》）などは、合葬の典型例として五世紀末に出てきます。男王一人のための大きな前方後円墳が一世代一墳で引き継がれていくというあり方は、実はなかったと思います。

渡部　そういうことは、一般の人にはあまりイメージがないですね。

菱田　世襲する男王の墓と見るのが、いちばん考えやすいですね。

田中　文献的には、そうした邪馬台国のなかの権力構造がわからない。邪馬台国の王自体がはっきりしていません。卑弥呼に男弟がいて、卑弥呼を補佐していたのか、王が別にいるのか。卑弥呼が王でもよいのですが。倭国全体の構造も不明です。どのような規模であったのか。戸数はわかるとしても、倭国の中の国同士のあいだの関係というのは、文献的にはほとんどおさえられません。考古学的に、その時期に墓がどのように分布するかということをもとにして考えるしかないと思います。

たとえば韓国の伽耶《かや》でも結局同じことで、王墓としては数が多すぎる、大型の三〇メートルクラスの物が、同じ古墳群にいくつかあることが少なくありません。しかし、具体的にそれが王の一族の、王の弟とかの墓なのか、高級官僚などの墓か、そのあたりの判断は難しいですね。わが国のいま問題の三世紀ぐらいのものについても同じように、文献ではとてもおさえようがありません。

渡部　考古学的には主体部が調査されているケースは、ほとんどないわけですから。

菱田　大きい古墳はそうですね。それに次ぐクラスで、さきほど一瀬さんがおっしゃられたように、桜井茶臼山古墳とかありますが、人骨が残る例は稀です。その人骨が残る例では、高知大学の清家章《せいけあきら》さんの研究のように、被葬者が二体あるときに、男女で血縁者、おそらくキョウダイであるということが、四世紀では一般的であることがわかってきました。ですから、さきほど田中先生がおっしゃられたような、卑弥呼に男弟がいてという、いわゆるヒメ、ヒコの共立というのは、比較的、日本列島の上層部の、大きなお墓をつくる人たちのなかでは共有された姿かと思います。

現代からすると、『日本書紀』、『古事記』のように、歴代天皇の系譜を追っているようなイメージで、お墓のほうも理解しがちなのですが、記紀はやはり七世紀の段階での造作というか、そうあるべきだというふうにして、お墓も決めていったのだと思います。

●副葬品からどのような被葬者像が見えてくるか

渡部　二〇〇九年（平成二十一）の再確認で、話題になった桜井茶臼山古墳の場合、近くにあるメスリ山古墳がかつて調査され、そういう血縁関係にあるキョウダイみたいなものを葬ったということが副葬品や遺物の関係で想定されるのでしょうか。

菱田　骨が出ていないので、なんとも難しいですが、骨があればそういう四世紀代のこれらの大きな古墳でも、骨があればそういう事実がわかっています。もうひとつは、四世紀段階は女性を示す持ち物として、手珠《てだま》・足珠《あしだま》など

桜井茶臼山古墳の竪穴式石室（桜井市外山《とび》、奈良県立橿原考古学研究所提供）　内部の石材や天井石の全面に塗布された水銀朱がよく残っており、多数の銅鏡破砕片が検出された。

があり、同定がしやすいですね。鏃を持たないとかですね。そういうなかで、かなり女性の優位者がけっこう多いらしいのです。前方後円墳の中心埋葬もあるというのは、五世紀半ば以降の姿とは大きく違う。

渡部　では、最初に、数が多すぎるといいましたが、そういう感じはあまりしないのですか。

菱田　ですから、王墓として見ればということはあるのかもしれません。

渡部　絶対的な王という感じではないということですか。

菱田　というよりも、その政治体制、社会体制が不明なのです。そういう意味で、社会体制がある程度わかってきたら、当然、リーダーとしての権力者である王がいて、その王の墓というのはこういう物であるべきだというのが見えてくるのですが。しかし、日本の四世紀段階の社会というのは、まだそれほど、政治体制も社会体制もよくわかってないと考えたほうがいいと思います。

渡部　どうしても、『古事記』、『日本書紀』編纂《へんさん》の八世紀の目で見てしまうということですね。

菱田　正直、四世紀は難しいですね。むしろ五世紀以降は、そういう意味ではもう少し情報も増えてきますし、中国側の文献もより具体的になります。

表

辛亥年七月中、記。乎獲居臣。上祖、名意富比。其児、（名脱カ）多加利足尼。其児、名弖已加利獲居。其児、名多加披次獲居。其児、名多沙鬼獲居。其児、名半弖比。

裏

其児、名加差披余。其児、名乎獲居臣。世々、為杖刀人首奉事来至今。獲加多支鹵大王寺、在斯鬼宮時、吾、左治天下、令作此百練利刀、記吾奉事根原也。

稲荷山《いなりやま》古墳（埼玉県行田《ぎょうだ》市）鉄剣銘　稲荷山古墳は全長120mの前方後円墳。5世紀末に、埼玉《さきたま》古墳群で最初につくられたといわれている。鉄剣の長さは73.5cm、表に57文字、裏に58文字が記されていた。銘文の釈文は『稲荷山古墳出土鉄剣金象嵌銘概報』（埼玉県教育委員会、1979年）に基づき、句読点をほどこした。

菱田　埼玉《さきたま》古墳群の稲荷山《いなりやま》古墳から見つかった「獲加多支鹵大王《わかたけるだいおう》」、つまり、雄略天皇の時代と考えられる鉄剣銘も雄弁な証拠になりますね。

一瀬　ええ、五世紀後葉の資料で、やっとわかる。残念ながらこの巻では、それは中心的話題ではないですが。

●朝鮮半島情勢が古墳の巨大化に及ぼした影響

渡部　四世紀後半頃から、なぜ日本の古墳があれだけ巨大化していったのかということの背景としては、何が考えられるでしょうか。

一瀬　一つは、百済《くだら》の成熟。そのための高句麗《こうくり》の南下と、それとともに人の動きが北から南へとシフトしていく流れがあったということがあります。

渡部　百済が高句麗の南下に対して備えるということで、倭国《わこく》に軍事的な援助を得ようとします。そこで、日本列島の政権は朝鮮半島の情勢に関与していくということになるわけですが、それはやはり鉄をはじめとする資源、先進文物を得られるからという理由でしょうか。

田中　それは、もっと以前からあります。四世紀後半に変わるのは、百済がそれに関わってくるということです。その際、伽耶《かや》全体ではなく、そのうちの伽耶南部の諸国が関わります。これは注意しないといけない点ですが、伽耶南部と倭国とはもっと以前から交流しています。百済は、西暦三六〇年代から伽耶南部との関わりができます。そしてまもなく、伽耶南部が仲介する形で、百済と伽耶南部と倭との同盟関係ができたと考えられます。

渡部　百済が関与する前と後の関係、それは、倭国が軍事的に関わっていくかどうかという違いがあるわけですか。

田中　百済が関与する以前というのは、最も近いのが狗邪《くや》韓国（狗邪国）の後身です。金官《きんかん》国と呼びます。狭い意味での任那《みまな》国です。その関係では、軍事的な緊張はないです。そこを中心とした鉄の供給を受けるという時に、対立する勢力はそこではなくて、日本列島のなかだったかもしれませんね。

渡部　ということは、国外に軍隊を出すためには、日本列島の政権自体が強くならないとダメだということですね。そして、その強化、すなわち、古墳として形で残るものの巨大化ということにつながっていくという、そういう理解でいいわけですね。

田中　対外的な危機というものを背景にして、内政を強化していくケースは、古今東西にあると思います。

渡部　古墳の巨大化や、甲冑《かっちゅう》とか武具の類が副葬品に現れるなど、それはやはり朝鮮半島との関わりということがポイントになるわけですね。

伽耶の地域

一瀬　防衛路線でいくか、攻撃型でいくかという二通りの考え方があると思います。いずれにしても文物系の流入というのは、一〇〇パーセントありました。古墳時代の初期であれば、限られた物品とかだったかもしれませんが、その後、大量にしかも朝鮮半島色の強い物が入ってきたのは間違いない事実です。日本列島の内部の人間がそれを受け入れ、それをベースにし、独自性を持たせていくというだけで終わっていたのか、逆に朝鮮半島までどんどん出向いて行ったのかというところは、結局よくわかりませんが。

渡部　それは、いつ頃の時代なのでしょうか。

一瀬　四世紀段階でしょう。

菱田　朝鮮半島と言っても、伽耶《かや》止まりでしょうか。たとえば、大阪府茨木《いばらき》市の紫金山《しきんざん》古墳で出土している86頁の図41-1にあるような筒形《つつがた》銅器と、韓国の金海《きんかい》の地域で出てくる物との共通性は以前から指摘されていま す。四世紀のある段階では、さきほどの田中さんの言われた流れからすると、伽耶南部とのつながりで、初めは個別に欲しい物を手に入れてくるというところから、百済とからみ始める四世紀末近くなってくると、大がかりな関与の仕方に変わり、それが次の古墳の変化の背景になると思います。四世紀末の大阪府藤井寺市の津堂城山《つどうしろやま》古墳などが登場してくる背景として、理解していいのかなと思います。

●古墳築造場所の移動—朝鮮半島との関わり

渡部　規模の巨大化ということとともに、大型の前方後円墳群の築造場所が大和盆地東南部の桜井市や天理市から北部の奈良市佐紀《さき》に移ったり、西部の北葛城《きたかつらぎ》郡広陵《こうりょう》町などの馬見《うまみ》に移ったりという状況が起きます。

そういう状況を朝鮮半島、百済との関係で説明できるのか、もっと倭国内の政権内部の別の条件でもって説明できるのか、そこはどうでしょうか。

一瀬　五世紀の状況を示すのに、半島の技術を持った須恵器がつくられ始めた初期段階である堺市・陶邑《すえむら》の大《お》庭寺《ばでら》（87頁、図41-2）から見つかった須恵器が参考になるかと思います。

菱田　四世紀半ばぐらいだと、神戸市の出合《であい》窯跡などの、この時期に先走り的な、須恵器的な焼き物の生産が日本でも始まりますし、やはり人は確実に行き来はしています。本格的に大規模な須恵器生産などが始まる、まだ前の状況なのでしょう。

これに関連して、26頁に示された『日本書紀』神功《じんぐう》紀五年三月条の渡来人の伝承（葛城襲津彦《かつらきのそつひこ》が新羅から連れ帰った人々は、「今の桑原《くわはら》・佐糜《さび》・高宮《たかみや》・忍海《おしみ》の四邑の漢人《あやひと》らの始祖」とも伝えている）との対応や、百済の関係などは見えてこないのでしょうか。

田中　それは、難しいと思います。神功紀五年条に見える毛麻叱智《もまりしち》や微叱許智《みしこち》伐旱《ほっかん》の話は、『三国史記』に見える朴堤《ぼくてい》上《じょう》（毛末《もまつ》）や未斯欣《みしきん》の話と対応させることができ、四世紀末から五世紀初のことと考えるべきです。ただし、渡来人伝承ということであれば、垂仁《すいにん》紀に見

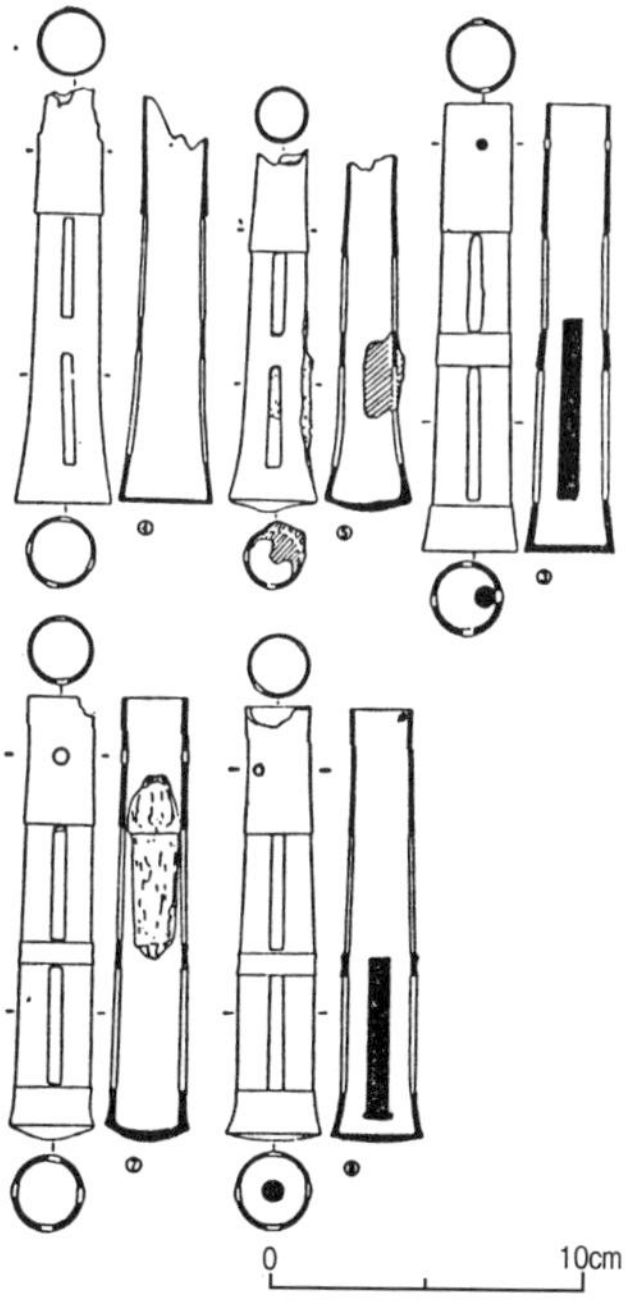

伝、金海良洞里出土の筒形銅器（韓国・慶州博物館蔵）　朝鮮半島出土の筒形銅器は、4～5世紀の古墳から見つかる。紫金山《しきんざん》古墳（大阪府）など、日本の古墳から出土する筒形銅器と類似する。

えるアメノヒボコの伝承にしても、製鉄の集団が渡来したことを象徴的に示しているという考え方がありま
す。渡来のルートも復原できます。
　応神紀になると、百済からやって来る記事が増えてきます。そのあたりは、実際には必ずしも百済からで
はなくても、いいのかなという気はします。

菱田　しかし、応神紀よりも古い伝承として受け止めるというのは、大いにあり得るのではないでしょうか。
たとえば、大和南部の葛城地方の四世紀末ぐらいの遺跡と対応させられればと思います。

田中　年代をあまり考えず、新羅からの渡来があり、百済からの渡来もあったというようなことならいいのか
なという気がします。

菱田　応神天皇より前の時代、日本列島と朝鮮半島は、どのように結びつくのでしょうか。

田中　四世紀に伽耶南部が百済を巻き込む形になるのは、さきほど言った三六〇年代でよいのですが、伽耶南
部と倭との関係に限っていえば、もっと前でいいと思います。友好な、同盟的な関係を持つような勢力とし
て広がっていくのは、いちばん近い伽耶、つまり金官《きんかん》国から始まります。そして、そこから西のほうに拡大
していき、さらに百済も入ってくるというのが自然な流れでもあり、『日本書紀』もそういう体系で書いてい
るということです。その場合に、伽耶南部については四世紀前半ぐらいまで遡っても別に問題はないでしょう。

一瀬　いまの考古学の編年観からいくと、古いほうでもゆるく一致するということですね。

菱田　一瀬さんが言っておられた大阪市平野区の加美《かみ》遺跡だとか、桜井市の纒向《まきむく》遺跡が古いですね。

渡部　たとえば神功《じんぐう》皇后伝承ができるというのは、大陸との、当初は友好的関係というか、まだ軍事的なもの

にいく前の、そういう時代を反映しているということなのですか。

田中　崇神紀《すじんき》は、別に対立するような関係としては書かれていません。神功紀の場合は新羅に攻めていきますので、意味合いが違っていると思います。

一瀬　奈良市の佐紀《さき》古墳群は、極部敵対的なイメージ、あとは全体的対立交渉のイメージの変化と一致して、たぶんこの緊張関係のイメージと武器とが重なって、四世紀後半のそれぞれの古墳群が台頭してくると思うのですが。

●古墳群はなぜ移動したのか

渡部　では、大和では朝鮮半島に向かって開かれた古墳群という感じで理解してよいわけですね。なぜその古墳群が動いたかということについては、どのように説明できるのでしょうか。

一瀬　大和東南部で地域の求心力の役割として一極集中というのが、まずあったと思います。そのあとで、それぞれ大和内勢力が朝鮮半島との接触拠点を複数もって拡大し、大和東南部だけの交渉ではない交渉勢力として、佐紀とか馬見《うまみ》が出てきたと思います。

次のポイントは河内の津堂城山《つどうしろやま》古墳（藤井寺市）で、その築造の頃になると、それぞれが対立的構造に変わっていると思います。つまり、単に物流的なもので朝鮮半島とのつながりがあるということにメリットを持っていた段階から、津堂城山古墳の段階で物流の一元化の方向に変わってくる。佐紀と馬見の出現自体は、大和東南部だけではないという広がり方で、津堂城山古墳のほうは、対朝鮮半島を強く意識して日本列島的な大きなまとまりを持とうとする対立的構造が浮かび上がってくると思います。その津堂城山古墳の完成年代あたりが、東アジアの混乱中期の初めと考えたいのですが。

田中　明確な戦闘というのは、高句麗の広開土《こうかいど》王《おう》碑（中国・集安市《しゅうあんし》）に見える四〇〇年の戦いですね。高句麗が南下して倭と戦う。神功紀の四十六年から百済との関係が見えていますが、神功四十九年条に出てくる出兵というのは、年代の異なる記事が一緒になっていると考えています。その場合、出兵は五世紀の話になります。その記事を除外すると、あとは百済との友好な記事しか残りません。そこに、別に戦闘があるわけではないということですね。

そういう立場でいえば、伽耶《かや》のなかで、倭といちばん距離の近い金官《きんかん》国から始まった関係が、少し西側に広がっていきます。同じように高句麗と対立している百済が南のほうに、それは全羅南道《ぜんらなんどう》の地域もそうですが、伽耶南部の地域へも海岸に沿ってやって来ることができる地域なので、そこと友好な関係を持つようになります。そうすると、倭と百済の両方が伽耶南部と関係を持つようになって、百済と伽耶南部と倭の連係ができるわけです。その段階では、まだ実際に戦闘はないですね。その後、そういう関係にもとづいて倭人が入って行ったりすることがあって、それが高句麗との対立関係を生むということがあるわけです。高句麗が百済

広開土王（好太王）碑（中国・集安市）田中俊明氏提供。

を攻めるのは三九六年にすでにありますが、倭が関わった実際の戦闘というのは、四〇〇年に新羅にいた倭兵が追い出され、逃げていった「任那加羅」、すなわち金官国まで高句麗軍が攻めてくるというものです。

渡部　高句麗との直接対決ですね。

田中　だから、武器とかそういうものが入ってくる契機も、それが大きいと思います。

渡部　たとえば、高句麗の広開土王碑に記されている四〇〇年というのは、大和政権でいうと何の時代ぐらいになるのですか。

一瀬　古墳の名前でいうと、仲津姫《なかつひめ》陵と履中《りちゅう》陵といった古墳の被葬者の活躍時期、すなわち畿内の対立構造を一まとめに束ねた段階です。それに先行して攻撃的な体制の対立的連合形態になるのは、その前段の津堂城山古墳の被葬者あたりが頭角を現す頃になります。

その時期、日本列島としてはいっそう混乱状態になり、大和だけでは、まったく抑えられなくなったというのがあるんじゃないかなと思います。緊張関係がピークになるその四〇〇年のタイミングを経由することで、各集団がまとまらざるをえないという危機感、それをまとめにかかったのが履中陵とか仲津姫陵の被葬者になるかと思います。そのときに、中枢地域を大和・河内に広げるためのリーダーが河内に育っていたことになります

●朝鮮半島との関係

渡部　大和政権のなかで、政権強化をしなければならない危機感というのは、のちの「白村江《はくそんこう》の戦い」(六六三年)

に似たようなものではなかったのでしょうか。

田中　それは、百済とのそれまでの関係や、その復興運動にどのように関わってきたのかについて詳しく申しあげないといけませんが、百済滅亡の六六〇年時点ではあまり関わっていませんでした。それから後に関わって、六六一年から兵を出したりしますが、二年ほどで終息してしまうという状況です。その間やそれ以後に、倭国内で危機意識が高まりますが。

四〇〇年の場合は、それまでの『日本書紀』の記録をどうとらえるかによって変わってくると思いますが、本格的な戦闘として現実に考えられるのは、その四〇〇年が最初ではないかということです。私はその前のものは認めていませんので。広開土王碑にはそのあとにもう一回、四〇四年に帯方界《たいほうかい》での戦いがあります。だから、本格的な国際戦争という様相になるのがそのあたり。それより前から、同盟関係を結んでいて関わってはいますが、倭軍が行って直接戦うということではないと思います。友好な関係で入っているだけであって、敗れて追い出された四〇〇年の敗戦と意味合いは違うと思います。

渡部　その四〇〇年の敗戦というか、同盟として参加して敗れたということに対する、日本の政権の危機感みたいなものが、なんらかの意味での大和政権の変質に、また古墳という形でどう反映されているのかという

5～6世紀頃の朝鮮半島と高句麗王都の変遷

疑問なのですが、それが履中陵古墳とかの時代なのでしょうか。

一瀬　私が大きなエポックとして、仲津姫陵と履中陵を選んだ理由は、大きさが三百メートルに回復しているという点です。本文でも書いていますが、古墳の基本、だいたい、地域、広域的な地域を仕切る被葬者が葬られる前方後円墳というのは二百メートルが平均最大値になってきます。三百メートルを超えると、大王級の証であるというようなところがあります。それがいったん四世紀後半になくなってしまい、二百メートル級のものばかりを各地でつくるような段階がありました。次に三百メートル級が復活するのが仲津姫陵と履中陵古墳というわけです。

つまり、対立的関係をひとつに束ねてまとめることができる能力があったからこそ、三百メートルの墳丘に回復できたのかなということになります。

●古市、百舌鳥古墳群の成立

渡部　次に、河内に大きな前方後円墳が出てくる頃の話、ちょうど朝鮮半島での百済に対して、日本が

順位	古墳名	所在	全長(m)
1	仁徳陵古墳（大仙）	和泉	486
2	応神陵古墳（誉田山）	河内	415
3	履中陵古墳（ミサンザイ）	和泉	365
4	造山古墳	備中	約350
5	河内大塚山古墳	河内	335
6	橿原丸山古墳	大和	318
7	景行陵古墳（渋谷向山）	大和	310
8	ニサンザイ古墳	和泉	290
8	仲津姫陵（仲津山）	河内	290
10	箸墓古墳	大和	278
11	神功皇后陵古墳（五社神）	大和	275
12	作山古墳	備中	約270
13	ウワナベ古墳	大和	254
14	市庭古墳	大和	約250
15	仲哀陵古墳(岡ミサンザイ)	河内	242
16	崇神陵古墳（行燈山）	大和	240
17	室宮山古墳	大和	238
18	メスリ山古墳	大和	230
18	允恭陵古墳（市野山）	河内	230
20	垂仁陵古墳（宝来山）	大和	227
21	墓山古墳	河内	225
22	津堂城山古墳	河内	208

日本の巨大古墳

深く関わり始めた頃の話をお聞きしたいと思います。さきほど西暦四〇〇年の派兵、大敗というと、「倭の五王」の最初の王である讃《さん》が使節を派遣する四二一年までほとんど時間のない時期で、この五世紀初め頃の大きな社会の流れと国の動向みたいなものを議論していきたいと思います。

まず、河内に出てきたということが何より大陸を意識したことだと思います。古市と百舌鳥という大きく二つの古墳群が形成されていくわけですが、古市と百舌鳥とのある種の違いというか役割みたいなものについて、どのように考えたらよいでしょうか。

一瀬　両者が決定的に違うのは、古市のほうは河内平野を母体にして、そこに大王の上層部が乗っかってくるという形ですが、百舌鳥のほうはそういった大きなバックボーンがないような地域です。地理的に平野をほとんど持たず、大阪湾に面しているというメリットのあるエリアに、どかんと大王級の墳墓が入ってくる。

渡部　生産拠点があるか、ないかということですか。

一瀬　生産性というより、どういった生産基盤を背景にして地域が大きくまとまっているかが違いになります。つまり、在地の人間が基盤力を十分に持った上で、古市は古墳を誘致している可能性もあります。しかし、百舌鳥のほうはかなり大王側が強圧的に入ってきている可能性はありますね。今でいう大規模開発プロジェクトに入ってもらうと地域が活性化してよいというような感じです。ところが実際のところは、仁徳陵や履中陵古墳など五基の墓が来るだけなので、つくり終わってしまうと土地が死んでしまいます。そこまで、犠牲にして墓を誘致するかという問題もあります。伝承が信じられるかどうかわかりませんが、百舌鳥の荒野で工事が始まったから、仁徳天皇が下見に来たという記事があります。そのなかでは、荒野だからいいだろうというふうに見えますね。そして登場する鹿は、いわば地元の築造反対グループを象徴しているかもしれない。

しかし、住民を立ち退かせてまでの墓づくりは、古市も百舌鳥もしていなさそうです。それをぎりぎり避けたのが、築造された台地であるとともに、おそらく三百メートル級の墳墓がつくれる、そういう場所自体が大和盆地中央付近には、もうないという厳しい状態にはなっていたと思います。

渡部　古市には大溝があったと『日本書紀』には書かれていますが、新しい農地を開くという意味もあったのではないでしょうか。

一瀬　大溝についてはペンディングです。古墳時代に大溝を掘削しているということで、いま積極的に言っているのは都出比呂志先生ぐらいではないですか。あとは、広瀬和雄さん（国立歴史民俗博物館）をはじめ飛鳥時代以降の開削説です。

私自身は古市大溝は、古市古墳群の造営に農業基盤でなく、荒野の台地の上に集まってきた集団のうち、そのまま住み着いた一族がのちになって古墳の間をかいくぐって寺を造営した。そして、そのまま河内国府《こくふ》とか役所がつくられ、人口が増えてきたことに対応してその時初めて、主に灌漑目的で、古代集落の周囲の生産地開発へと連動していったという感じです。飛鳥時代の後半頃から平安時代前期にかけて、古市の地域全部が家屋で埋まってきますので、それが古市大溝と連動すると思っています。

渡部　では考え方としては、お墓というか古墳だけを誘致したというようなイメージでよいわけですか。

一瀬　誘致したのは古市で、百舌鳥は強制的に入られてしまった。提供させられているかもしれないですね。いずれにしても、大規模な在地の集落を外して墓域が設定されている。集落と接しているのは、古市でいけば津堂城山古墳だけで、百舌鳥のほうは堺市の乳岡《ちのおか》古墳だけですね。あとは、一歩おいた距離でつくられ始める。つくるのを契機にまずキャンプ的な集落が増えていって、集落がいかにもあるように見えるのですが、先住民はあまりいなかったのだと思います。この所見は両方とも多くで発掘調査が行われていますが、かなりの精度で大丈夫だと思います。

奈良市のコナベ・ウワナベ古墳などがある佐紀古墳群の東群が立地する台地も、大王級ではないけれども、広域集団の墓域として平野との境で同じような感じだったかもしれません。それが、奈良時代には神明野《しめの》・市庭《いちは》古墳などは平城宮造営でつぶされてしまいますが……。

渡部　菱田さんも同意見でしょうか。

菱田　大和の中に限っていた王陵を、より広いエリアに拡大するという現象だと思います。そのために大阪平野に、大規模な陵墓を次々につくる場所として確保するといいますか、誘致という側面もあるかもしれませ

乳岡古墳（堺市堺区石津町）　百舌鳥古墳群のなかで、最初につくられた巨大前方後円墳といわれる。全長約166 m。百舌鳥古墳群では6番目の大きさ。後世の改変で前方部などがかなり崩れている。

んが、そういう場所を確保する。そういう王権側のデザインというのが、こういう結果になったのではないかと思いますが。あとでも触れると思いますが、手工業生産とか牧とかが大阪平野やその周りをうまく選んで策定されていきます。いままで利用できなかった土地利用の一部として、大規模な王陵のエリアをつくったというようにとらえられるのではないかと思います。

渡部　開拓者王の仁徳天皇というイメージと重なるかもしれませんね。

●河内王朝論の是非と対外交渉

渡部　そういう意味でいうと、直木孝次郎《なおきこうじろう》先生（大阪市立大学名誉教授）らが唱えた「河内王朝論」というのは、とてもじゃないと成り立たないということですか。

菱田　連続する要素と断続する要素とがあります。文献からいえば、応神天皇の出自問題や始祖としての扱われ方というのが、河内王朝論のひとつの基礎だと思います。考古学的な側面からいうと、津堂城山古墳がどういう位置づけになるのか。一方では、佐紀からの連続する要素というのも大いにあります。ですから、いまは考古学の立場でいうと、折衷案みたいな形になるし、結果論からいえば、大和の領域からより広い域内のエリアへ王権の基礎が拡大する現象として、それを河内王権と呼ぶことは可能だと思います。

渡部　その拡大のためのエンジンというか原動力になった部分が、朝鮮半島の情勢であったと。

菱田　さきほどお話に出てきましたように、やはり伽耶《かや》南部の人たちとしか交渉がなかった時期と、次の百済のような成熟しつつある国と本格的に付き合うようになる時期というのは、インパクトが違っていると思います。また、戦乱に備えるということも背後にあって、国家なり政権のあり方に対する認識が四世紀後半の段階にがらっと変わっていくのではないでしょうか。

それがより国家のように見える、より強い政権を五世紀になって志向するエンジンが、対外交渉のなかでは、まさに四世紀後半の段階にあるのではないかと思います。

一瀬　外交交渉術からも、ステップアップしていくと思います。

菱田　もっといえば、三世紀以来の対外交渉は、やはり交易中心だったと思います。長距離交易の延長で、いかにしてよりよい文物を手に入れるかというところが主眼だったのでしょう。ただ、交易というのは戦いと表裏一体で、交渉が折り合わなければ暴力行使になるというような……。そういうなかで、次第に交易に加えて武力という指向が四世紀のなかで発達するのではないかと思います。一瀬さんの、そういう過程のなかで東アジアの情勢をふまえて理解しないといけないというのは、たいへん大切な視点だと思います。

●文献にみる対朝鮮半島情勢

渡部　交渉術のステップアップというのは、当然そのためにいろいろな技術を含めた、軍備も含めたものが要求されてくるということですか。

一瀬　ただ文書契約みたいなものがありませんので、ちょっと甘えた時代かもしれません。

田中　それは、とくに問題ないと思います。

たとえば新羅との関係ですが、『日本書紀』を中心とした文献の立場から見ると、新羅というのはあまりいい相手ではない形で推移しています。『日本書紀』が書かれた時代の反映だという考えもあるのですが、七世紀後半というのはそんなに悪い関係ではありません。八世紀初めまでは悪い関係ではないというか、むしろ日本が上に立って、下に見下すような位置づけでとらえていました。その背景には、唐と対立する新羅側の事情もあります。ですから、別に悪く書く必要はないと思うのですが、あまりいいように書かれていませんね。もちろん、それが実態かどうかというのは別の問題ですが。文献では、新羅との良好な関係というのはほとんど追えないのです。ただ、モノからすると新羅的な要素も入ってくる。もっと広くいうと、政治的に良好な関係があるということだけが、モノが入ってくるルートではないとは思います。逆の場合にも、あるいは人間の入り方も、いい関係の国からだけやって来るわけではなくて、逆に悪いからこそ入ってくるというのもあると思います。物流だけを通して政治的な関係などは追えないでしょう。

基本的には、四世紀後半につくられる百済と伽耶《かや》南部と倭という関係は、六世紀初め、継体《けいたい》期頃までは維持されます。高句麗と敵対する関係も続きますし。そういう限られた史料状況で見られる外交関係の問題が、国内の問題とリンクするという考え方は、まったく問題ないと思います。

●朝鮮半島情勢の安定

一瀬　朝鮮半島の国同士の関係が安定して確立する

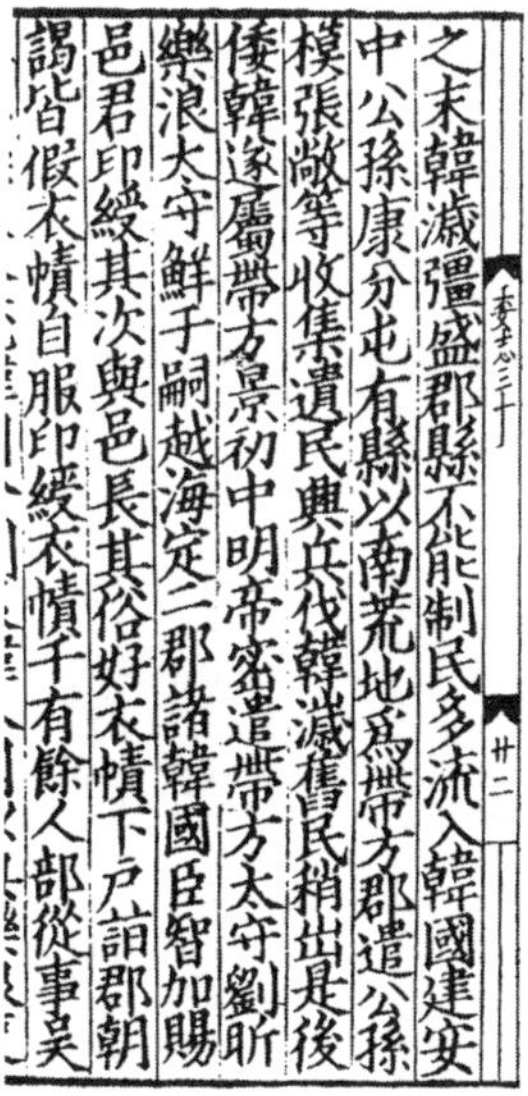
之末韓濊彊盛郡縣不能制民多流入韓國建安
中公孫康分屯有縣以南荒地爲帶方郡遣公孫
模張敞等收集遺民興兵伐韓濊舊民稍出是後
倭韓遂屬帶方景初中明帝密遣帶方太守劉昕
樂浪太守鮮于嗣越海定二郡諸韓國臣智加賜
邑君印綬其次與邑長其俗好衣幘下戸詣郡朝
謁皆假衣幘自服印綬衣幘千有餘人部從事吳

『魏志』韓伝　3～4行目に「是後倭韓遂属帯方」とあり、韓や倭は公孫《こうそん》氏が半島に置いた帯方郡と関係を持っていたことがわかる。

のはどのタイミングでしょうか。たとえば新羅のまとまりとか、百済のまとまりとか。

田中　かつては、百済でもわりと早くに大国になったような考え方がありました。三韓時代、『魏志』の韓伝には、三世紀段階で馬韓《ばかん》、辰韓《しんかん》、弁韓《べんかん》というのがあり、四世紀頃になると、それが百済と新羅と伽耶になるというような見方がありました。

百済については、二十年ぐらい前からそうではなく、あとの韓国での前方後円墳問題とも関わるのですが、百済が早くから領有化していたのではないという考え方が一般化してきました。もちろん関係は認めてよいのですが、さきほど言ったように四世紀に、百済としては、高句麗と対抗する必要があるので友好な勢力を南側に求めたということがありました。その一環が全羅南道だし、伽耶の南部です。

いまは、四七五年にソウルにあった都（漢城《かんじょう》）が陥落して、南に移ったあたりから、ようやく本格的に南のほうへ進出するというような見方が定着しています。前方後円墳の被葬者をどう考えるかについては大きく二つの見方がありますが、そのどちらの立場も、百済の領有化については同様に考えています。

いっぽう新羅についていうと、四世紀頃にもう大国化するというふうな考え方がいまだに一般的です。私はそうではなく、新羅も五世紀の終わり頃までは慶州《けいしゅう》《キョンジュ》盆地だけだと思っています。もちろん、まわりに独立した国があって、それらが新羅に従属するという関係はあります。それが続いていて、五世紀の終わりから本格的に大国化していくというような見方をしています。伽耶は結局ひとつにはなりませんが、そういう過程は見られると思っています。

領域的なまとまりということになると、百済の場合は五世紀終わりになって南下してから、ようやく広域的になったということですね。ただその前でも、高句麗の広開土王が三九六年に攻めてきたときに奪われた、五八の城はみんな百済の城ですし、そのあと、奪われた六城もそうです。ということは、百済はその段階までにある程度広域化していないといけないのですが、それはソウルを中心とした地域です。そのあとでもう一回あらためてというのが五世紀末以降、六世紀はじめぐらいの時期です。新羅については、韓国の学界はまだそういう立場はほとんどないのですが、私は、五世紀終わりから六世紀になってようやく広域化してくるというような考え方をもっています。

渡部　その四世紀後半に、日本が百済と本格的に同盟関係を結んでいくということは、百済のほうが国としては少なくとも新羅よ

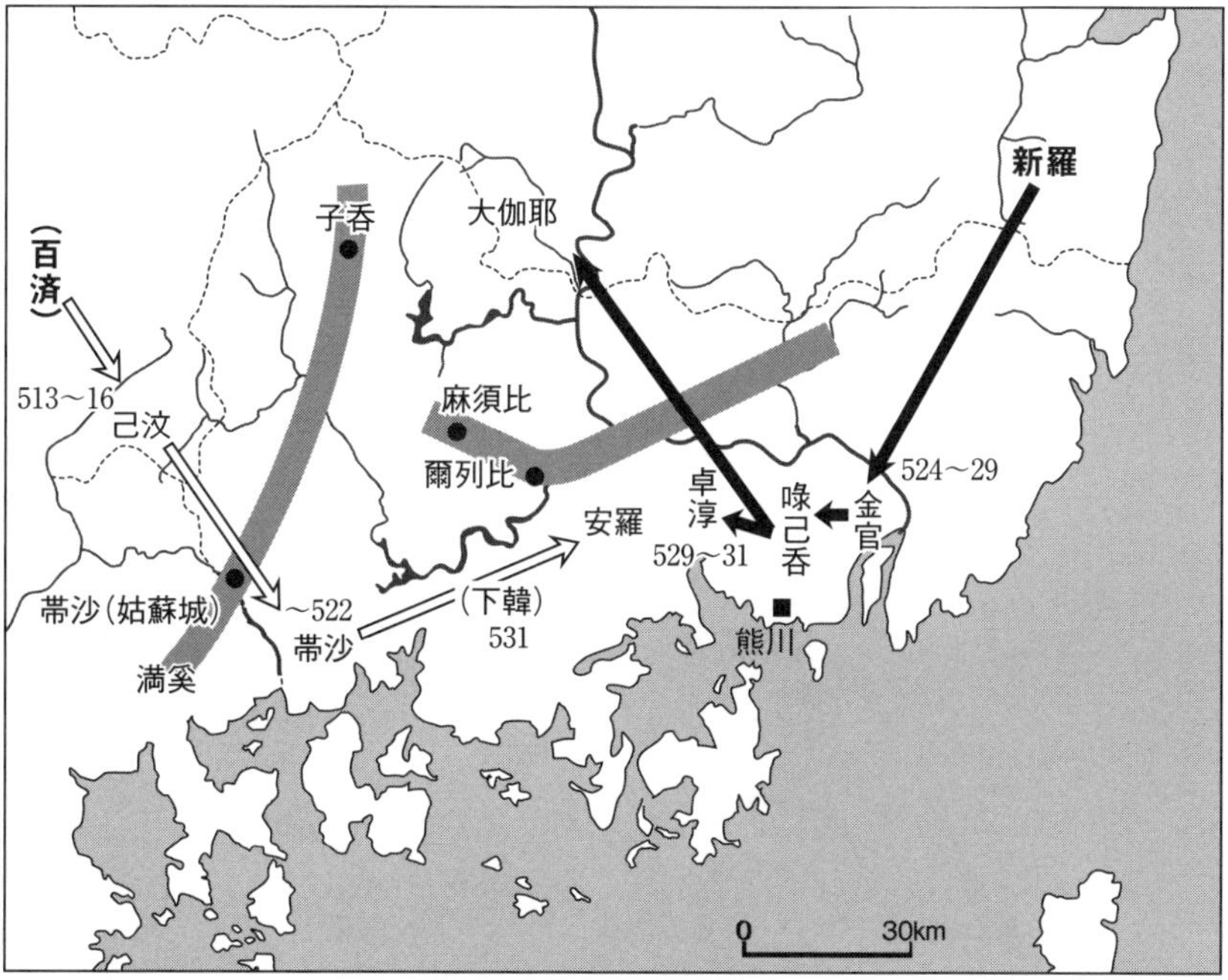

百済・新羅の伽耶への進出　百済や新羅は、6世紀に伽耶に侵攻していき、562年に伽耶諸国の分割が完了した。

数字は侵攻年代、網かけは大伽耶連盟の防禦ライン(田中説)。●はその築城地、■は関連地名。

りは成熟していて、あの段階で倭国が新羅ではなく、百済と密接な関係を結ぶということは、国としても得られるものが、日本側としてあったわけですね。

田中　その前の基本が、やはり伽耶南部だと思います。なんといっても近いわけですから。伽耶南部との関係が優先的にあって、それが重要な関係であって、そこと百済が結ばれるということでつながりができたということです。いきなり、百済がということにはなりません。だから、優先されるのは伽耶南部で、いろいろなモノの供給地も伽耶南部がずっと中心地だったと思います。

　四世紀後半以降でも、あまり百済のモノというのは入ってこないのでは。それ以降でも、伽耶南部およびそこから広がったぐらいの地域が中心だと思います。

一瀬　いまのお話をおうかがいしていたら、私の本文に関係して、添付している次のような図があります。

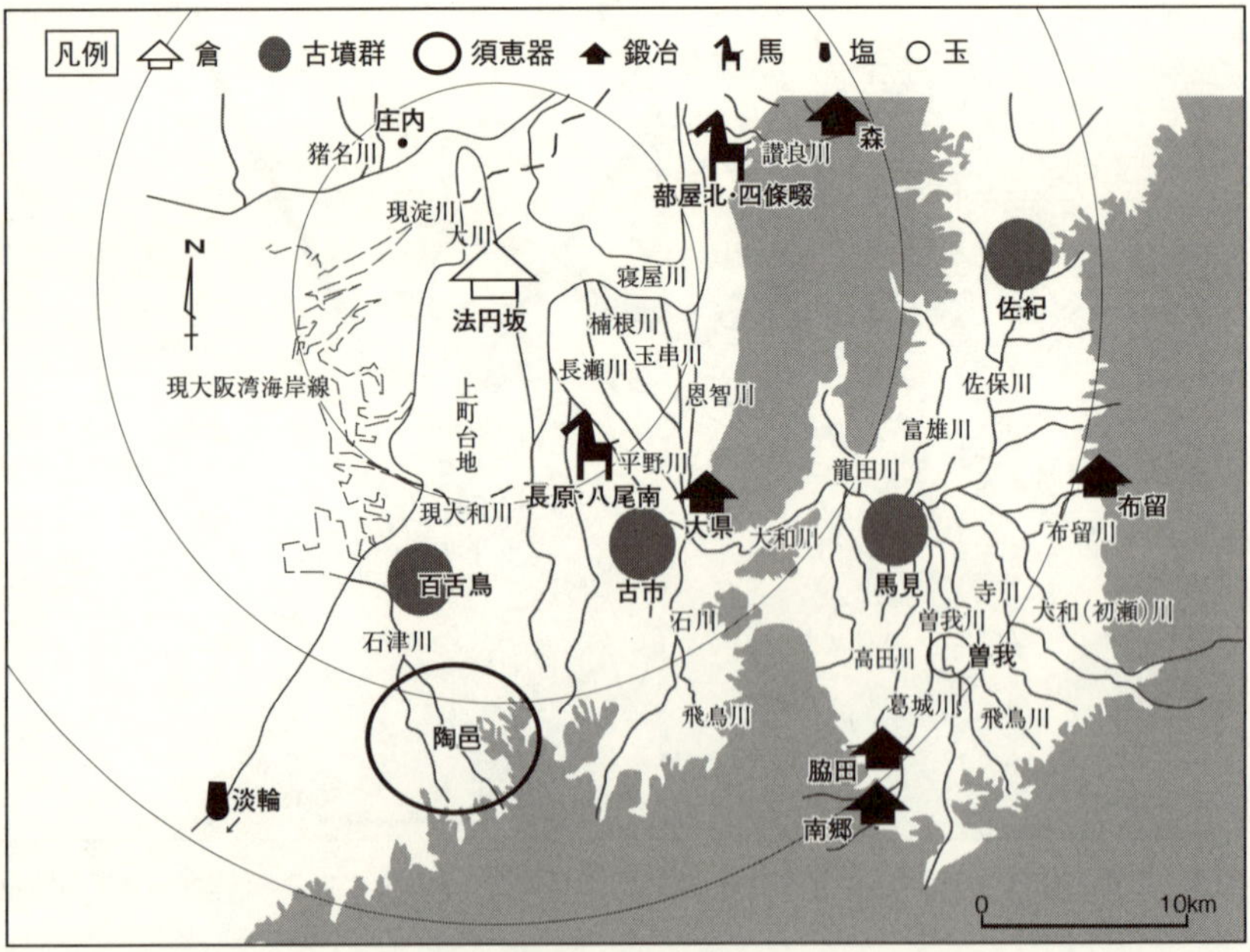

5世紀中葉頃の大和・河内の大規模生産遺跡と大型古墳群

五世紀の半ばぐらい、大阪市の上町台地《うえまち》にある法円坂《ほうえんざか》遺跡付近に中心があったとすれば、ということで、そこから一〇キロメートルピッチで同心円を描いています。直接的には河内を中心にした統治範囲が河内平野全域に及ぶのですが、次の二次的なのが奈良盆地とか摂津のほう、山城のほうまで及んできて、いわゆる後の畿内みたいな範囲になってきます。

このエリアというのが、直接支配領域といいますか領有域のようなもので、ひとつしっかりしたものになります。ところが、この圏外については、実は領有しているという感覚がなかったかもしれないと、いまお話をおうかがいして思ったのですが。

田中　私も、新羅・百済・伽耶地域について、ほぼそのように考えています。

一瀬　同様に百済のほうも、こういう領有圏を持っていても、南に下りると馬韓のある栄山江《えいざんこう》の範囲に手をつけざるをえなくなる。つまり、百済が南にシフトする必要がなかったら、別に手をつけなくてもいい、ほったらかしでいいところの領有空間であっても、いいのかとは思いました。

●河内に残る渡来人《とらいじん》の痕跡

渡部　たとえば、そうした影響のなかで、古墳の出土遺物で百済、新羅、高句麗からの伝来品であるとか、あるいは、それぞれの神様を祀る神社などの具体例はないでしょうか。これは直接、古墳とは関係ないかもしれませんが、渡来系氏族が来て、彼らの子孫らが神社を建てたという伝承などは。

田中　それは、いくらでもあります。たとえば百済の王子、昆支《こんき》王は四六〇年頃に日本に来ています。南河内の羽曳野市飛鳥《あすか》の飛鳥戸《あすかべ》神社は昆支王を祀っています。ただし、本来の固有の神というわけではないですね。

菱田　河内の飛鳥のあたりは、ほとんどそういう伝承で埋められています。ただ、百済だけではなく、かなりミックスされていると思いますが。

田中　渡来人というのはそもそも、秦《はた》氏にしても漢《あや》氏にしてもひとつの系統ではなくて、むしろ意図的に違うところから来た一族を日本側で編成するのです。そうしないと勢力が大きくなっていけない。だから、血縁的な集団ではないのです。最初、百済からやって来た人たちが定住しているところに、あとで別のところからやって来た人たちを一緒にするということをしていると思います。だから、秦氏は新羅系だとか、そんな言い方はできないわけです。

菱田　まさに、陶邑《すえむら》の須恵器生産にしてもミックスだと見られています。それは、須恵器の形のうえからでもいえます。

一瀬　そうですよね。最初は伽耶にそっくりな須恵器がありますが、すぐに百済の要素も入ってきます。だか

復原された陶邑の須恵器窯（堺市南区若松台・大《おお》蓮《はす》公園）　泉北丘陵にある陶邑の須恵器窯のうち、7世紀初頭のものであるが、栂《とが》地区のTG61号窯跡が移築復原されている。TG第61号窯は泉北丘陵の窯のうちでも、最大規模のものである。

公園内には、「堺市立泉北すえむら資料館」が開設されている。

ら、これはもう生産者のなかにも当然、出自の違う人たちを一括していく姿、そして在地工人もそれに加わる。そして、大型化するのが陶邑の特色にもなっていく。

●前方後円墳は渡来人の墓か

渡部　初歩的なことを聞きますが、二百メートルクラスの前方後円墳が渡来人の墓ということは考えられないでしょうか。今回の本の時代でいえば、そういう物はつくられていないですが。

一瀬　冒頭でお話のあった双系的社会で、血縁集団ばかり集めている。清家章さんは、六世紀に父系化が進むけれども、女性家長が一定の割合をもつと言っています。そうでない渡来の人はそうした墳墓や古墳群からはじかれることになると思うのです。はじかれた人たちの古墳群が、また別にあるのかどうかなんですが。主に五世紀前葉から始まる小形方墳群のような物は、渡来系の墓の候補に一部入ってくるのかもしれません。また、百舌鳥近くの横穴式石室の塔塚《とうづか》古墳もまさに、それにあたるかもしれません。六世紀であれば、農耕基盤がまるっきり想定できない河内の飛鳥にある群集墳などのような物はわかりやすい。多くが、きめ細かに墓域が配分されたと思われます。こうした見通しからは、二百メートルクラスの渡来人の墳墓というのは考えにくい。ひょっとしたらという大きな物は、群馬県の前二子塚古墳ぐらいではないでしょうか。

菱田　五世紀中頃の円墳だったら、たとえば、播磨《はりま》（兵庫県）・加古川《かこがわ》市の行者塚《ぎょうじゃづか》古墳の近くにあるカンス塚古墳のように渡来系の有力者の墓が存在するのではないでしょうか。吉備《きび》（岡山県）だと随庵《ずいあん》古墳もそうでしょう。そういう渡来人のリーダーの墓についてあぶり出しをかけていけば、当時の日本列島の風習からは、確実にはみ出るものをいくつか探し出すことができるのではないでしょうか。

渡部　四、五世紀の巨大古墳の時代に、渡来系氏族の墓が特定できたら面白いと思うのですが。

菱田　文献の記載と合致するようになるのは、六世紀以降になると思います。たとえば『播磨国風土記《はりまのくにふどき》』を分析した例では、そのなかに出てくる渡来人のいる場所と、実際、遺跡で渡来系の物が見つかる場所とかは六世紀以降にしか合わないのです。五世紀の段階の渡来系の墓という伝承は伝わっていません。

一瀬　五世紀の体制をつぶして六世紀がありえるとしたら、五世紀の記憶をなくしてしまわないと、六世紀の権力者には具合が悪いという断絶はありませんか。

菱田　それはわかりませんが、伝承の深さが七、八世紀を起点にしてどうなのかということになります。

渡部　簡単にそれを応神陵古墳や、『日本書紀』とかに当てはめていますが、本来は雄略天皇以降のものを、たとえば百年ぐらい前倒しにしたとか、そういうことですか。

一瀬　雄略天皇以降に権力をもって、始祖伝承をつくり上げたところで、いちばん遡れるのが応神天皇ぐらいになってくる。逆に応神天皇的な人物伝承ぐらいのところをあやふやにしておかないと、自分の出自を古くはできないかもしれないという。埼玉稲荷山古墳の鉄剣銘の「其児……其児という」さかのぼり方は、まさに参考になるかもしれません（227頁の図148）。蘇我《そが》氏は、まさにわからないわけですから。

●渡来人の氏族意識

渡部　たとえば津堂城山古墳からまず始まって、仲津姫陵古墳とか、あるいは履中陵古墳だとか、そういった巨大古墳は渡来人の高度な土木技術があってつくれたのではないのでしょうか。いまお聞きしていると雄略天皇以降で、前半はよくわからないということであれば、巨大古墳をつくったパワーは純粋に日本人のものだったのでしょうか。

菱田　いや、日本人か渡来人かの二分法がおかしいと思います。高度な技術でつくったことは事実ですが、まずその人たちの民族意識がどうであったかという問題、つまり渡来人であるという意識をずっと、はたして何世代にもわたってもち続けたかどうかという問題があります。すぐに、そこの住民としてとけ込んでしまう場合もあるからです。むしろ、六世紀ぐらいから意識し出して、自分たちは渡来系の氏族であるということを伝えようという努力がそこから始まっているように思います。ですから、秦氏も、六世紀の段階で一度まとめようとしたことが伝わっています。

一瀬　渡来系氏族の連合体意識が、再編される感じでしょうか。

菱田　氏族意識そのものも、やはり六世紀ぐらいからは本格化すると思います。そのなかで、渡来系の氏族たちの意識ができてくると思います。ですから、それが本来、もともと渡ってきた人なのかどうか、五世紀に来ているのかどうかというレベルの話と、六世紀以降のそうやって形づくられていく系譜の議論というのは、少し分けて考えないと混線してしまうのではないかと思います。

渡部　田中さん、渡来氏族意識という面ではどうでしょうか。

田中　それがどこまで残っているかはわかりませんが、やって来る前と後では、現実に直面すると変わってくると思います。さきほど言ったように、大和政権に限らず、国内勢力と無関係に住むことができるというようには思っていませんので。明確な国境があったとは思えませんが、どこでも勝手に住むということは、ちょっと考えにくいのです。そうすると、国内勢力となんらかの形で関わるという必要があります。

● 巨大古墳を造営した技術と設計

渡部 巨大古墳を造営した技術の大半は渡来系のものだと思いますが、その設計図、とくに石室をどうつくるのかとか、副葬品をどうするのかということについてまで、渡来系の人たちのやり方が関わってきたかどうかということとは、また違うのではないでしょうか。

一瀬 ピンポイントで「この技術を使っている」とかという話になったりすると、新しい時期で墳丘には、寺院基壇に使う土をつき固めた版築《はんちく》の技術が入ってきたらということになるのですが。副葬品にしても、いろいろな人が入ってきて技術関与しているというのは、銀象嵌《ぞうがん》とか金象嵌の鉄剣銘がありますが、漢字がばらばらの表記なので、関与した人がぜんぜん違うのだと思います。そういったことが直接的に言えるぐらいです。

ただ朝鮮半島のほうは、小さなエリアで非常に地域性と伝統を保持しますが、日本列

〔釈　文〕
台（治）天下獲□□□鹵大王世、奉事典曹人名无□（利カ）弓、八月中、用大鉄釜、并四尺廷刀、八十練、□（九カ）十振、三寸上好□（刊カ）刀、服此刀者、長寿、子孫洋々、得□恩也、不失其所統、作刀者名伊太□（和カ）、書者張安也

江田《えた》船山《ふなやま》古墳（熊本県和水《なごみ》町）出土の銀象嵌鉄刀銘文 江田船山古墳は全長約62mの前方後円墳。5世紀後半に埋葬された最初の被葬者以外に、5世紀末か6世紀初頭、および6世紀前半にあと2人が追葬されたらしい。銘文の「獲□□□鹵《わかたける》大王」は、5世紀後半の雄略天皇と考えられている。

島の場合はそれをあまりしない傾向があります。須恵器と陶質土器の違いのように。ただ、どちらにしても、この技術が入ってきたから、すぐにボトムアップするという感じはないと思います。どちらかというと、人海戦術の感はぬぐえない。

菱田　一瀬さんが示されている手工業や牧の遺跡、いずれも朝鮮半島系の土器がいろいろ出てきます。渡来人は難民ではないわけですから、何の保証もなく渡ってくるのではなく、それぞれの場所に役割を決めて五世紀の段階で動き始める土俵がある。その土俵の中に、ちょうどうまい具合にはまる形で渡来してきます。ですから、渡来系の技術があたかも棲み分けているように、場所をたがえて出てくるのです。技術的には、そこで成立したというわけではないと思います。

●中央から地方への技術の伝播

一瀬　基本から手取り足取りして指導しないと成立しない

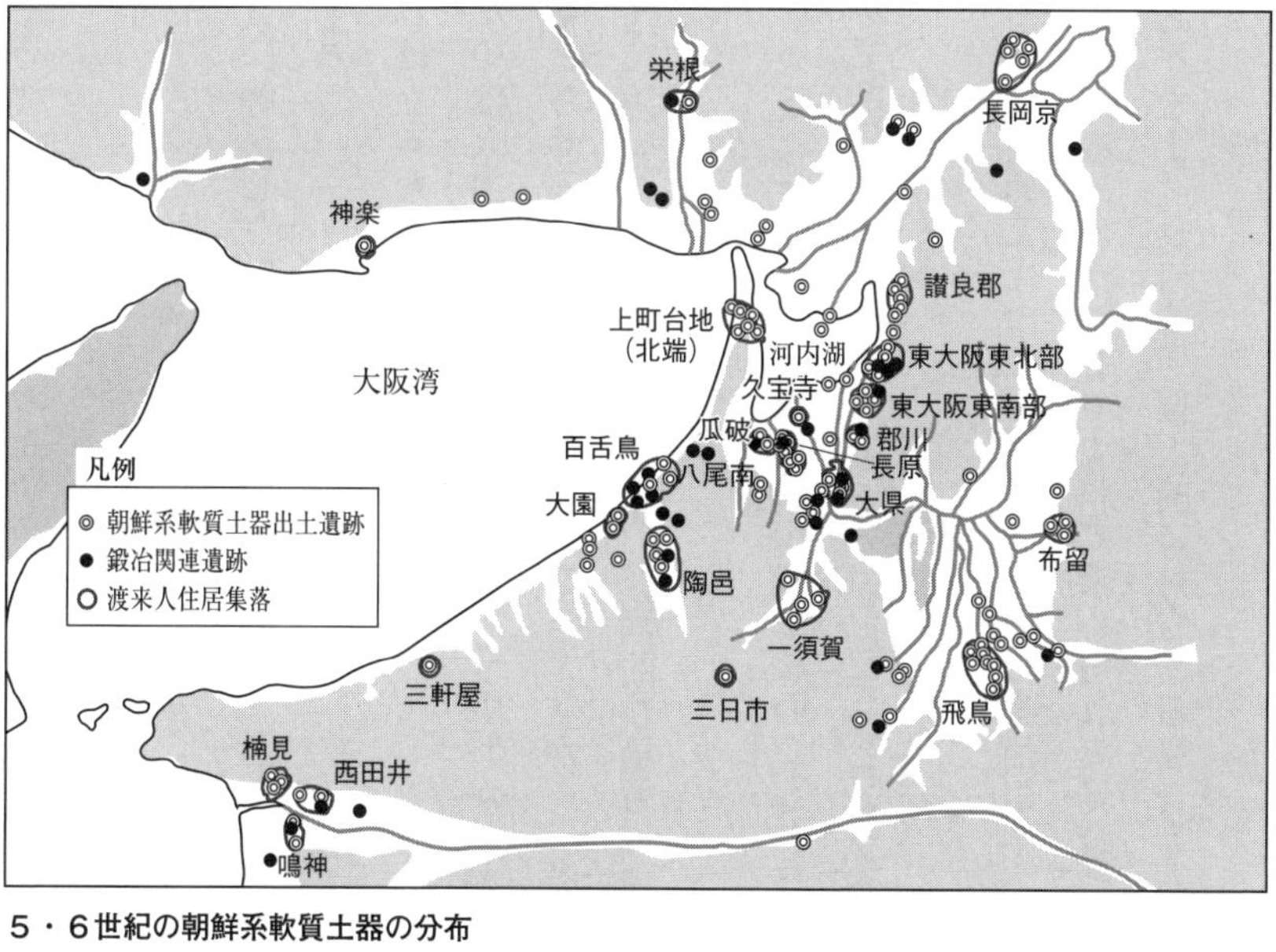

5・6世紀の朝鮮系軟質土器の分布

技術が、五世紀に確立する手工業になってくると思います。それには、かなりの人間が朝鮮半島から来ないといけない。

菱田 だから先走りでつくっているところはあっても、例外的であって、広い範囲のシェアを賄うくらいの量を一気につくれるというのは、場所の問題と人の問題を一気に解決しないといけない。それが、ちょうど百舌鳥や古市エリアに大古墳がつくられ始める時代だと思います。

一瀬 ある種、先住者があまりいないところに人を集めなければならない。平野部で米をつくっているところは、かなり難しい。しかも、手工業で五世紀に一番画期的なのは火力。火を使うので薪《まき》という燃料が必要です。なぜこんな山手の谷深い所に住まわせて、こういう仕事をさせるのかということになりますが、一番理にかなった場所が割り当てられているわけです。一見住み分けているように見えますが、合理的な場所に住み、互いが抵触しない程度の空間を確保しているのではないかと。

渡部 渡来系の人たちを迎えるために、優遇策として場所を与える。それは、快適な場所ではないかもしれないが、互いの技術で開拓し、ある種の社会として開くことができる土地を与える、「来てもらう」という感じですね。

田中 渡来してくる、という場合、厳密には両方あると思います。画期となっている薪の時期や半島の中での動乱は少し置いておいても、それだけではなく、渡来は不断にあるということですね。求められる場合もあれば、追い出される場合もある。そのきっかけはいろいろあります。政治的、個人的に対立する場合もあるでしょうし、逃げてくることもある。

渡部　何かしらの意味で、「来てもらう」ことが必要ではないのですか。

一瀬　衣食住の保証は絶対いると思います。奈良大学の酒井龍一さんがかつて、古墳造営キャンプには塩がいるとおっしゃっていました。大阪湾岸に百舌鳥古墳群の古墳築造が盛んな時だけは、製塩遺跡がわっとできる。もちろん塩と同時に米もプラスしないといけません。列島内において二〜三ヶ月労働に来るのであれば、食事も居住も整えなければいけない。朝鮮半島からそれなりの技術者が来るのであれば、一生保証みたいな形もある。

渡部　そういう一生保証みたいなものを与えてでも、迎えるだけの価値があるわけですよね。もちろん向こうにいられなくなったという事情があった人たちもたくさんおられたでしょうが。

一瀬　そういう意味では四世紀の豪族単位くらいで、少人数を技術者として迎え入れるレベルはあったかもしれません。それが、五世紀になると大規模にミックスしていった。どれだけの規模でできたのかという裏付けは、仁徳陵古墳のような、あれだけ大きな墓がつくれた自力が整っていたことが計りになると思います。

渡部　規模が巨大化したのも、連動しているということですか。

菱田　それだけの労働力を養えるわけですからね、あれだけの規模の古墳をつくるための。それは、手工業も同じだと思います。

●古墳はショールーム

渡部　そういうものをつくる人たちを、古墳の周りに住まわせていたのですね。奈良県御所《ごせ》市の南郷《なんごう》遺跡などを見るとよくわかります、大規模に囲っていますね。ああいう物が列島のかなりの地域で、時期的には少し遅れるかもしれないですが、それこそ東北のほうでもあったのですか。

一瀬　須恵器が一気に拡散するのは、そういう理由もあるでしょうね。

菱田　やはり先んじるのは畿内の河内や和泉や大和のエリアで、おそらく、手に技術を得たい人はそこへ行くべき、という情報が日本列島に広まったのでしょう。逆に王権からすれば、それはショールームになる。わざわざ朝鮮半島まで行かなくても、同等の技術をこれらの平野部で見ることができる。ですから、ここへ来て帰れば、同じ技術が日本列島に広がるというからくりになると思います。ですから、王権の求心力に寄与しているのではないでしょうか。だからこそ、古墳も大きな物を見せるようにする。手工業とお墓の動きは、連動している気がします。

渡部　古墳は、大規模なショールーム……なるほど。面白い。

菱田　新技術を見せつけるということはあると思います。

渡部　朝鮮半島の情勢から言うと倭国からの、食べ物は保証します、気候は温暖ですという誘いに対して、「行っ

南郷遺跡群（御所市南郷。奈良県立橿原考古学研究所提供）　金剛山《こんごうさん》東麓の御所市南郷の地を中心に、5世紀前半から6世紀前半に及ぶ大規模な集落遺跡が見つかっている。遺構や遺物から、葛城《かつらきの》襲《そ》津《つ》彦《ひこ》が新羅から連れ帰ったとする漢人《あやひと》集団の住居・工房・倉庫・導水施設と考えられている。写真は南郷安田遺跡の大型建物跡。

てもいいな」という憧れのようなものもあったのでしょうか。

田中　記録の上ではまったくないです。『三国史記《さんごくしき》』には、倭人が飢えてやってきたという記事はありますが、日本にやって来たという記録は、『日本書紀』にしかありません。朝鮮半島の中で職を求めて移動することはまれにありますが、倭国に行くという形では出てこないです。そもそも、倭国についての情報自体がほとんどないですね。

渡部　言葉の問題で、渡来の人とコミュニケーションがとれていたのか、意思の疎通はできたのでしょうか。

田中　言葉は違いますが、コミュニケーションをとるのにあまり時間はかからなかったのではないでしょうか。

渡部　古墳をつくるのに、言葉の障害はあまりなかったのですか。

田中　喋れるようになると思いますよ。言葉は違いますが、そこで生活すればそんな問題はなくなる。

渡部　それが、今でいう日本語になっていくわけですか。

田中　日本語ということなら、すでにできあがっていたと思います。その上で、朝鮮系の語彙《ごい》が加えられていったと思います。その地域で話された言葉については、その地域の条件によると思います。

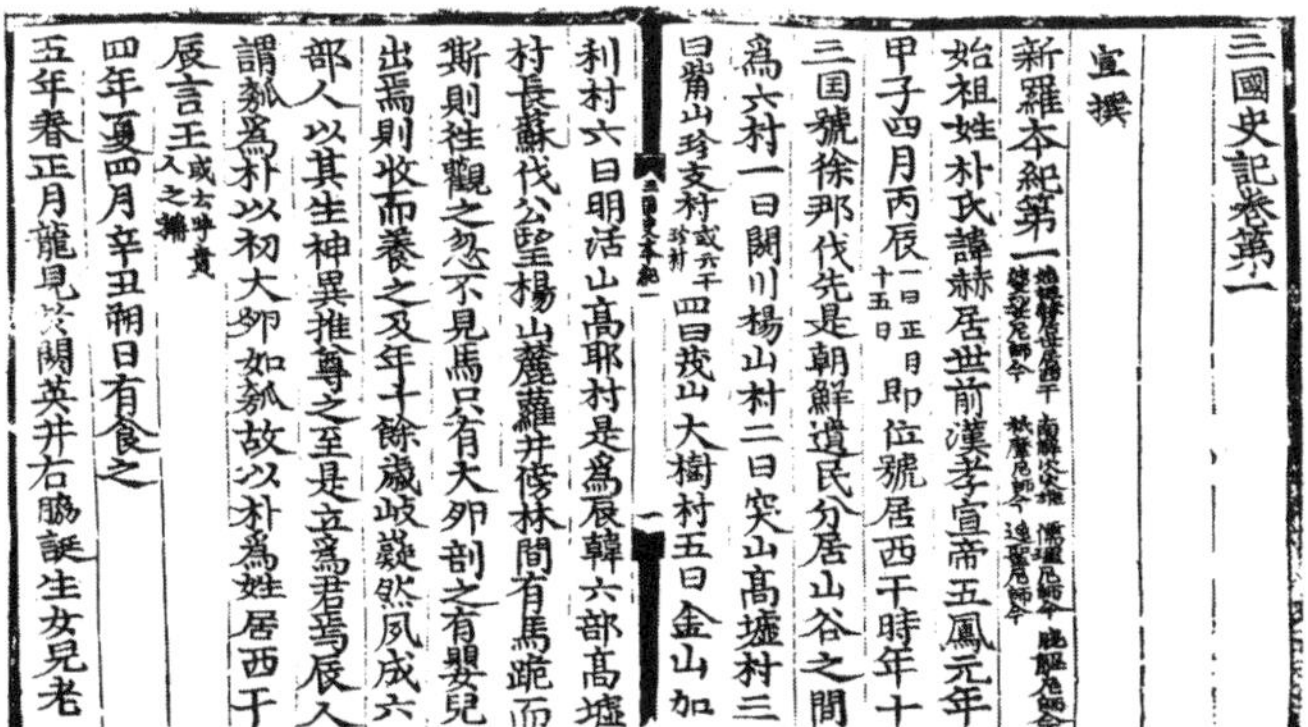
三國史記卷第一
宣撰
新羅本紀第一
始祖姓朴氏諱赫居世前漢孝宣帝五鳳元年
甲子四月丙辰一曰正月十五日即位號居西干時年十
三国號徐那伐先是朝鮮遺民分居山谷之間
為六村一曰閼川楊山村二曰突山高墟村三
曰觜山珍支村四曰茂山大樹村五曰金山加
利村六曰明活山高耶村是為辰韓六部高墟
村長蘇伐公望楊山麓蘿井傍林間有馬跪而
嘶則往觀之忽不見馬只有大卵剖之有嬰兒
出焉則收而養之及年十餘歲岐嶷然夙成六
部人以其生神異推尊之至是立為君焉辰人
謂瓠為朴以初大卵如瓠故以朴為姓居西干
辰言王
四年夏四月辛丑朔日有食之
五年春正月龍見於閼英井右脇誕生女兒老

『三国史記』　朝鮮半島における現存最古の歴史書。1145年の完成。中国の正史にならった紀元体で、本紀・年表・雑志・列伝からなる。写真は、巻第一の新羅本紀である。

来た人が少数であれば、こちらの言葉になっていくでしょうし。

渡部　古墳づくりの設計図のような物があるのでしょうか。

一瀬　築造技術から言うと、横にいればわかるくらいの作業指示をしている様子はありますね。石を表面に葺くのも、葺いてもらいたい場所に葺き方の、目印になる石をまず並べてしまう。手伝う人はその中を石で埋めたらいい、という、見ればわかるような指示を懇切丁寧に行っています。段取りはしてあるという感じですね。そういうコミュニケーションが、内外ともにまず初期レベルであります。

菱田　この時期に伝わってくる新しい技術に関しては、それに対応する言葉がおそらく日本側になくて、外来語として入ったと思います。たとえば窯《かま》、竈《かまど》は日本語でも韓国語でもそれぞれの固有語で同じものを指しますよね。そういう共通するきっかけは、この時期に受け入れた外来語かという気がします。それまでは窯、竈という物もなかったし、言葉もなかったのでしょう。

渡部　言葉の上で、根幹の微妙なコミュニケーションの問題は別として、一緒に何か物をつくるのは、そんなに大きな障害ではなかった。日本語ができないと仕事ができない、ということではないですしね。

一瀬　読み書きは、しなくていい時代ですからね。

●前方後円墳の広がりと大和政権の伸張

渡部　話は戻って、百舌鳥、古市に非常に大きな古墳が次々とつくられる時代になってくる。朝鮮半島にも軍事的な緊張もあって頻繁に出かけていく状況が起こるわけですね。少し時代が戻りますが、大和政権の広がりという中で、極めて早い時期から、北は岩手県から南は鹿児島まで前方後円墳という統一的な規格の古墳が、かなり速い速度で広がっていった。必ずしも、これが大和から派遣された人間が葬られたわけではなく、在地の人の墓という形でつくられたケースも多いわけですね。

前方後円墳が、次々につくられた時代という意味で古墳時代と言われるのでしょうが、そういう列島内での広がりのようなものと、大和政権の勢力伸長がほぼ重なっていると言っていいわけです。非常に強固な統治体制と見るか、三世紀末から四世紀の初めくらいにかけては極めて緩やかな同盟だったのかもしれないですが、そういうお墓のつくり方を採用した理由は何でしょうか。自分たち流のお墓にしようと思うのではなく、新しいモードに染まっていった理由は何でしょう。

一瀬　先ほど田中さんがおっしゃった、一定の直接の領有圏・範囲というのが一番わかりやすいですね。プラス、それが大国だとすると相互の境となる間のエリアは不安定な情勢だと考えてもいいと思います。日本列島の場合は不安定な状態だが、東北までそういう関わり方が広い範囲でできた。これに対して、朝鮮半島の場合は、そこまでの関わり方がもっと窮屈な状態だったのでしょうか。

田中　たとえば、新羅の範囲では積石木槨墳《つみいしもっかくふん》がどういう風に広がるかということで言えたりもします。でも、それが領域とすぐに対応しているかというとそうでもない。あるところは、新羅化されている。あるいは、独立した諸勢力が新羅王権と関わっていることを示すものだ、という理解はできる。

それが、前方後円墳体制的な物といえるかどうか、どう考えるかによるでしょうが。王権と周辺諸国との連合的な物との関わりも、全然違うかもしれません。強圧的な関係でもないかもしれません。ただ、土器などは新羅の物が早めに出てきたりします。だからこそ新羅文化圏であって、そのまま新羅政治圏だという考えもありますが、単純ではない。

渡部　菱田さん、こういう日本列島の広がりのようなもの、政治的な連合が成立したと説明されることが多いですが、それは、ほぼ重なっていると思うのですが、どうでしょうか。

菱田　今、田中さんがおっしゃったように新羅文化圏、新羅政治圏という言葉をあえて二通りきっちり分けて

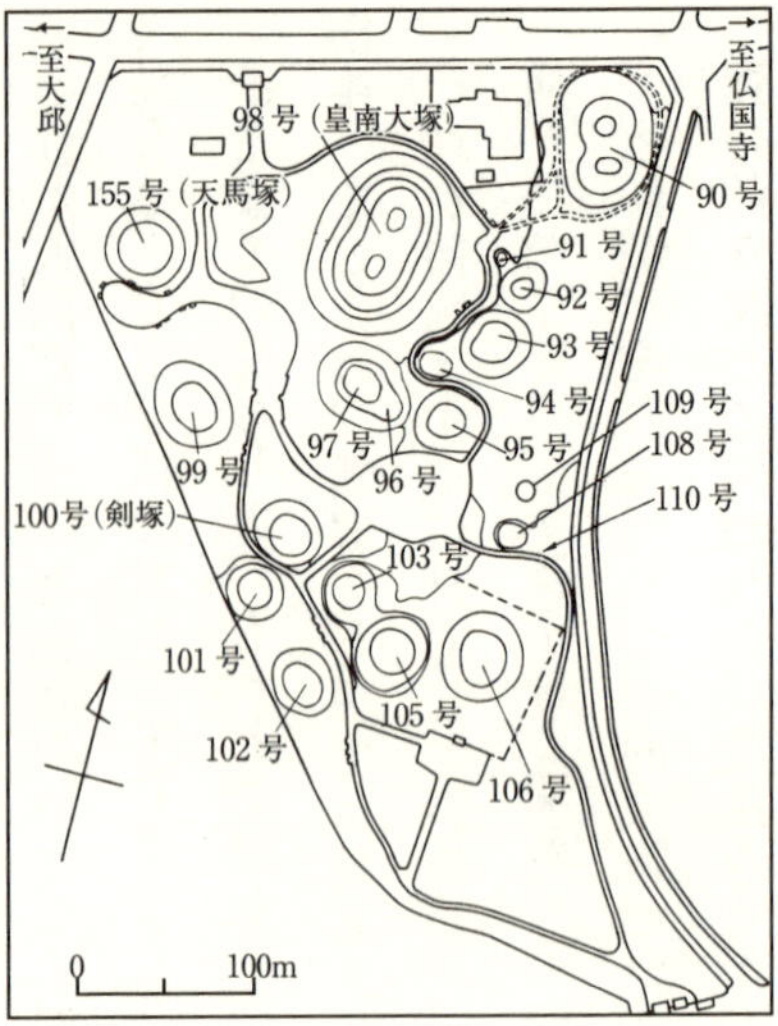

皇南洞《こうなんどう》古墳公園
（韓国・慶州《けいしゅう》市）
新羅王陵の地域で、4世紀の109号墓をはじめ、5世紀の皇南大塚（98号墳）や天馬塚（155号墳）など多くの墓が密集して築かれている。

慶州の皇南洞109号墓の実測図　積石木槨墳《つみいしもっかくふん》を主体とする。木棺を安置した後、木槨を築き、それを人頭大の礫石《れきいし》で覆う。さらに、その上に盛土した墓である。慶州で4世紀前半に発生し、6世紀後半まで約200年間、新羅独自の墓制として発達した。皇南洞109号墓は、最古級の積石木槨墳である。

示すことは必要だと思います。決してイコールではない。日本列島でわかるのは、七世紀後半の王権が北方の境界線として策定しているのが宮城県の大崎平野までです。それを明らかに超えて、岩手県奥州市に五世紀の前方後円墳である角塚《つのづか》古墳があるのですが、五世紀にそこまで政治的領域が及んでいたと考えるのはいかがなものかと思います。そういう意味での、同じ墓の構造を取りたいという思いを重視しないといけないと思いますが、どういう形で従属するかというのは、別問題と考えるべきでしょう。

渡部　従属というのは。

菱田　政権に対する従属意識が果たしてどのくらいあったのかはわかりません。とくに鹿児島・宮崎県あたりの首長は、直接交渉で朝鮮半島の物を入手しますよね。そういうパターンは、本来ならば国家の外にあるような在り方に近い。ただし、一瀬さんが評価されているように帆立貝《ほたてがい》式の古墳、つまり前方後円墳の前方部を切ったような形の物をあえて受容せざるを得ないという現象は、やはり政治的な動きとして読みかえることはできるのではないかと思います。

渡部　それは、規制という意味ですか。

菱田　はい。お墓が何らかの政治的な表象とすることが、特に拮抗《きっこう》する古墳がある五世紀前半の応神陵古墳の段階と、その数十年後の拮抗する古墳のない仁徳陵古墳の段階では違いがあります。その仁徳陵古墳の段階で、帆立貝式を積極的に広めていく動きの背景には、従属を示す表象を使っていきたいという意図は見えるのではないかと思います。ただし、受け入れた側がそういうものだと思わずに受け入れる場合があるかもしれませんから、そこは難しい点だとは思います。

●古墳築造を畿内に集中

渡部　規制というのが出てくるのは、年代的にはいつ頃でしょう。

一瀬　土を運ぶとか、単純労働で総動員されているエリアは、全部、その首長の墓を大きくつくろうとするエネルギーとして吸収されるので、そういう意味では、大きな墓をつくれない地域があること自体が規制かもしれない。初期の段階では「つくるな」という強い規制ではなく、労働奉仕をしに行くというゆるやかな相互関与の性格が強い。この関係は、大和東南部と河内の楠根《くすね》川流域で成立していたかもしれない。

それがみんな前方後円墳をつくるようになり、地域で一定の支配表示をはっきりと個々にするようになった時に、そのエリアのトップが前方後円墳をつくり始めた。大きな前方後円墳を東北でも丹後でも、宮崎でも各自つくり始めた段階まで行ってしまうと、大きい前方後円墳を常につくり続けたいという地域的なイメージが出来上がってくる。にもかかわらず、規模が縮小して今度は前方部もつくらなくなるのは、かなり強制的なイメージの規制にひっくり返っていく。

この時になると、墳墓の形は似ないのに、コミュニケーションがかなり密にとれている状態だと判断できます。だから、最初は「同じことをしたら、仲間に入れてあげる」レベルの仲間意識の関係が完全に主従としての関係で拘束されている状態になる。

それと、二百メートルを超えて三百メートルクラスをつくるとなると、どこか、あちこちのエネルギーを引っ張ってこないといけない。そうするためには、一定のマスしかないので、他を規制することによってエネルギーを引っ張り込んでこなければいけない。一定の分量が決まっている中の容量の問題ですね。これは一基だけでなく五基ほどが次々と、五〇年の間つくられる。そのうち、四百メートルを超えるのが三基ある。とてつもないエネルギーで、それが引き継がれたことになります。

かつて、須恵器にしても古墳にしても、各地にリーダーがいて、広めていくという技術伝播のイメージがありました。ところが、実際は広瀬和雄さんも指摘されていたように、五世紀前半に一番大きな古墳で一番手間がかかって、一番、人が必要なのは畿内、極端に言うと古市と百舌鳥だけなのです。しかし、古墳築造技術を伝播させるためにあちこちに人が行ってしまうと、大きな古墳をつくれなくなる。ということは、各地から人が古市と百舌鳥に来て、彼らが一緒につくることでコミュニケーションが密になるし、細かい技術伝播にもつながる。そして日本列島各地に戻った時に、かなり精度の高い類似産物が各地で出来上がるということになるのかなと思います。

丹後の前方後円墳　(右上)蛭子山《えびすやま》古墳、(右下)神明山《しんめいやま》古墳、(左)網野《あみの》銚《ちょう》子《し》山《やま》古墳。京都府の丹後半島には「丹後の三大古墳」と呼ばれる巨大な前方後円墳がある。与謝野《よさの》町の蛭子山古墳(145m)、京丹後市の神明山古墳(190m)、同市の網野銚子山古墳(198m)である。いずれも、4世紀後半から5世紀初頭にかけてつくられた。

ただ、そこまでコミュニケーションがとれていると、それが密なところほど、規制をかけやすくなるという関係が築けるということにはなります。

渡部　ショールームでありつつ、技術伝承場の役割も果たしている。

菱田　一瀬さんは古墳バージョンで、私は須恵器バージョンで考えているのでしょうね。技術が欲しいところは労働提供で、技術習得して帰っていく。それが結局ショールームでもあり、技術を学ぶ場でもあって拡散の起点になるという現象が、とくに五世紀、仁徳陵古墳の古墳時代に頂点に達していくのではないかと。その時期には、やはり斉一性の高い須恵器が各地で焼かれています。

一瀬　集中と拡散、それが強圧的にできるのと懐柔的に行くところと、対等的なところが時間を追うに従って目まぐるしく変わるので、ややこしくなるのかなと。それは、朝鮮半島とのかけひきとも同じだと思います。

菱田　技術で言うと、比較的九州の人はこちらに向かなくても向こうへ行けますから、必然的にあまり中央にまつろわないという傾向はあるのではないかと思っています。

●高句麗への倭国の対応

渡部　ところで、倭王武《ぶ》の上表文というのはなかなか名文句で、もしかしたら、我が先祖たちはこういうことをやっていたのかと感動的な文ですが、かなり常套句《じょうとうく》みたいなものが多くて、なかなかその中からエッセンスとして残るものはあまりないという声もあります。実際はどうでしょうか。

田中　最近、モデルのようなものがあったのではないかという考え方が出されています。使う言葉がある程度、共通してくるのはあると思います。

ただ、そういうのは中国の古典に通じている人間でないとつくれない。それは、やはり渡来系の人が関わっていると考えた方がいい。中国文化に通じている人ということですね。中国からやって来た人でもいいと思いますが、少なくともずっと日本にいる、という感じではない。

渡部　高句麗との戦いみたいなものをやってきて、闘う決意がほとばしっている感じはします。

田中　倭国が一番意識している敵は高句麗ですが、高句麗からしても倭国というのは強く意識した敵だと思いますね。広開土王碑文はそういう構成になっていて、仮想敵として最大の位置づけです。だから、高句麗に属すべき新羅とか百済が倭に接近するということは、高句麗としてはおかしいということで誤りを正そうとするわけです。

高句麗は、中国（燕《えん》）では中国東北で四世紀後半に鮮《せん》卑《ぴ》族の慕容《ぼよう》氏が健在ですから、それとの関係が最も優先なのです。しかし、倭国としても百済との関係があっ

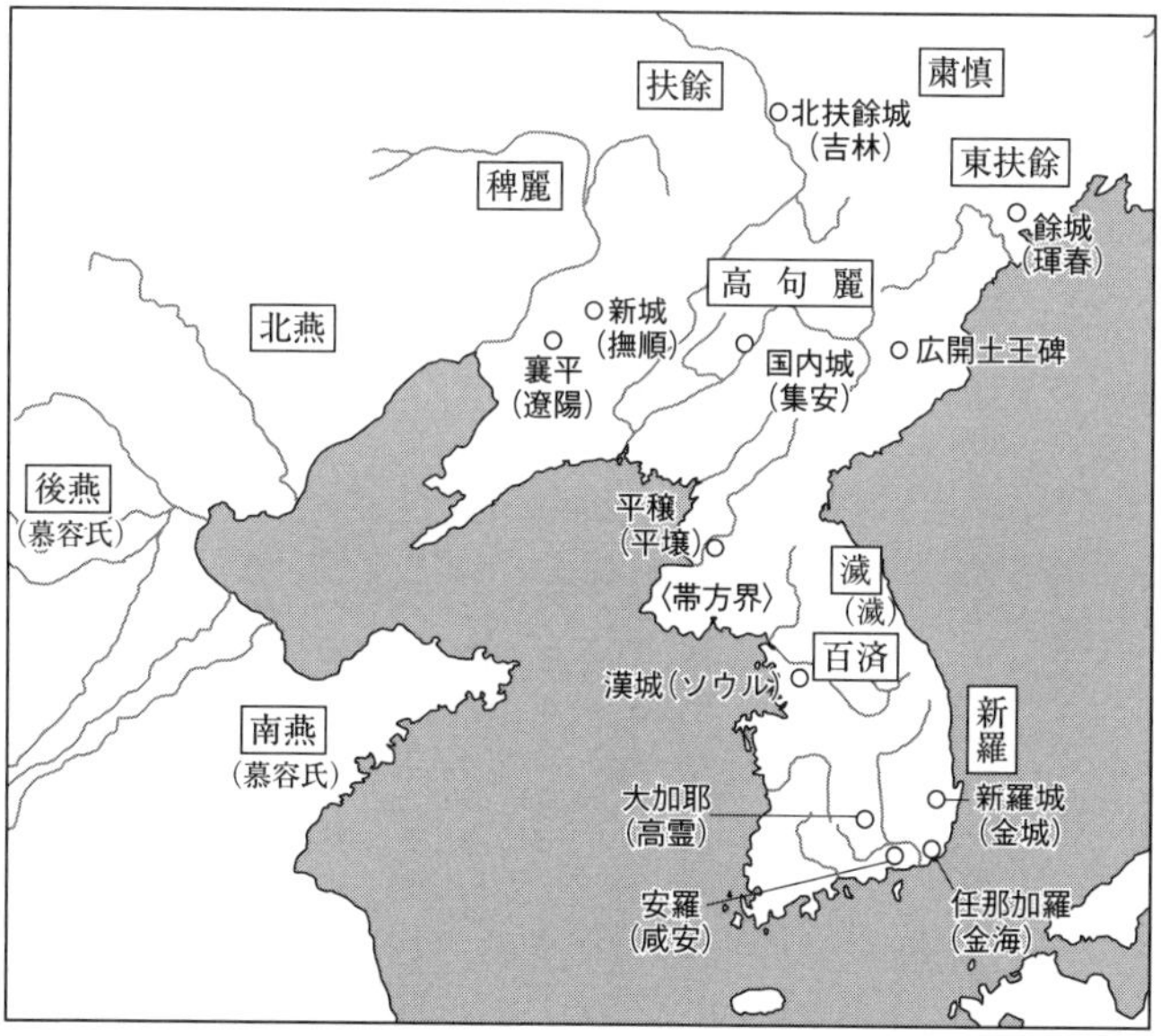

「広開土王（好太王）碑」関係地図

て、百済が高句麗と非常に強い敵対関係のなかで生き延びようという考えですから、百済とずっと通じていこうとするなら、高句麗は大きな敵だと考えておかしくないわけです。だから、自然に高句麗を敵視する考えになると思います。

　宋への遣使も称号を要求していますが、高句麗を超えたいというのが背景にあるのでしょう。倭国ほど王自身の称号と臣下の称号の除正を要求するのは、『宋書』には見られません。

渡部　ほかの国では、そういうものをあまりありがたがらない、ということですか。日本が特別ありがたがっているのでしょうか。

田中　一つは、それが有効に使えるという判断があるのだと思います。朝鮮半島の地名を持った都督諸軍事号《ととくしょぐんじ》は、中国内において中国内の地名であれば、そのまま軍事指揮権を持つわけですから、朝鮮半島においても、それに準じて考えることができる、というように。それを生かす発想は、高句麗にも百済にもなかった。それは、外交意識が違うとも言えるかもしれない。

渡部　もらった称号みたいなものをどこかの誰かに間接的に与えた、ということもやっているわけですよね。ある種、それは国内統治の手段としても使えるということでしょうか。

『宋書』倭国伝が記す倭王武の上表文

興《こう》死して弟武《ぶ》立つ。自ら使持節《しじせつ》都督《ととく》倭・百済・新羅・任那・加羅《から》・秦韓《しんかん》・慕韓《ぼかん》七国諸軍事安東大将軍倭国王と称す。順帝の昇明《しょうめい》二年、使を遣して上表して曰く「封国は偏遠《へんえん》にして藩を外に作《な》す。昔より祖禰《そでい》躬《みずか》ら甲冑を擐《つらぬ》き、山川を跋渉《ばっしょう》して寧処《ねいしょ》に遑《いとま》あらず。東は毛人《もうじん》を征すること五十五国、西は衆夷《しゅうい》を服すること六十六国、渡りて海北を平ぐること九十五国。」と。詔して武を使持節都督倭・新羅・任那・加羅・秦韓・慕韓六国諸軍事、安東大将軍倭国王に除《じょ》す。

田中　そういう考えだったと思います。国内統治においても、例えば征西将軍《せいせいしょうぐん》が必要だとか。さらには朝鮮半島との関わりにおいても使える、という発想はあったと思います。

渡部　古墳の造営なども、国内統治に使ったのでしょうね。

一瀬　「倭の五王」にしても、ショールーム化させるための吸引力のネタになっている気がしますね。

菱田　たとえば、身分を表示する品物がこの時期からはやりだします。いろいろな古墳から見つかっている中国製の帯金具《おびかなぐ》などもそうです。中国に遣わされた人たち、つまり、領属として称号を貰った人が、このような帯金具を入手したと考えられたら面白いと思います。それを見せびらかして、外交の際に貰った称号が、モノによって表示されたのではと思います。

渡部　関心を持ちだすきっかけになっていて、関心を持っていたらステータスを上げる材料、という押し上げになっていたかもしれません。

一瀬　大陸との交渉の際にも。中国や朝鮮半島と合わせるのではなく、似ても似つかない独特なパフォーマンスをするのでしょうね。

菱田　帯金具を甲冑の上につけたりしますからね。それまでの将軍の姿とは違う将軍の姿を見せていますから、馬も帯金具も新式の甲冑も必要だということはあると思いますね。それは、単に技術的な革新とか戦闘技術の変化というのもあるかもしませんが、儀礼的なもの、将軍号に伴う新しい見世物という気がしますね。

渡部　そうすると、思った以上にこの「倭の五王」の使節が持たらした影響は大きいですね。

一瀬　最強の列島内吸引力ですね。

●なぜ巨大古墳はつくられなくなったのか

田中　そう言われてお聞きしたいのは、国内的な吸引力がウエートを占めるのであれば、五世紀末以後も巨大古墳をつくり続けてもいいいと思いますが、何か「やめよう」という契機があったのでしょうか。

一瀬　同時に起こっている現象は、仁徳陵古墳以上の墓づくりをストップしていることです。列島内経緯の中では、そうこうしながら内部の質的情勢が大きく変わってくることになりますよね。ただ情勢が変わって、そういう見世物的、一新した物量による豪華さみたいなものが、仁徳陵古墳の構築以来トーンダウンしていく。しかし、それでも続けて、倭王武《ぶ》である雄略天皇の頃までは引っ張った。その意味で、上表文のタイミングは打ち止め的なものがあったかもしれません。

菱田　私は、二つ見方があるかもしれないと思っています。一つはそれこそ、そういうものを使ってまで吸引力を高める必要がなくなったということ。

渡部　必要ないとわかっていても、止められない。

菱田　雄略天皇で打ち止め。もう一つは、先ほどのショールームで入手した技術ですよね。技術は拡散すると新たに引っ張ってこなくても、自分たちでできてしまう。

渡部　バブルがはじけたということもあるかもしれない。

菱田　終わるということに、やはり意味があるのでは。

渡部　それは面白いですね。なぜ終わったのか。

ここで、話題を変えたいのですが、「倭の五王」と古墳の比定の問題です。菱田さんがご著書の『古代日本国家形成の考古学』（京都大学学術出版会、二〇〇七年）という本で百舌鳥、古市の古墳群の被葬者は倭の五王の誰に当たるのか、あまり最近は誰に当たると言わなくなっているが、あえて言いたいということで、結論として、仁徳陵古墳は仁徳といわれる天皇でいいのではないかとか、允恭《いんぎょう》陵古墳も允恭といわれる天皇でいいのではないかと書かれている。

まず、その「倭の五王」自体が歴代天皇でいうと誰に当たるか。讃《さん》、珍《ちん》、済《せい》、興《こう》、武《ぶ》の後ろの三人が允恭、安康《あんこう》、雄略であるという意見には異論がないということで、学説としてはいいわけですよね。讃、珍については結構異説があって、応神とか仁徳、あるいは履中、反正《はんぜい》だとか。

珍が仁徳というのもありますか、説としては。

一瀬　あまりないと思います。

渡部　では、讃は仁徳か履中天皇という感じですか。

菱田　応神か仁徳天皇でしょうね。

渡部　白石太一郎さんが、いわゆる履中陵古墳、つまり上石津ミサンザイ古墳については仁徳陵でいいのではないかと。そして、仁徳陵古墳、つまり大仙陵古墳は履中陵古墳、また、ニサンザイ古墳については反正陵古墳でいいのではないかと言っておられます。考古学的にいうと、筑波大学の川西宏幸

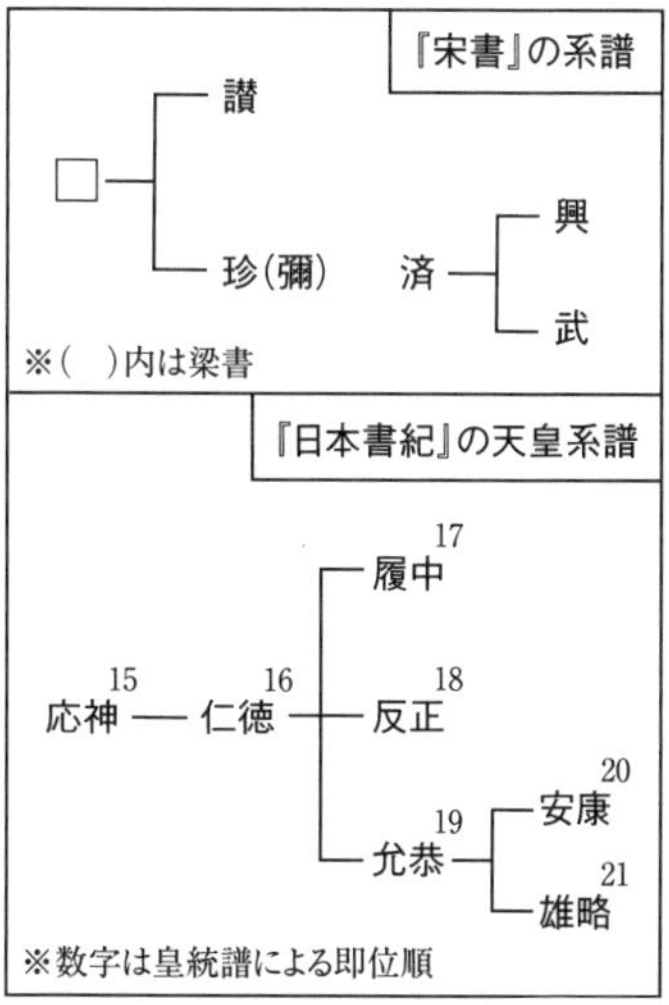

倭の五王の系譜

さんの埴輪の編年でもって一番古いのが履中陵、ミサンザイ古墳でこれはもう間違いないわけですね。

一瀬　大王級で、一番古いのが履中陵古墳ですよね。

渡部　次が、古市の応神陵・誉田御廟山《こんだごびょうやま》古墳で、仁徳陵古墳がやや遅れる。それで、百舌鳥のニサンザイ古墳があって、古市の允恭陵・市野山《いちのやま》古墳や仲哀陵古墳・岡ミサンザイ古墳になるという考えが強いようです。

●仁徳陵古墳は仁徳陵でよいのではないか

渡部　菱田さん、その仁徳陵・大仙陵古墳が仁徳といわれる天皇の墓でいいというところをかいつまんで……。

菱田　それほど大きな根拠はありませんが、古墳の年代を少し上げる傾向にあって、須恵器が出始める頃が応神ですが、須恵器の出始めの年代が四世紀末まで上がっていて、応神陵古墳も四一〇年代頃に理解できる。仁徳も少し後、三、四〇年代くらい。伝承の通りだと考えても矛盾しない。もう一つは、応神陵から允恭陵古墳にかけて時間的な対応関係が取れていることです。

　ただ逆に問題になるのは、一瀬さんに対して異論になるかもしれませんが、一番大きい古墳を大王の墓と見るのが主流になっています。本当にそうかという疑問があり、特に反正や履中のような、即位期間が短かったと思われる人たちの墓が巨大な古墳を築き得たのか。ある程度、治世の長さと古墳の規模は対応しうるかもしれないと思っています。

渡部　この問いかけに対して、一瀬さんはいかがですか。

一瀬　小さな物まで入れると、古墳の数が多すぎるのです。その中でどういうルールでチョイスするかというと、考古学的には大きいのを選ばざるを得ない。

この基準と個別具体例は、文献とクロスできるところまでいくと異なってきます。六世紀の奈良県桜井市の赤坂天王山古墳は大きくなくても、崇峻《すしゅん》天皇陵と見たほうがいいのか、というのが出てくる。最近よく言われているのが、大王の墓が一基だけで済んでいたのか。改葬《かいそう》も今思っている物と当時の物とは違うかもしれない。そして、大王になってからつくるかどうかですね。その前からつくっていて、奈良時代の長屋王《ながやおう》のように惨殺されてしまうと、名無しの墓というのもあります。

ただし、仁徳陵古墳に関しては、あれだけの墓は当時でも日本列島最大という認識があって語りつがれたのだろうと思うのと、今後あれを超える物をつくれと言われても難しかった証拠に、後には続かなかったことからわかります。その大きさを考えると、あの墓に埋葬されているのはどんな人だろうという関心は記紀の編者にもあったはずです。それにまつわる説話はとり入れざるを得ない、という伝承の仕方をしている可能性がある。

とすると、菱田さんが言われるような、伝承記事が多い人物像の人間は、大きい墓に入っている確率は高い気がします。六世紀では、奈良県橿原市の橿原丸山古墳と大阪府高槻《たかつき》市の今城塚《いましろづか》古墳になるとそれなりの規模があります。それ以外になると、どこにあるのか、というくらい規模が小さくなる。圧倒的にこの大王は、しばらく力を持ち続けると予感させる場合は、規模の大きな墓づくりを計画することができたかもしれません。

かつて野上丈助《のがみじょうすけ》さん（元、大阪府教育委員会）が言われたことで、応神陵古墳の外堤は付け加えていると。こう言われると、本体と外堤に大きな時間差があるように思ってしまいますが、埴輪製作法からは連続している。しかし、特に西側の大きな外堤は、周囲がある程度まで整った時に増築的な感覚で増やしているかもしれない。仁徳陵古墳も計画では、茶山《ちゃやま》古墳などは堤の外にあったものが、もう一重外側に堤を増設できる築造への余裕ができたので、墓域の中に吸い込まれてしまったかもしれません。

総じて説話ネタと治世が長いというのは、ある程度大古墳は決め手になると思います。ただ、そのほかの伝承が少ない履中陵古墳などの場合もあって、ひとすじ縄ではいかないといったところでしょうか。

菱田 七世紀の段階で、伝承は選択的にしか残っていなかったはずで、王統としては同じように記述しないといけない事情があったとき、あまりわからない物も、さもわかるように、均等に表現しないといけなかったのでしょう。伝承としてかなり確かな物もあれば、そうでないのもあるだろうと思います。

渡部 応神は一応、応神陵でいいということになっています。お父さんの仲哀天皇は、現仲津姫陵か墓山古墳かどちらかという説。仲哀天皇陵を津堂城山古墳という人がいますが。

菱田 応神が神という字があてられているように、河内王朝の幕開けという点もあるのではないでしょうか。それがなぜ、古市で最初の墓ではないのか。当然勢力が大きくなっていく前段階は必ずあるわけですし、そういう意味で最初から墓と権力がぴったり合うわけではなく、先走りはあってもいいと思っています。逆に言うと、大王を誘致するということもあり得るのではないかと。天皇の即位順は、あくまでも切り貼りして継いでいったものだと思います。

一瀬 極端に言うと、応神陵古墳の被葬者は仲津姫とか、応神陵自体は、ともに自身が造営主体者かもしれない。同じように仁徳陵古墳の被葬者は履中陵古墳の造営主体者で、仁徳天皇も自分の陵をつくる造営主体者かもしれない。一人で大きな物を二つつくったかもしれない。

渡部　履中陵古墳は、必ずしも大王とは限らないわけですね。

一瀬　そうです。大王が造営主体者であるから大きくなった。

菱田　被葬者は、後世につくられた系譜に組み入れられてないとも考えられています。

一瀬　後の人間がたまたま大王という権力者になったがために、その血筋はその系譜になったかもしれません。

●墳墓のある土地の役割

渡部　ところで、本当は河内王朝論なんてないわけで、政治の中心は大和であって、河内に巨大な墓があるだけのことだと。しかし、そこに墓があるのは天皇になり得るような王家、豪族勢力の派閥があり、彼らがそこに墓をつくる、という考えもある。それはまた違うのでしょうか。

菱田　たとえば、完全な伝承ですが、京都府の宇治《うじ》の地はある意味、王権や王宮の場所として意識されたことは間違いない。そういうものが系図的にどうなっているのかは、あくまでも後でつくったものですから、まず、それがどの王家になるのかはあると思います。そういうものが、アメーバ状に構成している王権という想定をしてもいいと思っています。その中での勢力が伸びたり縮んだりの中で、河内に出てくる時期がひとつの画期になるのは確かではないかと思います。

渡部　これまで言われてきたのが、河内に巨大古墳があるのは、外国から来た人に、海の傍に大きな古墳をつくらせて、倭国はすごいというイメージを持たせた、という考えは生きているのでしょうか。

菱田　海外から来る人に見せる点で、大阪市の上町《うえまち》台地に建つ四天王寺《してんのうじ》と同じようなイメージでとらえるのはいかがかと思いますが。四天王寺は、もちろんそういう意識はあったと思いますが。五世紀の段階で、海外から来る人に対しての見世物的なことはあまり考えなくていいと思います。

渡部　大和には大きな古墳をつくるだけの場所がないから、大きな古墳をつくるようになった時期、河内のエリアは荒れ地だったからつくれたという風にも見えます。

一瀬　墓地だからセーフティゾーンにしかつくらないはずで、大和から畿内にふくらんだ政権の下で完全に直接領有したエリアにつくらないと話にならない。荒れ地で交通路としては、一番出口に近いところを選択したということになります。

菱田　今の一瀬さんの言葉を借りると、やはり領有エリアの拡大と対応すると見てはどうでしょうか。直接自由に使えるエリアが拡大していく動きと、拡大したエリアの中でお墓に最も適した土地が選ばれていることになります。拡大の契機が何かが問題で、その中での政治的な交替現象があるかもしれませんが、考古学的な資料では、何とも追求できない問題だと思います。

●墳墓の規模と権力の大きさ

渡部　田中さん、朝鮮半島の中でお墓の大きさを誇る考えはないのでしょうか。

田中　全くないとは思いませんね。たとえば慶州《けいしゅう》では月城《げつじょう》の北の広がりは金《きん》氏の王陵を含んでいて、同じく金氏系統だと思います。その中で規模は大きく違います。皇南大塚《こうなんおおつか》が一番大きいですが、その後、これより大きいのは逆にない。もっと後になると王京の周辺に出て行って、独立的な物になってしまうので比較にはならない。規模を競うという感じではないです。

渡部　それはどうしてでしょう、ある種の気質なのでしょうか。

菱田　新羅はある一時期、日本とよく似た現象ですね。

田中　ただ、時期によってはそうしているというわけでもないですね。明確でない部分はありますが。発掘しているのが限られていて、大きい古墳はそれほど発掘していませんので。規模をもとに大きい物を王陵と見ようとする考えはありますが。

菱田　文明に近いところは規模が大きくならなくて、かえってそれから離れた新羅や日本では大きい物はいいことだ、みたいな原理が働いているかもしれません。

渡部　少なくとも、五世紀には大きいのがベストという考えがあったのではないでしょうか。

一瀬　基本として、先にも述べたようにふつう大王級が墳丘長三百メートルで止まります。唯一止まってないのが履中陵、応神陵、仁徳陵の三古墳だけです。この三墳の間に何が起こったかという

皇南大塚（韓国・慶州）　墳丘長約120mの5世紀の瓢形墳《ひょうけい》である。現在のところ、朝鮮半島で最大の墳丘規模である（39頁参照）。田中俊明氏提供。

と、岡山県に造山、作山の両古墳がつくられていることです。

渡部 その造山古墳の時の三五〇メートルは、畿内でいう古墳のどのくらいのクラスですか。

一瀬 墳丘本体の見かけの大きさでは大王級です。しかし、造山古墳の時期はほぼ応神陵古墳と並行だということで、トップにたてない。

渡部 応神陵古墳の時代と一緒、その当時としては全国二位。

一瀬 応神陵古墳より少し早くて、少しでも履中陵古墳が小さかったならば、全国トップという言い方もあり得るタイミングです。

渡部 作山古墳は、五世紀の中期以降ですか。

一瀬 造山・作山、両方ともほぼ同じ時期です。応神陵古墳の初めくらいと履中陵古墳の後くらい。造山古墳のほうが古いと国立歴史民俗博物館におられた春成秀爾《はるなりひでじ》さんはされますが、応神陵古墳より古いという話に持ってくると、履中陵古墳と造山古墳はほぼ同じ規模で、場合によっては吉備がトップになる。

渡部 それはその当時、畿内の大王と吉備の勢力が当時拮抗《きっこう》していたから、規制もないからお互い大きい物をつくりあったという感じですか。

一瀬 私自身の解釈は、ちょっと違います。

畿内は、一目置かざるを得なかった。配偶者的な可能性もありますが、築造することについて、帆立貝式に規制している地域が大半になっているので、規制できなかったことは確定です。ただ、見た目の規模以上に墳丘本体を旧地形に頼っていたり、周囲の堤と濠の整備がたよりないことで実質的労働量はかなり差があ

(右) 造山古墳（岡山市北区、岡山県古代吉備文化財センター提供）
(左) 作山古墳（岡山県総社《そうじゃ》市、岡山県古代吉備文化財センター提供）

り、仁徳陵古墳の築造時には大きな古墳をつくれなくなっています。

しかし、むしろ悩ましいのは、吉備の両宮山《りょうぐうざん》古墳です。この古墳は、だいたいみなさん、五世紀後半の允恭陵から仲哀陵古墳に下げて置いていますが、そのあたりになると大きさ的に同格になる。またもや、吉備と畿内勢力が拮抗するようになる。ただし、両宮山古墳について、私自身はひょっとしたら六世紀まで下ってもいいのではと思っています。この話は、ただ両宮山古墳でまともな埴輪がいまだに見つかっていないので、見つかってからの話にしようかと。

菱田　両宮山古墳は、五世紀後半の雄略の墓の時期ぐらいでしょうか。

七世紀段階での意識では、雄略の墓は、河内の古市にあるべきだと思います。その中で時期的に符合して候補になるのは、二四二メートルの仲哀陵古墳（藤井寺市・岡ミサンザイ古墳）とその西にある三三五メートルの河内大塚山古墳（松原市・羽曳野市）、いずれかだと思います。

渡部　河内大塚山古墳の話が出ましたが、堺市の日置荘《ひきしょう》遺跡の埴輪窯で大きな円筒埴輪が六世紀につくられた。あれが、どこかの大王墓に供給されたという仮説もあります。ところが、それに合う古墳が出ていない。それで、その埴輪は、河内大塚山古墳に立てられるために、つくられたのではとも言われていますが。

菱田　その埴輪は、伝統的な百舌鳥の技術とは少し違いますね。

一瀬　しかも、あれだけ重いものをわざわざ河内大塚山古墳まで運ばないと思います。

渡部　では、ほぼ地元で供給していたと。

一瀬　摂津の茨木市にある南塚《みなみづか》古墳や川西市の鉢塚《はちづか》古墳などの六世紀の埴輪の出方を見ていると、その古墳用につくる、もしくはつくってはるばる運ぶかですが、日置荘の埴輪はたぶん持ち運びができないくらい重くて弱いもので、その場でつくってその場で並べていたと思います。奈良県の藤ノ木《ふじのき》古墳（斑鳩町《いかるが》）や牧野《ばくや》古墳（広陵町《こうりょう》）なども、真横に窯が見つかると思いますね。

渡部　仁徳陵古墳の近くの、百舌鳥の梅町《うめまち》窯、あれは仁徳陵古墳のための窯ですか。

一瀬　違います。もっと近所につくると思います。形態的にもヒットしないのです。梅町窯がずっと焼き続けられていて、手伝って何本か焼いたかもしれないが、発掘調査で手に入れた資料からすると材料不足かなと思います。

渡部　仁徳陵古墳で出てきている埴輪の窯は、今後見つかるかもしれないのでしょうか。

一瀬　見つかるかもしくは、応神陵古墳もその可能性があるのですが、マウンドの中で処理されている可能性もある。仁賢《にんけん》陵古墳の外堤にある羽曳野市野々上《ののうえ》の埴輪窯を参考にすると、一番外の、外堤が完成すると窯は片づけられたかもしれない。

渡部　陵墓の立ち入りが進むと、わかるかもしれないということですね。

一瀬　応神陵古墳に関しては見つかる可能性は大ですね。仁徳陵古墳は陵墓区域内に墳丘関係すべてが丸のみされて、宮内庁では理想的な、すべてきちんと守り切れている唯一の陵墓なので、周囲からのデータでは手も足も出ない。

渡部　今は三重掘ですが、もともとそうかどうかはわかりませんね。

一瀬　ただ、そこまで囲ってくれているからこそ、外に情報が一切洩れない唯一の天皇陵です。応神陵古墳の場合、外側の堤も濠も全部民地に入っているため、周囲を掘れば掘るほど情報が入ってきますが、仁徳陵古墳は宮内庁が報告しない限りは一切入らない。ということは、今の三重堀の中ですべて完結している。

渡部　では、そこに窯もある可能性がある。

一瀬　しかし、今のところ、一番外周の三重堀は何回か宮内庁が発掘しましたが、埴輪片すら見つかっていません。

●韓国の前方後円墳

渡部　それでは、韓国南部で見つかっている前方後円墳についてのお考えをうかがいましょう。

一瀬　仁徳陵古墳が一番ピークで、日本の前方後円墳の文化圏の最も外側の枠の中に入るのか入らないのか。ピークの古墳との類似度は低すぎるでしょうか。

田中　韓国の前方後円墳については、いくつか説があります。

大きくは在地の首長という見方と、倭系百済官僚すなわち倭人が百済王権に仕えていて、百済王権がそこに派遣した、そういう倭人ですね。それ以外は、それほど有力ではないと思う。現在、韓国で一三基知られる前方後円墳全体を、同じ基準で考えた場合にですね。百済が倭人を配置してそこに墓をつくることができるようになるのは、かなりの勢力を造成しないといけない。そのあと郡県化するのですが、彼らはどこへ消えたのか、その説明が何もありません。それら倭人に勢力を築かせたうえで、百済王権が統治していくことになりますので、対立する首長たちを抑えていく場合とは異なると思うのです。

ただ在地の墓制との系譜的な関係など、まだわかっていない部分があり、つながっているのかあるいは逆にそうではないのか課題もあります。

渡部　なぜ、日本の古墳のスタイルを採用したのでしょう。

田中　どちらにしても、倭人が関係しているのは確かですね。造営にも、関わったと思います。この地域は、

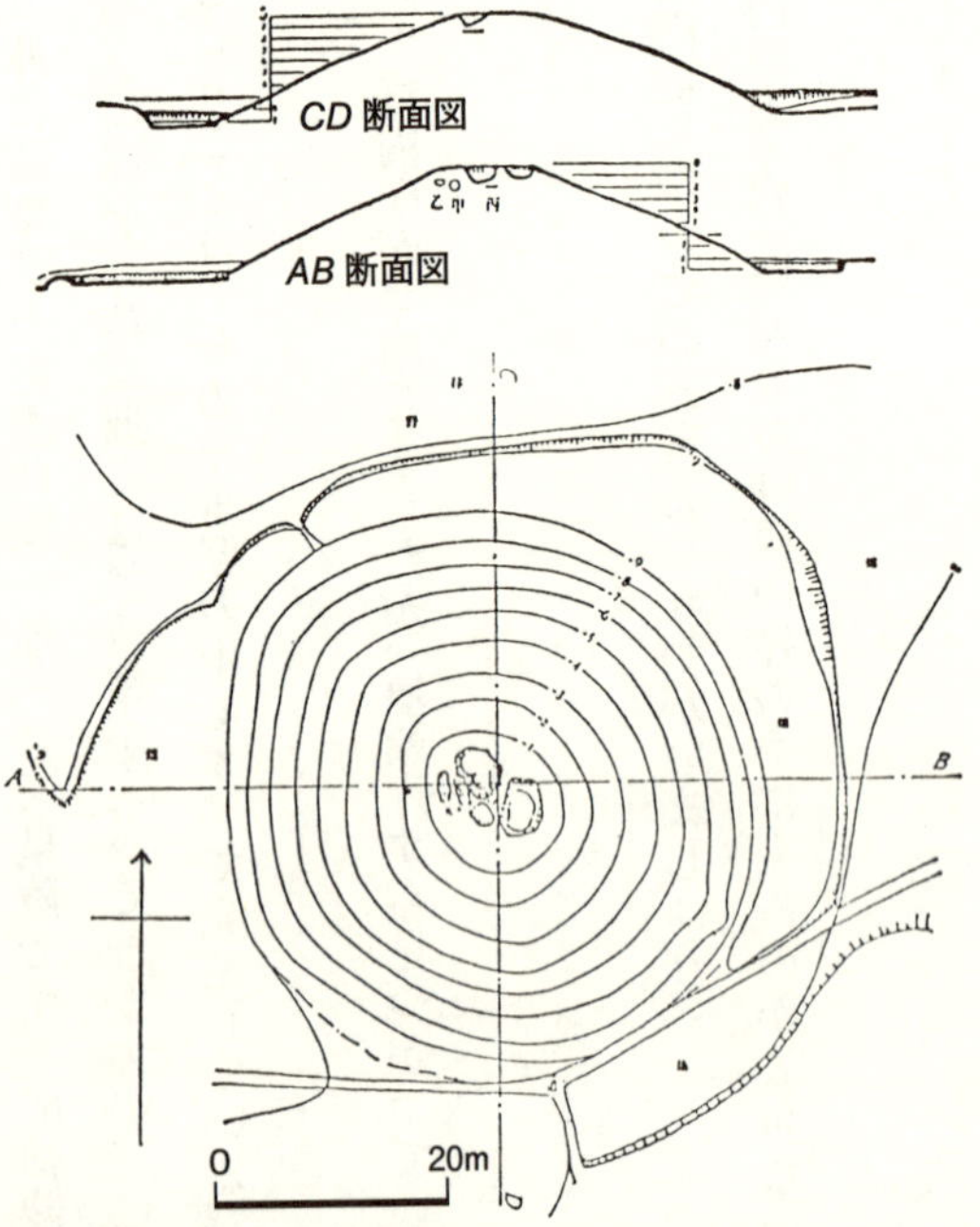

徳山里《とくざんり》3号墓（韓国・全羅南道）　周濠をもつ円墳で、主体部に甕棺《かめかん》を納めていた。朝鮮半島の他の地域の墓とは異なる。

百済王権とも四世紀から関わっている状態がずっと続いています。そして、五世紀後半から前方後円墳がつくられる。それまで百済と倭両方との交易、交流が存続していたものが、そういう風にできなくなる契機が、百済が領有化しようとしてきたためで、それに対する反発があのような形で現れる。それがなぜかというと、倭とのつながりも断ちたくなかったからという説明になります。

一瀬　むしろ文化圏ではなく、政治がかかっているということですね。

渡部　バックに倭がついている、簡単に手は出せない、ということでしょうね。

田中　百済が五世紀末にこの地域に入ってくる、在地勢力がそれに抵抗する、というのは今では共通見解です。この地域の全羅南道で、一番中心となる羅州潘南面《らしゅうばんなんめん》には前方後円墳はないが、日本的色彩の強い墳形や副葬品が見られます。五世紀後半に百済が都（漢城《かんじょう》）を失って、しばらくして熊津《ゆうしん》《ウンジン》に定める、それから、北のほうで失った領土を、南のほうに求めるようになっていく。そうした中での動きだということは、共通しています。たとえばどこかでたまたまつくって、それが周辺で流行する、そういうことはあり得なくはない。

一瀬　竹幕洞《ちくまくどう》《チュンマクトン》遺跡（全羅北道扶安郡《ふあんぐん》《プアン》辺山面《へんさんめん》《ピョンサン》格浦里《かくほり》《キョクポ》）の存在は、どうですか。

田中　明らかに倭と関係がありますね。あれは百済の祭祀遺跡で、その点では倭系の祭祀と関連するということで問題はないと思う。

渡部　松鶴洞《しょうかくどう》一号墓が見つかった当時の記事は、日本の前方後円墳のルーツのような書かれ方でした。見つかってしばらくいろいろ研究しないと、簡単に答えを出してはいけないでしょう。

田中　慶尚道でも、倭人の墓の可能性が高いものが見つかってきています。宜寧《ぎねい》《ウィリョン》の景山里《けいざんり》《キョンサンニ》一号墓とか巨済島《コジェド》の長木墓《ちょうもく チャンモク》とか。松鶴洞一号墳は前方後円墳ではないことがわかりましたが、朱を使っていることなど倭人の墓である可能性は高いです。

一瀬　私は、本文で奈良県宇陀《うだ》の前方後円墳（233頁）を例に挙げましたが、小形の前方後円墳でその前方部が短くない、帆立貝ではないものが出だしたタイミングです。韓国でも出てくるというのと、その初期、ちょうど五世紀代、埼玉稲荷山古墳もそうですが、前方部がニサンザイ古墳のように広がっていないのは規制を受けたのではないかと思っています。それが、月桂洞《げっけいどう》の墓になると、一気にニサンザイ古墳のように前方部の幅が大きくなるので、墳丘形態自身は、ちょうど五世紀後半と六世紀という日本の流れに沿うような形でプランニングされているようです。

つまり、墳丘の輪郭を取り入れるところは、時代的に連動しているのは間違いないと思っています。それが情報として相互に入っているのか、アイデアとしてだけ連動しているのか。逆に、倭の虎の威をかるみたいな解釈のほうがいいのか。

菱田　埴輪のルーツは、どうお考えですか。

一瀬　見よう見まね。似て非なるものですね。

菱田　「もどき」の世界ですよね。もどきをどう解釈するかは難しいですね。

一瀬　少し先に触れた百済の竹幕洞遺跡は、もどきかどうかですよね。竹幕洞遺跡は、三国時代からの遺跡で、多くの祭祀遺構が見つかりました。

菱田　竹幕洞遺跡では、見つかった石製品は向こうでは意味がないわけですから、あれだけのものをつくるのは、やはり日本列島でやっている祭祀と同じ質と見ないといけないでしょうね。航路の存在を考えないと理解できないと思います。

一瀬 あそこで一度、停泊のスポットにするというのは非常に位置的にわかりやすいですよね。

菱田 海路上で要所要所に設けられた祭場で、どちらの人が祭りの主体かはわかりませんが、行き来するために必要な祭祀をやっていたと思いますね。

●世界遺産と天皇陵を管理する理想の形とは

渡部 ところで、百舌鳥・古市古墳群を世界遺産に登録しようという運動があります。私には、単に大きいというだけでは、果たして世界へ日本の古墳文化を正確に伝えられるのか、という懸念、危惧があります。

一瀬 「世界最大級の墳墓が仁徳天皇陵」というキャッチコピーに違和感がありますね。仁徳天皇陵が仁徳天皇を埋葬した天皇陵だと思われて、一人歩きされるのはかなわないなと思うのです。それなら、大仙古墳のほうがいい。仁徳天皇陵古墳では、外国人が見たら間違いなく天皇陵だと思ってしまいます。

菱田 古墳の呼び名は森浩一さんの大山古墳と、一瀬さんの仁徳陵古墳の二通りだと思います。だから、用語としての「仁徳天皇陵古墳」はないですよね。

渡部 研究者の中でも、世界遺産になるのはいいという見解ですか。

菱田 世界遺産になるくらいだから国の史跡にしましょう、という話で、宮内庁の管轄地であるというだけでなく、文化庁が史跡の網をかぶせる、ということになれば一番いいと思います。まだ史跡でもないですからね。

渡部　では、理想の形と現状は。

菱田　これだけ日本の古墳時代、あるいは国家形成を考える主要な古墳の大半が陵墓にされていて、中に入ることすらできない、という現状の認識にすべての人が立つ必要があります。それを改善できるならどうするか。たとえば教科書に出ていて小学生がぜひ歴史の勉強に来たいときに、仁徳陵の場合、手も足も出ない。三重堀の外からどれが墳丘かもわからない現状ですからね。せめて内側の堀の外まで行けるようにしましょうとか。何か少しずつでも学ぶ教材として、あるいは研究者の研究材料として立ち入れる範囲が広くなる、ということが方向性としては重要ではないかと思います。

一瀬　全部を開放する必然性はないが、今

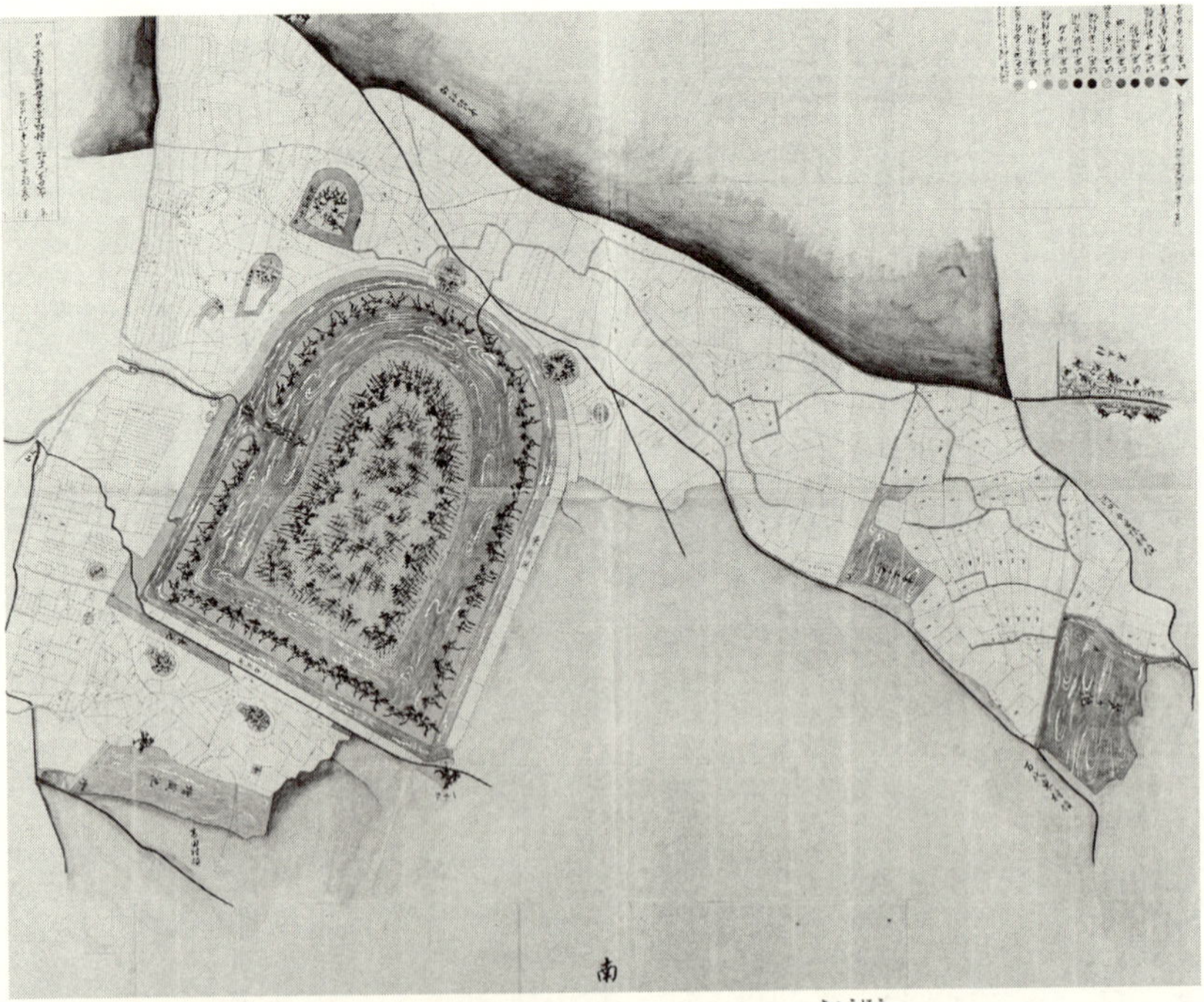

江戸時代の村絵図に描かれた仁徳天皇陵（堺市立中央図書館蔵）享保《きょうほう》年間（1716～1735年）に描かれた。仁徳天皇陵が所在した舳松《へのまつ》村の絵図で、江戸時代は自由に墳丘の中に入れ、廻りの濠は、農民の灌漑用の池として利用された。

は閉ざされすぎています。

渡部　韓国や中国では、そんなことはないわけですよね。

一瀬　朝鮮王陵では登れないから、日本と条件が同じという話は出ています。

田中　新羅の王陵でも発掘はできません。王陵に比定されているもので、発掘されたものはありません。新羅は朴《ぼく》《パク》という王が出て、昔《せき》《ソク》氏、それから金《きん》《キム》氏になります。歴史的に言うと金氏以前は伝説ですが。ただし新羅末になると朴氏が再び出てきますが。その王の末裔が未だにいて、先祖の墓として祀っています。だから、先祖の墓を発掘させない。これまで調査された例は、雨で陥没した伝憲康王《けんこうおう》《ホンドクワン》陵、周辺整備のための伝閔哀王《びんあいおう》《ミネワン》陵、大雨で壊れた伝神徳王《しんとくおう》《シンドクワン》陵、という三例だけです。それ以外、王陵とされているものは発掘できない。

渡部　朝鮮国王の末裔が続いているから調査できないのは同じですね、中国も同じですか。

田中　中国でそういう制限はない。百済もない、高句麗も関係ない、新羅だけです。

一瀬　中国は、秦《しん》の始皇帝《しこうてい》陵が代表格で、世界中の人が見学にきます。

菱田　せめて傍まで行って、じっくり見学できるようにしてほしい。

一瀬　今や森林が鬱蒼《うっそう》としていて、傍からでも墳丘の「かたち」がよくわからない。明治時代のはじめのころの写真を見ると、樹木はよく管理されていて、実によく「かたち」がわかる。それだけでも一般の人にも森から古墳というイメージに変換できると思うのですが。

渡部　今日は東アジア世界の中で、仁徳陵古墳を頂点とする巨大前方後円墳がいかにして出現したかをお話しいただきました。墳丘だけでなく、副葬品の規制などの変化もわかりました。ありがとうございました。

あとがき

今、私は大学に勤めているが、以前は大阪府で遺跡の発掘や博物館の学芸員をしていた。この巻でメインになる仁徳陵古墳や応神陵古墳という素材はそのときの発掘や復原模型をつくった経験と非常に縁の深いものである。大学に移ってから、『仁徳陵古墳』について書いた本も出版でき、いろいろなバタバタがちょうど収まりかけたころ、人生はじめての手術と入院が待ち受けていた。結局、一年あまりで三回の手術を受けたのだが、この巻の執筆の話をいただいたのは、三回目の手術が必要であると言われたばかりのタイミングだった。一度はお断りしたような気もする。お誘いを受けるうちに、生来さぼりの私なので、しばらくは何もしないような気がしたので、迷惑をおかけするかも知れないがお引き受けすることにした。ついに、刊行の運びとなりそうだが、遅遅としたものになってしまった。まずは、関係者の方々に深くお詫びする次第である。

実際、本書に関わろうとした私の中の理由の一つに、遺跡の発掘に長年かかわってきたことがある。このシリーズは「新しい検証」を目指すという内容であったので、新たな古代史の組み立てをもったものを描くことができるのではないかという期待があったからである。というのは、日本の高度経済成長の中、大規模な開発で遺跡がつぶれるのがきっかけで、日本中の至るところで遺跡の発掘が行われるようになってきたにもかかわらず、その成果をとりまとめた日本史にかかわる本はおどろくほど少なかったからである。

それに加えて、私が専門とする考古学の方向も世界的に大きく変わってきたことがある。

一九二二年に日本では、京都帝国大学総長であった浜田耕作は「考古学は過去人類の物質的遺物（に拠り人類の過去を研究するの学なり」(『通論考古学』大鐙閣)と禁欲的な考古学を説いた。ところが近年、イアン・ホダーが一九八六年に、英国ケンブリッジ大学での講義などをもとにして書き上げた『過去を読む』（Hodder, I. Reading the past : Current approaches to interpretation in archaeology, Cambridge, Cambridge University Press）という本を出した。そのなかでは、「今、『達成された』と『選択する』という考古学的な見通しを立てることができる。『達成された』とは西欧、上中流階級層、アングロ・サクソンの男性によって導かれた考古学を意味する。それはほとんど無批判に達成された、そうした立場に衝撃を与えるものが現れた。つまり、『選択する』は現在の西欧における先住民、フェミニスト、労働者階級の立場からもたらされるような考古学による概観である」という。すなわち、従来の考古学によって考えられてきた歴史と、一九八〇年代の力・支配・歴史・ジェンダーから過去の文化的意味を解釈する研究としての考古学とが、ますます対立して、新たな過去をもたらしはじめているという見通しをたてた。

これ以前、ヨーロッパでは、デンマーク国立博物館にいたクリスチャン・トムセンが一八三六年に発表した『北方古代学入門』の石器・青銅器・鉄器という三時期区分法がある。まずそれによって、北ヨーロッパは聖書からは解放されていた。そして、今、文字による過去だけではない選択、それをホダーはほのめかす。

未だに、日本での「達成された」古墳時代考古学は『日本書紀』『古事記』にもとづいて、その骨格が形成され、数多くの発掘資料はそのストーリーに合うものを選択し、もてはやされているようにも見受けられる。言いかえるなら、考古学での積み重ねによって判ることで、そこに記されているものが信じていいかを吟味する前に、過去の記事が無批判にまだまだ信用されていそうなのである。一体、この四〇年間に蓄積された考古資料の多くは何だったのか。むしろ、最近の方が、文字記録の実証に役に立たないものは、黙殺されるようになっているかも知れないのだ。膨大な考古情報は、まだまだ活用されていない。

本書では、まだまだ偏ってはいるものの、墳墓やそれを支えた手工業を極力、主役にしてストーリーを練ってみることにした。前後の巻と時間・時代で重なってはいるであろうが、内容は鼎談も含めて重なっていないと思う。過去のストーリーを「選択する」段階、そこに考古学が立ち入りはじめたと本書で感じていただくと、この上なく幸せなのである。

二〇一一年九月

一瀬　和夫

参考文献

東潮・田中俊明編著『前方後円墳と古代日朝関係』朝鮮学会・同成社、二〇〇二年

一瀬和夫「久宝寺・加美遺跡の古式土師器」『大阪文化財論集』財団法人大阪文化財センター設立一五周年記念論集、一九八九年、「円筒埴輪の編年」『大王墓と前方後円墳』吉川弘文館、二〇〇五年

一瀬和夫『大王墓と前方後円墳』吉川弘文館、二〇〇五年

一瀬和夫『古墳時代のシンボル　仁徳陵古墳』新泉社、二〇〇八年

上田宏範『前方後円墳』学生社、一九六九年

上原真人『紫金山古墳の研究―古墳時代前期における対外交渉の考古学的研究』京都大学大学院文学研究科、二〇〇五年

大庭脩編著『卑弥呼は大和に眠るか』文英堂、一九九九年

川西宏幸「円筒埴輪総論」『考古学雑誌』第六四巻第二号、日本考古学会、一九八七年

岸本一宏「周溝墓を中心とした播磨地域の様相」『弥生墓からみた播磨』第九回播磨考古学研究集会実行委員会、二〇〇九年

近藤義郎編『前方後円墳集成』近畿編　山川出版社、一九九二年

白石太一郎『考古学と古代史の間』ちくまプリマーブックス一五四　筑摩書房、二〇〇四年

杉本厚典「八尾南・長原・城山遺跡における集落構成の変化―弥生時代から古墳時代にかけての地域社会の様相」『大阪歴史博物館　研究紀要』第二号、二〇〇三年

鈴木靖民編『倭国と東アジア』日本の時代史二　吉川弘文館、二〇〇二年

田中晋作『筒形銅器と政権交替』学生社、二〇〇九年

田中良之『骨が語る古代の家族　親族と社会』歴史文化ライブラリー二五二　吉川弘文館、二〇〇八年

田辺昭三『須恵器大成』角川書店、一九八一年

都出比呂志『日本農耕社会の成立過程』岩波書店、一九八九年

寺沢　薫『王権誕生』日本の歴史第〇二巻　講談社、二〇〇〇年

菱田哲郎『古代日本国家形成の考古学』諸文明の起源一四　京都大学学術出版会、二〇〇七年

広瀬和雄『古墳時代政治構造の研究』塙書房、二〇〇七年

藤直幹・井上薫・北野耕平『河内における古墳の調査』大阪大学文学部国史研究室研究報告第一冊　一九六四年

森公章『倭の五王　五世紀の東アジアと倭王群像』日本史リブレット人二　山川出版社、二〇一〇年

吉井秀夫『古代朝鮮墳墓にみる国家形成』諸文明の起源一三　京都大学学術出版会、二〇一〇年

主な図版・写真出典一覧

p.14　図 1　百舌鳥古墳群（大阪府堺市）
p.15　図 2　古市古墳群（大阪府藤井寺市・羽曳野市）
p.16　図 3　西都原型の船形埴輪（宮崎県・西都原170 号墳出土）　東京国立博物館蔵
p.21　図 4-1　3 世紀の東アジア①（220 ～ 263 年）　出典：大庭脩『鏡の時代』大阪府立近つ飛鳥博物館
図 4-2　4 世紀の東アジア②（320 ～ 370 年）／図 4-3　4 世紀の東アジア③（371 ～ 383 年）　出典：大庭脩『仁徳陵古墳』大阪府立近つ飛鳥博物館、1996 年
p.24　図 5　三国時代の東アジア（上）と渤海湾地中海（下）　出典：大庭脩「魏は邪馬台国をどうみたか」『卑弥呼は大和に眠るか』文英堂、1999 年
p.26　図 6　朝鮮半島地図　出典：p.24 図 5 に同じ
p.27　図 7-1　5 世紀の東アジア①（403 ～ 410 年）／図 7-2　5 世紀の東アジア②（439 ～ 479 年）／図 7-3　5 世紀の東アジア③（479 ～ 502 年）　出典：p.21 図 4-2・4-3 に同じ
p.29　図 8　魏晋南北朝王朝の交替図表
p.30-31　図 9　5 つの混乱期とそれぞれに該当する「円筒埴輪の時期」「土器編年」「標式古墳」
p.32　図 10　倭の五王による宋遣使関連地図　出典：川本芳昭「倭の五王による劉宋遣使の開始とその終焉」『東方学』第 76 輯、東方学会、1988 年
p.34　図 11　箸墓古墳（奈良県桜井市）
p.35　図 12　前漢皇帝陵の分布
p.37　図 13　高句麗の王陵
p.38　図 14-1　太王陵と広開土王（好太王）碑　出典：吉林省文物考古研究所・集安市博物館編著『集安高句麗王陵』1990 ～ 2003 年集安高句麗王陵調査報告、文物出版社、2004 年
図 14-2　太王陵（中国・吉林省集安市）
p.39　図 15　皇南大塚の墳丘
p.41　図 16　韓国の方形周溝墳墓　出典：韓国考古学会『韓国考古学講義』社会評論、2007 年ほか
p.42　図 17-1　弥生時代墳丘墓張り出し部の変遷　出典：都出比呂志『古墳時代の王と民衆』古代史復元 6、講談社、1989 年
p.43　図 17-2　弥生時代の一側辺中央に陸橋のある方形周溝墓の変化　出典：一瀬和夫「前方後円形墳丘の周溝掘削パターンと区画性―前方後円形成立に関する覚え書き―」「古代学研究」第112 号、1986 年
p.44　図 18-1　方形周溝墓の周溝掘削　出典：p.43 図 17-2 に同じ
p.45　図 18-2　墳丘を有する弥生墳墓の変遷　出典：一瀬和夫「墳丘墓」『原始・古代日本の墓制』同成社、1991 年
p.46　図 19-1　加美遺跡 Y 1 号方形周溝墓（大阪市平野区）
p.47　図 19-2　加美遺跡 Y 1 号方形周溝墓の平面図　出典：田中清美「大阪府加美遺跡の調査」『日本考古学年報』37（1984 年度版）、1986 年
p.49　図 20-1　陸橋部より「バチ」形前方部への周溝（土砂）掘削変遷模式図　出典：p.43 図 17-2 に同じ
p.50　図 20-2　前方後円墳の周溝掘削（図中の矢印は掘削土の方向）　出典：p.43 図 17-2 に同じ
p.51　図 21　纒向型前方後円形周溝墓（いずれも桜井市）　アミ点は主要掘削範囲　出典：p.43 図17-2 に同じ
p.52-53　図 22　東部瀬戸内沿岸および周辺部における低地円丘墓の推移　出典：岸本一宏「周溝墓を中心とした播磨地域の様相」『弥生墓からみた播磨』第 9 回播磨考古学研究集会実行委員会、2009 年
p.54　図 23　有年原・田中遺跡の 1 号円形周溝墓（赤穂市有年原）
p.55　図 24　箸墓古墳復原模型
p.57　図 25　おもな古墳の形（模式図）
p.59　図 26-1　畿内における墳丘長 165m 以上の前方後円墳の変遷
p.60　図 26-2　箸墓古墳（桜井市）
図 26-3　景行陵古墳（天理市）
p.61　図 26-4　津堂城山古墳（藤井寺市）
p.62　図 26-5　仁徳陵古墳（堺市）
図 26-6　ニサンザイ古墳（堺市）
p.63　図 26-7　清寧陵古墳（羽曳野市）
p.65　図 27　河内平野の庄内・布留期面の縦断面図　出典：一瀬和夫「4 世紀末における河内平野の覇権移動前夜」『喜谷美宣先生古稀記念論集刊行会』、2006 年
p.66　図 28-1　河内平野南半部の庄内・布留期（3～ 4 世紀ごろ）ほか主要遺跡分布図
p.67　図 28-2　楠根川遺跡群
p.68　図 29　3 世紀の河内の甕（八尾市小阪合遺跡ほか）
p.69　図 30　弥生時代～古墳時代後期の八尾市・小阪合遺跡の変遷　出典：本間元樹ほか『小阪合遺跡（その 2）』八尾団地（建替）埋蔵文化財発掘調査（第 2 次）　財団法人大阪府文化財センター、2004 年
p.71　図 31　弥生時代から古墳時代へ甕の変遷
p.72　図 32-1　大阪市平野区・加美遺跡から出土した朝鮮半島の陶質土器
p.73　図 32-2　加美遺跡 1 号周溝墓の土器出土状況

p.75　図33　八尾市・東郷遺跡（TG85-20）　出典：原田昌則ほか『八尾市埋蔵文化財発掘調査概要』昭和61年度　財団法人八尾市埋蔵文化財調査研究会、1987年
p.76　図34　加美遺跡（KM84-1）　出典：p.47図19-2に同じ
p.79　図35　玉手山古墳群の古墳分布（大阪府柏原市・羽曳野市）　出典：白石太一郎ほか『近畿地方における大型古墳群の基礎的研究』奈良大学、2008年
p.80　図36-1　松岳山古墳の墳頂部　出典：小林行雄『河内松岳山古墳の調査』大阪府文化財調査報告書第5輯、1957年
p.81　図36-2　松岳山古墳の立石
p.82　図37　大和川の亀ノ瀬（大阪府柏原市）
p.83　図38　紫金山古墳の竪穴式石室内の副葬品出土状況
p.84　図39-1　紫金山古墳の貝輪
図39-2　紫金山（上）・竹並型（下）の貝輪　出典：上原真人『紫金山古墳の研究－古墳時代前期における対外交渉の考古学的研究－』京都大学大学院文学研究科、2005年
p.85　図40　楯築墳丘墓の孤帯石（岡山県倉敷市）
p.86　図41-1　紫金山古墳筒形銅器ほか
p.87　図41-2　大阪府堺市大庭寺遺跡の初期須恵器工人の出自地域と倭系文物の分布圏から見た前期伽耶連盟の範囲　出典：朴天秀「渡来系文物からみた伽耶と倭における政治的変動」『待兼山論叢』第29号史学篇、1995年
p.90　図42　美園・久宝寺遺跡出土の壺形土器
壺形土器　大阪府八尾市、久宝寺9次前方後方形周溝墓
壺形埴輪　大阪府八尾市、美園古墳
p.91　図43-1　葺石と埴輪で復原された五色塚古墳の墳丘（神戸市垂水区）
図43-2　五色塚古墳の復原された出土埴輪群
p.92　図44　一ヶ塚古墳（大阪市平野区）
p.93　図45　津堂城山古墳（大阪府藤井寺市）
p.94　図46　津堂城山古墳の長持形石棺　出典：大阪府『大阪府史蹟名勝天然記念物調査報告』第5輯、1934年
p.95　図47　津堂城山古墳の島状遺構と樹立水鳥形埴輪
p.96　図48　壺形と器台形土器
p.97　図49　銅鐸の文様　出典：佐原真『祭りのカネ銅鐸』歴史発掘8　講談社、1996年
p.98　図50　特殊器台形土器と都月型円筒埴輪　出典：一瀬和夫「古墳時代前期における円筒埴輪生産の確立」『古代』第105号　早稲田大学考古学会、1998年
p.99　図51　箸墓古墳の都月型円筒埴輪の文様帯の文様
p.100　図52　箸墓古墳の二重口縁壺形土器
p.102　図52　西殿塚古墳（天理市）の埴輪
p.103　図53　メスリ山古墳（桜井市）の埴輪
p.105　図54　応神陵古墳出土　外堤前方部側の円筒埴輪定数量値
p.106　図55　新池遺跡(大阪府高槻市)の埴輪窯と工房（早川和子氏画）
p.107　図56-1　上：外面2次調整Bc種ヨコハケ　大阪府応神陵古墳　5世紀
下：外面2次調整Bc種ヨコハケ　大阪府仁徳陵古墳　5世紀
p.108　図56-2　円筒埴輪突帯間のB種ヨコハケ充足行為の変遷　出典：川村和子「古市古墳群の埴輪生産体制」『西墓山古墳』藤井寺市文化財報告第16集、1997年
p.114　図57　広開土王（好太王）碑の碑文
p.115　図58　乳岡古墳の後円部墳頂の長持形石棺
p.116　図59　蛭子山古墳(京都府与謝野町)の後円部に保存される舟形石棺
p.117　図60　京丹後市・神明山古墳
p.118　図61　長原遺跡群における集落構造の変化模式図　出典：杉本厚典「八尾南・長原・城山遺跡における集落構成の変化—弥生時代から古墳時代にかけての地域社会の様相」『大阪歴史博物館　研究紀要』第2号、2003年
p.119　図62　古墳時代中・後期の長原遺跡とその周辺の古地形　出典：平野区誌編集委員会『平野区誌』平野区誌刊行委員会、2005年
p.120　図63-1　弥生時代中期後葉～後期の八尾南遺跡と隣接する長原遺跡東南地区　出典：p.118図61に同じ
p.121　図63-2　古墳時代前・中期の八尾南遺跡と隣接する長原遺跡東南地区　出典：p.118図61に同じ
p.122　図64　久宝寺・長原遺跡の前方後円形系墳墓と津堂城山古墳の位置関係
p.123　図65　黄金塚古墳（大阪府和泉市）
p.124　図66　百舌鳥古墳群と陶邑周辺の古墳　出典：一瀬和夫『古墳時代のシンボル　仁徳陵古墳』新泉社、2009年
p.126　図67　百舌鳥古墳群と石津川河口
p.128-129　図68　仁徳陵古墳の墳丘再現
p.130　図69-1　西日本初期須恵器出土の窯・集落・古墳の分布　出典：吹田市立博物館、1992年
p.131　図69-2　上町谷1・2号窯（南東から 写真奥が1号窯）
図69-3　上町谷須恵器窯調査地の位置と周辺の地形　出典：財団法人大阪市博物館協会・大阪文化財研究所『葦火』148号、2010年
p.132　図70-1　TK73号窯（堺市）
p.133　図70-2　陶邑の須恵器窯地区と初期窯　出典：大阪府立近つ飛鳥博物館『年代のものさし　陶邑の須恵器』、2006年
p.134　図71　陶邑窯跡群の時期別窯分布の変化

出典:宮崎泰史「窯業生産の開始と展開について」『泉州における遺跡の調査Ⅰ　陶邑Ⅷ』大阪府教育委員会、1995 年
p.135　図 72　陶荒田神社（堺市中区上之）
p.137　図 73　大阪湾周辺地域の製塩土器編年　出典：積山洋「環大阪湾の土器製塩」古代学研究会月例会資料、2009 年
p.139　図 74　久宝寺遺跡の船材出土状況
p.140　図 75　古墳時代の木造船　出典：一瀬和夫「古墳時代における木造船の諸類型」『古代学研究』第 180 号、2008 年
p.141　図 76　埴輪及び土器から見た弥生時代から古墳時代への大型船の変遷　出典：p.140 図 75 に同じ
p.142　図 77　蔀屋北遺跡出土の馬埋納土坑　出典：宮崎泰史ほか『蔀屋北遺跡』1　大阪府埋蔵文化財調査報告 2009、『蔀屋北遺跡』３、2010 年
p.143　図 78　蔀屋北遺跡の馬の埋納土坑　出典：p.142 図 77 に同じ
p.144　図 79　６～７世紀頃の摂津・河内から大和に至る陸路
p.145　図 80-1　発掘された法円坂遺跡の５世紀の倉庫群
図 80-2　復原された法円坂の５世紀の倉庫
p.146　図 81　５世紀ごろの難波想像図(植木久氏画)
p.147　図 82-1　三ツ寺Ⅰ遺跡全体図
図 82-2　北西方向から見た三ツ寺居館
p.148　図 83　５世紀における畿内の空間環境構成の模式　出典：一瀬和夫『大王墓と前方後円墳』吉川弘文館、2005 年
p.152　図 84　大和・河内における５大古墳群
p.153　図 85-1　古墳時代における親族関係の基本モデルの変化　出典：田中良之『骨が語る　古代の家族　親族と社会』歴史文化ライブラリー 252、吉川弘文館、2008 年
p.154　図 85-2a 前方後円墳の埋葬配置と被葬者の親族関係、図 85-2b　中小古墳の初葬人骨性別割合、図 85-2c　古墳時代前期の地位継承　出典：清家章「古墳時代における父系化の過程」『親族と社会関係』考古学研究会第 55 回総会－研究総会
p.155　図 86　畿内における墳丘形態と大型古墳群の関係　出典：p.148 図 83 に同じ
p.156　図 87-1　馬見古墳群大型古墳の墳丘各規模の比較　出典：p.148 図 83 に同じ
p.157　図 87-2　馬見古墳群墳丘各規模の比較　出典：p.148 図 83 に同じ
p.158　図 88　三島の古墳（大阪府高槻市・茨木市）出典：高槻市しろあと歴史館『発掘された埴輪群と今城塚古墳』、2004 年
p.159　図 89　継体陵古墳と今城塚古墳
p.160　図 90　西陵古墳（大阪府岬町淡輪）
p.162-163　図 91　『古事記』『日本書紀』『延喜式』に記載される陵墓名
p.164-165　図 92　『日本書紀』に見える造池溝の記事
図 93　仁徳陵古墳造出し出土の須恵器甕　出典：徳田誠志・清喜裕二『書陵部紀要』第 52 号、宮内庁書陵部、2001 年
p.166　図 94　青山古墳群と古市大溝　出典：古市古墳群世界文化遺産登録推進連絡会議『古市古墳群を歩く』2010 年
p.167　図 95　応神陵古墳築造前（左図）と築造中及び以後　作成：一瀬・小浜成
p.168　図 96　仁徳陵古墳前方部石室出土の甲冑『仁徳天皇大仙陵石槨之中ヨリ出シ甲冑之図』
p.170　図 97　黒姫山古墳
p.171　図 98　黒姫山古墳前方部石室と石室内部の遺物配置　出典：末永雅雄・森浩一『河内黒姫山古墳の研究』大阪府文化財調査報告書第１輯、1961 年
p.172　図 99　黒姫山古墳出土の甲冑
p.173　図 100　アリ山古墳北施設の検出状況
p.174　図 101　副葬庫埋納時の再現アリ山古墳
p.175　図 102　応神陵古墳と周辺の古墳　出典:p.79 図 35 に同じ
p.177　図 103　仁徳陵古墳及び周囲の陪冢群　出典：p.79 図 35 に同じ
p.178　図 104　履中陵・応神陵・仁徳陵古墳の墳丘比較　出典：p.124 図 66 に同じ
p.179　図 105　仁徳陵古墳の復原模型
p.180　図 106　仁徳陵古墳出土の人物埴輪
p.181　図 107　吉備の造山古墳·作山古墳周辺図（岡山県）
p.182　図 108　４～５世紀を中心とした大王伝承系譜
p.183　図 109　倭の五王の中国への遣使
p.184　図 110　佐紀古墳群（奈良市）
p.185　図 111　東北·九州の前方後円墳　出典：近藤義郎編『前方後円墳集成』東北·関東編、1994 年ほか
p.186　図 112　南山城の主要古墳
p.187　図 113　首長系譜の変動（京都府桂川水系の例）出典：都出比呂志『古代国家の胎動』NHK 人間大学、日本放送出版協会、1998 年
p.188　図 114　恵解山古墳（長岡京市）
p.190　図 115　久米田古墳群（大阪府岸和田市）出典：岸和田市教育委員会、1995 年
p.192　図 116　西条古墳群（兵庫県加古川市）出典：西川英樹「行者塚古墳と西条古墳群」『大型古墳からみた播磨』第 12 回播磨考古学研究集会実行委員会、2011 年
p.193　図 117　野田川流域の出土埴輪（与謝野町）
p.194　図 118　網野銚子山古墳（京丹後市網野町）
図 119　神明山古墳（京丹後市丹後町）出典：いずれも､近藤義郎編『前方後円墳集成』近畿編、1992 年ほか

p.195 図 120　造山古墳（岡山市北区）　出典：新納泉「前方後円墳の設計原理試論」『考古学研究』58-1、2011 年
p.197 図 121　高廻り 2 号墳の円形墳丘と周溝底出土の船形埴輪（大阪市平野区）
p.198 図 122　長原古墳群（大阪市）の編年　出典：平野区誌編集委員会『平野区誌』平野区誌刊行委員会、2005 年
p.199 図 123　長原古墳群の長原 131 号墳から出土した土器と埴輪
p.200 図 124　大阪府藤井寺市・羽曳野市の古市古墳群・二ツ塚古墳系列の推移
p.201 図 125　石川と古市古墳群
p.202 図 126　狼塚古墳出土の柵形埴輪
p.203 図 127　墓山古墳とその付近　出典：山田幸弘ほか『西墓山古墳』藤井寺市文化財報告第 16 集、1997 年
p.204 図 128　西墓山古墳の鉄埋納施設
p.205 図 129　野中古墳から出土した大量の甲冑
p.206 図 130　青山 1 号墳
p.207 図 131　軽里 4 号墳から出土した埴輪列
p.208 図 132　収塚古墳出土の埴輪
p.209 図 133　応神陵古墳・周辺古墳墳丘復原　出典：『石川流域遺跡群発掘調査報告』XXII、藤井寺市教育委員会、2007 年
p.210 図 134　百舌鳥大塚山古墳　出典：末永雅雄『古墳の航空大観』学生社、1974 年
p.212 図 135　布留遺跡の古墳時代の状況　出典：山内紀嗣『布留遺跡杣之内（樋ノ下・ドウドウ）地区発掘調査報告書遺構編』1980・1988 ～ 1989 年調査　埋蔵文化財天理教調査団、2010 年
p.213 図 136　土師の里 8 号墳出土の埴輪円筒棺
p.214 図 137　履中陵古墳　出典：堺市教育委員会『百舌鳥古墳群の調査』1　2008 年
p.217 図 138　弥生から古墳時代の近畿地方における鍬と鋤の変遷概念　出典：上原真人「農具の画期としての 5 世紀」『王者の武装─5 世紀の金工技術』京都大学総合博物館、1997 年
p.218 図 139　『宋書』倭国伝
p.219 図 140　朝鮮半島出土須恵器系土器の分布　出典：木下亘「韓半島出土須恵器（系）土器について」『百済研究』第 37 輯　忠南大学校百済研究所、2003 年
p.220 図 141　竹幕洞遺跡（韓国・扶安郡）
p.221 図 142　松鶴洞 1 号墓（韓国・固城郡）
p.222 図 143　允恭陵古墳
p.223 図 144　ニサンザイ古墳　出典：p.214 図 137 に同じ
p.224 図 145　両宮山古墳（岡山県赤磐市）
p.225 図 146　保渡田古墳群（群馬県高崎市）
p.226 図 147　江田船山古墳（熊本県）・稲荷山古墳（埼玉県）・前二子古墳（群馬県）　出典：p.185 の図 111 に同じ
p.227 図 148　稲荷山古墳「辛亥年」鉄剣銘と銘文（表）
p.228 図 149　倭王武の上表文（『宋書』倭国伝より）
p.229 図 150-1　5 世紀における尾張・東山地域の須恵器窯と主要古墳の分布（名古屋市）　出典：城ヶ谷和彦「猿投窯・尾北窯における窯業生産体制」『日本考古学協会 2008 年度愛知大会研究発表資料集』2008 年
p.230 図 150-2　東海地方の須恵器生産　出典：p.229 図 150-1 に同じ
p.231 図 150-3　陶邑須恵器の拡散　出典：菱田哲郎『須恵器の系譜』歴史発掘 10、講談社、1996 年
p.232 図 151　八幡山古墳（名古屋市昭和区）
p.233 図 152-1　宇陀の前方後円墳の一つ、大王山 1 号墳（宇陀市榛原区）出典：奈良県立橿原考古学研究所『大王山遺跡』榛原町教育委員会、1977 年／下：図 152-2　見田・大沢 1 号墳（宇陀市菟田野区）
p.234 図 153　角塚古墳
p.235 図 154　九州南端の古墳時代墳墓　出典：橋本達也「九州南部の首長墓系譜と首長墓以外の墓制」『九州における首長墓系譜の再検討』九州前方後円墳研究会、2010 年
p.236 図 155　西都原古墳群（宮崎県西都市）
p.237 図 156　明花洞墓
図 157　海南長鼓峰墓
p.238-239　図 158　韓国の前方後円形墳墓　出典：林永珍「韓国　墳周土器の起源と変遷」『湖南考古学報』17 輯、2003 年
p.240 図 159　月桂洞 1 号墓
p.242-243　図 160　5 ～ 6 世紀の朝鮮半島と日本列島の横穴式石室墳の比較　出典：柳沢一男「五～六世紀の韓半島西南部と九州─九州系埋葬施設を中心に」『加耶、洛東江から栄山江へ』第 12 回加耶史国際学術会議、金海市、2006 年
p.244 図 161　松鶴洞墓群
p.244 図 162　月桂洞 2 号墓
p.253　韓国の方形周溝墓　出典：p.41 図 16 に同じ
p.259　岸本一宏氏による低地円丘墓の陸橋・突出部の形式的分類　出典：岸本一宏「弥生時代の低地円丘墓について」『兵庫県埋蔵文化財研究紀要』創刊号、2001 年
p.263　中国の王朝
p.264　西殿塚古墳（奈良県天理市中山町）
p.268　桜井茶臼山古墳の竪穴式石室（桜井市外山）
p.269　稲荷山古墳（埼玉県行田市）鉄剣銘
p.271　伽耶の地域
p.273　伝、金海良洞里出土の筒形銅器
p.276　広開土王（好太王）碑（中国・集安市）
p.278　5 ～ 6 世紀頃の朝鮮半島と高句麗王都の変遷
p.279　日本の巨大古墳
p.282　乳岡古墳（堺市堺区石津町）
p.285　『魏志』韓伝

◉『巨大古墳の出現―仁徳朝の全盛』協力者一覧（敬称略・五十音順）

本書の刊行にあたり、次の諸機関ならびに各氏に、貴重な資料のご提供をいただき、また、ご教示をたまわりました。記して感謝申し上げます。

愛知県教育委員会
赤穂市教育委員会
茨木市教育委員会
宇陀市教育委員会
奥州市教育委員会
大阪大学考古学研究室
大阪府教育委員会
大阪府文化財センター
大阪府立近つ飛鳥博物館
大阪文化財研究所
岡山県古代吉備文化財センター
岡山大学考古学研究室
加古川市教育委員会
カメラユニフォト
元興寺文化財研究所
岸和田市教育委員会
京丹後市教育委員会
京都大学考古学研究室
京都大学総合博物館
宮内庁書陵部
群馬県埋蔵文化財調査事業団
群馬県立かみつけの里博物館
慶州博物館
見聞社
神戸市教育委員会
広陵町教育委員会
国立歴史民俗博物館
埼玉県立さきたま史跡の博物館
堺市役所
堺市教育委員会
堺市中央図書館
堺市博物館
堺市美原歴史博物館
産経新聞社
小学館出版局
高槻市教育委員会
天理市教育委員会
東京国立博物館
長岡京市教育委員会
奈良県立橿原考古学研究所
奈良県立橿原考古学研究所附属博物館
羽曳野市教育委員会
藤井寺市教育委員会
毎日新聞社
松原市教育委員会
岬町教育委員会
宮崎県立西都原考古博物館
八尾市立埋蔵文化財調査センター
ヤマネ
与謝野町教育委員会

青木勘時
石田　修
岩崎　誠
植木　久
梅原章一
柿沼菜穂
川村紀子
楠本夏彦
小栗　梓
阪口英毅
坂野圭子
佐々木理
渋谷一成
菅谷文則
高橋　徹
竹村英治
田中俊明
新納　泉
西田早希
早川和子
早川　圭
廣瀬時習
藤田一男
細山田正人
村上由美子

◉著者紹介

一瀬　和夫（いちのせ　かずお）

一九五七年、大阪市生まれ。関西大学文学部史学科卒業。博士（文学）、現在、京都橘大学文学部教授。主な著書に、「近つ飛鳥工房」（『展示学』第二七号）、「倭国の古墳と王権」（『倭国と東アジア』）、『大王墓と前方後円墳』、「古墳時代における木造船の諸類型」（『古代学研究』第一八〇号）、『古墳時代のシンボル・仁徳陵古墳』など。

◉鼎談者紹介

田中　俊明（たなか　としあき）

一九五二年、福井県生まれ。京都大学大学院博士課程認定修了。現在、滋賀県立大学教授。主な著書に、『大加耶連盟の興亡と「任那」』、『古代の日本と加耶』、『韓国の古代遺跡』１〈新羅篇〉（共著）、『韓国の古代遺跡』２〈百済・伽耶篇〉（共著）、『高句麗の歴史と遺跡』（共著）、『朝鮮の歴史』（編著）など。

菱田　哲郎（ひしだ　てつお）

一九六〇年、大阪府生まれ。京都大学大学院博士課程中退。現在、京都府立大学教授。主な著書に『須恵器の系譜』（歴史発掘10）、『古代日本　国家形成の考古学』、『京都と京街道』（街道の日本史32、共著）、『平安京』（日本の時代史5、共著）、『古墳の時代』（史跡で読む日本の歴史2、共著）、『はじめて学ぶ考古学』（共著）など。

巨大古墳の出現
——仁徳朝の全盛

二〇一一年十月一〇日　第一刷印刷
二〇一一年十月二〇日　第一刷発行

著者　一瀬和夫
発行者　益井英博
印刷所　中村印刷株式会社
発行所　株式会社　文英堂
東京都新宿区岩戸町一七　〒162-0832
電話　〇三(三二六九)四二三一(代)
振替　〇〇一七〇-三-八二四三八
京都市南区上鳥羽大物町二八　〒601-8121
電話　〇七五(六七一)三一六一(代)
振替　〇一〇一〇-一-六八二四

本書の内容を無断で複写（コピー）・複製することは、著作者および出版社の権利の侵害となり、著作権法違反となりますので、その場合は、前もって小社あて許諾を求めて下さい。

© 一瀬和夫・田中俊明・菱田哲郎　2011
Printed in Japan
●落丁・乱丁本はお取りかえします。